KB069687

목련꽃 필 무렵
당신을 보내고

복숭아밭 농부 이춘기 옹의 30년 일기

목련꽃 필 무렵 당신을 보내고

이복규 엮음

학지사

머리말

작년 섣달경이었다. 아내가 감기 들었다고 늘 신음하면서도 여전히 돌아다녔다.

이렇게 시작하는 이춘기 님(1906~1991)의 일기를 처음 만난 것은 2014년 가을 어느 날이었습니다. 전주의 명문 전주신흥학교를 졸업, 익산군(현 익산시) 춘포면에서 살다 말년에 미국으로 옮겨 그곳에서 1년 만에 86세의 나이로 돌아가시기까지의 30년 일기. 호남 방언, 농촌 체험, 기독교 신앙, 한자 지식이 없으면 읽기가 쉽지 않은 일기였습니다. 출판사의 요청으로 1년 가까이 이 일기를 읽고 다듬어 입력하면서 특별한 경험을 했습니다. 하루하루를 금쪽같이 살다 가신 분의 눈길을 따라 1961년부터 1990년까지 30년의 세월을 여행하고 나니, 마치 또 하나의 인생을 살아 낸 것만 같았습니다. 아버지 연배되는 분의 기록이라서, 평생 농부로 살다 가신 내 아버지의 삶과 내면을 들여다보는 듯해 더욱 애틋했습니다.

이 일기는 부인 김정순 님이 발병해 입원할 무렵인 1961년 1월 1일부터 시작하여, 아드님들을 따라 미국에 이민 가 살기 시작한 1990년 11월 11일까지, 거의 하루도 거르지 않고 기록한 것입니다. 빠진 날이 있으면 나중에라도 채워 넣어서, 자신의 삶을 역사로 남기려던 기록 정신을 강렬히 느끼게 합니다.

사람마다 얼굴이 다르듯 인생의 내용도 각각인데, 이분 일기에도 독특한 사연들이 담겨 있습니다. 어느 날 갑자기 찾아온 부인의 발병과 죽음, 여러 달에 걸쳐 구완하느라 기울어 버린 시골 살림, 혼자 복숭아 농사를 지으며 어린 두 아들에게 밥해 먹이고 학교 보내는 것의 어려움, 노년에 아들의 초청을 받아 미국으로 떠나 살기……, 이것이 주요 내용입니다.

그 밖에도 우리의 일생의례와 세시풍속, 여가생활의 양상들, 기독교 신앙생활과 기타의 사연들, 특히 일제 강점기 말의 공출, 3·1운동, 6·25 등 우리 현대사의 중요 사건들에 대한 체험적인 회상은 소중합니다. 일생의례와 세시풍속을 매년 자세하게 적어 놓아 1961년에서 1990년까지의 30년 동안에 우리네 삶이 어떻게 변모해 왔는지 확인할 수 있습니다. 세시풍속 가운데, 이분이 살았던 만경강 부근 춘포 지역의 모래찜질 풍습은 호남지방 해안 지역을 중심으로 이루어졌던 것으로서 주목할 만합니다. 사전에 나오지 않는 익산 지역의 속담, 관용 표현, 방언도 흥미롭습니다. 목련꽃 필 무렵 죽은 아내에 대한 그리움, 남겨진 막내아들에 대한 부성애는 자주 반복되어 읽는 이를 뭉클하게 합니다. 모두가 이야기를 다루는 분들이 가져다 활용하면 아주 좋을 소재들입니다.

내용상의 특징 말고도 남다른 데가 또 있습니다. 첫째, 세세한 것까지 적었습니다. 예컨대, 버스나 차를 탄 시간, 품삯이나 물건 값 따위를 일일이 밝혀 놓았습니다. 둘째, 직접 그린 삽화를 곁들이고 있습니다. 셋째, 시,

수필, 기행문, 회고록, 메모 등 다양한 갈래를 포괄하고 있습니다. 넷째, 어떤 날의 일기는 아주 장편이기도 합니다. 다섯째, 일기에 대한 서술도 나옵니다.

이 일기는 개인의 일기 이상의 가치를 지닙니다. 한 가정에서 주부가 일찍 세상을 뜰 경우 그것이 가정에 미치는 영향이 얼마나 큰지 똑똑히 보여 줍니다. 어려운 가운데서도 신앙 안에서 자식을 대학교육까지 받게 하고 옳은 사람이 되게끔 애쓴 결과, 자녀들이 다 제 구실을 하게 되는 점도 알게 합니다. 일기의 마지막 대목에서 "세상은 나와 다르다."라고 요약할 만큼 고난이 중첩된 세월이었지만, 해마다 소망을 가지고 최선을 다하는 모습은 우리를 숙연하게 만듭니다. 미국 뉴욕 아드님 집에서 남긴 이분의 마지막 일기는 이렇습니다.

비 갠 뒤라, 얼마나 바람이 세고 추운지 어설프다. 그래도 혼자라도 나가야겠다. 집에 있어도 할 일은 해야 한다. 내일은 낙엽 청소차가 오는 날이다. 만단의 준비를 해 놓았다. 비닐봉지 일곱에 낙엽을 담아, 거리에 내다 놓았다. 그동안에 봉지가 찢어지면 들어 옮길 수가 없다. 우리 집이 비닐봉지를 제일 많이 사용한다. 정원수 고목이 많고, 전지를 하지 않아 잎이 많이 떨어진다. 하루 이틀에 되지 않고, 몇 달간 매일 조금씩, 한 해 내내 떨어진다. 귀찮기도 하고 싫증이 난다. 곁가지를 싹 잘라 버리면 잔디에도 햇빛이 들고 잘 자랄 텐데, 그대로 두니, 내 힘으로는 못다 하겠다.

맨 끝에 적힌 "내 힘으로는 못다 하겠다."를 읽다 눈물을 훔쳤습니다.

86년을 성실하게 산 분이 남긴 이 말이야말로 우리의 실존을 표현한 것이라 공감이 가서일 겁니다. 맞는 말입니다. 인생의 짐들, 내 힘만으로 감당 못합니다. 누군가의 도움으로 살아왔고 앞으로도 그럴 겁니다.

제1부(1961년 일기)와 제2부(1962년 일기)는 부인이 발병하여 투병하다 작고하기까지의 과정, 사별 후 혼자 어린 두 아들을 돌보다 힘이 들어 재혼했다 실패한 사연인데, 너무도 생생한 기록이라 거의 그대로 실었습니다. 제3부는 나머지 28년의 일기에서 가족, 세시풍속·기념일과 관련 있는 것만 발췌, 재편집하여 실었습니다.

한자의 한글화, 방언의 표준어화 따위를 제외하고는 최대한 원형을 유지하려 노력했습니다. 이분이 그린 삽화 가운데 몇 가지를 살려서 군데군데 넣었습니다. 일기마다에 제목을 달아 주어 읽는 데 편리하게 했고, 맨 뒤에는 부록으로 이춘기 선생의 약력과 가족 상황 및 해설하는 글을 실었습니다.

출판 사정이 여의치 않은데도 이 일기를 출판하는 학지사 김진환 사장님께 경의를 표합니다. 학지사에 나를 연결해 준 외우 이주훈 장로께도 감사합니다. 제자 이수진 선생은 표지 그림을 예쁘게 그려 주었습니다. 일기를 고이 간직했다 세상에 공개하기로 결정한 4남 이종실 선생님과 가족 여러분 고맙습니다.

2017년
이복규

가족의 인사말씀
-추천사를 겸하여

박 성 수

서울대학교 명예교수(이춘기 님의 처조카사위)

유태교의 랍비들은 평범한 사람들의 일상적 이야기를 그냥 지나치지 않는다. 모든 사람의 일상생활 속에 창조주가 숨어 있기 때문에 성경 속의 내용을 이해하는 것과 똑같은 방법과 절차로 이해하여야 한다는 것이다. 그들에게는 사람들의 작은 실수 속에도 인류의 역사가 담겨 있는 것이 된다. 그래서 사람의 이야기는 그들의 정경인 토라의 이야기가 계속 되는 것으로 믿고, 모든 사람의 삶은 '살아 있는 토라'라 여기고 있다.

이춘기 님의 일기는 20세기 후반 익산 근처의 대장촌이라는 농촌에서 생활하던 한 농부의 이야기이다. 가난을 벗어나서 '잘 살아 보세'라고 외치며 모두가 구슬땀을 흘리던 때이다. 여기에는 한 농부의 애환이 고스란히 담겨 있다. 농부의 글이라기에는 너무나 리얼한 그의 표현은 읽는 사람이 생생한 현장에 있는 것 같은 느낌을 주기도 한다. 간간이 그려져 있는 삽화 때문에 그런 느낌이 더욱더 강렬하다. 가족의 크고 작은 일들을 가감 없이 기록한 것이기에 유족들은 숨겨 두고 싶은 것도 적지 않았을 것이다. 드러내고 싶지 않은 허물을 세상에 읽히기 위하여 자신들을 내려놓는 용기가 필요했으리라.

내가 이춘기 님의 일기가 존재하는 것을 알게 된 것은 4남인 종실 씨를 미국 캘리포니아 어바인에 있는 한 호텔에서 만났을 때이다. 30권이 넘는 일기의 보관문제를 찾아보기 위해 여러 가지 궁리를 하였다. 그 뒤 2권의 일기를 읽어 보고 학지사의 김진환 사장님께 말씀을 드렸다. 이복규 교수님의 연구와 노력 끝에, 요즈음 시대에도 읽기 좋은 문장으로 번역된 이 일기에는 20세기 후반 한국의 비밀이 보석처럼 담겨 있다.

1972년 봄 어느 날 여러 그루의 자목련과 백목련이 고운 채색으로 빛나던 정원이 있었던 대장촌 자택으로 처고모부이기도 한 이춘기 님을 내가 찾아뵈었을 때 모습이 다시 떠오른다. 꼿꼿한 자세로 말씀 하나하나가 잘 다듬어져 있으면서도 따뜻함을 품고 있던 수도사 같은 느낌을 주는 분이었다. 가정을 세우는 건축사로서 아버지의 역할을 빈틈없이 하고 있다는 생각이 그 당시에 들기도 하였다.

슬하에 아들만 여섯을 두었다. 여섯 아들 가운데 빗나간 사람이 하나도 없다. 그리고 여섯 아들 모두 결혼하여 자녀들을 두었는데 손주들도 모두 바르게 자라났다. 첫째 아들 종화 씨는 우리나라가 1억불 수출을 달성하던 해 상공부 무역 주무 과장이었다. 4남 종실 씨는 개인 회사인 금성이 국내 최초로 1억불 수출을 성취하던 때의 주무 부장이었다. 자녀의 교육을 위하여 자신들의 삶을 희생하며 뒤에서 받쳐 준 노력을 다시 살펴보면 잔잔한 감동을 느끼게 된다. 아버지가 자녀교육을 어떻게 할 것인가를 말없이 깨닫게 하는 내용들이 사실적으로 담겨 있기도 하다.

견디기 어려운 삶의 고통까지도 수채화처럼 곱게 그려져 있어, 일상에 지친 영혼들에게 아침 이슬 같은 위로가 되기도 하는 이춘기 님의 일기다. 읽는 분들에게 우리 모두의 일상 속에 숨어 있는 의미와 가치를 하나하나 발견하는 기쁨을 맛보게 하리라 믿는다. 그 의미와 가치 속에서 참 나를 만나게 되고 영원한 창조주의 손길을 느끼게 될 수 있다면 무엇을 더 바랄 수 있겠는가 하는 마음뿐이다. 그저 모든 분께 감사드리며 두 손을 모아 인사드린다.

2017년

차례

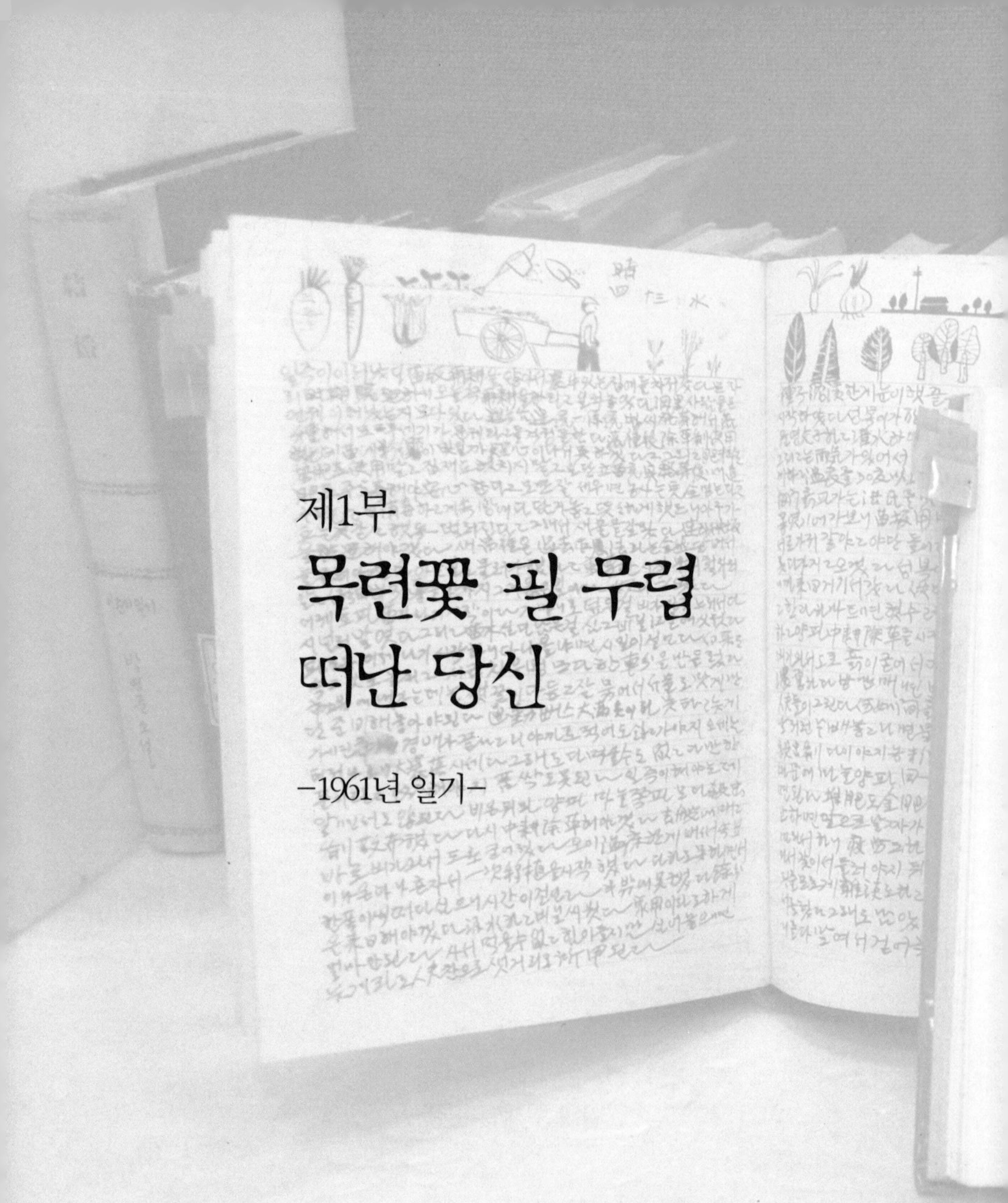

제1부
목련꽃 필 무렵
떠난 당신

-1961년 일기-

1월
아내의 발병

아내의 발병(1961년 1월 1일 일요일 맑음)

작년 섣달경이었다. 아내가 감기 들었다고 늘 신음하면서도 여전히 돌아다녔다. 아울러 소화 불량이 되어, 어딘가 모르게 신상이 좋지 않았다. 말은 안 했지만 부대끼면서도 기동을 하고 있었다.

서울에서 온 손자 세구가, 돌도 안 된 게 위장이 늘어나고 늘 설사를 해서, 잘못하면 죽을 것만 같아 여름철에 데려다 놓았다. 양젖과 미음으로 식사 시간을 조절해 먹이니 곧 회복하여, 돌 안에는 걸음마를 하게까지 되어 매일 세구만 업고 세월을 보냈다. 자기 몸도 겨우 가누면서, 남들 안 본 손자인 양, 밥만 먹으면 업고서 살았다.

과거에 여름철만 되면 과일 장사 하느라 과로가 더해서 그런지, 평소에는 잘 체하지도 않는데, 활발하지 못하고 심상치 않았다. 그래도 괜찮은 줄만 알고, 늙어서 그런가 보다고만 여겼다. 그러나 날이 갈수록 식사도 어렵고 점점 쇠약해져만 갔다.

하도 이상해서 전주 화자(花子)의 모친인 완이(完伊) 집사와 김 내과에 가서 진찰해 보고 오라고 하였다. 그 결과, '불치병'이라며, 자기네 병원에서는 할 수가 없으니 서울 큰 병원으로 가 보라고 하였다.

아내의 탄식 (1961년 1월 2일 월요일 맑음)

서울에서 장남 종화가 먼저 알고는, 빨리 상경하라고 편지가 왔다. 하지만 그런 불치의 중병이 급히 나을 성싶지 않아 올라가지 않았다. 그럭저럭 얼마를 지냈는데, 누워서 몹시 앓는 것도 아니고 그저 돌아다니니, 그만그만한가 보다 하고 방관적이었다.

새벽에 자리에 누워, 아내의 복부를 만져 보라고 하기에 만져 보니, 확실히 무언가 혹 같은 게 있는 것 같다. 암(癌)이란 병이 이렇게 흔하게 있는지는 미처 몰랐다. 본인 자신이 이상한 표정이다. "아무리 생각해도 병이 심상치 않으니 그대로 두고 볼 수가 없어요." 하면서 탄식한다. "이렇게 주님의 부르심을 받는가 봐요."라며 긴 한숨을 내쉰다. "인생이 이렇게 빠르다니……. 종인(鐘仁)과 종대(鐘大) 두 막둥아들을 못 잊겠네."라고 한다.

새벽종 소리가 나자, 교회에 갔다 왔다. 들어와서는 찬송을 부르며, 자는 아이들을 깨웠다. "엄마가 몸이 아파서 어찌할까나? 부디 공부 잘하고 교회 잘 다녀라."고 하더니, 손자 세구 젖 먹일 준비를 한다고 부산을 떨고, 종인과 종대는 영문도 모른 채 그저 잠이 덜 깨어 졸고만 있다. 종인이는 국민학교(초등학교) 6학년, 종대는 5학년이다.

세간 정리 (1961년 1월 3일 화요일 구름)

넋을 잃은 사람같이, 아무런 일도 손에 잡히지 않는데 어서 속히 집안일을 정리하라고 졸라댄다. 그저 하는 말이 아니다. 정신을 차려 보았으나 여전히 무얼 어떻게, 또 무얼 먼저 할 것인지 알 수가 없다.

병자 자신이 직접 지시한다. "우선 각처의 빚부터 청산합시다." 나(羅) 집 사네 쌀가게에서 백미 세 가마니의 선금을 얻었다. 한 가마니에 13,000환씩 총 39,000환. 각처에 잔돈 줄 것 다 주고, 인부의 품삯도 주었다.

4남 종실(鐘實)이가 겨울방학에 와 있기에 가사(家事)를 부탁해 놓았다. 그런데 식모(食母) 노인이 누워서 밥도 못 짓고 있어 걱정이다. 필요하면 쓰라고 잔돈도 좀 남겨 놓았다.

아내가 종인과 종대더러 "형 말 잘 듣고 집에서 공부나 하고 있어라."며 단단히 일렀다. "아이들은 순종하니 걱정할 일이 없는데, 이제 가면 언제나 다시 올까?" 하면서, 모두를 다시 쳐다보고 그 손을 부들부들 떤다. 그러면서도 세간 정리를 마무리한다.

서울로 출발 (1961년 1월 4일 수요일 구름)

서울로 전보 침. "금일 출발, 태극호."

아침부터 눈발이 날린다. 날씨는 음산하다. 그동안 청명했는데 눈이 오면 추워질 것이다.

병자는 여장(旅裝) 차릴 것도 별로 없으나, 손자 세구(世求)의 살림살이와 우유 도구와 장난감과 서울에서 가져온 의복이며, 여기서 입던 것, 돌날 색

동저고리 따위, 모두 한 보따리다. 택시를 불렀다. 세구, 나, 병자 셋이 탔다. 차창을 닫는 소리가 '탁!' 하고 났다. 종인과 종대가 차창에 기대어, 엄마를 부르면서, "언제 와?" 하고 눈물을 글썽하며 차를 붙잡고 서 있다. 엄마는 말을 못하고 고개를 숙이고, 세구가 종인과 종대를 보고는 무어라고 지절댄다.

종실이한테 모두 부탁하였다. 뒤를 못 잊어 돌아다 보인다. 절망인지 회복인지…… 어려운 길이다.

어느덧 교회당이 보인다. 종이 울릴 적마다 기도의 신앙심이 굳어지는 교회를 옆에 두고, 모든 신도들을 뒤에 두고, 택시는 순식간에 달린다. 눈이 내린다. 펄펄 날린다. 설레는 마음 걷잡을 길이 없구나. 흰한 들판을 거침없이 달린다. 눈은 쉬지 않고 내린다. 이리역 도착. 세구는 내가 업고, 병자가 봇짐을 들고 서울행 기차를 탔다.

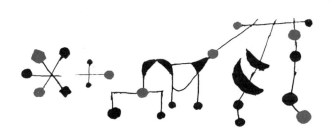

서울 도착 (1961년 1월 5일 목요일 추움)

차내는 초만원이다. 설 자리도 만만치 않다. 우선 병자를 앉혀야 한다. 두 사람한테 사정했으나 안 된단다. 다른 자리 젊은 청년들이 양보해서 거기 앉히고, 나는 세구를 업은 채 서 있었다. 겨울 날씨라도 차 속이 만원이라 땀이 나고, 공기가 탁해서 그런지 세구가 어찌나 울어대는지 답답하였다. 아무리 달래도 안 듣고 보채어 차 속 사람들이 안 좋은 눈치다. 그러나 철모르는 애를 어이할 수도 없다. 누구 하나 옆자리를 양보하는 사람도 없었다. 나이 좀 든 사람들은 말도 못 붙이게 하고, 그래도 청년들이 선뜻 일어나 주곤 하였다. 대전 가서는 겨우 자리가 나서 동석(同席)을 하였다. 그때쯤에는 세구가 잠이 들어 곤히 자고 있었다.

서울역에 도착하니 밤이 되었다. 세구를 또 내가 업고 나갔더니 장남 종화(鐘華), 차남 종성(鐘成), 3남 종정(鐘正) 삼형제가 다 나왔다. 모두가 말을 못하고 괴로운 심정뿐이었다. 신문로에 가니 방은 좁고 아이들은 우글우글하고 병자는 아무것도 먹지 못하고, 나는 나대로 애가 타서 제정신이 아니고. 앞으로 진단 결과가 어떻게 될는지……:

세브란스병원 진료(1961년 1월 6일 금요일)

서대문 진(陳) 내과를 찾아갔다. 의사와 잘 아는 사이이고 신문로에서 얼마 안 되고 해서 간 것이다. 진찰 결과는 여전히, 암이라 확정도 안 짓고, 병을 잘 안정하고 영양제로 조정하라고 한다.

3남 종정이가 일찍 귀가하였다. 서대문에서 바로 서울 역전 연세대 의대 세브란스병원에 갔다. 내과라도 여러 분과로 나뉘어 위장 내과 진단을 받았다. 비장(脾臟) 비대인 것 같다고, 입원해서 종합 진찰이 필요하다고 한다. 그곳만 믿고 있을 수 없다. 오후에 백(白)병원으로 갔다. 종합병원이긴 한데 어찌 환자가 별로 많지 않은 것 같다. 그래도 왔으니 진찰을 받았다.

역시 미정(未定)이다. 엑스레이 찍어 봐야 알겠다고, 우선 혈액 검사와 대소변 검사. 위장 고장이면 투시로 보아야 한다며, 암실에서 백회(白灰)로 된 죽 같은 걸 한 컵 먹인다. 엑스선 관계로 그게 장으로 내려가는 광경이 보인다. 내려가다 굴곡이 있으면 표가 난다고 한다. 외부로 만져지지만 확실치 못하니 개복(開腹) 수술해 보자고 한다. 만약 아무것도 아니면 그저 수술 상처만 나으면 된다고.

발병 원인(1961년 1월 7일 토요일 추움)

두세 곳 병원의 진단 결과, 정확한 결과를 모르니 한방으로 치료하자는 의견이 나왔다. 그러나 연세대 의대 세브란스병원에서 내과적 종합 진찰을 철저히 해 보자고 하니, 병자는 절대 응하지 않는다. 돈도 없는데 공연히 돈만 허비하고 헛고생만 된다고, 수차례 진찰에 이제는 심적으로 고통스럽고 몸이 더 잡친다고 거절이다.

사실, 그동안 집에서는 경제가 여의치 못해 자연히 섭생이 불충분하여, 그 바람에 영양실조가 된 것인지도 모르겠다. 그러나 며칠 동안 안정하고 영양식을 해서 그런지 소화도 잘 되고 정신도 쾌활하고, 별 고통도 느끼지 않다 보니 종합 진찰을 회피한다. 내용인즉 소소한 비용 드는 것만 생각하고 그런다.

그래도 사람이 살고 봐야지, 점점 더 깊어 가면 안 된다고 권면도 하는데, 사실이 그렇다. 집에서는 그저 돈 한 푼이라도 절약해서 자식들 학비에 충당하고 자식들 공부 끝마치고 나서 잘 먹고 잘 살아 보자고, 이를 악물고 못 먹을 걸 먹어 가며, 못할 노동 다 하여 너무나 신체상 무리가 생겨서 난 고장인 게 확실하다.

막둥이들 생각 (1961년 1월 8일 일요일)

장남 종화는 직장도 결근하여 가며, 사방으로 치료비 마련하느라 분주하다. 부산에서 근무하다 서울로 전출해서 겨우 전세방 한 칸을 얻어 살고 있는데, 아이들은 다섯이나 되고, 무슨 경제적 여유가 있을까? 또 차남 종성이는 로터리클럽에서 일을 보며 겨우 먹고 살며, 외국 유학을 꿈꾸고, 매일같이 사무에 여권으로 분주하니, 돈 여유가 있을 리 만무하다. 그래도 제 주선대로 매일 과실이며 영양식품을 사 와서 먹기도 하고, 자연 마음의 위안이 된다고 한다.

그러나 집에 있는 두 어린 막둥이들이 생각난다고, 만약 회복 못 되고 이대로 죽으면, 그것들 신세가 어찌 될 것인지, 모두 잠이 들면 나를 깨운다. "웬 잠을 그렇게 자기만 하오? 푼수 없이……. 큰 애들도 지금 자기네도 겨우 살고 있고, 중간 애는 대학 공부 중이고, 철없는 종인이와 종대, 아무리 생각해도 당신 책임이 과중해, 어찌 눈이 감기겠소?" 그렇게 뼈저린 호소를 들으면서도 그저 잠만 온다. "여보, 그러지 말고, 잠을 좀 자 보라고. 그래야 나아진다고."

아들들의 간호 (1961년 1월 9일 월요일)

날씨가 풀렸다. 또 흐린 게 비나 눈이 올 것 같다. 집에서는 애들이 어린 마음에, 얼마나 걱정이 되며 초조할까. 교회에서도 얼마나 병자를 위해 기도할까. 어떻게라도 서둘러 회춘해 귀가해야겠다. 나도 집에 여유가 없고, 자식들이 입원비 마련하러 다니는 꼴을 차마 못 보겠다. 병자 자신은 어떤 심정일까? 자살이라도 하고 싶을 것이다.

장남 종화는 식전부터 분주히 돌아다니고, 차남 종성이도 일찍부터 와서 모친 병석에서 위로하며 간호하고 시중들고 있다. 내일 연세대 의대 세브란스병원에 가서 종합 진찰하면 틀림없이 완치되니, 너무 걱정 말고 마음을 편하게 가지라고 온갖 정성을 다한다. 그러나 이미 병자 자신은 예감이 있는지, 그저 자식들이 정성껏 서두르니 이걸로 만족한다고, 너무 걱정 말라고, 천국에 가서 주님 나라 영원무궁한 생활이 있다고, 그러면서 종성이를 붙들고 목메어 흐느끼며 울었다. "꼭 네가 외국 유학 가서 성공해서 돌아오는 꼴을 보고 말아야 할 것인데, 그대로 가기가 너무나……."

세브란스병원 입원 (1961년 1월 10일 화요일 추움)

연세대 의대 세브란스병원 입원. 2등 6병동 9호실 별관. 보증금 6만 환. 차남 종성이가 3만 환, 장남 종화가 합하여 회계한테 지불하였다. 1주일간 입원료 다 선불하지 않으면 안 된다. 종합 진단을 전부 받으려면 약 1주일 걸리는데, 각과별로 다른 엑스선 검사료는 별도라고 한다. 환자 식사는 주기는 하나, 먹을 수도 없고, 먹게 해 주지도 않는다. 한 번 병원 가게 되면, 돈은 생각지도 말아야 한다. 한 봉지씩 놓아도 하루면 다 없어지고 만다.

나는 나대로 밖에 나가서 식사를 해야 하고, 오는 사람들도 모두 그렇다. 마침 병실은 단둘이 쓰는 침대라 조용하기는 한데, 너무 좁아서 불편이 많다. 간호원을 두어야 하는데, 그런 경비를 댈 수도 없고, 변소는 가깝지만 밤에 불편하다. 나는 늦게라도 집에 와서 자고 가야 한다.

엑스선 촬영은 했는데, 환자가 많아서 빨리빨리 차례가 돌아오지 않는가 보다. 늘 인턴을 찾아가고 담당의사를 찾아가 묻는 게 일이다.

병실의 인정 (1961년 1월 11일 수요일 구름)

'제6병동 9호실' 서무계에 게시.

같은 방 입원 환자인 어느 부인과 함께 딱 두 침대여서, 말벗도 되고 불편하지 않다. 남자면 서로 어색할 텐데, 또 서로가 난치병이거나 사람들이 꺼리는 병 같으면 몰라도, 내과 질병이니까 오히려 위로가 된다. 시내에 사는 중년 부인인데, 역시 내과인 담석증으로 거의 완치되어 간다고 늘 그 부인이 위로해 주고 걱정 말라고 해 준다. 얼마나 고마운지 모른다.

과실이나 음식을 잘 먹지도 못하는데, 선사해 주어 참 고마웠다. 그집 아이들이 매일 찾아온다. 학교 갔다가 집으로 돌아가는 길인데, 엄마가 보고 싶어 왔노라며, 해가 지도록 놀다 가곤 한다. 아내는 속으로 얼마나 막둥이들이 보고 싶을까? 돌아서 긴 한숨을 내쉬고 눈물짓는다.

어디서 알았는지 김근호(金根鎬) 군이 찾아왔다. 깡통 주스를 사 가지고 왔다. 나더러 밖으로 나가자고 해서 식사 대접까지 받았다. 외로울 때 찾아주는 것같이 고마운 게 없다. 돈이란 있다가도 없고, 사람의 의리는 길이 잊히지 않는다.

초조한 진찰 결과 (1961년 1월 12일 목요일)

입원 환자라고 특별한 치료도 아무것도 없다. 세끼 식후에 비타민 한 알뿐이다. 오전에 순회 진찰이 있다. 주임의사, 인턴, 간호원, 의대생 10여 명이 온다. 복부 진찰하고 영어로 병명이나 치료 방식이나 약명을 말하니, 잘 알아들을 수 없어 답답하다. 나중에 주임의사한테 가서 물어본다. 역시 확실한 답은 없다. "종합적으로 다 나옵니다."

본가에서 4남 종실이가 답답하자 소식을 물으러 편지를 했다. 집 안이 허전하고, 엄마는 중환으로 떠나간 후 아무 소식도 없고, 어린 동생들과 제 장래를 생각하니, 엄마가 없으면 공부도 못할 것이고 하니, 병세를 물어 왔다.

사람마다 각자의 문제가 중요한 거다. 환하지. 물론 곤경에 처한 건 사실이다. 3남 종정이 역시 군에서 제대하여 어서 복학해 공부하겠다고 했는데 이 모양이니, 어처구니없을 것이다.

밤이 늦도록 자탄(自嘆)이다. 큰놈들은 그만큼 컸으나, 막둥이들이 걸려서 차마 못 죽겠다고. 밤이 이슥하였다. 막차를 타러 나오는데 차마 걸음이 떨어지지 않는다.

친구의 문병(1961년 1월 13일 금요일)

친구 윤판준이 방문하였다. 미곡상(米穀商) 일로 상경하였다가 문병 왔노라고 한다. 얼마나 반갑고 고마운지……. 더욱이 집 애들 소식을 전해 주어서 한 근심 덜었다.

"그저 앉아 있어 봤자 답답하기만 하니, 나하고 같이 나가서 바람이나 쐬고 오라."고 한다. 나보다도 환자가 그래야 할 듯도 한데 그런 생각이 없다. 사양을 하자, 아내가 권한다. "나 때문에 너무나 고되니, 같이 갔다오라."고. 밖에 나가 봤자 겨우 영화나 구경할까? 국도(國都)극장에서 김구 선생 전기(傳記) 영화도 보고, 식사 대접도 받고, 다방에도 갔다.

함께 병실에 돌아오니, 장남 종화가 늦게야 왔다. 일이 밀려서 늦게까지 근무했노라고 한다. "아이들도 다 잘 놀고 있느냐."고, "세구가 늘 할머니하고 살다 그 엄마에게 돌아와서는 안 찾는지, 보고 싶다."고 한다. 몸이 불편하면서도 아내는 늘 세구를 등에 업고 살았다. 딸만 넷이나 낳고 아들 손자가 처음이라 귀해서 그렇다. 종화가, 세구도 잘 놀고 있으니 어머니 어서 나으면 서울 좋은 데 안내해 드리겠다고 한다.

밤이 늦어서 친구 윤판준은 하숙으로 가고, 나는 종화네 집으로 갔다.

병원의 불친절(1961년 1월 15일 일요일)

내과 담당 이보영 박사의 말이다. "위장 이상 없다. 콩팥이 부은 것 같다. 위험증은 없으니 안심하라."

담당 의사를 한 번 면담하려면, 간호원에게 먼저 말하여서, 환자가 없을 때 여가를 타서 병세를 알아본다. 의사들 역시 자세한 설명을 하자니, 상대방이 이해할는지 몰라 그렇고, 또 병이 심상치 않아 내과 의사들은 모두 한 번씩 진찰을 하고 갔다. 난치병인 것은 사실이나 병자도 그렇고, 가족들이 답답해서 살 수가 없다. 큰 종합병원에는 다시 올 데가 아닌가 싶다.

차라리 개인병원 전문의를 찾아갔으면 늘 자세한 설명이라도 듣고 하지, 아주 불친절하고 답답하여 견딜 수 없다. 어디나 난치병은 일반이겠지만, 그래도 가족들은 그런 생각밖에 안 든다.

뜻밖에도 진정희(陳貞姬)가 문병차 왔다. 어디서 알았는지 생화를 사 가지고 왔다. 엄마는 천안세무서에 있으니 아직 캄캄 속이겠고, 근호 삼촌한 테서 들은 모양이다. 얼마나 붙들고 우는지, 차라리 문병객 사절했으면 좋겠다.

이발과 아내의 원망 (1961년 1월 16일 월요일)

오늘은 날씨가 좀 풀렸다. 여러 날 이발도 못하고 시달려 남 보기 창피해, 광화문에서 이발을 하였다. 좀 늦었다. 혹시 몰라 바로 병원에 가 보았다. 그러나 병상에 없다.

옆의 부인에게 물으니, '오늘 왜 늦게 오셨느냐'고 한다. 정신없이 겁이 났다. '왜, 무슨 일이 있었느냐니까, '그런 게 아니라, 신장 사진 찍으러 갔는데 아무리 기다려도 안 오셔서 병인 혼자 촬영실 갔노라고. 의사들의 독촉이 심해서 그랬다'고 한다.

바로 3층 촬영실로 뛰어갔더니, 벌써 다 끝마치고 혼자서 천천히 걸어오고 있었다. 나를 보더니 그저 책망이다. '하필 오늘 같은 날, 아무도 없이 나 혼자 이 고생을 했노라고. 무엇하느라고 늦게 왔느냐는 것이다. 할 말이 없다. 고의로 그런 것도 아니요, 하도 주제 꼴이 아니어서 이발 좀 한 게 그렇게 되었으니 용서하라고 하였다. 그게 아니고, 혼자서 움직일 수가 없는데, 의사는 독촉을 하고, 얼마나 혼자서 죽을 뻔했는지 모르겠다고, 고통을 받느니 어서 갔으면 오히려 한갓지겠노라고 탄식이다.

교회 생각 (1961년 1월 17일 화요일)

직원들이 결소(結所)에서 예배를 보는 소리가 들린다. 찬송을 부르고 성경 읽는 소리도 들렸다. 병자는 같이 기도를 드린다.

본 교회는 다 무고한지, 나를 위해 얼마나들 기도하여 주는지, 아이들은 무얼 하고 놀며, 엄마가 얼마나 보고 싶을까, 회상(回想)이다. 모든 걸 주님께 맡겨 버리라고까지 하였다. 평소 성할 때와는 심정이 다를 것이다. 죽음이 두려운 게 아닐 것이다. 사방에 모두 늘어만 놓고 하나도 수습을 못한 채 그저 가게 되니, 답답한 심사야 측량할 길 없을 것이다. 병원에 문병객들도 다 끊어지고 온 병실이 다 고요하다.

며칠을, 장남 종화도 차남 종성이도 아니 온다. 낮에 출근하여 직무에 시달리고, 밤에 늦게까지 늘 나오니, 몸이 피곤할 것이다. 서울역을 출발하는 기적 소리는 가끔씩 우렁차게 들린다. 11시 반, 통금 준비 사이렌이 울린다. 막버스를 빨리 가야 탄다. 집에 들어가면 장남 종화는 잔무를 집에 와서까지…….

처족의 눈물 문병(1961년 1월 18일 수요일)

내 생일. 병자는 차남 종성이를 불러 영을 내린다. 오늘이 부친 생신이니 무언가 간단한 식사라도 대접하라고. 나는, 그런 경황없노라고 절대 거절을 하였다. 병석에 누워서까지 그렇게 정성을 다하는 꼴이 너무나도 의외였다.

밖으로 나와서, 경양식으로 말 대접을 할 겸 간단히 하였다. 때마침 재홍(在弘) 처남과 처제 모두 위문차 내방하였다. 또 다시 병실은 눈물바다가 되었다.

여자 형제끼리는 그저 평소에도 만나면 우는 게 인사지. 그러나 오늘 이때는 정말 울음이 터져 나왔다. 가슴속에서 솟아오르는 울음이다. 못 다 먹고, 못 다 입고, 못 다 살고, 모두 다 미완성으로 두고 가다니! 옆에 누워 있던 환자 부인도 같이 울었다. 병자 자신의 울음도 울음이지만, 모두가 내게로 오는 슬픔이요 눈물이다. 벌써부터 병원에 싫증이 생긴다. 아무런 희망도 없이 무얼 하러 와 있는가 싶어, 그만 나가고만 싶다.

진단 결과(1961년 1월 19일 목요일)

주치의인 내과 담당자가 종합적 진단 결과를 발표하였다. 비장(脾臟) 비대가 원인으로, 간장의 이상이 있다고. 이 박사는 외과의와 상의하여 수술해 보겠다고 한다. 비장을 제거한다고. 비장은 떼어내도 무관하다고 한다. 조그마한 주먹보다는 작은 게 손에 만져진다. 그게 위(胃) 내(內)에 있는지 밖에 따로 있는지, 그렇지 않다면 지라 옆에 있을 테니, 지라가 비대했단 진단이 옳은지 모를 일이다.

진승희(陳承姬)가 모친과 동반(同伴)하여 위문차 방문하였다. 겨울철에 생화(生花) 한 다발을 사 들고 와 이모의 병환을 위로하며 회생(回生)을 기도하였다. 마음도 착하고 용모도 착하고 행동도 착하다. 그 조그만 희열을 느끼며 주께 영광을 돌린다고. 같은 병실에 입원한 부인은 완치되어 가지고 오늘 가족들의 부축을 받아가며 퇴원하였다.

퇴원 결정 (1961년 1월 20일 금요일)

어젯밤 모 여관에서 묘령의 처녀가 독약을 먹었다. 자살 미수로 입원치료를 하는 중 할 수 없이 오후에 사망하였다고. 수위(守衛)들이 병가(病架)에 싣고 시체실로 운반하는 꼴을 보았다. 원래 병원이란 죽기 아니면 살기지. 한 번 싫증이 나면 줄곧 이상한 것만 보이는 것일 거다. 죽을 약만 있는 게 아니고 살 약도 있을 것이다. 좌우간 병자 대우가 불충분하다.

종화도 종성이도 왔다. 모두 상의하였다. 이곳에서는 더 이상 효과는 고사하고 더 몸이 피로해지겠다. 퇴원하는 게 좋을 것 같다. 확실히 작정하였다. 입원할 때 보증금 6만 환 하고도 1만 3,000환이 더 있어야 한다고. 한시도 더 있을 수가 없다. 내일 퇴원할 걸 미리 계획하였다. 종화네 집으로 와 보니 방이 차가워 앉을 수도 없다. 그대로 밤을 새워야 했다. 밤이 되고 잠이 올 리가 없다. 종성이하고 밤새도록 서로 붙들고 울고만 있었다.

한방 치료(1961년 1월 21일 토요일)

신문로에서 조금 내려가면 중국인 한약방이 있다. 한국인 상대라 우리 말도 잘하고 약제사가 있고, 진찰실이며 손님이 많이 온다. 기독교인이라 서 성경을 책상 위에다 놓아 두었고, 아주 침착해서 환자들이 심리적으로 병이 곧 낫는 것 같다. 여러 방법으로 진찰을 하였다.

병원에서는 무슨 진단을 내렸느냐고 묻는다. 엑스레이는 찍어 보았느냐 고까지. 사실대로 말을 하였다. 그러나 자기들도 난치병이라 그 특효약이 없으니, 제일(第一) 안정하고 식생활을 잘하라고 한다. 더 알아볼 곳이나 약 은 없는 것 같다. 이미 알고 있으나 그래도 혹시나 명의를 만나서 신효(神 效)한 약이 있을까 하고 애태웠던 것이다.

병자는, 병원은 단념하고 용산 종성이 하숙집으로 옮겼다. 나는 더 있을 수도 없고 부득이 귀가할 수밖에 없었다. 내일 다시 좀 더 나은 서울대학병 원으로 가보겠다고 종화가 서둘렀다. 병자만 두고 나는 밤차를 탔다. 남하 (南下)하는 완행열차. 용산 하숙집에서, 서울을 떠나.

혼자 귀가(1961년 1월 22일 일요일)

오전 8시 귀착(歸着).

가내(家內) 별고 없으나, 종실(鍾實)이가 혼자서 궁금증이 나서 못 견디게 애태웠노라고. 종인·종대 두 막둥이는 그저 내 눈치만 보며, 엄마 언제나 오느냐고 한다. 엄마가 없으면 어떤지, 좋은지 나쁜지 아무런 분별도 모르고, 그저 학교에 가서 뛰어놀고 하는 것밖에 모르고 있다. 늘 서울이나 부산 가서, 올 때는 좋은 선물을 갖다 주니, 그런 걸 생각하고 어서 왔으면 하는 것이다.

권철(權哲)이 타작한 벼가 정미(精米)하니 2가마인데, 나 집사네 쌀가게에 주고, 지난번의 선금 3가마 값과 종실이가 상경할 때 사용한 것 1가마 도합 4가마 중 2가마 현물로 지불하고는 2가마가 그 나머지다. 그 수득세(收得稅) 6,150환, 학교회비 2,000환, 종실 2,500환, 전기료 700환, 종인 학교 과외비 1,000환.

철부지 막둥이 (1961년 1월 23일 월요일)

최재명(崔才明) 빚 독촉. 방상귀(方相貴) 종자 대금 독촉. 권철 인부 임금의 일.

종실이는 그간 집에서 있느라 모든 것이 서울 엄마 병세가 어떤지 걱정되어, 공부도 안 되고 답답하다며 밤차로 상경. 종인이는 중학교 수험 준비. 매일 밤마다 과외 공부 때문에 집에서는 겨우 밥만 먹고 나갈 뿐이다. 그래도 속으로 걱정이 되었는지 무엇인가 엄마 병에 대한 소식을 듣고 싶어 하였다. 그러나 사실대로 말을 아니하여 주었다. 공부에 지장이 될까 봐.

종대는 아무런 줄 모르고 동무들하고 개구쟁이 짓만 하고 다닌다. 밤에는 종대 혼자서 종일 쏘다니고 나니 곤하였던지, 밥 먹는 길로 잠만 쿨쿨 자고 있다. 집 안은 고요하다. 꼭 일은 당한 것이다. 장래 살 생각은 두 번째다. 우선 어떻게 수습하느냐가 선결 문제다. 슬픔도 눈물도 아직은 생각할 여유가 없다. 앞으로 치료비 빚진 게 문제다.

교인들의 위문 (1961년 1월 24일 화요일)

교회 목사와 박 장로 두 분, 부인회 여자 집사.

서울에서 내가 왔다는 소식을 듣고, 그간 병세가 어떻게 되어 가나 하고 모두들 오셨다. 경과를 설명하였다. 걱정들만 하시었다. 기도를 해 주며 위로하여 주셨다. 박 장로는 한방 치료를 하는 게 어떠냐고.

좌우간 대학병원에서 재차 진단을 해 보자고 하였다. 확실한 병명만 판명 나면 그런 방면으로 한약도 효과가 있으니 그 방법을 택하자고 하였다. 그런 상의라도 하여 주고 모두들 오셔서 위로하여 주니 마음에 안정이 되어지고 곧 차도가 있는 기분이다. 종인은 매일 과외 공부에 피곤하여 늦게까지 누워 있다, 역전에 가서 이발을 하고 왔다. 시험 볼 날도 앞으로 얼마 안 남아 그것도 문제고 걱정이다.

지인들의 위문 (1961년 1월 25일 수요일)

판문(板門) 아저씨, 김복술(金福述) 장로, 이동환(李東煥) 집사, 문병 차 내원하셨다.

역시 그런 경과 보고로 설명하였다. 그러나 암병(癌病)이란, 옛날에는 듣도 보도 못한 병이고, 불치의 난병(難病)인 줄은 미처 몰랐다. 외부에 상처난 것 같은 병이면 처치라도 해서 한(限)이 있지, 내과라서 보이지도 않고 곧 죽는 것도 아니고, 뒤에서 보는 가족들이 살 길이 없다. 어쩌다 이런 병에 걸렸는지, 전생에 무슨 죗값인지, 하필 이런 일이 내게로만 오는지. 오시는 손님에 병 설명(說明)하기와 접견(接見), 보통 일이 아니었다.

밤에는, 종대의 학습장과 겨울방학 공부 책을 뒤져 보았다. 공부를 어느 정도나 하는지 관심을 아니 두니 안 되겠다. 과연 공부가 엉망이다. 기초부터 다시 시작해야겠다. 학교 담당선생이 틀려먹은 것이다. 술이나 퍼먹고, 아이들 공부에는 하등 열성이 없어 되는 대로다. 몇 번 만나서 일러 주었건만 상관없다.

친인척의 위문 (1961년 1월 26일 목요일)

인부 임금 500환, 판문(板門) 고양원 운임 1,800환, 담배 50환, 우표 80환.

전주 화자(花子) 모친(母親), 완이(完伊) 집사(執事) 내원하였다. 제일 처음에 동행하였을 때, 전주 김 내과에서 진찰하여 중병인 줄 알고 서울로 갔다기에 혹 효과가 있나 하고 왔노라고. 역시 도로 왔다고 사실대로 설명을 하였다. 어려운 일이다. 걱정만 땅이 꺼지게 하였다. 얼마나 염려하던 나머지 찾아 주었을까. 평소에 친절(親切)한 사이이니 심방(尋訪)하였지. 감사하였다.

남원(南原) 농협 조합장의 심방(尋訪). 용건은 중앙회 회장 선거 관계로 득표차 온 것이다. 이리(裏里) 북일면(北一面) 영등리(永登里) 손씨 내원. 과일나무 전지(剪枝) 건. 조속(早速)히 전지하고 소독 실시해야 복숭아 농사 성적이 양호하다고, 시기 놓치면 결실 영향 심대.

지인의 위문 (1961년 1월 27일 금요일)

교장 함영근(咸靈根), 조철원(趙喆元) 선생, 문병차 내방.

학교도 바쁘실 텐데 일부러 와 주셔서 참 감사하였다. 물론 학생 관계도 있지만 교우관계도 있었다. 오시는 손님을 그저 가시게 하는 것도 실례가 되고, 오시는 대로 다 대접하기도 그런 기분이 안 난다.

낮에는 그럭저럭 내방객도 계시고 하여 넘어가지만, 밤에는 복잡한 환경이 떠올라 잠을 잘 수가 없다. 그동안 며칠이나마 서울 소식이 궁금하다. 종대(鍾大)는 엄마가 보고 싶다고 편지라도 하겠다고 연필로 노트에다 끼적거려 놓았다. 말이야 되든, 글씨야 잘못 썼든, 정성어린 글월이니 얼마나 받아 보고 또 눈물을 지으리. 편지 겉봉은 내가 써 주었다.

명의 소개 (1961년 1월 28일 토요일)

박 장로가 통지(通知)를 했다. 전주(全州)에서 명의가 왔는데 상의해 보라고. 바로 가 보았다. 마침 한의(漢醫)는 다른 사람이 아니라 소학교 동창생이다. 잘 아는 사람이다. 그간 수십 년간 한의학을 전공했다고. 박 장로는 선생으로 알고 대접을 하며, 자기도 배우고 있다. 내용을 알아보니 금목수화토(金木水火土) 오행(五行)의 이치(理致)로, 우선 생년월일 사주를 보고, 병난 시일(時日)도 갑자을축으로 따져서 치병(治病)을 한다. 무슨 방법이든지 물불을 가리지 않고 해 보겠다. 나을 욕심밖에 없다. 그러니까 하루라도 속히 돌아와서 한의로 치유(治癒) 받아 보라고.

안 들었으면 몰라도 그저 사실대로 서울에 연락을 하였다. 한약의 묘방

(妙方)은 양약으로는 비교가 안 된다. 무시할 수도 없다. 효과만 있으면 이보다 좋을 도리가 어디 있을까.

서울에서 온 편지 (1961년 1월 29일 일요일)

서울에서 편지가 도착.

대학병원에서 진찰하여 보았다고. 결과는 역시 간장에 이상이 있다고. 입원해서 수술 비용이 약 10만 환이 필요. 큰일이다. 수술해서 내복부(內服部)에 무슨 이상이 있나 보고도 싶다. 돈도 문제다. 어디서 용이하게 융통(融通)할 수도 없고, 치료는 받아야겠고. 그러나 어떠한 수단방법이라도 해서 살고 봐야겠다. 병자 자신도, 그저 집이라도 팔아서 병만 나으면 또 부지런히 벌어먹고 살면 되지 않느냐고, 어찌해서라도 살려 달라고 애원도 하였다.

그러나 누가 준다고 하는 사람도 없고, 가슴앓이만 한다. 갑자기 집을 판다고 해도 누가 사는지도 모르고, 선후를 모르겠다. 그동안 자식들의 학자금으로 모아놓은 재산도 없다. 묵은 빚도 있고. 겨우 원예(園藝)를 해서 식생활(食生活)이나 하여 나가는 판인데, 의외로 이런 불행을 앞에 놓고 생각하니 천지(天地)가 뒤바뀌는 것만 같다.

친구들의 위문 (1961년 1월 30일 월요일)

판문(板門) 박장수(朴長壽), 윤판준(尹判俊) 위문차 내방.

평소에도 가끔씩 상봉하여 세상사를 논의도 하고, 피차에 집안일도 서로 교환하며, 때로는 밤 새워 가며 음주하는 기탄없는 교우다. 더욱이 의외에도 이런 병환을 당하니, 각자의 일이나 다름없이 알고 걱정을 같이하여 보겠다는 심정이다. 나야 남에게 아무런 도움 준 일도 없었고, 그런 여유 있는 생활도 못 되고 하였지만, 지금까지 친우(親友)들 덕으로 살아온 것만 같다.

이런 복잡한 경우를 당하니 친우가 얼마나 도움 되는지 모르겠다. 각자 자기 집안일도 분망(奔忙)할 텐데도 불구하고 와 주니, 나는 그런 처지에 그와 같은 열성이 날까 의문이다. 소금 반찬이나마 저녁 식사까지 같이 하고 밤 늦게까지 놀다가 떠났다. 언제나 밤은 괴로운 때다.

병실 알려 달라는 교인들 (1961년 1월 31일 화요일)

아침 일찍 일어나 보니 백설(白雪)이 분분하여 사면이 은세계를 이루었다. 겉으로는 평화롭고 안녕한 가정인 것 같다. 저 백설이 녹아나면, 그 속에도 수다(數多)히 복잡한 세상사가 가득 쌓여 있다. 내 마음속과 동일하다. 적설(積雪)이 쌓인다. 치우고 나면 또 내리고 내리고 한다. 안온한 기분도 들고 마음이 편안한 것도 같다. 한 주먹 쥐어도 보고 얼굴을 씻어도 보았다.

오후가 되니 날씨가 추워진다. 개도 염소도 모두 잘 자리를 따듯하게 마련하였다. 석양이 되어 밖에 바람이 추워졌는데, 뜻밖에 박 장로님이 오셨다. 수리(水利)조합 일로 오늘밤 상경(上京)을 계획이니, 문병하겠다며 주소를 알려 달라고 하신다. 그러나 알릴 만한 곳이 못 되고 주소 찾기가 곤란하다는 핑계를 대어 거절하였다. 섭섭히 생각하셨다. 남의 성의를 무시한다고. 사실은 그게 아닌데 오해를 하셨는지, 곤란한 일이었다.

교회에서도, 대표로 부인회에서 문병차 상경하겠다며, 목사도 오고, 부인 집사들이 여러 차례 의사를 전하였다. 그러나 여기서 기도 많이 하여 주시면 된다고 거절하였다. 대학병원 진단 결과가 곧 판명(判明)이 끝나면 귀가할 것이라고 하였다. 지금까지 교회에서 부인회장으로 있었고, 권사 임명 받은 지도 얼마 안 되고, 제직(諸職) 중에서도 요직이라, 매일같이 병자를 위하여서 기도를 하니, 어찌 다 그 은혜를 보답할지 모르겠다.

아내는 교회당이 좁고 목조(木造) 날림이라 벽돌집으로 잘 짓겠다고, 신축 기성회(期成會)를 조직하여 모금운동도 벌여 기금을 마련하였다. 새벽기도회에 빠지지 않고 나가며 열심히 신봉(信奉)하였다. 늘 소원이 나를 교회 출석시키는 것이었고, 울기도 하며 직접 권유도 하였다. 자기 신앙은 남을 주지 못한다고, 각자의 장래 문제를 해결하여 놓아야 한다고, 밤에도 잘 때면 먼 데 있는 자식들을 위해서 기도하고, 범사에 감사하며, 실제로 먹고 사는 데에는 그렇게 큰 관심을 가지지 않았다.

2월
퇴원하는 아내

아내의 귀가 (1961년 2월 1일 수요일 맑음)

환자 귀가. 도로에서 차(車) 정지하는 소리가 나더니 크락션이 울렸다. 바로 나가 보았더니, 차에서 내리는데 군인이 부축하고 나온다. 마침 셋째 아들 종정(宗正)이가 엄마를 보러 서울에 갔던 모양이다. 그러나 병원에서도 할 수 없이 안정하라고 하는 선고를 듣고 오는가 보다. 걸음을 걷지 못하여 겨우 한 발짝씩 걸어 층계를 올라왔다. 가족들이 모두 나갔다. 겨우 방으로 부축하여 올라왔다.

종인·종대는 학교에서 늦게야 알고 두 걸음에 쫓아왔다. 아이들이 엄마를 붙들고 울어댄다. 엄마는 울 기운조차 없다고, 그만 진정하라고. 그래도 그치지 않고 퍼지르고 목울음을 터트린다. 환자는 눕지도 앉지도 못하고 반만 기대어 있었다. 내가 올 때만 해도 그런 신수가 아니었는데, 아주 신상이 말이 아니다. 경과를 물을 필요도 없다. 이미 다 간 말이다. 그래도 행여나 하고 사방에 명의를 찾았던 것인데…… 서울대학병원 결과는 아직 못 들었으나 최후 선고일 것 같다. 그러나 무언가 먹어야 하는데 일체 식사를 못하니 살 길이 있어야지.

퇴원한 이유(1961년 2월 2일 목요일)

대학병원. 내가 출발한 뒤로, 서울에서 아무리 생각해도 그저 말 수도 없고, 좀 더 자세한 진단을 받아 보았으면 속이 시원하겠다는 생각이었다고. 재삼 세브란스 병원에 가서 내과 담당의사에게 문의하였다고. 확실한 판단을 모르고 그저 말았으니, 환자 안 듣는 데서 가족들에게만 자세히 설명해 달라고 애원을 하였다고. 역시 암 증상이나, 내과라서 보이지 않으니, 난치병이라는 막연한 답변이었다고.

최후로 서울대학병원에 가서 암 전문의에게 진찰을 받았더니, 역시 그곳에서도 종합적 진찰을 해야지 안 된다며 약 1주간 입원해서 순서를 밟으라고. 이제 다시 재삼 그런 어려움을 환자가 치를 수도 없고 비용도 막대하고. 생각다 못해 이런 의견이 나왔다고. 먼저 세브란스 병원에서 진찰한 기록을 보았으면 그대로 알고, 종합 진찰은 안 해도 된다고.

그래서 세브란스 병원에 가서 친한 의사를 재삼 설득해서 진단 기록을 잠깐 참고로 볼 게 있으니 좀 보자고 하여 무려 뺏다시피 탈취해다 대학병원에 갖다 주었다고. 그 기록을 보고는 그대로 인증(認證)하여, 종합 진찰은 다시 않고 최후로 혈액을 검사해야 하는데, 제일 정확한 게 간장(肝臟)이라고. 늑막 사이로 침을 꽂아서 간의 일부를 조금 채취하여 검사하여, 확실하게 암 증상이 나타나 최후의 결론을 지었다고.

이상의 병원에서는 더 할 수단이나 시설이 없노라고 사절하였다. 그러면 막연하게 환자를 그대로 두고 보아야 할 것이다. 죽을 때만 기다릴 것이다. 무슨 묘방이 있을까. 천병만약(千病萬藥)이라고, 제각기 다른 병에 약도 많기도 하건만, 이 병은 아무도 무슨 약을 써서 나았다는 말조차 들어볼 수도 없다. 장기 치료도, 무슨 약인가 있어 먹어 보아야 효과를 찾을 것인데 아무 약도 없고, 매일 식사라고는 일체 못하니 살 수가 없고, 자연 쇠약해서도 죽겠다. 옆에서 차마 신음하는 꼴을 보고 있을 수가 없다.

못 먹는 아내 (1961년 2월 4일 토요일)

치료비를 지불하였다.

식사는 쌀밥이나 반찬은 일절 못 먹고 가끔 미음 정도밖에 못 마신다. 먹으면 먹는 대로 토해 버리고, 구미가 당기지 않아 못 먹겠다고. 평소에도 구질구질 먹는 식성도 아니었지만, 겨우 캔 양배추, 귤 주스, 사과즙이다. 그거나마 조금씩 입맛을 다시는 둥 마는 둥, 옆에서 억지로 권하고 먹어야 산다고 하니, 먹는 시늉만 하다 만다.

손님들이 있고 사방에 일이 생겨 왕래하는 인부들이 늘어 식량문제 자금을 준비해야겠다. 본(本)골 복덕방을 찾았다. 학교 앞 1,050평짜리를 내놓았다. 살 사람을 직접 물색하자니 용이치 않고, 직접 상대하고 싶지도 않다. 아직은 누가 얼마나 줄는지도 알 수 없고, 급하게 서두르면 헐값을 받고 만다.

나 집사네 쌀가게에서 종대 줄 쌀값 16,400환, 박 장로네 쌀값 7,000환을 빌려 왔다.

링거를 맞는 아내 (1961년 2월 5일 일요일 비)

서울에서 보혈(補血) 주사를 바꿔 보라고 했다. 이리(裡里: 현 익산)에서
비타민제 링거를 사다가 의사한테 주사를 맞았다. 혈관이 적어 곤란하다.
교회에서 송 목사, 판문(板門) 박 장로 내외분, 기타 교인이 문병차 내방하
셨다. 교회 갔다 오시는 길이라고. 기도회를 보았다. 매일과 같이 교회에
서, 교회를 위해 상의하고 일하는 제직(諸職)이, 몹시 걱정이 되어, 모이는
곳곳마다 환자를 위해서 주님 앞에 애원(哀願)의 기도를 올린다고.

환자는 영영 기동(起動)을 못하고 누워 있다. 누가 와도 와병(臥病)에 인
사 사절이라더니, 위로의 말을 하여 주고, 차차 효과가 날 거라고들 하셨
다. 여러 교인이 오면 내 마음부터 안정되고 좀 위로가 된다. 그러나 오래
앉아 있을 수가 없으니, 그저 조금 있다가 가신다. 아무도 없으면 답답하기
짝이 없다. 환자가 잠을 자야만 나도 같이 한숨 잘 수 있지, 밤이고 낮이고
고대로 누워 앓고 있으니 잠들지 못하고 있다.

논 팔기 (1961년 2월 6일 월요일)

논 631의 6번지, 학교 앞. 백미(白米) 39가마에 매도(賣渡)하기로 계약. 쌀
25가마 수령(受領). 나성권(羅成權)네 쌀가게에 보관하고 증서를 받았다. 매
일 수도 없이 쓰는 돈을 어디서 융통할 수도 없고, 논이 아깝고 안 된 일이
지만, 사람이 살고 봐야지, 중환자를 방에 눕혀 놓고 그대로 두고 방관할
수가 없다. 그동안에도 건강에 도무지 무관심하여서 이런 결과가 되었다.

과수원에서, 그 더운 혹서(酷暑)에도 불구하고, 복숭아를 따서 싣고 새벽

에 시장에 나가면 오후에나 오는데, 집에 와서 겨우 보리밥이나 떠먹고 또다시 복숭아 따러 가고, 이렇게 몇 달 계속하고 나면 무쇠라도 녹고 말 것이다. 평소 건강체(健康體)도 못 되는 체구(體軀)에 못 먹고 일만 죽도록 하니 견뎌 낼 장사가 있어야지. 어찌 돼도 자식들 교육을 끝까지 시켜 보겠다고. 더구나 뒤늦게 얻은 종인·종대 두 막둥이까지 생각하면, 도저히 한 푼의 돈이라도 허튼 데 쓸 여유가 없었다.

교인들의 문병(1961년 2월 7일 화요일)

교회 제직(諸職) 부인들이 오셨다. 박 장로 두 분과, 오시는 길로 기도회를 먼저 보신다. 환자는 누워 앓으면서도, 기도와 찬송을 부르면 마음이 편하고 괴로운 걸 이기겠다고, 주님의 십자가를 생각해서 아무 아픈 데가 없다고, 부대끼지는 않는데 기운이 없다고. 그저 같이 오래 있어 이야기도 하고, 우스운 유머도 하고 했으면 살 것 같은 양이다.

그러나 그게 몇 시간 못 간다. 조금 있다가는 구역질을 한다. 온 내장이 다 넘어온다. 넘긴 것이 있어야지 아무것도 먹지 않으니 넘어올 게 없다. 건구역이 더 사람 잡는다. 시궁창 지렁이를 달여서 마시면 듣는다고. 황토(黃土)를 불에 달구어 물을 부어서 우러난 물을 마시면 듣는다고. 모두 다 구역질. 속에서 받지를 않는다. 그래도 사과즙이나 토마토 주스를 마시면 좀 낫다. 미음은 풀내가 나서 못 먹겠다고. 비위 가라앉게 생강즙을 먹이니 써서 입에 못 넣겠다고.

제수의 문병 (1961년 2월 8일 수요일)

이리의 종일 모친(제수) 오심. 귀가 소식을 듣고 이제 왔노라고. 저번에 서울의 병원에 계실 때는 신수랑 괜찮았는데, 그새 왜 이렇게 결단 나셨느냐고. 둘이서 만나면 밤을 새워 가며 전에 살던 이야기, 앞으로 자식들 키워서 공부시켜서 잘 지도하고 성공해서 가내가 번창하도록 힘쓰자고, 외아들이나마 똑똑하게 생겼으니 아무 생각 말고 그대로 꼭 이기고 살라고, 얼마나 정답게 지내는지 참 보기에 마음이 흡족하였다.

그러나 모든 계획이 막막하게 되어 가니, 서로의 약속이 수포로 돌아간다고. 자식들의 장래가 무엇이 될까. 종인·종대 두 막둥이들은 누구 손에 식은 밥덩이나마 얻어먹고 클는지, 제일 불쌍하고 못 잊겠다고. 어찌하면 좋은가, 진실로의 호소다. 우는 것도 하루 이틀이지 이제는 눈물이 아니라 불길이 난다고. '외로운 과부 신세로 두 아들을 데리고 수절하고 사는 게 감사해서 늘 욕보네, 한 때가 있네, 걱정말고 사소.' 하였던 것이다.

장남의 편지 (1961년 2월 10일 금요일)

장남 종화(鍾華)의 편지. 모친 병(病)이 걱정이다. 효과를 못 본 채 그대로 가시고 나서 사방으로 명약(名藥)을 구하고 암병에 대하여 결과도 알아보았다고. 잘 치료하면 신효(神效)를 볼 수도 있다고 한다.

그런 말을 믿지 않고 포기했다가도, 혹시나 하고 요행수를 바라고 한약이라도 정성껏 달여서 복용한다. 병세는 점점 악화되어 몸이 쇠약하여만 가고 심적 고통을 겸하니 좋아질 리가 없다. 무언가 먹어야 하는데 겨우 토마토 주스나 한 모금 마시고 마니, 자연 영양실조가 되게 마련이다. 밤에는 잠을 아니 자고 신음한다. 교인들도 다 가고 기타 가족들도 다 잠이 들어 집안은 적적하다.

나는 옆에 있다가 잠깐 잠이 들어 시든다. 그러면 환자는 나를 붙든다. 웬 잠만 자고 있냐고, 그렇게 사람이 무심하냐고. 나는 당신 아프면 그렇지 않겠다고, 섭섭하다고. 가산을 다 팔아서라도 병을 낫게 해 달라고, 나아 가지고 둘이서 자식들하고 벌어먹고 살면 되지 않느냐고.

아이들과 시장나들이 (1961년 2월 11일 토요일)

이리행. 세모(歲暮) 섣달 대목장이다. 거리에는 사람들이 오고 가고 야단 이다. 설날이 당하니 조상에게 제사도 지내고 아이들 의복도 사고, 길이 미 어진다. 환자는 누워서도 온갖 간섭 다한다. 종인·종대의 주제 꼴이 추레 하다고. 어미가 누워 있으니 벌써 표가 난다고. 장에 가서 양복 사고 신도 사 주라고. 벌써 예감이 드는지 이상한 소리다. 그렇기도 하다.

아이들을 데리고 시장을 갔다. 마침 차도 없고 해서 걸어서 갔다. 얼 마나 아이들이 좋아하는지. 늘 침울한 기분으로 학교에 가고 오고, 와 보면 엄마는 누워 있고, 오래되면 낫는 걸로만 알 뿐이겠지. 옷도 입히고 운동화 도 사서 신겨 가지고 왔다. 장에 가는 사람 오는 사람마다 무언가 한 보따 리 사들고 바쁜 걸음으로 힘차게 걸어가고 있다. 우리도 그중의 하나다.

아이들도 기운이 났다. 엄마 옆에 앉아서 희색이 만면이다. 부디 공부 잘 해라. 종인이는 시험공부 자신 있느냐고. 그저 고개만 끄덕한다.

금전출납 (1961년 2월 12일 일요일)

나(羅) 집사, 백미 5가마 중 2가마 지불. 3가마 남음(이하 금전출납 기록 생략: 엮은이 주).

친인척의 문병 (1961년 2월 13일 월요일)

전주 완이(完伊)와 화자(花子)의 모친 방문. 아픈 초기부터 가끔씩 오셔서 도와주고 문병을 하여 큰 힘이 되었다. 자기도 바쁜데 오늘도 일찍부터 오셨다. 마음에 부담을 주지 않고 허물이 없어서 제반사를 논의 대상으로 삼기도 한다. 보통 성의로는 그러기가 어렵다. 오신 길에 수고를 끼쳐야 하겠다. 이불이 검어서 안 되었다.

손님이 오시고 해서 침구나 청결해야 한다고, 오신 길에 다 새 걸로 갈아 주게 하였다. 누워서 환자가 지시하고 부탁이다. 병실은 늘 공기 환기를 자주 하고 신선해야 된다고, 의사의 지시대로 복약을 한다. 아침 새때쯤 잠간 환자는 잠이 든다. 곧 깨고 만다. 계속 한 시간만 자도 되는데, 눈만 감고 있지 잠을 안 잔다. 밤에는 오히려 정신이 더 새로워져, 오만 간섭 다 하고 차츰 신경질을 낸다. 크게 무리도 아니다. 성한 때와는 다르다.

교인들의 기도 (1961년 2월 14일 화요일 추움)

날씨가 갑자기 추워졌다. 실내 온도가 영하로 내려갔다. 환자 있는 방이 냉골이다. 북풍이 몰려와 방에서도 얼굴이 시리다. 방 안에 떠다 놓은 물이 꽝꽝 얼어 버렸다. 유리창에는 서리가 허옇게 서려 마치 방이 냉장고인 양 빙점으로 내려갔다. 목사님이 또 오셨다. 간곡한 기도를 올린다. 주님 귀히 쓰시는 여종, 괴로운 병마에 걸려 신음 중이오니 불쌍히 보시고 어서 속히 당신의 능력으로 회복하게 하시옵소서, 하고 계속 기도하는 마음으로 언행 일치(言行一致) 애원이었다.

교인들의 성의로 보아서 속히 회복하기를 빈다. 교회에 큰 일이 많은데 이러고 누워 있으니 지장이 많다고. 판문 아저씨 내외분이 늙으신 몸에도 불구하고 늦게까지 놀다 가셨다. 밤이 이슥해서 사방에 닭이 홰를 치며 운다. 여전히 정신이 초롱초롱. 앞으로의 비극을 예상하여 차마 눈을 못 감겠다고.

설날 (1961년 2월 15일 수요일 정월 초하루)

설날. 거리에는 세배 행차 인파가 넘쳤다. 종인·종대는 밖에 나갈 줄도 모르고 엄마 곁에서 엄마의 모습을 바라보고 있다. 모든 사람이 즐거운 날. 일 년 1차 가족들이 한자리에 모여 단란한 날. 세상을 남과 같이 한 번 못 살아 보고 그대로 가다니, 참 분통이 터질 일이다.

자식이 모두 객지에 산지사방에서 제 형편대로 자유롭지 못한 채, 그저 앞날을 위해 매진하고 있고, 집에서는 설날에나 추석에나 아무렇게나 밥이나 해먹고 말고 하였다. 훗날, 그 말 이르고 잘 지내면 되지 않겠냐는 것이다. 옷 한 가지 새 옷을 안 해 입고, 먹는 것도 그저 되는 대로 찬밥을 먹고 말았다.

철모르는 아이들이야 무슨 앞날까지 생각하랴. 우선 다른 애들과 같은 기분이다. 애들이 안타깝기만 하여 보기조차 소중하기만 하다. 어쩌다 여섯 자식을 낳아 가지고 가슴에 철못을 박고 죽으니 어찌 풀릴까? 오직 주님의 뜻대로 이루어지리다.

막둥이들 걱정 (1961년 2월 16일 목요일)

큰애들도 객지에서 명절이라고 제대로 넘길 리 만무하다. 집에서 엄마는 죽을지 살지 모른 채, 하루하루 죽음의 길로 가고 있는데, 얼마나 정신없이 지내고 있을까? 온 정신이 집에만 있을 것이다. 이 노릇도 저 노릇도 못할 노릇이다. 그래도 큰놈들은 형편대로 살겠지. 어린애들이 장차 누구의 눈칫밥을 먹고 클는지.

마침 어미 그리운 줄 알 무렵이다. 아직 엄마가 없으면 어떻게 되는 줄을 모르니, 그러니까 더 가슴 아프다. 아이들의 성질이 유순하니, 시키는 대로 잘 듣지만, 장차 험난한 세상에 제대로 옳은 인간이 될는지가 의심스럽다는 것이다. 부친이 좀 더 억세고 자상하면 안심하겠는데, 그러지 못하니 못 잊겠다는 것이다. 차라리 정신을 놓고 끙끙 앓다 죽으면 피차에 한갓지겠다. 낮에는 모두 그렁저렁하다가도 밤만 되면 잠을 못 자고 옆에서 흐느끼는 꼴을 하루 이틀 아니고 야단이다.

한의사의 진찰 (1961년 2월 17일 금요일)

문병객. 판문 박상래 장로 내외분이 설 음식을 가져오셨다. 두 막둥이 주라고. 양 생원 댁 성남이의 모친은 환자용 미음. 역전 김공순 집사는 과실.

오후 내내 판문 박 장로가 전주 한의사 정영옥(丁永玉) 씨와 동반(同伴) 방문해 진찰하였다. 전보다 맥박이 좋아졌다고. 다른 처방으로 투약하겠다고. 역시 약값은 선금이다. 동행하여 판문 박 장로 댁까지 갔다. 오랫동안 병에 대한 진맥 결과를 들어보니 그렇게 신통치를 않았다. 그렇다고 아무 약도 안 쓰고 두고 죽기를 기다릴 수는 없다. 효과야 있든 없든 묵과할 수가 없다.

다른 병은 약도 많기도 한데, 암병은 아무런 단방약도 없는가 보다. 와서 일러주는 사람도 없다. 약을 사는 것도 별로 없는데 매일 돈은 어디로 가는지 줄곧 없어져 간다. 어서 날씨나 풀려 해동했으면 살겠다.

수면제 달라는 아내(1961년 2월 18일 토요일)

병고도 하루 이틀이지, 벌써 몇 달을 두고 먹지도 못하고, 먹으면 토해 버리고, 밤에는 잠을 자야 하는데 한 잠도 못 자니, 자연 쇠약할 수밖에 없다. 이제는 온 전신이 신경통이 나서, 팔다리가 쑤시고 아프고 야단이다. 팔다리를 주무르고 안마를 하고, 복부에다는 풀 가는 돌을 불에다 구워 환부에다 대어도 보았다. 뜨겁되 시원하다고 한다. 계속 번갈아 대어도 본다. 잠깐 동안이라도 잠이나 잤으면 살겠다고 수면제를 좀 먹어 보았으면 한다.

박 장로보고 상의하니 그걸 시작하게 되면 큰일이라고, 아직 안 된다는 것이다. 옆에서 간병자가 견디지 못한다고 한다. 그런지도 모르나 나중에 원이나 없게 환자가 하자는 대로만 하고 싶다. 평소 몸이 성할 때 생각하고, 사람이 앓아누워 있으면 세상만사 다 귀찮고 그저 무슨 짓이라도 해서 자기 병만 낫도록 하라는 것이라고들 한다. 경험자들이.

친지들의 문병과 기도(1961년 2월 19일 일요일)

윤판준(尹判俊), 오복용(吳福用), 박 장로, 김복술(金福述), 이동환(李東煥), 동네 노부인들.

다수 인사들이 매일과 같이 문병을 오신다. 오시는 분들도 좀 나아지냐고 묻지도 않고, 서로 눈치만 보고 긴 한숨만 쉴 따름이다.

교회 청년 남녀들까지 왔다. 교회에서는, 부인회에서 단식기도를 하시는 분까지 계시다고. 이 기회에 하나님의 권능으로 큰 기적을 베풀어 주시면 교회에 큰 복이 되겠다고 들었다. 과거 내 죗값으로 처가 대신 병에 걸린 건 아닌지, 여러 가지 별 생각이 다 난다. 미신이란 따로 없다. 급하고 답답할 때, 어떻게라도 화를 면할까 싶어 도피하는 길이다. 뻔하게 아는 일이지만 귀가 뜨인다.

교회 부인회에서는 기도사(祈禱師)를 초빙하자고 한다. 하나님께서 들으신다고. 그렇다. 그 병이 악화될 리도 없고 나아질 수도 없다. 병자가 원한다면 하도록 하였다.

부부 (1961년 2월 20일 월요일)

부부. 일생을 서로 상처를 끊임없이 주고받으면서, 알고만 살아가는 것은 아니다. 지내 온 과정을 생각하면, 젊을 때는 아무런 계산도 못한 채 그저 법으로만 존중하며 지내었다. 돈이 무엇인지, 장래가 무엇인지 그저 남 앞에 꿀리지 않으려고, 쓸데없는 체면만을 위해서 노력하였다. 그러나 차츰 재산은 줄어들고, 나이는 들고, 자식들은 커 가고, 겁이 바짝 나서, 이러다가는 야단이라고 생각이 되어서부터다.

입는 것, 먹는 것, 세상에 대한 일체를 그대로 포기하고, 집안을 위해서만 살아왔다. 불평도 없고 평화도 없다. 먹으면, 흙을 다루는 일, 즉 뼈에 박히지 않은 무리한 노동도 달게 해 가며 목적 달성에 전력을 경주했다. 힘에 겨워도 참고 견디었다. 신앙을 목표로 삼고, 남에게 양심의 신조를 지켜가야 했다.

고생한 아내 1 (1961년 2월 21일 화요일)

꽃 시절을 당해도 친구들과 동반하여 마음 놓고 소풍놀이 한 번 못 갔다. 여름이면 해수욕이든 절이든 약수터든 일체 외면이다. 과일나무 계절에는 갑절로 노력이다. 봄부터 시작하면 아무 때고 눈발이 비쳐야 방 안에 들어앉게 된다.

근방 아이들과 매일 복숭아 전지(剪枝), 약 살포, 복숭아 열매 솎아주기, 봉지 씌우기. 시장 출하기에는 말로 할 수 없는 총력(總力)이다. 따는 것도 문제지만 판매가 제일 곤란이다. 우량상품 소득 배가(倍加) 운동에 가족이 동일한 노력이다. 아이들도 학교에 갈 준비해 가지고 동반하여 시장엘 간다. 가서는 상품 진열이 시간을 잡아먹는다. 밤에 제대로 자도 수면 부족인데 새벽잠을 못 자면 종일 시달린다.

이러길 하루 이틀이 아니다. 연 3개월 계속했으니 자연 과로한 건 사실이다.

고생한 아내 2(1961년 2월 22일 수요일)

되는 대로 차부(車夫)나 인부에게만 부탁해 놓으면 반타작이다. 그 대신 직접 노력하면 확실하게 액수 차이가 있다. 그러니 자연 서둘 수밖에 없다. 그런데 과일나무도 초창기는 결실이 양호하더니 차츰 연륜이 경과할수록 품질이 저하된다. 비료 주고 재배하는 관리가 순조롭지 않다. 금비(金肥, 화학비료) 사정이 논 위주 시대라서 구하기 곤란하고, 퇴비 증산도 안 되고, 자급한 비료로 그럭저럭 해먹다 보니, 과일나무가 일찍 쇠약해져 간다. 그래도 큰 빚 없고 모두 수확하면 아이들 학자금 하기에 딱 알맞다.

제 수입으로 제 관리만 하면 되는데, 그때 자연히 함부로 다 쓰게 되고, 실지 과수원은 빌린 돈으로 경영하니, 이자며 결산이 안 맞는다. 영구적 사업이라, 밭에서 기르는 채소와 달라서 일시에 변환이 안 되고 적어도 10여 년은 계속 사업이다. 일 많은 게 원예작이다. 벼농사같이 쉬운 건 없다.

잘살던 시절(1961년 2월 23일 목요일)

해방. 일제시기, 판문에서 살 때는 대농(大農)이었다. 30필지 경작도 했다. 농사짓는 소를 군마(軍馬)와 교환해 두 필씩 부렸으며, 인부를 매일 수십 명씩 집에서 고용하고 있었다. 그래도 식모(食母, 가정부)도 없이, 15세쯤 먹은 소녀 아이하고 그 농사를 다 지어 내고 살았지. 밭으로 들로 사방이 모두 일거리였지만, 촌이라 서로 자기 집 일 때문에 남의 집에 와서 품 파는 여인들도 없었다.

밤이나 낮이나 인부들 밥 삶아 내는 일이 일 가운데 가장 고되고 고역이다. 쌀이 문제가 아니고 반찬이 새로운 게 없으니, 채소로 인부들 입맛을 알아서 잘 먹여야 농사철을 지내니까, 젖먹이 아이들 업고 다니며 온통 땀으로 멱을 감고 살았다. 그때는 집 안에 우물도 없이, 십 리나 되는 도랑물을 머슴이 길어다 쓰니 물같이 귀한 게 없었다.

집안 몰락 후의 변화 (1961년 2월 24일 금요일)

젊을 때는 우리 부부 둘 다 아무런 계산도 할 줄도 모르고 살았다. 돈이 무언지 농사가 무언지 몰랐다. 형제가 각지에 흩어져 불우의 참변 당하기를 몇 해 계속하니, 자연히 농토를 팔아넘기고 남의 소작농으로 몰락하였다. 농사를 잘 지어도 소작료 내고 모든 비용을 제하고 나면 쭉정이만 남을 정도로 수입이 없는 시대였다. 그래도 그것밖에는 아무 생산 수단이 없으니, 그나마 열심히 해야 먹고 살 수 있다는 각오가 생겼다.

어떻게라도 해서 다시 복구해 보자고 결심했다. 논에도 인부와 같이 나가서 일하고, 꼭 지켜 서서 배우며, 같이 일하였다. 인부들도 꼼짝 못하고 제대로 해 주게 된다. 모종을 옮길 때는 정식 머슴이 5명, 수시 품꾼이 10여 명, 근처에서 매일 날품삯으로 오는 인부가 수도 없었다. 점심 한 때만 먹고 들에서 바로 가고 하니까 간단하기는 하였다.

모내기 직전 (1961년 2월 25일 토요일)

보리농사도 강가의 땅이 과수원 땅이라, 보리의 총 수확고 100가마를 보통으로 지어도 수확하였다. 모내기 직전에 보리를 베어다 모아서 야적(野積)까지 끝마쳐야 모심기를 시작하지, 그러지 않으면 장마를 만나 다 썩어 버리고 만다. 강(江) 속의 것은 홍수로 다 유실되어 버린다.

모내기가 끝나고 바로 제초를 시작하면, 음력 7월에나 가야 며칠 여가가 생긴다. 7월 내내 보리농사 퇴비용 제초 작업이 계속되고 나면, 품꾼은 다 보내고, 머슴만 5명 정도 집에 있다. 벼 이삭이 패면 새 보기가 큰 일이다. 새도 많기도 하지만, 원체 사방에 논이 산재해서, 이삭 패기 직전은 아주 중요한 시기다. 뜨물이 들기 전에 새가 다 먹어 버리는 수가 많다.

8월에는 배추 가꾸기가 또 일이다. 인부가 많으니까 겨울 김장이 이만저만이 아니다. 수십 독을 담가야 충당한다.

농사 생활 (1961년 2월 26일 일요일)

농장에 소작료를 지불하고 농자금을 상환하고 나면, 겨울에는 인부 1명만이 집안일을 돌보고, 농사 소를 사육하고, 아침저녁으로 먹을 물 급수 작업을 한다. 샘을 파면 되는데, 철분이 많고 객수(客水)가 많아 음료수로는 적당치 못하고, 개울 물맛이 오히려 낫다고 해서 크게 곤란을 겪으며 살았다.

겨우 쭉정이만 남는다고 하지만, 워낙 큰 면적을 짓다 보니 약 50가마쯤 된다. 잘하면 식량은 충분하다. 보리를 혼합하면. 그 시절에는 보리 같은 건 곡식으로 알지도 않았다. 일 년 내내 그 고역을 하고, 또 다음 해 그런 계산으로 영농을 하고, 수지야 맞든 안 맞든 그대로 이 농촌에서는 그 길밖에 없으니, 그저 맹목적으로 하는 수밖에 없었다. 아이들 교육비도 안 들고 또 별도의 돈 드는 데가 없다. 고무신 한 켤레 신으면 1년은 신고(50전).

MEMO

農場에 小作料 支拂하고 農資을
償還하고 나니린 冬글에는 人夫 一人써
이 집안일을 돌보고 農牛를 飼育하고
自給으로 用水 汲水로 生業을 하고
썼을되 山린린를 때 숯벗이 때고 溫水
가 많아서 飮料水로는 適合치 못하고
개울물맛이 오히려 낳다고 해서 大困
難받고 살렸다 겨우 젼면이 쌀놋다
그하지써 現在 大面積 農作이라
約50마戌되 말하면 金肥을 要하겠다
보리 混食하면 그시절에 보리줄은건
穀賣買를 알 수 없다 一年内 힘과 努
力을려고 그 다음 해 그련 決算으로
營農을 하고 收支 야맛도 안맛고
대로이 農村에서는 그릴 밖에 없으니
져 습 因的으로 하는 수밖에 없었다
아이를 敎育費로 낳들고 또 別로 외도
는 두래기 없다 고누신 한걸예 산의린
1年은 산고 (50歳)

3월
병든 아내의 고통을 바라보며

병든 아내의 고통(1961년 3월 1일 수요일)

낮에는 사람들 오고 가고, 아이들이 옆에서 공부하는 것, 학교에서 있던 일, 입학시험 문제, 가사가 무엇이라도 논의 대상이 되고 하여, 시간이 가는 줄 모르고 지낸다. 밤만 되면 야단이다. 신경통인 것이다. 사지가 쑤시고 뼈끝마다 저리니 살 수가 없다고 못 살겠다고 야단이다. 집 안은 고요하고 아이들은 학교에서 종일 시달리고 나면 곤하니 그저 자고, 안마식으로 주무르다가 주먹으로 두들기다가 조금만 힘 주어서 때리면 과하다, 아프다고 야단이다.

정신이 말짱하니 눈이 별같이 초롱초롱하다. 신경이 예민하여져서 조금만 언짢은 기색을 보면 불평이다. 세상에 그럴 수가 있어요? 나는 당신이 앓아누웠으면 내 살이라도 베어 먹어서라도 낫기만 한다면 사양하지 않겠노라고 하면서 슬퍼한다. "내가 이 집으로 시집온 뒤로 오늘날까지 무엇 한 가지 속 시원한 꼴 못 보고, 남편이라고 의복 한 가지 떠다 주며 입어 보라고 한 꼴을 나이 50이 되도록……."

병든 아내의 원망 (1961년 3월 2일 목요일)

한 번도 못 보았다고. 자식들이 장성하도록, 나를 위해 언제 생일 한 번 찾아 준 일이 있었느냐고. 그렇게 무심한 거 처음 보았다고. 다른 사람들하고 지내는 걸 보면 말할 것 없다고. 평시에 보약 한 첩을 지어다 주며 먹어 보라고 한 일이 있냐고. 있으면 있다고 말해 보라는 것이다.

말이야 사실 그러했고 또 옳은 이야기다. 다 나도 할 줄 알면서도 돈이 손에 잡히지를 않으니 늘 생각하다 넘어가고 한 것이라고, 변명도 아니고 그런 말 하는 게 무리도 아니다 옳다고 하면서도, 어디 사는 게 마음대로 안 되니 나중에 좀 더 여유가 생기면 할 계획만은 확실하였다고.

오늘에 와서 생각하니 후회막급이다. 이럴 줄이야 꿈엔들 생각하였으리요. 후일로 미루고 언젠가는 다 하려고 하였다. 할 말도 없고 천장만 바라볼 뿐이다.

주사 맞히기 (1961년 3월 3일 금요일)

호남병원 가서 상의하였다. 확실히 암병인데 무슨 방법이 없느냐고. 모든 체내 양분이 병 증상으로 가서 소모되고, 몸에는 하나도 영양 공급이 없다고. 그래서 신경통이 온다고. 전신 쇠약하여져서 철골이 된다. 그다음에는 부음증이 나서 온몸이 붓는다고. 그게 얼마 가다가 부기가 다 내리게 되면 그때가 최후라고. 코데손 주사를 맞아 보라고. 습관성은 적으나 임시 구급(救急)이 될 것이라고.

주사 경험이 없어 잘 놓는 사람을 데려다 놓았다. 근육이 탄력이 없어 주사 놓기가 힘이 든다고. 효과가 나는지 얼마 동안 잠이 들었다. 그렇게만 나으면 참 쓰겠다.

환자의 부탁이다. 군산, 청주로 동생들에게 최후의 편지나 내어 달라고, 생전에 서로 만나서 속 있는 말이나 하자고. 청주에서는 서울에서부터 병원에 찾아와서 알고 있지만, 군산에서 아는지 모르는지 최후의 상면을 썼다.

일본제 암 주사제 (1961년 3월 9일 목요일)

4남 종실이가 집에 오면서 종화의 문의 서신과 함께, 일본에서 사 왔다며 암 특효약이라고 가져왔다. 편지를 보고 그 형상에 비통을 느끼기만 하니, 숨이 차서 호흡도 제대로 못한다.

좌우간 약을 써 보자. 주사제라, 내용 설명서를 가지고 호남병원에 가서 지시를 받았다. 혈관주사니 잘 놓는 사람이 놓도록 하라고. 혈관이 미약해서 나타나지를 않는다. 하다못해 손등 제일 잘 보이는 굵은 핏대에다 놓았다.

치병에 어느 정도 속효가 날는지 몰라도 복부는 환부가 이제는 소복하게 부은 게 보인다. 당장에 절개해서 환부를 도려내고만 싶다. 온 전신의 혈액이 환부로 집중하니, 자연 쇠약하여 영양 결핍으로 부종이 나고 신경통이 나고 구토가 나고…… 증상의 순서라고.

일본제 암 주사제(1961년 3월 10일 금요일)

일제 마쓰프린 암 주사. 춘포의원에 왕림을 청하였다. 그러나 주사만 놓아 주라고 매일 초청하기도 곤란한 일이다. 마침 판문 기순(基淳) 씨 딸이 간호원이다. 집에 와 있는데 수고를 아끼지 않고 와서 놓았다. 병자 몸이 약해져서 피부가 탄력이 없어 못 놓겠다고 한다.

오래도록 있어, 간호에 대한 상식, 여러 병자들 취급한 이야기를 들려주며, 난치병 환자들에게는 제일로 마음을 안정시키고, 주변의 공연한 언사(言辭)도 거절하고, 실내를 신선하게 하라고. 장기간의 병상(病床)으로는 온돌방이 적합하지 않다고. 침대로 하라고 한다. 오래 누워 있으면 몸이 배겨서 자연 신경통이 난다고. 될 수 있는 대로 전체(全體)가 압박감 없이 편하게 하여야 된다고.

그래도 종실이가 와서 내가 좀 수월하다. 혼자서 이러고저러고 하면, 환자는 내가 하는 일은 가당치도 않다고 공연히 짜증이다.

산부인과 전문의 동서의 방문(1961년 3월 11일 토요일)

군산 이재희(李栽熙) 동서의 내방. 산과(產科)라 전문적인 것은 몰라도 우리보다는 알겠지.

역시 매우 어렵다고 그저 답답한 표정이다. 친척들을 만나면 환자는 더 한층 속이 상해 비통한 울음을 지으니 보기에 괴롭다. 앞으로의 간호는 여전 그대로, 마음의 위로와 주변을 조용히 해서 환자가 다른 충격을 받지 않도록 하라고 한다. 별 치료약이 없노라고. 아직까지 세계의학계에 다른 약은 많이 발명되었지만, 암에 대해서는 연구 중이라고.

암병은 혹 증상을 제거해서 수술하면 뿌리가 조금만 남아 있어도 수술 후에 더 왕성해진다고. 발생 원인이 무엇인지 그걸 알면 되는데 원인 불명 이라고. 자기도 아프고 답답하니, 그리 알고, 일은 꼭 당한 것으로 알고 미리 예비하는 게 좋겠다고. 최후 선언이다. 안 지는 오래지만 그래도 혹여나 무슨 묘약이 있을까 하고 요행수를 바라는 것이다.

과수 전지 시작 (1961년 3월 12일 일요일)

4남 종실 군산행. 고무 침대, 주사기.

북일면 약촌에서 과일나무 전지 인부가 와서 과수원 전지를 시작하였 다. 우환으로 복잡하지만 부득이 농사지을 수밖에 없다. 계절이 임박하여 가니 이 작업은 해야겠다. 다수인을 대서 조속히 마치도록 빨리빨리 진행 하기로 약속하고 시작하였다.

장남의 편지 (1961년 3월 13일 월요일)

이리 청과시장. 무 4가마 매상 900환 수입. 350환 운임 빚 제하고 550환 남음. 일용품 구매.

청주 세무서 댁에서 회신이 왔다. 그간 병환 위급함을 알고도 집안 사정 으로 못 가 뵈어서 죄송하다고, 용서하시고, 곧 가서 뵙겠다고, 안정하며 계시라고.

종화의 편지가 도착하였다. 남의 셋방을 사는 공무원 생활의 슬픔을 호소했다. 모친 병환에 돈도 못 보내고 걱정 중에 있는데도 불구하고, 집 주인은 전세액이 적다고 더 내라고 한다고. 만일 돈이 안 되면 바로 나가라 그 뜻이라고. 전셋집 사는 빈한한 생활을 걱정했다. 그동안에 서울 입원 중에 둘이 다 빚을 몽땅 짊어지고 있는 판인데, 이 일 저 일 걱정 끝에 빈혈증이 나서 쓰러졌었다고.

당하는 일마다 복잡하고 답답한 일만 더 겹치는구나.

5남 종인 중학교 입학시험(필답) (1961년 3월 14일 화요일)

5남 종인이 남성중학교 수험차 이리행. 작년부터 학교에서 과외공부로 시험 준비는 하였지만, 요새는 집에서 엄마가 병중에 정신이 없고, 챙겨 보지도 못하고 그냥 내버려졌었다. 제 엄마는 병중에도 누워서 안심이 안 되는지 날보고 같이 가라고 한다. 그동안 내가 집에서 걱정하는 것보다 당신이 같이 가는 게 내가 안심하겠다고.

오전 9시 시작. 국어, 산술, 사회생활, 점심. 오후 3시 30분까지 끝났다. 수험 결과 성적이 어느 정도인지는 아직 모르겠다. 그러나 학교 6학년 담임선생들이 답안지와 맞추어 보더니 안심하라고 한다. 선생님께 점심식사를 대접하고 속히 귀가했다. 사실대로 수험 사정을 말하니, 누워 있어도 마음은 거기에 있었다고. 긴 한숨을 내쉬며, 늦게 막둥이로 태어나서, 중학·대학 내 몸이 닳더라도 두 막둥이를 위해 살까 했더니만……

5남 종인 중학교 입학시험(구두, 면접) (1961년 3월 15일 수요일)

종인이, 구두·면접시험. 이리행 7시 30분 차로 혼자서 갔다. 선생님도, 다른 학생들도 가니 같이 가겠다고. 아버지도 오지 말고 집에서 엄마 옆에서 일을 보라고, 가서 잘 보고 오겠다고. 그래도 마음이 안심이 안 되어 가겠다고 하니, 신체검사 구두시험이니 저 혼자서가 아니고 여럿 동행하니 내버려 두라고 한다.

그래서 집에서 과수원 전지하는 데 거들었다. 여러 인부가 와서 속히 서둘러서 하였다. 종인이가 점심 후 일찍 돌아왔다. 수험번호가 빨라서 첫 번에 일찍 불러서 곧 끝마쳤다고. 병자는 누워서도 그저 시험에 떨어질까 봐 오만 걱정을 뇌까린다. 이제는 다 시험지가 말할 테니 발표나 기다리자고 하였다.

밤에는 종인·종대가, 공보관에서 와서 영화를 놀린다고, 학교로 구경을 나갔다. 시험도 끝났으니 나가 놀아도 된다고, 끝나면 곧 오라고 참견이었다.

황등 김금순 명의 (1961년 3월 16일 목요일)

이리행. 오동나무 매수.
약품을 사고, 베개가 머리가 배겨 머릿속이 뜨겁고 무겁다며 봉침(鳳枕,

봉황이 수놓아진 베개)을 원하였다. 돈이 모자라 박장수 상점에서 빌려서 사왔다. 오후에는 황등(黃登)행.

어디서 들으니 황등에 김순금(金順今)이란 명의가 있다고 한다. 조길동(趙吉同) 씨를 찾았다. 한의사 김씨를 찾으니 바로 가서 만났다. 병세 이야기를 하고는 동행하여 왔다. 진찰을 하더니 약을 지어 주었다. 탕약은 복용하기가 지극히 어렵다. 병에 이롭다니 그저 쓰나 다나 먹어 본다. 어떻게라도 낫고 싶은 심정에 그저 개똥이라도 약만 된다면 사다 달라고 한다.

환자를 위해 조금만 범연하게 형식적으로만 말로 하는 것 같으면, 직접 설파를 한다. 어서 죽기를 바라는 것 같은 말을 한다. 하루 이틀이 아니고 오랜 병상에서 이내 생을 포기하고 회생을 단념했다지만 그래도 어딘가 미련.

5남 종인 중학교 합격(1961년 3월 17일 금요일)

이리행. 나는 약을 사러 가고 종실이는 종인이와 남중(南中, 남성중학교) 발표를 보러 갔었다.

발표에 합격이 되어, 학교에서 합격증을 받고 서약서 한 건을 가져왔다. 병석에 누워서도, 합격했다니 얼마나 감사하냐며 반가운 눈물을 금치 못한다.

학교 납입금이 35,000환, 교과서 대금 기타 모두 약 50,000환이라고. 합격하였어도 반가운 줄도 모르겠다. 매일 들어가는 약값, 토마토 주스, 사과값, 가용, 과수원 인부 품삯.

전지가 완료되었다. 인부 품삯이 매일 1인당 2,000환이라고. 작년보다 올랐다고. 다 계산하였다. 병환으로 집안이 어수선한데, 한 편에서 인부들이 일을 하고, 간호하고설랑 마음이 안정이 안 되어 얼마나 걱정이었던지. 이제는 완료하니 시원하다. 가사가 문제가 아니다.

돈 부족 (1961년 3월 18일 토요일)

나 집사 쌀가게에 현금이 없다. 양식할 쌀 세 말을 샀다. 매일 드는 돈이 예측이 안 된다. 어디서 좋은 약이 있다면 사 와야 하고, 왔다 갔다 하는 비용. 병은 점점 깊어만 가고, 돈은 점점 떨어지고, 식량은 매일 더 들고, 자연 문병객과 친척의 왕래, 하다못해 가끔씩 반찬이라도 사야 되고. 연구하고 절약해서 쓸래야 더 절약할 데가 없다. 어떤 짓이라도 해서 쓰고 싶은 심정이지, 병은 이미 못 낫겠으니, 돈이나 덜 들게 하자고 할 심사는 아니었다.

그래도 가끔씩 문병객 오시는데, 사과도 주스도 사 오시는 분이 있어 많은 도움이 되었다. 현금으로도 여러 분의 신세를 지었다. 그도 한두 번이지 여러 번 오시는데 그럴 수도 없고……. 밤에는 할 수 없이 돈 빌리러 나섰다. 오라고 자청해서 준다는 사람이 어디 있나? 친구의 소개로 말을 하여 보라고 가 보았으나 허탕이다.

아내의 원망 (1961년 3월 19일 일요일)

서울 종화 득남 통지. 3월 14일 출생.
교회에서 매일같이 교대해서 늘 오셔서 기도회를 보아 주신다. 그리고 늘 같이 교회 일을 상의하고, 친구 부인들이 오시면 그저 반가워하며 감사하다고 하니, 자기네 살림 모두 폐하고 일을 삼아 오신다.

아무도 없으면 환자는 비관하며 나만 원망한다. 너무나 무심한 사람이라고, 아무리 건강한 사람이라도 자식을 십여 명이나 출산하고, 약이라고는 도라지 뿌리 하나 안 사 먹었으니 무쇠라도 녹을 수밖에 또 있느냐는 것이다. 부부 사이에 그렇게 몰인정하느냐. 내 생일이라고 언제 한 번이나 찾아 보았느냐고. 나는 그래도 당신 생일날에는 안 잊고 잘 차리나 못 차리나 그냥은 안 넘겼다고.

그런 생각 말고 어서 빨리 회복되면 그 말 일러가며 잘 차리겠노라고 해도, 다 쓸데없고 일은 끝장이 났다고. 일찍이 교회에나 같이 나갔으면 안심이 될 텐데, 다 차마 못 잊겠다고.

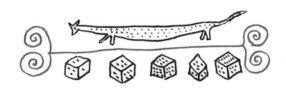

진통제로 잠자기 (1961년 3월 20일 월요일)

신경통이 나고 사지가 쑤시니 살 수가 없다고, 단 한 시간만이라도 잠이나 잤으면 살겠다며 진통제를 원한다. 의사에게 상의하고 박 장로님보고 말하니 그걸 한 번 맞으면 처음에는 좀 잠도 자고 하나 며칠 안 가서는 계속 맞게 된다고. 나중에는 옆 사람이 부지를 못할 것이니 너무 이르다고 한다. 그리고 다른 약 효과는 없고, 더 다른 약을 쓸 필요는 없노라고.

그럴 것 같은데 우선 현황으로는 차마 볼 수가 없으니 한 대만 놓아 봅시다. 가족이 의논하고 제일 효과가 좋은 미군용 진통제 가운데에 주사기 달린 걸 두 대 갖다가 한 차례 놓았다. 얼마 있다가 잠이 슬며시 들어서 약 두 시간 잠이 들었다. 깨어서는 주스를 찾았다. 참, 가다가 제일 잠을 잘 잤다고 속이 시원하다고, 나 좀 일으키라고, 겨우 몸을 부축해서 앉혔다.

진통제 (1961년 3월 21일 화요일)

진통제. 이제부터는 참 특효 주사라고 또 맞아 보자고 놓아 달라고 한다. 이리에 가서, 약국에 가서 진통제를 달라 하니, 의사의 증명이 필요하다고. 그렇지 않고 보통 중독자들이 암매로 사는 건 비싸서 감당을 못한다고. 군산으로 갔다. 이재희 병원에 가서 사정을 말하니 할 수 없이 급환용으로 있는 걸 주어 한 다스 가져왔다. 가끔씩 사용하는 걸 매시간 놓으라고 야단이다.

옆에서 견딜 수가 없다. 내가 처음으로 피하 주사나마 경험하였다. 병원에서 페니실린만 맞아도 아프고 징그러워, 쓴 약을 먹고 말지 주사를 못 맞는 성질인데, 남의 몸에 주사기를 대 보기는 처음이며 무서워서 못 놓겠다. 주사를 맞고 나서는 편안하게 잠이 든다. 잠만 자면 곧 일어날 듯하다. 발병 후 계속 몇 달간 잠도 아니 자고 먹지도 아니 하니 살 수가 없을 것이다.

MEMO 金氣痛으로

이제 부터는 참 特효力注射라고 다 맞어
보지고 놓아달라고 한다 起로가서 藥藥
房에가서 진통제를 달라고하니 醫師의處方
며이 必要라고 그렇지 않고 黃国牛毒
종물이 야리로사는건 싸다가 종당을 못
한다 — 君車에 놓겠다 李義 또 病院
가서 事情을 말하니 할수 없이 慈惠用으
로 맞으걸 한가지러왔다 그로음 써 使用
하는걸 毎時間 며다놓으로다 야니
이다 그란하니라 옆에서 견딜수기
없다 내가처음으로 安下注射니 내 經驗
하였다 病院에서 패니시람받어저도 알으
르 징그러워서 쓴약을 먹 멀지 注射를
뭇었는승질인데 싰에몸에 注射器를대
보기는 처음이며 무서 취어봇놓것다
注射를 맞으나서는 使要히게쏘이되다
잠 씬자니면 곳이러 날듯하다 風病症
계속 몇달간 잠을아니자고 먹지도아니
하니살수가 없을것이다

069

장남이 보낸 회춘환 (1961년 3월 22일 수요일)

서울 종화에게서 우편으로 약이 왔다. 절의 고명한 도사의 처방으로 약을 지었는데, 생년월일, 모든 걸 오행 금목수화토로 따져 보니 절대로 죽을 나이가 아니고 회생하니 꼭 이 약을 복용토록 하시라고. 죽을 사람이 산다고. 약 이름은 회춘환인데 지금까지 쓰던 약은 다 중지하고, 진통제도 중지하고 이 약을 복용토록 하라 하였다. 일부 진통제는 계속 주사를 놓고 그 약도 환(丸)인데 복용한다.

교회에서는 대부흥회를 한다고, 강사를 초빙하여다 매일 밤 신자들이 모이고 새로 전도대가 대활동하여 일대 행사다. 밤에는 나도 참석하라고 환자가 간곡히 권유한다.

사람이 언제 죽을지 모르는데 자기의 예비한 곳을 가도록 해야 안심하고 갈 게 아니냐고. 나를 보라고, 이제 주님의 부르는 명령을 거역할 수 없이 그대로 가게 되어 아무런 미련도 없고, 마음이 평화롭다고. 어서 갔으면 하나 너무나 몸이 부대끼니 참기가 어렵다고.

교인들의 기도 (1961년 3월 23일 목요일)

교회 집회가 끝나고, 가는 길에 모두 다 오셨다. 각자 기도가 끝나야 서로 인사나 마주 받고 한다. 병세도 묻고 좀 나아지느냐고. 주사만 놓으면 편하다고. 찬송을 부르고 기도를 대표해서 올린다.

사랑하시는 하나님, 오늘 당신의 교회를 위해서 큰 잔치를 베풀어 많은 중생을 구원하시고, 또다시 당신의 사랑하는 종의 집으로 인도하사 기도하게 됨을 감사합니다. 그러나 당신의 귀히 쓰시는 여종이 불치의 병에 걸려서 오래도록 신음하고 있으니, 주님 불쌍히 여기시고 당신의 크신 권능을 베푸사 하루 속히 일어나서 몸된 교회에 큰일을 하게 하여 주시기 간절히 바랍고 원합니다.

일동은 감탄스러운 어조로 '아멘' 하며 간곡하게 기도다. '공로 없으나 주님의 십자가 공로 받들어 기도하오니 이루어 주시옵소서.' 진실하고 간곡한 기도였다. 몇 번이고 찬송을 부르고, 새벽기도회가 있으니 일찍 자야 된다고, 모두 일어나 가셨다.

참 인간이 되어라 (1961년 3월 24일 금요일)

종화 도착. 어젯밤 3시 반경 서울서 급행을 탔다고. 새벽에 택시로 도착하였다. 직장에 있으나 집에를 가나 늘 마음이 안 놓이고 초조한 심정이나, 어제는 이상하게도 더 급한 것 같은 예감이 들어 불시로 내려왔다고. 얼마나 괴로우시냐고.

그러나 병자는 조금도 비애의 표정도 없이 평범하였다. 어떻게라도 해서 이 달만 넘기면 꼭 회생하실 거라고, 다시 명약을 처방해서 지어 왔다고. 꼭 명심하여 이 약을 잡수시라고. 알아볼 만한 곳을 찾아서 물어보았다고. 모친의 수명은 아직도 남았으니 걱정 말고 이 약을 잡수시고 잘 간호하시도록 하라고.

환자는 자식들 오면 그저 흐느끼고, 아직도 미완성, 이제 겨우 저희 밥벌이도 못하게 겨우 사는데, 자식들 못할 일 시킨다고. 주님이 부르시는 날이 좀 더 남았는가 싶다. 너무나 걱정들 말라. 욕망이란 한이 없다. 너희도 아직 못 잊는다만 클 대로 컸으니, 어디 가서 무슨 짓을 한들 굶어 못 살 바는 아니다. 그러나 어린 두 막둥이들이, 계산 없는 아빠하고 어찌 살 것인가, 그것이 못 잊어진다. 어린 젖먹이 손자도 두고 죽는다. 이제 제 발로 걸어 다니고 컸으니 다른 생각은 없다.

공부야 하게 되면 좋지만 못하게 되도 별 수 없는 것이다. 그러나 옳은, 참 인간이 되느냐가 문제다. 교회 열심히 나가서 좋은 사람이 되는 게 문제다. 그러나 이제 막 부모 그리운 줄 알고 철없이 남과 같이, 이것 사 내라 저것 사 내라 할 곳이 없이 되니, 제 뜻대로 못 살으니, 아이들이 생기가 없이 풀이 죽어 추레하게 다닐 일이 너무나 아깝다고. 그렇게 못생겨서 바보 천치 같았으면 별 생각 안 나겠다마는……. 제일 사람에게 순종하고 공부 그대로 하고 뒤에서 웬만큼만 도와주면 의젓한 인간이 되고도 남음이 있을 것이니 그저 내버리기가 너무나 안타깝다. 어찌 여섯 자식을 낳아서 서로 못 잊고 가니 괴롭다.

친족들의 방문 (1961년 3월 26일 일요일)

손녀 선의 에미(큰며느리)가, 출생한 지 초이레를 겨우 넘은 걸 안고 왔다. 차남 종성이는 장손 세구를 누이들과 식모에게 부탁하고 왔다고.

군산 산부인과 이재희가 방문. 이리 사는 종일의 모친 방문. 올 만한 친족이 다 모였다. 방 안에는 사람이 가득하다. 아이들이 우글우글하고 사방이 후끈후끈. 집 안에 훈김이 난다. 평소에 큰 경사가 있어 이렇게 모였으면 얼마나 영광스럽게 재미가 날까 모른다. 서로 얼굴만 바라보고 슬픈 표정들을 지을 뿐이다.

환자는 얼떨떨한 모양이다. 울지도 웃지도 못하고 힘없이 눈만 멀거니 뜨고 천정만 바라볼 뿐이다. 사람이 죽는 걸 보고 경험한 사람은 하나도 없다. 아프면 다 나을 줄 알지, 어느 때 어떤 형상이 되어서 죽는 걸 못 보면 모른다. 친족들이 모이니 나는 좀 일이 없는 것 같다. 전신이 파리하고 저렇게 누웠어도, 지금도 죽으리라는 생각은 하나도 없다.

교인들의 눈물 기도 (1961년 3월 27일 월요일)

교회에서 예배 후에 방문하였다. 눈물을 흘리며 기도를 올렸다. 그러나 가족들은, 이제 그만 우시는 게 좋겠다고 싫어하였다. 환자 자신이 울 만한 기력이 쇠진해서 얼굴만 찡그리고 있다.

이미 일은 당한 일이니 병실을 앞방으로 옮기었다. 남향에 한갓지게, 이 방은 갓난이가 차지하고, 오는 손님이 있어 사용하니 나누었다. 밑에다 해수욕용 부상(浮上) 공기를 넣어 깔고, 그 위에다 요를 깔아 어디가 닿아서 몸에 마치지 않도록, 그리고 판문의 제수씨가 뒤로 가서 안고 기대게 하였다. 눕지도 못하고 앉지도 못하니 그렇게 하는 게 제일 편하다고 한다.

차남 종성이는 직무 관계로 부득이 출발하고, 3남 종정이가 왔다. 모친 병세 위독이라고, 앞으로 급하면 관보(官報)를 치라고 한다. 사신(私信)은 신용치 않으니까.

일기가 급변하여 바람과 눈이 심하고, 밖에 사람이 나설 수가 없다. 식사 때문에 식모(가정부)를 임시로 구하였다. 식구들은 마음이 설레어서 밥 짓고 있을 수가 없다. 오고 가는 손님 접대에도 바쁘다.

정원 구경하러 온 사람들(1961년 3월 28일 화요일)

대장촌(大場村)에서 지서(支署)와 수리조합 사람들이 정원(庭園) 구경 왔노라고 심방(尋訪)하였다. 환자가 누워 있는데 정원 생각 없노라고, 후일 한가하면 초대하겠다고 냉대하니, 몰랐다며 속히 갔다.

환자는 여전히 진통제 주사만 요구한다. 주사를 1회에 두 대씩 합해서 사용한다. 그래도 또 곧 약효가 끝나면 소리를 하며 신음한다. 어서 어서 주사나 하라고, 종실이가 군산 가서 구하여 왔다. 보통은 잘 살 수가 없다. 돈만 주면 사는 게 아니다. 병원에서도 다 날인하고, 중독자에게 암매할까 염려로 그리한다.

익산군 부인회 총무 오자순(吳慈順) 여사가 방문하셨다. 춘포지회장의 문병이라고 위로금을 가지고 오셨다. 더욱이 기독교인이라 찬송을 불러주고 기도를 하여 주어서 위안되었다.

몇 달째 못 먹는 아내(1961년 3월 29일 수요일)

종실의 등록금 75,000환, 송인섭(宋仁燮) 100,000환 차입(借入).

과수원 약제 살포. 유황(硫黃) 합제(合劑), 유산(硫酸), 동(銅), 생석회. 깡통에다 백전(白煎), 약 5시간 불을 때서 빨갛게 될 때까지 곤다. 과일나무에 소독해야 한다. 머지않아 개화하면 약해를 입으니 속히 해야 된다. 가내가 어수선하지만 농사가 과일나무니 그래도 열심히 해야겠다.

종실이는 학교 등록 기간이라 등록해야 한다고 걱정이다. 무슨 일이 있더라도 학교는 계속해야 된다. 다 잊어버리고 가 보라고, 빚을 내다 주었다.

병자는 소변 불통으로 의사가 왕진 와서 호스로 보게 하였다. 다리에서부터 부어서 복부까지 부어 올라온다. 오늘부터는 의식이 흐리다. 사람의 목숨이 질기다. 벌써 몇 달을 먹지도 않고 자지도 않고.

아들 등록금으로 5만 환을 내놓는 아내 (1961년 3월 30일 목요일)

종인 등록금 5만 환. 종인, 학교에 합격하였다. 등록 마감 일자가 미구에 임박하였다.

매일 치료비, 인부 임금, 가용(家用)을 위해 돈을 좀 빌렸으나, 종실이를 주고 나서 나머지를 며칠 쓰고 나니, 아무것도 없다. 말도 못하고 속으로 연구한다. 어디 가서 누구를 붙들고 등록금을 마련할까. 환자가 누워서 그런 걱정 안 되게 말없이 하려 애태웠다. 앞에 누워 있는 병자 걱정은 두 번째다. 이 일이 큰일이다. 어린 가슴에, 속으로 엄마는 앞에서 누워 있지, 등록을 못하고 있대서야 말도 안 된다. 병석에서 내 눈치를 살펴보고는 묻는다. 내일 종인 등록금 기일 아니냐고 한다. 속으로 걱정이라고. 누구보다 부탁을 했는데 오늘 밤에나 가 볼까 한다고.

병자는 누워서 자기 농 속의 그릇을 내오라고 한다. 그 속에서 현금 5만 환을 내놓는다. 눈이 번하다. 백난(百亂) 중에라도, 두고두고 꼭 종인이 입학에 쓰려고 예비했다고.

아내의 무덤 자리 준비 보기 (1961년 3월 31일 금요일)

종화하고 판문 아저씨와 백구면 산소에 갔다 왔다. 미리 묘소도 결정하고 차차 준비하는 게 옳다고. 할아버님·할머니 묘 조금 동편으로, 산소 잘 보는 지관을 동반해서 치표를 했다. 이서면은 너무나 멀고, 늘 왕래하는 길이 적당하다고, 영상리로 결정하였다.

사람이 죽으면 갈 데가 흙인가? 겨우 그걸 보고 살아왔는지, 죽기도 전에 처리할 계획부터 하니, 육체는 숨결이 떨어지면 그뿐이지, 귀찮은 존재다. 잔병에 효자 없다고, 몇 달을 두고 신음하니 그 꼴을 볼 수도 없고, 어서 갈 데로 가 주었으면 하여지는 인정, 너무나 야박하다. 이렇게 허무하고 인정사정없는 천박한 세상, 무슨 경쟁일꼬? 불평불만 투성이로 일을 삼고 몸부림치는 양이 어리석고 안타깝다.

전주 천길량(千吉良) 선생이 문병을 왔다. 이리여고(裡里女高) 승옥(承玉)의 모친도 방문하셨다. 지난번에 장례비 걱정을 하였더니, 융통하여 왔다고. 10만 환 차입.

우선 필요한 걸 먼저 준비해야겠다. 갑자기 딱 당해서는 복잡하니 서서히 생각나는 대로 사다 놓는 게 순서라고. 오늘 현상으로는 맥박은 여전하고 대변을 자주 본다고. 설사를 하면 원기가 떨어지나 다리 복부의 부기가 내린다고. 경험자들의 말이라 그게 사실 같다. 부기가 내리면 그때는 마지막이라는데 아직 의식은 분명하고 못할 말 없이 다 하고 있다.

4남 종실이가 서울서 도착하였다. 중요한 등록이 끝났으니 학기 초이고 집안일이 어수선해서 공부가 안 되겠다고 내려왔다. 왔다 갔다 오고 가고, 모두 돈이다. 교통비로 다 소비된다.

4월
흙으로 돌아간 아내 생각

5남 종인의 중학교 입학식 (1961년 4월 1일 토요일)

종인(鍾仁) 입학식.

엄마가 안 누웠으면 꼭 참석할 텐데, 내가 가기는 가도, 그런가 해서 아무런 재미가 없다. 1학년 5반. 수백 명 학생 부형 다수 인사들이 참석하였다. 남성중학교는 처음이다. 위의 애들은 모두 전주고에 입학하였는데, 기차 통학 시간이 불편해서 남성으로 정하였다. 전주고 다음은 간다고. 어디나 제가 공부 열심히 하게 마련이라고.

중학생 교복을 입고 교모를 쓰고 책가방을 들고 입학식을 마치고 오니, 병자는 그저 장한 노릇인 양 어루만지며 끌어안으며 한숨을 내쉰다. 종인이는 아무런 생각도 없다. 엄마에 대한 일은 아직 모른다. 그저 중학생 된 것만이 천하제일이다. 모자도 아무도 못 만지게 하고 공연히 책을 뒤지고 재미가 난다. 종대하고, 날마다 모자를 종대가 쓰고…… 야단이다.

엄마는 둘이서 다투는 걸 보고 하도 서글퍼, 철이 없어서 슬퍼, 귀엽기만 한 양 둘을 붙들고……

아무도 임종 못할까 봐 걱정 (1961년 4월 2일 일요일)

3남 종정이 귀가한 지 며칠이 되어 귀대 기일이 내일이라며 오늘 출발하였다. 만약 급하면 다시 관보 전보를 치라고.

종화도 벌써 온 지가 여러 날이 되었다. 관청 공무원이라 자유도 없고 일이 밀려서, 가서 처리하고 올 테니 급하면 국(局)으로 전화를 걸라고 가버렸다.

4남 종실이만 남았다. 걱정이 태산이다. 모두들 가 버리면 어떻게 할 것인가. 아무것도 모르고, 철부지가 걱정이었다. 이러다가는 아무도 종신도 다 틀렸다고, 알아서 하라고 화가 나서 야단이다.

박 장로님이 맥을 보시고는 안심이 안 되니 늘 살피라고. 그러나 맥박이 갈팡질팡하지도 않고 계속 그 현상이니 아직 좀 남음이 있다고, 내가 아는 체를 하기도 한다.

하나님, 어서 불쌍한 죄인, 어서 당신의 영원한 낙원으로 데려가기를 바랍니다. 차마 볼 수가 없나이다.

집안 식구들이 교대해서 잔다고 하지만 성한 사람이 부지할 수가 없다.

부활절 찬송 소리 (1961년 4월 2일 일요일)

부활. 4월 첫 주일 금요일 오후 십자가에 달려 죽으심.

1. 막달라 마리아 / 2. 70 문도 중 두 제자 / 3. 마가의 다락방 열두 제자 / 4. 갈릴리 바닷가

신약성경 요한복음 20장 1절. 이레 중 첫날 채 날이 밝기 전에 막달라 마

리아가 일찍이 무덤에 와서, 돌이 무덤에서 옮겨 간 것을 보고, 시몬 베드로와 예수의 사랑하시던 그 다른 제자에게 달려가서 말하되, 사람이 주를 무덤에서 내어다가 어디로 두었는지 알지 못하겠다, 하니 베드로가 그 다른 제자와 같이 나가서 무덤으로 가려 하여.

새벽에도 미명에 환자는 신음하고 있는 것을 지켜보는 중, 밖에서 찬송소리가 들려온다. 마치 예수의 부활을 환상하는 현상이다. 기도의 심정으로 주 앞에 나가서 영광의 두 손을 들어 축복의 구원의 손을 내미는 것 같았다.

부고 준비 (1961년 4월 4일 화요일)

백구면 영상리 산소에 소나무 모종을 심기 위해 현금 1만 환을 보내었다. 비료를 넣고 심으라고.

장남 종화네 세관의 국원들이 위문금 5만 환을 등기로 부쳐 왔다. 사후보다 생전에 약 한 첩이라도 쓰게 하는 게 의지라고.

각지에 흩어져 사는 친지와 친척들의 명부를 작성하였다. 갑자기 생각이 안 나서 못 전하면 실례도 되고 복잡하여, 미리 주소를 찾아서 지역별로 뽑아서 봉투를 써야 한다. 그러나 주소와 인명을 모필로 써야 하는데, 잘 쓸 만한 필재(筆才)가 없다.

그래서 이리 청조사 고재봉(高在奉) 씨에게 부탁을 하였다. 한두 장이 아니고 수다하니 용이치 않다. 청조사는 미전(美展)에 입선한 명필이다. 명사들의 명함을 함부로 써 보내면 큰 실례라고, 특별 유의해야 한다고. 다른데 부고 오는 걸 보면, 함부로 써 온 걸 받아볼 때 불쾌한 것이다. 근방 부락에는 상관없지만 타처에는 잘 써야겠다.

고생만 한 아내 (1961년 4월 5일 수요일)

어젯밤에는 뜻밖에도 비바람이 심하게 불었다. 밤에도 몇 차례씩 부엌을 드나든다. 성한 사람도 물이라도 마셔야 하고 병자도 물을 데워서 마시도록 대비하는 데 곤란하다. 일기불순한 때일수록 밤일이 매우 어렵다. 그게 하루 이틀이 아니고, 몇 달을 계속하니 오만상 다 찌푸리게 된다.

병자에게는 면목이 없다. 만사를 저버리고 세상을 저버리는 사람도 있는데, 이제 더 살면 며칠이나 살까?

평생을 뼈가 녹도록 일만 하다가, 한 때도 편한 생활 못하고, 자식들 키우고 교육시키느라 고생만 하다가, 이제 앞으로 2~3년만 더 살면 모든 영화를 볼 텐데, 그때를 못 보게 되니, 떨리는 슬픔이다. 일천 간장 맺힌 원한 비길 데가 없으니 이 아니 원통할까. 오직 주님의 구원의 손길을 붙잡고, 떠나기 싫으나마 그대로 뿌리치고 나가려 한다. 약을 마실 때나 먹을 때나 언제나 기도를 떠난 시간은 없다.

마음에 평화를 주시옵소서. 십자가 공로로⋯⋯.

일편단심 회생 (1961년 4월 6일 목요일)

이리 제일은행에 가서 송금환을 현금으로 찾았다. 시장에 와서 필요한 대로 상장례 시의 소용품을 샀다. 일부에서는 너무나 박절하지 않으냐고도 한다. 아직도 눈이 새파랗게 살아 있는데 미리 그렇게까지 할 수야 있느냐고들 한다.

그런 것도 같다. 무엇이 어느 정도 필요한지, 없으면 없는 대로 넘기고, 있으면 있는 대로 쓰니까 너무나 걱정할 생각도 안 난다. 다 살고 가는 노인도 아니고 변상(變喪)인데, 사회 체면이나 이목에 걸려서 안 된다는 생각이 날 새가 없다.

일편단심 회생이다. 전 재산을 팔아서라도 막을 수만 있다면 하겠다. 돈이란 사람이 살아가는 데 필요한 게지, 내가 없으면 돈도 없다. 내가 있음으로 돈이 필요한 것이다. 만약 불행이 있다 하더라도 쓸데없는 구습에 의한 낭비는 하고 싶지 않다. 신앙생활을 하다가 진리대로 가는데, 그 교리대로 이행하는 게 참뜻이요 지성인의 행동이다. 만인간의 입술에 얹혀서 비판을 받아도 관계없다.

어서 죽었으면 (1961년 4월 7일 금요일)

4남 종실이도 이제는 싫증이 난다고. 잠도 제대로 못 자고 엄마 등 뒤를 부축하고 앉았으니, 일하기보다도 더 힘들다고 한다. 혼자서는 안 된다. 누워서 일어나려면 3인이 합하여 누이고 일으켜 세우고 한다. 판문 제수씨가 제일 죽을 욕을 치른다. 딸자식도 오복 중에 하나 든다더니, 모두 사내자식이라 수종(隨從)이 제대로 되지 않는다.

이제는 대변을 병자가 참견하지 못한다. 제대로 그냥 싼다. 위장 기능이 마비가 되어 그런지, 때가 되어 그런지, 점점 악화되어 의식이 불분명하여, 자기의 의사 아닌 말을 더러 한다. 신경질이 되어 모두가 자기를 어서 죽었으면 한다고 막말이다. 사실이 그렇지만 차마 마음속에라도 그런 죄 되는 마음을 가질 수는 없다. 열이 올라서 정신 혼미 상태 땐, 오히려 가족들이 보기에는 나을는지, 정신이 말짱하니 자연 이런 불만 불평 덩어리일 것이다. 그래도 신앙의 길을 밟고 가는 길이라 적은 것이다.

이미 기울어진 병세 (1961년 4월 8일 토요일)

차남 종성의 편지 도착. 한국 로터리클럽 전국 대회가 다음 달 15일 부산에서 개최되는데, 준비차 부산에 갔다 오겠다고. 그래서 못 가고 통지하오니 기다리지 말고, 급하면 부산으로 전보를 쳐 달라고. 그리고 구야는 선(善)이한테 잘 보살피라 부탁하였다고. 모친 병세를 걱정하였다. 3남 종정이는 15일경 서울로 전출하게 되니, 주소를 속히 알리지 못하면 곤란하다고.

진통제가 품절이 되어 군산 재희의 소개로 이리에서 사게 되었다. 한 시간만 늦어도 신음하는 소리가 야단이어서 차마 볼 수가 없다. 나중에는 무슨 일이더라도 이런 극단에 이르러서는 그거나마 사용해서 한시나마 편안하게 있게 하는 게 옳다고 생각된다. 이미 기울어진 형편이다. 백약이 무효다.

5남 종인이가 학교 갔다 오는 길에 사과를 사왔다. 즙을 내어 엄마에게 권했다. 학용품 사고 남은 돈으로 사왔다고. 엄마는 목이 메어 울지도 못한다.

장례비용 걱정 (1961년 4월 9일 일요일)

차용금 융통 운동. 매일 치료비, 가용, 과수원 자재비 등 막대한 액수가 필요하다. 더욱이 학자금이 가중하니, 매일 생산하는 상업이나 같으면 모르지만, 1년에 한 차례의 생산 수확을 가지고는 그때 어디로인가 소비되고, 매년 자재 수급기면 차용을 해서 사용하니, 우선 피해 보고 가는 것이 이자다.

의외에도 막대한 치료비가 소용되니 그럭저럭 거액을 그동안 써 왔다. 그러나 사용 효과도 없이 앞으로 장례비로 막대한 액수가 들 것이다. 사방에 차용금을 알아보았다. 과거의 거래인들도 무슨 풍문을 들었는지, 우환으로 거덜 나서 속이 비었다고 평판이 났는지, 내내 주마고 하던 곳이, 그만 없다고 딱 잡아뗀다. 돈놀이 하는 사람의 지혜인지 피눈물 날 지경이다. 미구에 송장이 될 환자를 두고 현금이 없으니 막막한 일이다.

줄어드는 방문객 (1961년 4월 10일 월요일)

4남 종실이 102 열차로 상경. 신학기 초 수강이 늦어서 공부에 지장이 막심하다고 갔다. 2~3일만이라도 강의를 받고 오겠다고. 오랜 시일에 옆에서 병간(病看)도 문제지만, 각자 직장이고 형편대로 할 수 없는 일이다.

몇 차례 임종을 지켜보고 있었으나 곧 죽는 줄만 알고 있었더니, 그렇지도 않고 그대로이니, 자연 왕래가 자주 될 수밖에 없다. 그렇게라도 하루라도 연장이 되면 하는 생각뿐이다.

주사도 놓을 사람이 없다. 하루 이틀 아니고 문병객도 점점 줄어든다. 혈맥조차 식어 가는 수족을 만져보며 긴 한숨만 내쉬며, 무슨 원인으로 발생한 병인지…… 모두가 내 잘못을 꾸짖어 가며 기나긴 밤을 지새워 가서 경각에 달린 실오리 같은 그 목숨을 어떻게 살려 낼 도리가 참으로 없다는 것이리라. 어딘가 착오다. 아무리 생각해도 아직은 좀 더 수명이 남음이 있을 것이다.

하나님, 불쌍히 보시고 좀 더 이 생명을 세상에 두게 하옵소서. 조그마한 수확이나마 거두어 보고 싶어서요. 가기는 가야지만 조금만 참아 주세요.

마음의 준비 (1961년 4월 11일 화요일)

영생은 곧 이것이니 홀로 하나이신 참 하나님을 아옵고 또 보내신 자 예수 그리스도를 앎이니이다. 아버지께서 내게 맡기신 일을 내가 이루어 아버지를 세상에서 영화롭게 하였사오니 아버지여 창조 전 아버지와 함께 내게 있는 영화로써 지금도 아버지와 함께 나를 영화롭게 하옵소서(신약성경 요한복음 17장 3~4절).

인간은 죽음이란 커다란 문제를 당했을 때 누구나 당황한다. 무언가 거머잡더라도, 어떻게라도 더 생명을 유지하고자 발버둥을 치고 아우성을 친다. 그러나 그렇다고 죽음에서 자기 활약으로 구제받는 건 아니다. 임시 발악이다. 외부에서 보기에는 오히려 비루하다. 예수의 십자가 공로로 생명의 소재를 안 후에는 아무런 두려움도 후회도 있을 수 없다. 부르시는 주님의 작정이시면 언제라도 갈 수 있는 태세를 갖추고 있어야 한다.

　미약한 이 목숨 어서 받으시옵소서. 주님 옆에서 영원무궁한 그 경륜에서 다시 재림하는 날, 부활의 소망을!

전 교인의 방문과 기도(1961년 4월 12일 수요일)

교회 신도 전원이 참석하였다. 자리에 앉아 각자 기도를 올린다. 그 후에 그동안의 경과를 말씀한다. 찬송 일동 합창, 목사의 성경 낭독.

예수 가라사대 이제는 너희가 믿느냐. 볼지어다. 때가 이를 것이니 곧 지금이라. 너희가 다 흩어져 각각 제 곳으로 돌아가고 나를 혼자 두나, 내가 혼자 있는 것이 아니라, 아버지께서 나와 함께 계실 터이니라. 이것을 너희에게 이름은 나를 힘입어 평안함을 얻게 함이라. 세상에 있을 때 너희가 환난을 받으나 안심하라. 내가 세상을 이기었노라 하시더라(요한복음 16장 31~33절).

박 장로님 기도는 너무나 간곡하였다.

주님의 경륜을 어리석은 죄인들은 알 수가 없사옵나이다. 저의 뜻 같아서는 어서 주님 권능이 불같이 나타나서 누워 있는 환자를 소생토록 하여 주시기를 바랍니다. 그러나 귀히 쓰시기 위해서 당신의 나라로 부르신다면 그 영혼을 긍휼히 여기사 당신의 보좌에서 늘 기거하시는 주님의 부활하는 날 다 같이 영광을 누리게 하사이다. 십자가 공로로 비나이다. 아멘.

차남 종성의 유학 준비(1961년 4월 13일 목요일)

차남 종성의 신원 조회. 가족 연금, 학력, 현직, 재산 조사. 정당, 사회단체, 친지 관계. 여행지 및 시일과 기간, 학비, 본인의 병역 관계. 호적등본 5통.

로터리클럽에서 외국 유학 장학생 선발에 선정되어, 여권 신청한 바 경찰서 정보과에서 조회차 방문하였다. 춘포지서에 가서 자세히 답하여 주었다. 병자는 명맥(命脈)이 일각(一刻)에 달해서 괴로운 숨결을 다투며 가끔씩 의식조차 흐려져 있다. 그러나 자식들의 할 일은 해 놓아야지, 아무쪼록 조속히 조서 작성을 부탁하였다.

아들의 유학. 생전 일구월심(日久月深)의 대망(待望)이었다. 병자가 이런 소문만 알아도 얼마나 반가워하였을까. 말을 잘 알아차리지도 못하였다.

장남에게 급히 전보를 보냄(1961년 4월 14일 금요일)

서울 종화에게 급전. 운명(殞命) 불일(不日) 급속(急速) 귀착(歸着)(하루를 넘기지 못하고 운명할 것 같으니 빨리 올 것).

수차의 왕래에 시달리고, 직장에 지장 주는 게 막대할 것이 예측된다. 그러나 사람의 힘으로는 좌우할 수 없는 일이니, 무슨 일이 있더라도 극복할 수밖에 없다. 이젠 아주 초상 치르고 갈 때까지, 직장에 결근계를 내놓고 오라고 하였다. 집의 아이들은 식모에게 잘 부탁하고 오라고.

오후에는 종화, 종실 모두 도착하였다. 아무런 감각도 없이 그저 자기 의식 없이 눈만 멀뚱멀뚱 외딴 곳을 바라볼 뿐이다. 말을 하면 손도 못 내졌고 눈만 감았다 떴다. 어서어서 운명을 비는 마음 간절하다. 종성이 아니 왔느냐고 찾는다. 부산 출장하면서 16일에나 귀가한다고, 까딱하면 종신하기 어렵겠다고 했다. 고산(高山)에서 생질 해곤(海坤)이 그 모친과 함께 늦게야 도착하였다. 지난번 통지를 받고 왔다.

운명하면 교회장으로 치르기로 (1961년 4월 15일 토요일)

교회 제직과 우리 가족과의 회의. 이번 장례 예식은 교회장으로 거행. 상여는 교회에서 제작, 영원 사용토록. 상여는 교회 청년들이 친히 메기로 한다고. 기타 일체 교회 예법대로, 지시대로 집행. 금일부터 병실 환자 방문은 일체 거절하고, 청소하고 생화로 장식하여, 명랑하고 한정하고 조용하게 정리하였다. 목사님의 기도.

주여, 얼마 남지 않은 당신의 귀히 쓰시던 종. 이 시간이나마 평안하게 하옵소서. 진리는 살아 있습니다. 주님의 경륜, 육체는 생명이 떠나면 썩고야 마는 것입니다. 부르시는 그 영혼은 당신께서 예비하신 곳에서 영원토록 지내게 하여 주시옵소서. 주님의 십자가 공로 의지해서 비오니 이루어 주시옵소서. 아멘.

통증이 사라진 아내 (1961년 4월 16일 일요일)

인간의 최후 순간이 다가왔나 보다. 이제는 그렇게 부대끼던 신경통도 없고, 구토증도 없고, 마음이 편안하다. 나를 부축하여서 좀 일어나게 하여라고. 좀 밖에 나가서 사방을 돌아보고 와야겠다고. 교회에서 종소리가 들린다. 어서 일으켜라, 아무데도 아픈 데가 없으니 살겠다. 잠을 잤는가 보다.

모두들 어디 갔느냐. 종성이 어디 갔어? 왜 안 와? 어디 손을 좀 잡혀 줘. 조금 있다 온대, 가만히 있어. 종성이는 왔어? 종성이가 왜 아니 왔느냐, 자꾸 찾는다. 긴 한숨을 쉬며, 종인·종대의 두 손을 꼭 잡고 아니 놓는다. 공부는 좀 못하여도 된다. 꼭 옳은 인간이 돼야지. 교회 잘 다니면 좋은 사람 되고, 엄마와 같이 만나지. 형들 말 잘 듣고, 잘 뛰어다니며……. 말이 가물가물, 잘 알아듣지 못하겠다. 점점 정신이 흐리다. 눈이 힘없이 떠진다. 차츰차츰 눈을 멀거니, 제대로 바로 본다.

아내의 마지막 (1961년 4월 17일 월요일)

1961년 4월 17일 오후 4시. 맥박은 여전히 그대로, 늘 그 숨결도 여전하다. 눈망울, 이미 바로 보며 영기는 없어졌다. 가족들이 다 모였다. 교회 교인들도 다 모였다. 때를 기다리는지, 종성이 오기를 기다리는지 여전 숨결은 그대로이나, 차츰 목에서 가끔씩 가래가 끓어오른다. 그러면 숨이 좀 지체된다. 그러다가도 다시 숨이 쉬는데 차츰 도수가 잦아진다. 수족은 벌써 혈맥이 더러 싸늘하다. 가래 기침이, 올린 숨결을 막곤 한다. 어찌어찌하여 다시 숨이 태어나 또 계속한다.

두 손 모아 주님께 기도를 올린다.

어서 주 앞에 편안히 잘 가소서. 얼마 되지 않은 세월을 괴로움 속에서 헤매다가, 원 많고 한 많은 일들을 다 하지 못한 채, 다 잊어버리고 안심하고 가소서.

오후가 되어 4시가 되어서 그르렁 그르렁 가래가 끓어오르며 긴 한숨을 마지막 내쉬며 영영 편안히 잠이 든다. 막 눈을 감은 채 있을 무렵, 어디서 종성이가 뛰어와서 신도 안 벗고 방으로 달려와 엄마를 부둥켜안고 몸부림을 치며 종신(終身).

임종예배 (1961년 4월 18일 화요일)

목사 주례, 임종 승천식(昇天式) 거행. 유족 일동, 교인 참석 중, 조용한 가운데 엄숙히 기도회를 보았다.

날빛보다 더 밝은 천당 있는 곳으로 멀리 가네. 있을 곳 예비한 구주 우리들을 기다리시네. 며칠 후 며칠 후 요단강 건너가 만나리. 며칠 후 며칠 후 요단강 건너가 만나리. 이내 세상을 떠난 자 중 천당 간 친구들 만나리.

눈물과 한숨이 벅차, 앉지도 서지도 못하고 누워 뒹굴고만 싶다. 사람 목숨이 그렇게 질긴지……. 제 운명이 아니요 남의 비명에 죽는 목숨이 다 그런지, 그렇게 안 가려고 버티어 긴 세월을 싸웠구나. 하늘이 캄캄하고 땅이 혼돈된 것 같다. 자연스러운 그 모습 그대로 못 다 살고 떠난다는 원한을 품은 채, 눈을 감은 채 생전의 그 모습이다. 울어도 울어도 이제는 영원한 길손이 되었구려.

종인이가 학교에서 막 와서 임종을 못 보았다. 얼마나 엄마를 부르는지, 종대는 따라서 더 운다. 오냐, 울 사람은 너희 둘하고 나뿐이다. 내가 엄마를 일찍 여의어서 자식들이나 어미 복을 탔으면 했더니만…….

장례식[출상(出喪), 1961년 4월 19일 수요일]

장례식. 송 목사 주례로 집행. 오전 10시 유족 일동, 교인 조객 참석. 찬송은 고인 평소 애창하던 145장(할렐루야 우리 예수 부활 승천하셨네). 성경 낭독, 목사님의 설교, 김 권사의 약력 소개, 조전(弔電) 낭독, 주례의 축복기도로 식을 마쳤다. 유족들의 흐느끼는 울음소리, 친지들의 조문, 끊일 사이 없이 슬프기만 했다. 발인, 운구는 친족이, 상여는 교회 청년들이, 명정은 "고(故) 김권사(金勸士) 정순지구(貞順之柩)"라 적어, 유족, 상제, 교인, 조객이. 출발 찬송에 발을 맞추어 한 걸음씩 떠난다.

정중히 움직인다. 떠나기 싫은 집을 뒤에 놔두고 그 부르심을 받고 영원한 길로 떠난다. 성가대의 찬송소리는 구슬프기만 하다. 교회 여자청년회에서 십자가 깃발을 상여 앞에서 들고 행렬을 인도한다. 교회 옆에 당도해서는 일동이 묵도를 올렸다. 마지막인 교회의 길. 몸된 교회, 생명과 같이 소중히 여기며 섬기고 봉사하던 교회. 행렬은 줄을 지어 구슬픈 애도 속에 무덤의 길 점점 가까워 온다. 산소 십 리 길 머나먼 천국인지, 십 리 길 무덤의 길인지, 말없이 조용히 한 줌의 흙으로 표식이 되었다.

오직 나 홀로 이곳에 누웠노라.

종인·종대, 누워 뒹굴며 떠날 줄도 모르고 울었다.

흙에 묻힌 아내 생각 (1961년 4월 20일 목요일)

어젯밤에는 흙에서 천지를 집으로 삼고, 우로(雨露)를 마시며 편안하게 누워 있었을까? 주님 앞 영원한 그 나라에서 있었을까?

괴로움도 분노도 시기도 질투도 병고며 신음도 없이 평안하리니, 신앙의 소망대로 이루어졌나이다.

생전에 언제나 평화로운 그 모습은 끝까지 평화의 상징이었다. 초로(草露)와 같은 이 인생의 순간에, 인내로 못 이기고 자기의 영혼을 불사르고 매장한다. 그러나 절대자를 신봉하여 새로운 영원불멸의 길을 택했도다. 먼저 가나 나중에 가나 그 차이는 순간이다. 육체에 애정이 얽혀서, 가기 싫고 보내기 싫어 울며불며 그게 순간이다. 영원무궁일 수 없다.

초라하고 메스꺼워 야비한 이 세상, 그 성품에 얼마나 구역질이 났을까?

주님의 뜻대로 이루어졌나이다. 유족들의 슬픔도 날과 달이 약이 되나니, 오히려 거추장스러움을 피했도다. 시기와 장소가 따로 없나이다.

그때가 때다. 철모르는 애들만이 안타깝지만, 제 길로 한 길 다 크면 다 어디로 사라진다. 예법으로나 체면으로나 슬프기는 하리라. 정말로는 나 하나.

삼우제 (1961년 4월 21일 금요일)

부슬부슬 실비가 내린다. 소생의 봄비다. 새 생명이 움트는 봄비다. 구슬픈 가슴에는 눈물의 방울이다. 3남 종정이가 도착하였다. 관보로 통지했으나, 수속 절차가 늦어져서 출상 후에 도착했다. 빈소조차 없는 허전한 마음, 엄마의 영정 사진을 바라보고 흐느낄 뿐이다. 군 복무 중 개인 사정은 곤란하다고, 주례 목사를 모시고 유족들이 산소를 찾았다. 안장의 기도회를 집행, 각자의 제 길을 가야 하겠다. 친척들도 모두 출발을 하였다.

울며불며 애통하는 것만으로 사는 게 아니다. 앞으로의 사는 길이 일이다. 가내 청소부터 시작하였다. 고인의 유품을 정리하였다. 의류 등은 병자를 위해 가장 수고하여 주신 제수씨한테 다 주었다. 금전출납, 장례비용, 차용금, 각처 지불금 총 결산을 하였다. 앞으로 다 수습할 일이 막연하다. 차용금도 많은데 어디서 대용을 하며 가용은 어떻게 꾸려 나갈까.

많이들 떠나고 (1961년 4월 22일 토요일)

서울세관 직원 일동 부의금 11만 환. 종화 내외, 젖먹이, 종정, 종실, 친척이 떠나 버렸다. 서울에서 손자 구야(세구)가 홍역을 치르고 있는데, 뒤처리가 잘 되는지, 아이들만 남겨 놓고 식모에게만 맡겨서, 또 직장에도 한 달 남짓 결근. 종성이는 여권 관계로 외무부 기타 방면에 크게 활동해서 비자가 속히 나오도록 해야 한다. 종실이는 결강해 공부가 늦어졌노라고, 부득이하지만 다 제 나름대로의 사정 때문에 출발들 하였다.

집안일이 어수선한데, 그저 두고 떠나는 심정도 그렇고, 나 혼자서 복잡한 전후사를 어찌 처리해야 할지 엄두가 안 난다. 슬픔이나 신세타령은 옛말이다. 앞으로 지금까지 늘어져 있던 걸 생각하니 앞이 캄캄하다. 울고만 있어도 소용없고 한숨만 내쉬고 있다고, 누가 입에다 밥 떠 넣어 줄 리 만무하고 철모르는 애들 헐벗고 배곯을 일이 문제다.

불은 발등에 떨어졌다. 편한 세상, 근심 걱정 않던 좋은 시절 다 살았다. 하나도 힘들 것 없이, 다 조용히 처리하고 말없이 살았는데, 기막힌 현상이다.

주일예배 참석(1961년 4월 23일 일요일)

오늘은 성일, 교회에 나가야겠다. 종인·종대 두 아이를 데리고 교회당에 나갔다. 살아서 가족 일동이 교회 출석하였으면 얼마나 감사를 올렸을까? 생각하면 무심하기도 하다. 나 자신을 꾸짖어 보건대 무미한 인간이었다. 그동안 교회에서도 얼마나 열심히 문병을 하고, 기도회로 환자를 위로하였는지…… 말로 다할 수 없이 주님께 영광을 돌린다. 주님 앞에 감사 연보 만 환을 바쳤다.

예배를 올리고 나니 마음 편안하다. 교인들이 위안을 말하며, 신앙의 힘으로 극복하고 살아갈 각오를 가지라고. 서울에서 온 큰처남도 출발하였다. 형제의 정을 떼어 보내고, 외로운 표정으로 쓸쓸한 집안을 되돌아보며, 안심(安心)을 시키고 홀연히 떠나 버렸다. 서울에서 전보가 왔다. 질녀 종임이를 곧 보내 달라고. 식모가 나갔노라고. 아마 손자 구야(세구)가 홍역 후유증으로 그런가 싶어 걱정이 된다. 그나마 집에는 누가 와서 식사나마 보살필까.

오직 세 사람만 남았구나(1961년 4월 24일 월요일)

3남 종정이도 귀대 기간이 임박하다고, 조카 종모(鍾模)도 직장에 출근차, 종임이마저 102 열차를 탔다. 종대가 역에까지 나가서 잘들 가라고. 종인은 이리행 통근 열차를 타고, 종대는 느지막이 학교에 어슬렁어슬렁. 이젠 또 누가 떠나나? 올 사람은 누군가? 올 사람도 갈 사람도 아무도 없다. 오직 종인, 종대, 나뿐이다.

방은 텅 비고 정원으로, 뒤뜰로 한 바퀴 돌아보았다. 아무도 없다. 온 집 안은 적막, 나 혼자 쓸쓸히 누워서 명상에 잠겼다. 어디서인가 날 보라고 부르는 소리가 들린다. 공연한 망상, 시름에 지쳐서 목울음을 울었다. 통틀어 놓고 몽땅 울었다. 나 혼자 그동안 병상에서는 집안 가족 때문에 어린애들 때문에, 슬픈 기색을 조금도 못 내었다. 속으로 병이 되겠다.

오늘은 한없이 울었다. 가슴이 터지게.

아직 아내의 죽음을 모르는 가게 주인 (1961년 4월 25일 화요일)

전주 청과 시장. 작년 무 저장한 걸 꺼내었다. 전부 8가마. 마차에 실어서 전주로 갔다. 매상 8가마 11,600환. 봉동(鳳東)으로 권철에게 리어카를 끌고 가라 하고, 나는 버스로 전주에서 직행하였다. 봉동에서 만나 생강을 샀다. 매년 단골로 삼고 다니던, 변두리 생강 종자의 품질이 좋다고.

은하리 김삼남(金三南) 댁을 찾아갔다. 금년에는 왜 아주머니께서 안 오셨느냐고 한다. 부고도 못내 미안하다고, 병으로 앓다 며칠 전에 죽었노라고 하니, 낙심천만이다. 매년 오셔서 늘 서로 단골이 되어 오더니 왜 여태껏 아니 오시나 했다고. 그 섭섭한 빛을 가지며 동조한다. 그 댁도 교인이고 과거부터 친한 처지라 그럴 것이다. 자기네 것도 없는데, 남의 집 것을 수고해서 좋은 종자를 선택하여 주었다. 생강 종자(종강) 5가마 21,000환.

위로, 격려, 회상하는 이웃들 (1961년 4월 26일 수요일)

생강 파종. 인부 3인, 여인 5인.

본답(볏모를 옮겨 심을 논)을 소로 갈고 골을 탔다. 배합 비료 5가마, 퇴비와 밑거름을 뿌리고 생강 종자를 심었다. 큰 것은 쪼개되, 그 씨눈을 보아, 너무 크게 끊으면 종강이 다량으로 들어가고, 너무 작게 끊으면 발아율이 좋지 않다.

특용작물을 재배하면, 도로변이라 왕래하는 사람들이 구경하고, 특별한 것이라 보고 또 자기네도 재배하여 보겠다고 말을 건다. 보는 사람, 아는 사람 모두가 다가와서는 인사다.

얼마나 염려하느냐. 그래도 먹고 살아야지 울고만 앉았을 수도 없고 농사철이 되었으니 나서서 활동해야지, 그럭저럭 마음 가라앉히고, 아이들이 불쌍하니 빚이라도 내서 그 자식들 헐벗고 굶주리지 않도록 열심히 하라고, 천명(天命)이니 별 수 있느냐고, 부디 안심하고 잘 하라고. 종일토록 일하러 온 여인들이 긴 한숨을 쉬며 주인아주머니가 계시면 또 우스운 소리 해 가며 재미가 나는데…….

새벽 기도회에 나가던 아내 (1961년 4월 27일 목요일)

새벽 4시 통금 사이렌이 불고 나면 교회 종소리가 들린다. 아직도 세상은 죽은 듯이 자고 있다. 저 종이 울고 나면 비가 오나 눈보라가 치나 (아내는) 변함없이 새벽 기도회에 나갔다. 갔다가 오면 반드시 들어와서 또 다시 기도가 시작된다.

사방에 각기 흩어져 있는 아들들의 형편대로 몸을 보살피도록, 아무쪼록 공부 열심히 하도록, 주님의 도(道)대로 신앙을 주로 해서 좋은 인간이 되게 하사이다, 빌었다. 다음에는 집에 있는 두 막둥 아들 종인·종대의 장래를 위해서, 또 다음에는 나를 위해서, 어서 속히 주 앞으로 나아가 다시 회개하고 믿고 살다 가자고 애원하는 기도였다.

어디서 문을 열고 곧 들어오는 소리가 나는 것 같다. 아직도 애들은 잠이 들어 세상 모르고, 자고 있다. 어디서, '종인아 어서 일어나거라 어서 공부하다가 학교 가거라' 하는 소리가 꼭 들리는 것 같다. 그리고는 부엌으로, 밭으로, 사방으로 돌아다니며 살림을 보살피는 것이다.

두 아들과 찾아간 아내의 무덤(1961년 4월 29일 토요일)

토요일, 종인·종대가 학교에서 일찍 돌아왔다. 종인이는 목련을 꺾어들고, 종대는 찬송가를 들고 집을 나섰다. 답답한 가슴을 가눌 길 없다. 걸음걸음 오솔길을 찾아 걸어간다. 사람의 눈이 보기 싫어 딴 길을 찾는다. 정다운 인사가 아니라 오히려 고통이다. 강을 건너고 질펀한 제방 길 푸르른 잔디를 소리 없이 밟아 가며 시름없이 걸어가니 (아내의) 산소. 목련을 무덤 위에 꽂아 놓았다. 생시에도 목련화를 좋아하였다. 수선화도 한 떨기 같이 꽂았다. 기도를 올렸다.

울음이 터진다. 말없이 한없이 울어 보았다. 종인이는 작은 목소리로, 종대는 목을 놓고 큰 소리로 울었다. 엄마를 부르며 묏등을 어루만지며 울었다. 그러나 아무런 대답도 없이 그대로 무덤만이 앞에 놓여 있다. 묏등이 곧 터져서 솟아나올 것만 같다. 묏등에는 새싹이 황토에 덮인 채 아직도 푸르지 못하고 있다. 엄마 엄마 불러도 대답 없는 그 엄마. 허공중을 향하여 생각하는 그 엄마, 엄마는 어디로.

아내 생각 (1961년 4월 30일 일요일)

산산이 흩어져 하늘 위로 날아갔나. 눈을 감으면 엄마는 웃는 모양이 선하게 보인다. 만져 보고 싶구나.

엄마는 무덤 속에 있지. 영혼은 하늘에서 우리를 보고 있지. 우리가 무얼 하고 있는지 알고 있지. 공부도 않고 놀고만 다니면 어떻게 할 테야. 그래도 아무 말도 없을 터이고, 공부는 좀 못다 하더라도 교회 잘 나가고 좋은 사람이 되라고 했지. 엄마의 말을 꼭 들을게. 학교는 누가 보내 주고 돈은 누가 줄까. 엄마, 우리는 어떻게 살아? 엄마, 종인이는 중학교에 잘 다니고 있어. 양복도 입고 모자도 쓰고 참 좋아. 나는 내년에나 중학을 갈 텐데 어떻게 과외공부를 할까? 누가 학교 등록금을 낼까? 양복이랑 운동화랑 형들이 사 준대.

흐느껴 울다 지쳐 있다. 그만 가자. 아무 소용없다. 돌아오는 주일날 다시 오자. 보리밭 고랑에 질펀한 이삭이 밀물 밀 듯 남풍에 휩쓸려 흐뭇하다.

인간은 나면서부터 자기 혼자다. 인간은 죽을 때도 자기 혼자다. 인간은 사는 곳에서 무리들과 어울린다. 고독한 가운데 자아를 발견한다. 자아를 발견하고 존재를 인식한다. 자아가 존재함으로 세상은 있다. 세상이 바로 무리들이다. 세상은 화려하고 번창한다. 그러나 세상은 순간이다. 세상은 고통을 가져온다. 평화는 고통의 지난 일이다. 고독은 새로운 생을 발견한다. 우주의 신비의 연결이다. 진리는 쇠함이 없다. 고독은 번창을 싫어한다. 고독은 서글픈 추억만으로서의 고독이 아니다. 고독은 슬픔의 추억을 초월하는 힘을 내포하고 있다. 고독은 외롭지 않다. 오히려 근실하다.

4월 30일 日요일   날씨

M
E
M
O

星々이 흩어져 하늘우에 뿌려지듯 나
눈을 감으면 그엄마는 웃는모양
이 선려게 보인다 만져보고 싶구나
엄마는 무덤속에있지 영혼은 하늘에
서 우리를 모고있어 우리가 무얼하고있는지
알고있어 그夫로앉고 늘고싶어 말비마딘 어떻
게 할테야 그래도 아무뿔로 없을테야ㅡ
그夫는곰믓리치ㅅㄷ래도 敬意잘나가고
좋은 사람이되라고했지 엄마의 말을꼭
들을게 学校는누가 보내주고 돈은누
가죽고 엄마 우리는 어떻게 살려
엄마 仁이는 中学校에잘 단니고있어 軍服
도입고 帽子로쓰고 참좋아 나는 머리
에나 七等을 갈렸다 어떻게 課하
그夫들함께 누가 学校 등록금은낼
게 軍服이랑 운동화랑 뭣들이 사준다
호느꺼울도 지켜줬다 그만리치 아무
所用없다 들리오는 초바늘다시 오지
모리랄그랑에 질펀한 이석이민뿔 멀듯
南風에 휘쓸려 후듯하다

5월
엄마를 그리워하는 아들의 편지

잘살던 과거와 달라진 지금 (1961년 5월 1일 월요일)

이른 아침에 일어나다. 옛날에는 느지막하게 일어나고 세상사 알 바 없노라, 달콤한 애정 소설에나 도취되어, 영화 감상이나 일삼고, 낭만을 노래하며 태평성세를 부르며 덧없이 살아왔다.

날이 갈수록 세상사에 얽매이누나. 아이들은 철없이 날만 새면 돈타령. 살림살이는 웬 놈의 잔돈이 드는지, 노상 주머니에다 손을 넣고 살아야만 한다.

예전에는 그저 멋모르고, 그저 살아가는 것으로만 알고 살았지, 이런 고충이 있는 줄 알았나. 가정에서 주부의 역할이 큰 걸 이제야 알게 되었다.

석양에는 몸이 이상하다. 열이 나 두통이 심하다. 전신이 피로하고 과로로 몸살이 아닌가 싶다. 정신을 놓고 앓는다. 종인이가 한약을 세 첩 지어 왔다. 복용을 하고 땀을 내었으나 여전히 몸부림치며 앓았다. 아이들이 잠을 안 자고 옆에서 실심하고 있다. 며칠 갈 것이다. 곧은 안 나으니 걱정 말고 공부나들 하고 어서 자라 하였다.

종인의 소풍 (1961년 5월 2일 화요일)

어젯밤에 앓고는 아침에 일어날 수가 없다. 종인이가 오늘 학교에서 소 풍을 간다고 한다. 도시락을 준비하여 줄 수가 없다. 그대로 학교에서 먹던 걸로는 안 가지고 간다고, 그저 가겠다고 한다. 반찬을 준비할 수가 있어야 지. 대금을 좀 주었다. 빵도 사 먹고 사과도 사 먹으라고. 별 투정을 않고 그저 가지고 갔다.

오후에 일찍 돌아왔다. 학교에서 가까운 배산(杯山)으로 갔는데 아무 생 각이 없어서 그저 왔다고. 오다가 사과를 사 왔노라고. 종대도 주며, 아버 지도 잡수라고. 목이 메어 아무 생각이 없다.

철없이, 이맘 때 부모 그리운 줄밖에 모른다. 종대는, 저도 학교에서 소 풍갈 때 돈이나 많이 달라고. 저희 담임선생 대접한다고. 걱정 말라고 해 두었다. 다른 건 몰라도 학교에 드는 돈은 어떻게라도 구별해서 준다.

밤에는 종인이가 약방에 가서 탕약을 지어 왔다. 약을 먹기도 복잡하다. 약을 달이기가 문제다.

세 식구의 독감 (1961년 5월 3일 수요일)

탕약을 먹고 땀을 내었더니 열은 내렸으나 아직도 몸이 무겁다. 누워서 안정해야 낫는다고 하지만, 형편이 그렇게 못 되었다. 더구나 종인·종대가 같이 누웠다. 역시 유행성 독감인가 보다. 이젠 심부름할 사람도 없다. 누 구 하나 와서 거들떠보아 주는 사람 없고, 죽으면 그대로 죽겠다. 앉아서 옛날 생각만 만 날 천 날 하고 있어야 소용이 없다. 이를 악물고 새 용기를 내었다. 독감이라 큰 병은 아니라도 누워서 속이 낫도록 약이라도 사 먹어야겠다.

감기약도 많으나 유행성 독감이라 특별 처방한 약이 있다. 이리 약방에서 사왔다. 나도 또 먹고 아이들도 먹었다. 탕약은 불에 달이기가 고역이다. 불가능하다. 약맛이 써서 먹기가 곤란하다. 종인이는 잘 먹는데, 종대는 산약(散藥) 가루약은 영 어려서부터 못 먹는다. 먹다가 게워 버리곤 한다. 겨우 억지로 먹였다. 유행이라 전염되었는가 보다. 모두 누웠다.

아내 생각 (1961년 5월 4일 목요일)

보슬비가 소리 없이 내린다. 그동안 가물었던 땅을 흐뭇하게 적시었다. 꽃이 지고 잎이 되어 모두가 푸르기만 하다. 훈훈한 남풍이 불어온다. 계절이 바뀌어만 가도 생각은 더욱 새롭다.

몸이 불편하고 누워서는 오만상 다 찌푸리고 이것저것 다 사오라고 투정. 보글보글 볶아대더니, ……전에는 그런 걸 느끼지 못하였다. 비가 와도 생각. 그 비를 그대로 맞고 어디라도 그대로 누웠을까? 아이들이 앓아누웠으면 온갖 정성 다하여서 서둘더니, 이제 누구라서 해 줄까.

그래도 아이들이 순종해서, 마음속으로 생각이야 오죽할까마는, 날 보는 데는 별로 표정이 없다. 앓아누워서 얼마나 엄마에게 어리광 부리고 싶을까? 나는 죽을죄를 짓는 것만 같아 아이들을 쳐다보기조차 소중하다. 차라리 아무런 줄 모르는 젖먹이 같았으면 좋겠다. 원한에 사무쳐 무상(無常)을 울부짖고 밤을 새운다.

MEMO

보슬비가 소리없이 나린다 그동안 가
물었든 땅에 흡뿍이 젖어 떳고 꽃이지고
잎이 피어 모든것 푸르기만 하다

훈훈한 南風이 부러온다 薰氣이 무르녹어
만큼도 생각은 더욱 새롭고 몸이 不便
하고 누어서는 오만상 더질 으리고 이것저
것 다 시오라는 투정 모를 끄고 떼려멋드
니 전에는 그런 절 느끼지 못해 떳고 며벅
보도 생각 그 미들 그 떼를 맛을 어디리고 그떼
트워 엿을게 아이들이 알아누 엇이런
온갖 정성다 하여서 서들 트기 이케 누구해
해줄께 그러도 아이들이 깃듯 운해서
미운속으로 생각이 많오 직 끌게 만은 늘
보는데는 멸로의 두렁이 엇다 말아서
누어서 엄마나 엄마에게 어린양무
리그 실 엇을게 나는 죽물죄들지는것
만갈아 아이들을 처다뽀기좋아 소중
엇다 차라리 아무런줄 풀르는것 멍이
갈엇으면 한 것고 원한여 사뭇쳐
目睹을 둘무리고 밤을 새운다

아이들의 학교 결석 (1961년 5월 5일 금요일)

비가 개고 나니 날씨가 제법 쌀쌀하다. 찬바람기가 싫어서 방에서 누워 있었다. 머리가 흐릿해서 이발을 하고 나니 또 코가 찍찍. 종인은 오늘도 감기로 누워서 학교에 못 가고 결석을 하였다. 여간 아파서는 누워 있지 않지만 억지로 못 가게 하였다. 종대도 아직 못 일어났는데 학교 전체가 감기로 전교 휴학이 되고 야단들이다.

아는 것이니 며칠 후에는 다 낫겠지. 다른 때와 달라 누가 조금만 아파도 이제는 겁부터 난다. 사람이 암만 건강하다고 장담하고 쩡쩡하여도 병에 걸리면 큰소리 못하게 되고…….

4남 종실에게서 편지가 왔다. 무사히 공부하고 있다고. 그러나 앞으로의 공부를 계속할 수가 있을 것인지 한스러운 생각에 잠겨 정처 없이 마음 둘 곳이 없다고. 생각할수록 허무하고 제 장래 미완성이지만, 어린 동생들이 장차 문제라고 걱정이었다.

3남 종정이는 대전으로 전출왔다고. 앞으로 1년 반이면 제대라고.

어머니날 (1961년 5월 8일 월요일)

어제 교회에서도 삼례 비비정(飛飛亭)으로 소풍을 갔다. 예년에는 교인들 동반해서 종인·종대 네 가족이 같이 점심 준비를 하여 가져갔다. 그러나 금년에는 아니 가려고 했다. 공연히 마음 설레고 옛날 생각이 나서 오히려 마음 괴로울 것만 같아 단념하였다. 그러나 종인·종대가 줄곧 졸랐다. 엄마 생각하고 집에만 앉았으면 더 답답하고 엄마 생각이 더 난다고, 따라

가서 여럿이서 놀다 오면 된다고 한다.

그래서 따라갔다. 산상 예배를 보았다. 예수의 산상수훈(山上垂訓)을 다시 깨달았다. 점심을 여기저기서 오라고. 식사 전 감사기도를 드리면서 옛날 종대 엄마 생각이 난다고, 공연히 가슴을 설레게 만들었다. 한 교인들의 못 잊는 심정, 서로가 안타깝기만 하였다.

여기 가 봐도 엄마는 없다. 저기 가 봐도 엄마는 아니 왔어. 영영 아니 오려는가 봐서, 슬픈 마음 달래 가며, 저만큼 뒤떨어져 두 아이를 데리고 왔다.

감기 나은 아이들(1961년 5월 9일 화요일)

이리 승옥(承玉) 댁에서 차용금 20,000환 들어옴. 과수원 자재 구입 자금 부족으로 일전에 부탁하여서 차용함. 이리 구(舊) 시장에 가서 헌 신문 15관 매입함. 동네 아이 5명을 일꾼으로 샀다. 신문지 절단한 걸로 봉지 만드는 방법을 일러 주었다. 처음에는 버리거나, 한 장 만들려면 시간이 걸린다. 차차 나아진다고 잘 만든다고 하며 시켰다. 종일 방에 있어서 만드는 게 힘은 안 들어도 답답하니, 가끔씩 휴식을 해야 한다.

종인·종대, 독감으로 앓고서 겨우 일어났다. 밥맛이 없어 밥을 잘 못 먹는다. 입에 맞도록 음식을 다룰 수가 없어 답답하기만 했다. 봉지 만드는 데, 같이 돕고 취미 붙여서 집안일이나 조력하라고 했더니, 돼지우리에 풀도 베어다 주고 산양도 풀을 뜯게 끌고 다니고 하였다. 식사 때는 한 상에서, 엄마가 무언가 맛있는 걸 시중들며 재미있게 먹었는데……

재혼을 권유하는 친구들 (1961년 5월 11일 목요일)

친구들이 위문 겸 놀러왔다. 여러 달 병고로 신음 중 불행을 당하니 얼마나 걱정하느냐고. 애도의 정을 말한다. 정신적으로 고통이 많지만 육체적 피로가 심할 텐데 부디 몸이나 건강하여서, 집에 있는 애들의 장래를 생각해서 마음을 건실히 먹고 나가라 격려하여 준다.

이미 당한 불행은 작은 문제라고, 앞으로 시련이 크다고. 얼마나 많은 고충이 있을는지 사실 또 이대로 생활 방식으로는 계속할 수도 없고. 불가불 새로운 길(재혼)을 개척해야 된다고. 용이한 건 물론 아니다. 꼭 제 형편에 알맞은 처지가 어디 있을까. 무엇이 부족해도 부족하고, 그런 상대는 천하에는 없으니 오만 간장 다 썩을 테니 그게 고통이라고.

과거의 사례들을 보나 사람들의 경험담을 들으나, 상처(喪妻)가 망처(亡妻)라고. 우선 가정에는 주부가 필요한데, 식생활을 꾸려가는 문제가 제일 곤란이라고. 그렇다고 대강대강 결정할 일은 아니다.

나만 불행하다 (1961년 5월 12일 금요일)

이리행. 몇 달 만에 나갔다. 세상 구경도 하고 바람도 쐬고, 심정을 가다듬어 보자. 역전에는 많은 인파가 넘실거린다. 오는 사람 가는 사람, 모두가 제 일에 분망을 보이고 있다. 먹고 사는 것만이 일이 아니리라. 불시(不時)로 위급한 일이 생겨서, 병고로 슬픈 사연에, 경축에, 각자의 소망. 이것이 빚어 낸 뒤범벅의 무리다.

나는 이것도 저것도 아니다. 아무런 일도 없다. 이제는 무슨 난관에 봉착해도 겁이 없다. 이 이상 인간이 절망의 벽에 봉착한 어려운 일은 없을 것이다. 천만인이 다 부러워 보인다. 나같이 불우한 환경은 없을 것이다. 모두가 영화롭고 영광스럽게만 보인다. 희색이 얼굴에 가득한 인상, 무슨 복을 많이 타고났기에 거침없이 탄탄대로에 활보하고 갈까? 오도 가도 못하게 이런 역경에 놓여 있는 불행한 사람은 나 혼자밖에 없을 것이다.

다방에서 차를 마시며 (1961년 5월 13일 토요일)

동풍다방에서 차 한 잔을 샀다. 테이블 위에 샀다 놓은 차는 뜨거운 김이 난다. 그윽한 향기에 모든 시름이 사라진다. 한 모금 마셨다. 쓴맛도 단맛도 형용하기 어려운 고유한 맛. 세상만사가 차 한 잔에 담겨 있다. 아가씨의 정성 어린 카네이션도 감미를 돋우었다. 전축의 소음으로 밀담의 종적도 못 찾아, 소용대로 속삭인다. 말없이 소일차로 왔겠지. 그러나 무언가 또 복잡한 사고를 해결하는 게 문제이리라.

마시는 일이 아니었다. 오만 군상(群像)들의 헤매는 모습이 장관이었다. 청춘남녀, 중년의 남자는 있어도 중년의 여인은 하나도 없다. 부부동반도 없다. 나도 그도 다방에서는 동등이다. 가곡의 음향이 귀에 들어오지를 않는다. 멀거니 벽화만 바라본다. 그 옆에는 인삼차, 쌍화차, 무슨 차.

산소에 다녀온 아이들 (1961년 5월 14일 일요일)

3남 종정이가 대전 전출 후 처음으로 왔다. 집안을 못 잊어 가끔씩 봐진다고. 더욱 어린 동생들을 못 잊어 오고만 싶다고. 종인·종대를 데리고 산소에를 갔다 왔다. 나는 교회에 가서 주일예배를 보고 왔다. 나도 같이 산소에 갔으면 하였지만, 가기가 싫다. 교회에서 설교를 듣는 게 오히려 낫겠다고 교회에 참석하였다.

산소에서 와서는 역시 풀어 보지 못한 슬픔이 그대로 남은 듯이, 시름없이 말도 않고 모두들 엄마의 영정을 바라만 보고 있었다. 올 때가 언제인지 기다려도 아니 오고, 불러 보아도 대답 없고, 그대로의 묏등이었다고. 얼마나 보고 싶고 얼마나 호소하고 싶고 따뜻한 엄마 품 안에 안기고 싶었으리. 이제 막 엄마 사랑을 알 때들인데, 어떻게 해야 아이들의 소원을 풀어 줄까?

내 자신이 조실부모(早失父母)해서 애정에 굶주렸는데, 자식들이나 그런 꼴 안 당하기를 바랐더니…….

엄마를 그리워하는 아들의 편지 (1961년 5월 18일 목요일)

서울에서 4남 종실의 편지 도착. 편지 내용 역시 어머니 생각.

어머니, 어머니는 어린 동생들을 누구에게 맡기고 가셨나이까? 이젠 누구를 보고 엄마라 부를까요. 두 동생들의 입을 꼭꼭 막아 버렸습니다. 마음속 그리워도 말 못하고 애태우며 홀로 눈물만 흘릴 것입니다. 눈앞에 그 모습이 선하게 나타납니다. 엄마 생각이 나면 큰형 댁에 가서 혹여나 엄마가 왔는가 불러 봅니다. 엄마를 생각하는 마음은 동생들이나 저나 똑같습니다. 이젠 공부도 그만두는가 봅니다. 누가 나를 붙들어 줄까요? 등록은 어떻게 하고 식비는 누가 줄까요? 책보따리를 싸 가지고 내려가서 동생들과 같이 아버지를 돕겠습니다. 쓸쓸한 하숙방에서 엄마를 생각하면서.

식모 구하기 (1961년 5월 20일 토요일)

고산(高山)의 종대 고모의 방문. 수년 전부터 식모 노인이 계셨는데, 나이도 늙고 자기네 집에서 오라고 한다며 가 버렸다. 또 주인이 없어 의지가 없어 못살겠다고. 식모가 문제다. 울어도 웃어도 밥은 먹고 살아야지 세탁도 문제이지만 삼시 세 끼 식사가 걱정이다.

근처에서는 용이치 않다. 그래서 고산 해곤(海坤)에게 편지로 식모를 구해 달라고 부탁했더니 오늘 온 것이다. 지난번부터 맞추었던 애는 서울로 가 버리고, 다른 애를 물색 중인데, 돈 현금이 필요하다고. 오죽 답답하면 남의 집에 보내겠는가. 우선 식량이라도 있어야 한다고 5,000환을 선금을 주어야겠다고.

옳은 말이다. 좌우간 속히 오도록 부탁을 하고 돈부터 융통해 보냈다. 식구야 몇 안 되지만, 많으나 적으나 식모가 있어야 하겠다. 특별한 월급을 주고라도 있어야겠다. 여기저기서 임시로 와서 며칠씩 해 주는 것으론 안 되겠다.

주일예배의 위로 (1961년 5월 21일 일요일)

주일. 과수원 일도 오늘은 쉬고, 아이들도 학교 안 가서 애들 데리고 교회에 나갔다.

마음이 가난한 자는 복이 있나니 천국이 저희 것이요, 애통하는 자는 복이 있나니 저희가 위로함을 받을 것이요, 온유한 자는 복이 있나니 저희가 땅을 차지할 것이요, 의(義) 사모하기를 주리고 목마른 것같이 하는 자는 복이 있나니 저희가 배부를 것이요, 자비하는 자는 복이 있나니 저희가 자비함을 받을 것이요, 마음이 청결한 자는 복이 있나니 저희가 하나님을 볼 것이요, 화목하는 자는 복이 있나니 저희를 하나님의 아들이라 일컬을 것이요, 의를 위하여 핍박을 받는 자는 복이 있나니 천국이 저희 것이요, 나를 인하여 너희를 욕되게 하고 핍박을 하고 모든 악하다 하는 거짓말로 비방하면 너희에게 복이 있나니 기뻐하고 즐거워하라, 너희가 하늘에서 상을 받을 것이 크리라, 너희 앞에 있는 선지자들을 이같이 핍박하였느니라(신약 성경 마태복음 5장 3-12절).

예수님의 산상수훈을 듣고 많은 위로를 받았다. 애통해하는 자는 복이 있나니 위로함을 받는다고. 교인들이 와서 애들을 어루만지며 달래었다.

식모가 오다 (1961년 5월 23일 화요일)

일요일 혼례 때문에 이틀간이나 계속 작업을 못했다. 일이 많이 밀렸다. 하신(下新), 회화(回化), 신호(新湖) 부락에서 온 인부가 모두 12인이다. 결근하지 말고 끝까지 출석해서 완전히 끝나게까지 하도록 부탁도 하고 약속을 했다. 그러나 집안에 일이 있다든가 앓았다든가 핑계가 많다. 그래도 평균

10인은 된다. 모내기가 시작되면 야단이다. 그 안에 어떻게라도 완료해 놓아야 안심이 된다.

어제 고산에서 식모애를 데려왔다. 식사가 제일 곤란이다. 부득이 식모를 두어야 하겠다. 밥만 삶아 놓아도……. 반찬은 무얼 먹나. 잘하는 어른이 와도 수단이 없으면 야단이다. 사방에 소채는 많으니 만들면 되는데 만들지를 못한다. 매일 무슨 돈으로 반찬을 맛난 걸로만 사다 먹을 형편도 못되고, 밥만이라도 삶아 주면 다행이다. 그대로 참고 살 수밖에.

복숭아 봉지 씌우기 (1961년 5월 24일 수요일)

복숭아에 봉지 씌우기. 종이봉지를 씌우기 시작이다. 복숭아를 꼭 상품(上品)으로만 남기고 한 가지에 한 알씩, 기타는 다 따 버린다. 솎는 일을 전부 종대 엄마가 보아서 꼭 필요한 걸로만 남기고 나가면, 그 뒤를 따라서 애들이 봉지를 싸고, 쇠로 꼭 눌러 봉지가 안 빠지고 속의 과실이 상하지 않고 바람에 흔들리지 않게 해야 된다.

이제는 누가 하나? 아이들 중에 선수로 골라 시켜 보았다. 생각 없이 그저 뚝뚝 따 버린다. 뒤에서 잘하라고 하느니 내가 하고 만다.

여러 가지 오만 일에 생각 안 나는 일이 없다. 지금까지는 편한 세상을 살아왔다. 갑자기 천만사를 간섭하고 직접 손을 대야 하니, 몸도 괴롭지만 일은 제대로 안 되고, 금전에 끓리고, 해 나갈 수가 없다.

박 장로 오셔서 가내 제반사에 대해 경험담을 말씀하고 가셨다.

식량 문제 (1961년 5월 26일 금요일)

식량. 큰일을 치르고 나면 여유 있는 집에서도 곤란할 텐데, 논농사 소량, 한 필지도 못 되는 걸로 해가 가기 전에 다 없어지고 식구는 많지 않으나 매일 양식을 사 먹으니, 부산하고 안정된 생활이 못 된다. 늘 조반 먹고 나면 저녁 걱정, 이렇게 되풀이 하고 살려니, 언제까지나 계속이 될는지, 도중하차 할는지 모르겠다. 판문에서 쌀을 작은 말로 한 말 꾸었다.

쌀이나 돈이나, 남의 집에 다니며 빚 달라는 게 쉬운 건 아니다. 말해서 주면 그 이상 좋은 일이 없는데, 안 주면 뒷덜미가 싸늘해서 쥐구멍이라도 파고 싶은 심정이다. 얼마 전부터 돼지를 사 가라고 장사에게 부탁하였는데 아니 온다. 먹이도 없고 돈 쓸 데는 많고, 팔아야 하겠다. 오늘도 제초하는 여인 13인, 여자아이 13명.

식모가 나가다 (1961년 5월 27일 토요일)

제초 여인 14인, 봉지 싸는 여자아이 15명, 남자 1인.

과수원 제초는 금일로 완료된다. 남자 인부가 제초한 걸 져 내었다. 내일 생강 밭을 매고, 위에다 풀을 덮으면 거름도 되고, 여름에 덥지도 않고 잡초가 덜 난다. 주일 보고 나서 월요일에나 끝날 것이다. 봉지 씌우기는 약 10일간 예정.

고산(高山)에서 지난번에 온 식모아이는 감당하기 힘들다고 그만 곧바로 가 버렸다. 차도 안 타고 걸어서 가 버렸다. 해곤이가 다시 그 애 언니를 말해서 같이 왔다. 좀 나을 것 같다. 나이도 들고 알 만큼 생겼다.

식모 두기가 어렵다. 우리 마음에 꼭 알맞게 생긴 게 어디 있어야지. 웬만한 건 다 서울로 가 버리고, 또 같은 월급이지만 어쩐지 서울로만 가 버린다. 도시 생활이 잔일은 더 할는지 몰라도, 농촌보다는 덜 고되지. 웬만큼 하는 애는 능히 감당할 수 있을 것인데, 내가 뜻을 맞추어 주어, 취미 붙여서 있도록 해야지.

보름달 밤의 환청(1961년 5월 30일 화요일)

달이 밝다. 보름달이다. 암만 달이 밝아도 마음은 침침하다. 물을 가리켜 손가락질했다. 거기에도 반응은 없다. 온 누리는 고요히 태고(太古)와 같다. 잔기침 소리가 은은하다. 부르는 생각의 화신(化身)이다.

발자국 디디는 조약돌 소리, 밤의 바람 흔적을 찾아 두 손을 껴안았다. 빈손엔 땀이 흘렀다. 지새는 밤하늘은 밝다 못해 희미하다. 온 누리도 비고 빈 가슴에 찾아드는 괴로움. 저 달 보고 물었다. 달이 밝았을 따름이다.

왜 하필 내게 이런 시련이 (1961년 5월 31일 수요일)

김성철(金聲喆), 윤학기(尹學基), 윤판준(尹判俊), 위문 겸 심방(尋訪)하였다. 우정에 얽혀 각자 사업에 분주함에도 불구하고 방문해 감사하였다. 평소에 자신은 친구에게 성의를 표한 적이 없다. 의외의 호의에 가슴에 벅차올랐다. 감격이 슬픔이 솟아올랐다. 더한층 비애를 느꼈다. 훌륭하신 팔자(八字)들이다.

왜 하필 미약한 나에게 이런 시련이 부닥치고 말았나? 민망하기도 하지만 시기의 불길이 타올랐다. 권유에 못 이겨 역전에 나갔다. 한 잔의 술을 마셨다. 유혹의 손길인가 싶어 주저함을 느꼈다. 술 한 잔이 문제는 아니다. 파계(破戒)의 신앙, 책벌을 받아야 된다. 회개의 참회를 해야 된다. 가슴을 파헤치는 비수의 쓰라림이다.

6월
그럭저럭 살아 보자

주일예배 (1961년 6월 4일 일요일 맑음)

주일예배 설교. 유혹에 넘어가지 말라고. 내부 유혹은 욕심이요, 외부 유혹은 정욕이라고.

예배 후 제직들과 박 장로 댁 초대를 받았다. 생신이라고, 자손들이 성찬을 준비하였다. 덕분에 푸짐하게 잘 대접을 받았다.

죽은 아내 김 권사 이야기가 나왔다. 합석하면 얼마나 재미있었는지 생각하게 된다고. 아이들이 얼마나 안타까운지, 교우들이 나 이상 사모한다. 염치가 없다. 변변치 못한 믿음에, 얼마나 주님 사업에 헌신하였는지. 후세에 대접을 내가 받으니 염치도 없고…….

종일토록 쉬고 말았다.

동서의 방문(1961년 6월 5일 월요일)

진덕호(陳德浩) 동서의 방문. 현재 청주(淸州) 세무서장 재직 중인데, 군산까지 출장 중 특별히 조문 겸 상봉차 방문하였다. 얼마나 상심하시냐고, 피차에 서글픈 심정으로 옛일을 되새기며, 불의의 악운이니 아이들의 장래를 생각해서 근실한 주관이 필요하다고 격려의 말이었다.

나는 할 말이 없었다. 부디 서로가 불평하지 말고 평화롭게 단란하기를 바란다고. 시간의 여유가 없어 간단히 석별의 정을 나누며 청주로 떠났다.

보내고 나니 불현듯 팔자(八字) 탄식이 난다. 똑같은 형제 모두 다 공존공영하고 아들 낳고 딸 낳아, 서로 오고 가고 아들 딸 여의살이 시킬 때, 그런 영화를 다 저버리고 홀로 가고 홀로 있고……. 날이 약이요 달이 약이라더니 갈수록 더 생각하게 된다. 살림 다 털어 엎어 버리고 툴툴 나서 버릴까? 나 혼자는 문제가 아니다. 어린애들 장래가 암담하니 걱정이다.

제수의 재혼 권유(1961년 6월 6일 화요일)

이리 종일의 모친(제수씨) 방문. 오늘도 큰집의 가사가 궁금해서 오셨다고. 학교 사무도 복잡한데 여가를 내어 오신다. 어린 조카들하고 혼자 생활하시는 데 참 고충이 많을 텐데도 불구하고 걱정을 하신다. 내가 도와드리기는커녕 오히려 도움을 받는다.

가사를 걱정하시며, 집안에 주부가 없이는 사람 사는 꼴이 아니니 속히 새엄마를 데려오도록 하라고 한다. 아직은 조금도 염두에 두어 본 일조차 없노라고 했다. 차마 죄 될 것만 같아 그럴 수가 없다고 거절을 하였다. 일부 생각하면 그래도, 아이들 식생활이라든지 그대로 살 수가 없을 것이니 잘 생각하시라고. 병상에 수개월 누워서도 그런 말을 하는 것을 못 들어보고, 미리 유언 비슷한 말도 없었다.

유언대로 실행할 수도 없고, 때에 따라 형편대로 하는 것이어서, 입에 담아 보기조차 안 되겠노라고 확실히 부당하다 말하였다. 아이들이, 한편 생각하면 남의 눈치 뵈게 할 것이 없지만, 생활을 해야 하지 않겠냐고.

그럭저럭 살아 보자 (1961년 6월 7일 수요일)

과일나무 일도 채소밭 일도 끝이 나고 나니 마음이 한갓지고 바람이 잔 것만 같다. 논농사가 없으니 모내기로 바쁠 게 없고, 가정사로 온갖 풍파를 다 치르고, 생업에 한동안 어수선했지만, 이제는 얼마 동안 한가한 계절이다. 할 일이야 많지만, 좀 쉬어 보고 싶은 기분이다. 이른 복숭아 출하까지 약 한 달 남았다.

매일과 같이 과수원에서 애들 데리고 뒤 감독을 하며 그날그날의 해를 넘겼다. 막상 일이 없이 그저 누웠으니, 일없이 노는 것도 고통일 것 같다. 아이들은 학교에 다 가고, 식모애가 집안 청소하며 두리번거릴 뿐이다. 그래도 아이들 뒤를 살피며 식사를 제 시간에 해 주니 한 걱정은 잊었다. 식사, 세탁, 청소, 잡일 다 그대로만 하면 되겠다. 통근차 시간에 식사가 늦으면 그저 가게 되니, 늘 내가 서둘러도 안 된다. 책임을 맡기니 안심이 된다. 그럭저럭 살아 보자.

옆구리가 결리다 (1961년 6월 9일 금요일)

비가 온다. 보리 가을할(추수할) 시기에 비가 온다. 모내기 하기에는 아직 빠르고 보리 수확기에는 가물어야 한다. 과일나무도 그렇다. 봄철에 집에서 쓸 고추 모종을 못 갈았다. 복순이가, 판문 박 장로 댁에서 얻어 왔다. 풋고추용이라도 심어야 한다. 빈 터에 잡초를 매고 복순이하고 석양에 한 두렁 심어 놓았다.

지난번에 물 긷다 가슴이 끔벅하더니 옆구리가 결렸다. 단방약을 먹었다. 잘 안 낫는다. 건넛마을 순이가 당처에 붙이는 약을 갖다 주어 붙였다. 물지게를 안 지다 갑자기 지니 무리해서 그런지 그런 병이 났다. 몸이 불편해도 누가 서둘 사람도 없으려니와, 아이들이 걱정하니 오히려 더 설친다. 속으로 아프고 표시도 못한다. 얼마나 돈이 많다고, 약을 제대로 살 수나 있어야지.

4남의 돈 걱정 (1961년 6월 23일 금요일)

4남 종실 귀가. 어젯밤에 내려왔다. 큰형 집 구야도 잘 놀고 아이들도 공부 잘하고 있다고. 그러나 큰형이 이번에 재무부에서 사무관 시험을 치르려 시험 준비 중인데 참고서가 있어야 준비하겠다고. 서책 대금 약 만 환이 필요하다고. 생활도 곤란한데 그런 돈이 있어야지 하고 걱정만 하고 있다고.

안 들은 것만도 못하다. 불가능한 일, 듣고 그대로 있을 수가 없다. 무슨 방도가 있을 것 같은데, 이 꼴 이 형편에 답답하기만 하다. 돈이 사람을 죽이고 살리고, 현세는 돈으로 출세도 하고 성공도 하고. 박봉 생활에 애들은 여섯. 남의 셋방에서 먹고 살기도 어려운데, 도시에서 누가 융통을 해 줄까.

기회는 왔다. 물실차기(勿失此期, 기회를 놓치지 말라)를 빌 뿐이다. 이런 역경에 본가 (어머니 병) 때문에 여러 곳에서 빌려 쓰고, 치료비 수삼차 지불. 왕래 차비에 빚투성이가 되어 곤란 중에 무슨 힘이 있을 것인가. 모두가 불행을 당한 원인이다.

빈손으로 아들 보내기 (1961년 6월 24일 토요일)

4남 종실 서울행. 학자금 때문에 왔다고. 아무리 돈이 오기만 고대했으나, 돈은 아니 오고 하숙집 주인이 날마다 식비를 달라고 하는 통에 견딜 수가 없다고. 도시 생활이란 간단하다고. 돈 주면 밥해 주고 안 주면 바로 나가는 판이라고. 가정교사라도 가려 해도 신문에 광고를 내야 된다고. 요금만도 500환이라고. 새 학기에나 활동해 보아서 무슨 짓이라도 해서 학교를 계속하겠다고.

집에서도 학비 때문에 걱정도 하여 별 연구를 다하여 보았다. 얼마만 지나 과실 출하하면 되는데, 그동안이 곤란이다. 아직은 복숭아가 아니 나오니, 다른 걸 출하해야겠다. 불일간 송금할 테니 어서 그대로 가서 공부나 열심히 하라고 찻삯을 주어 가도록 하였다. 역에는 종인·종대도 나가서 전송을 하고 왔다. 집에 와서, 모든 복잡이 해결은 고사하고, 적적한 집안 점점 곤란하게만 되어 가는 걸 보고 가니, 마음이 놓이지 않아 정처가 없다.

아들 돈 때문에 일쩍 감자 캐기(1961년 6월 25일 일요일)

감자 출하. 아무리 생각해도 돈이 될 만한 게 없다. 어디서 누구보고 돈을 빌려 달라고 하는 게 정신없는 사람 같아서 말이 나오지를 않고, 돈 가진 사람이 누군지 알 수가 없다. 하는 수 없다. 감자를 캐었다. 아직 캘 시기가 멀었는데 종실 학비 때문에 부득이 돈을 만들어야겠다. 급하면 급한 대로 하는 게 순서다.

그렇지 않아도 농촌에 농번기라 현금 차용할 데가 없는데, 우리 집 형편을 다 알고 주지를 않으리라. 복잡할 때는 더 복잡한 일만 생긴다. 엄마가다 마련해서 힘 안 들게 제 기일 내로 꼭 송금하였는데……. 돈만 있으면 송금하는 게 문제가 아니지. 까딱하다가는 종실이 학교도 그만두게 되지나 않나 생각이 든다.

아들에게 송금(1961년 6월 26일 월요일)

감자를 가마니에 넣어서 싣고 시장으로 갔다. 알이 덜 커서 수량이 적었다. 가마니당 1,500환, 8가마니에 12,000환. 종실에게 7,000환 등기로 송금했다. 1만 2천 환 다 보내고 싶지만, 우선 또 집에도 필요하니까 형편대로할 폭 잡고 그거나마 보내 주었다. 매일 먹는 게 살로 안 가고 공부도 마음이 설레어 못할 것이다.

동리 총각들하고 왕마늘을 캤다. 장마철로 접어들면 다 썩고 만다. 어서어서 하나씩이라도 처결해 놓아야지. 한 접씩 엮어서 바로 창고에다 달았다. 두었다가 가을 김장 때나 판매해야니까, 지금은 장에 내가야 값이 헐하다. 수요기에야 비싸지.

식모아이도 식사가 끝나면 가사에 무어라도 같이 한다. 산골 아이라 그런지 얌전하다. 여기 애들같이 되바라지지 않고 시키는 대로 듣고 순진하다. 몇 달 있으면 또 반 여우가 될는지 몰라도.

달 밝은 밤 (1961년 6월 27일 화요일)

락교를 캤다. 노인을 오라 했다. 모 심는 데도 소용없고 집에서 그저 있으니 와서 힘 안 드는 일이나 하자고. 그래도 삯은 주어야 한다. 낱낱 다듬었다. 전부 달아 보니 약 10관. 시장에 출하해야겠다. 원래는 집에서 매년 찬으로 요리해서 두고 귀한 손님이나 와야 대접하고 했는데 이런 판국에 그런 고급요리 먹을 수가 없다. 한 푼이라도 현금이 필요하다.

밤이다. 적적한 밤이다. 여름밤이라 낮에 피로해서 밤에는 일찍 누워 자는데, 오늘 밤엔 달이 유독 밝다. 음력 15일인가 보다. 가끔씩 흐리더니 오늘은 밝다. 과수원 일이 꽉 쌓였다. 인부는 없다. 현금도 없다.

걱정하다 못해서 우울한 가슴을 파헤쳐 보았다. 괴로운 생각에 사방은 고요하고 아이들은 철없이 잠이 들어 엄마 꿈을 꾸는지. 어디가 못생겨 이 꼴이 되었나 싶다.

친구들의 방문 (1961년 6월 29일 목요일)

과일나무들이 늙어 결실이 부족한 건 캐 버렸다. 캐낸 자리에다가 콩을 심기 시작하였다. 비료 재배 관리가 해마다 부진하여 과목이 오래 살지 못한다. 오래 못 가서 전부 캐야 할지도 모른다.

차라리 다른 과수를 심었던들 적합할 것이었는데, 하필 복숭아를 심어서 결실도 부족, 품질 저하하여 가격이 저하, 퇴비나 금비(金肥)라도 많이 썼으면 이렇게 노쇠하지는 않을 것인데 비료 기운이 적어서 조로(早老)하였다. 배나무나 포도를 심을 걸 그랬다.

밤에는 친우들이 방문했다. 밤에 혼자서 얼마나 적적하느냐고. 먼 하늘에 흩어져 있는 빛나는 별들을 바라보며 사색에 잠겨 무언가 생각하던 중이었다. 고마웠다. 말할 상대가 있어 말을 해야 직성이 풀려서 살아간다. 말 못하는 게 큰 벌이라고.

복숭아 첫 출하와 종정이의 장래 (1961년 6월 30일 금요일)

이른 복숭아 첫 출하. 과원 안에 전체의 3분의 1이 이른 복숭아. 이른 복숭아, 중갈이, 만생종(晚生種) 이렇게 셋으로 구별해서 키운다. 그래야 매일 계속 시장에 출하할 수 있다. 한 품종만 심어 일시에 내면 값이 떨어진다.

그동안 애써 지은 과일나무. 오늘 처음 시장에 내갔다. 관당 350환. 약 5관 출하하였다. 매일같이 나올 판이라 이른 복숭아는 적고 중갈이가 다수다. 하여간 돈 꼴을 보기 시작. 임시 복잡한 것은 해갈이 되겠지.

텃논의 반쯤 생강을 갈고 나머지에도 양배추를 모종으로(약 만 환어치) 사다 심었으나 부패병에 걸려 몽땅 부패한다. 헐값이지만 막 팔았다. B.H.P를 살포하였으나 그 모양으로 병에 걸렸다. 불운한 해에는 무엇이고 제대로 되지 않는 모양이다.

종정 귀가. 군에 입대한 지 약 2년이 된다. 공군이라 지원병이다. 대학에 다니다가 집에서 학비 조달이 잘 안 되고 하니까, 자진해서 공군에 갔다. 언제 가도 한 번은 갔다 와야 하니까 가겠다고. 그때는 대학생은 졸업 후에 가도 되는 때였다. 무슨 계획으로인지 몰랐다. 그러다가 가내에 이런 불행이 오고 보니 계획했던 게 모두 수포로 돌아갔는지, 가끔씩 귀가한다.

와 보니 어린 동생은 아무 철없이 날뛰며 있고, 부친 혼자서 가사를 감당을 못해서 쩔쩔매고 경제적으로 복잡한 환경이고, 마음 둘 곳이 없는가 보다. 서울에 가보면 형들 역시 겨우 자기네 생활에 얽매여 본가에 도움이 되기는 난관에 있었고. 오기만 하면 얼마 안 가서 제대하는데 가사 정리해서 무슨 방법으로 설계를 해야지 이런 상태로 도저히 살아갈 수가 없으리라고 한다.

그 말을 들으면 그렇기도 하다. 그러나 새로운 방안을 구상하지 못하였다. 현실에 얽매여 그런 생각까지 할 여유도 없다. 일시에 농촌에서 도시로 나갈 수도 없고 도시 생활은 장사를 하거나 기술이 있어, 직공 생활 한다거나, 무언가 생산수단이 있어야 하는데 아무런 턱어리가 없다. 돈은 물론 없고. 고향을 떠나면 못살 것만 같다.

서울에 있는 애들이 좀 더 기반이 잡혀서 활동의 여유가 있으면 하지만, 그런 것까지는 도저히 힘이 없다. 종정이는 집에 와야 답답한 꼴만 보고 갈피를 못 잡으니, 자연 친우들 집에 나가서 놀다가 가 버린다. 오늘은 금마(金馬)로 다녀서 가겠다고, 귀대 일도 멀었는데 미리 떠나 버렸다.

어려서부터 너는 엄마가 말하기를, 찬찬하니 집안살림은 잘 하겠다고, 미리 늘 말을 하였다. 공부만 꼭 해야 한다는 걸 주장하지 않았고, 장사하면 늘 돈을 만지고 살겠다고 하였다.

7월
복숭아를 잘 알던 아내

아내가 좋아한 3남 종정이 (1961년 7월 1일 토요일)

종정이는 어려서부터 아내가 제일 마음에 든다고 하였다. 무엇이든지 시키는 대로 하고 주는 대로 먹고 주는 대로 입었다. 옷도 형들이 입다 둔 걸 다 주어서 입히고 새것을 안 사 주어도 그렇게 투정하지 않았다. 동네 온갖 심부름은 다 한다.

조석으로 공부도 그렇게 우량하지는 못하여도 제 반에서는 우등생이다. 성질이 침착하고 순종적이어서 아버지 꼭 닮았다고 하였다. 장래 집안살림을 도맡아 하며 살자고도 했다. 제 자신도 말은 안 해도 그런 의사가 있어 보인다. 제대하는 대로 집에 와 가사를 수습하고 정리해서 계승할는지도 모르겠다.

자식이 여럿이면 별 게 다 있다. 종정이는 전주 북중학교를 졸업하고 전주고를 못가서 한 달간 집에서 과수원 일이나 돕다가 그 이듬해에나 고등학교 가겠다고 하였다. 그러나 1년 쉬면 안 된다고 군산고교에 보결로 5월경에 입학하여서 다녔다.

복숭아를 잘 알던 아내(1961년 7월 2일 일요일)

종정이도 가 버리고 두 막둥이하고 식모하고 조용히 앉아서, 앞으로 과수원 일을 어떻게 다 출하할까 이야기도 하였다. 무슨 방법을 알 리도 없지만 그래도 상의 대상이 없으니 말벗이 되는 것뿐이다. 누가 복숭아를 다 딸까. 아내는 10년을 하여서 만져만 보아도 익었는지 아직 덜 된 건지 육감으로 다 알았는데 이젠 누가 다 할꼬. 나는 전연 범벅이다.

그 많은 복숭아, 아내가 다 따고, 어디 어느 과일나무는 품질이 어떻고 조생종(早生種)이고, 여기 서 있는 나무는 만생종(晚生種)이고, 수밀도(水蜜桃)니 백도(白桃)니……, 백도는 맛이 달고 딴딴하고 가격도 제일 비싸다.

나는 그저 애들 데리고 일이나 시키고 다른 일이나 거들었지 그런 중요한 일은 10여 년을 하였어도 하나도 몰랐다. 갑자기 이런 일을 맡게 되니 하기야 부득이 하나, 일이 설어서 제대로 안 되니 손해다. 딸 걸 안 따면 너무 익어 상품 가치가 없다. 차라리 덜 익은 게 좋다. 소매는 시일이 걸리니 덜 익은 것이라야 한다.

아이들과 이른 복숭아 출하 (1961년 7월 3일 월요일)

어제는 공일이라 교회도 못 가고 학교도 안 가니 아이들 데리고 과수원에서 이른 복숭아를 땄다. 아이들은 기간에 공부만 시켜야 하는데 인부는 없고 할 수 없이 집안일을 거들게 된다. 그러니 공부가 등한하게 될 건 사실이다. 알면서도 하여진다.

이른 복숭아라서 양이 많은 건 아니다. 약 30관 땄다. 다시 상중하로 선별해서 상자에 한 알 한 알 헌 신문지로 싸서 잘 넣는다. 조금만 닿아도 상처가 나면 못 판다. 온갖 정성을 다 들여서 한다. 새벽에 하신(下新) 가서 리어카꾼 수복(壽福)이를 데려왔다. 지상으로 실어 보냈다.

뒤따라가서 장소를 좋은 데 정하고 진열을 한다. 상중하품으로 3관 무더기 보기 좋게 쌓아 올려서 중개인들에게 상품(上品)으로 보이게 한 푼이라도 더 받게 온갖 공력을 다 한다. 이른 복숭아라서 시세가 좋았다. 감자도 한 가마 출하하였다.

바로 귀가했다. 또 내일 출하할 걸 만들어야 된다.

복숭아 따기 (1961년 7월 4일 화요일)

지난밤에 비가 쏟아졌다. 비만 오면 걱정이다. 복숭아는 익어 가고 따야 하는데, 비가 와서 일은 못하고, 날이 가물수록 과일나무에는 좋다. 작업에도 좋고 품질도 광택이 나 보이고. 앞 강물이 많이 불지는 않았다. 여름비라 그런지 식후(食後)에는 좀 개었다. 날씨는 들어 복숭아는 딸 만하다.

강탁이하고 둘이서 따기 시작했다. 날이 더워서 한참 따고 나면 갈증은

이리(익산) 청과물 판매장의 현재 모습(입구)

나고 팔은 앞으로 떨썩 주저앉는다. 시원한 물이라도 마시고 싶다. 종대가
얼마나 고역에 힘이 겨웠을까. 원래 일이 몸에 배이지도 않고 빡세게 일도
못하는데……. 딴 걸 다 집 안으로 운반한다. 대청에 쏟아 놓고 상중하를
선별한다. 상자에 넣고 나면 밤이 된다. 만단으로 해 놓아야 내일 새벽에
그대로 싣고 나간다.

식사를 하고 나니 10시경이다. 일찍 자야 또 내일 새벽에 나가지.

일찍 가야 하는 복숭아 출하(1961년 7월 5일 수요일)

새벽에 일찍 시장에 가야 한다. 진열할 장소가 없으면 곤란하다. 그래서
새벽에 일어나서 가게 된다.

리어카꾼을 데려다 짐을 잘 싣는다. 가다가 으깨지지 않게, 흔들리면 복

이리(익산) 청과물 시장 내부의 현재 모습

숭아가 상하니 뒤를 밀고 간다. 철길을 올라가자면 높아서 온갖 힘을 다 써서 밀어야 한다. 새벽이라 행인들도 없어 미는 사람도 없다. 겨우 올라가서 토다리 가서 쉰다. 온몸이 땀으로 목욕한 것 같다. 가슴이 벌렁벌렁, 떨리고 머리가 흐리며 아무런 생각이 없다. 그저 누워서 쉬었으면 하는 생각밖에 없다. 날이 새기 전에 장에 도착해야 자리를 차지한다.

시장에 가서 보니 언제 왔는지 벌써 자리가 없이 꽉 찼다. 겨우 남의 옆쪽에 잡고서 늘어놓았다. 진열하고 나서 밥을 사 먹는다. 밥맛이 안 난다. 돼지창자국에 한 그릇 먹으면 만족하다. 경매 후 돈 찾기가 바쁘게 귀가한다. 와서는 한 식경(食頃) 자야 한다.

돈 아끼려 밥도 안 사먹던 아내 (1961년 7월 6일 목요일)

어제 석양부터 비가 내렸다. 와야 할 때는 아니 오고, 필요 없을 때는 계속 오니 답답하다. 오는 비 막을 수 없고, 사람이 잘 이용해서 지장 없도록 하는 것밖에. 비 올 때는 쉬는 게 일이다. 잠이나 원 없이 푹 잤으면 하겠다. 몸이 이렇게 피로해도 현금을 받는 재미로 그저 죽을 둥 살 둥 모르고 한다.

몸이 과도하게 피로하면 영양보충을 해야 하는데, 죽은 종대 엄마는 돈이 아까워, 이리에서도 입 그대로 다물고 집에 와서야 보리밥 찬밥 한 숟갈 먹고 만다. 그러니 부지할 수가 있어야지.

그래도 나는 이리에서 밥을 사 먹고 온다. 아주 단골이 된 음식점이 있다. 나뿐만이 아니다. 과실이나 채소나, 다 시장에 오면 새벽이라 집에서는 밥 먹을 시간도 없고 입맛이 없어 못 먹는다. 그래도 한 푼이라도 안 쓰려고 발버둥을 한 것이다.

그런 일이 더 뼈저리게 안타깝다. 누구를 위한 것일까?

수레 밀기의 어려움 (1961년 7월 8일 토요일)

어제도 밤중까지 종인·종대, 식모, 나, 또 다른 애들이 협력하여 늦게까지 끝냈다. 복숭아를 만지면 온 전신이 껄끄러워서 목욕을 해야 한다. 목욕하고 식사하고 나니 11시경이었다. 이런 순서로 계속이다.

수레 뒤를 밀며 따라가는 게 제일 힘 드는 일이다. 이리까지 걸어만 갔다 와도 몸이 고된데, 수레 뒤를 밀고 가기란 여간 힘든 일이 아니다. 제일 걱정은 고지 올라가는 것이다. 토다리 지나서 동산동다리서 새벽 기차를 만나면, 까딱 잘못하면 늦다.

부지런히 서둘러 갔다. 날이 갈수록 장소가 부족이다. 양배추, 참외, 복숭아도 대량으로 나오니까 미리 시장청소부에게 부탁한다. 장소를 잡아달라고. 진열 상자도 많이 갖다 놓아 달라고. 담뱃값을 주면 된다. 그런 방식으로 하였다. 값이, 많이 나오고 다른 과실이 나오니 자연 헐해진다. 많이 내 가니 액수가 붙는다.

골탕 먹는 생산자들 (1961년 7월 9일 일요일)

오늘은 수레만 보내고 나는 101 열차로 갔다. 여전하게 장소가 없다. 채소 놓는 데, 창고 밖 노지(露地)로 나왔다. 상자가 없어서 땅에다 신문지를 깔고 놓았다. 한 무더기에 3관씩인데 궤짝에서 꺼내어 저울로 다시 달아서 쌓는다. 관을 채우지 않으면, 매매 후라도 무게 부족으로 손해를 본다. 그러니 미리 무게를 충분하게 단다.

오늘은 관당 최저 가격을 받았다. 주는 대로 받을 수밖에. 안 판다고 하면 장소에다 놓은 세를 내라고 한다. 사실 거리에 나가서 소매할 수는 없다. 중개 수수료 7푼 제하고, 운임 제하고, 따라다니며 밥 먹고 비용이 많다. 이거 다 제하면 뭐가 남을까? 그래도 채소보다는 낫다고 한다. 채소는 그날 인부 삯도 안 들어선다고. 농가에서 돈 나올 데는 없고 현금이 필요하니 그저 팔고 한다. 중개인은 1할 이익을 보고 하고, 소매상들이 제일 남는다. 골탕은 생산자고.

리어카꾼의 농간 (1961년 7월 10일 월요일)

어제 리어카 뒤를 안 따라가고 차를 타고 갔더니, 몸은 편한데 관수(貫數)가 이상하다. 한 상자의 적재량이 대동소이다. 대개는 동일한데, 매상 관수가 부족한 것 같다. 그럴 리야 없겠지만, 사람이란 견물생심(見物生心)이라 너무나 과도하게 신임하면 고장이 나게 된다. 다 팔고 빈 상자 속을 뒤져 보면 상하지도 않은 상품(上品)이 더러 남아 있다. 다시 뒤져서 왜 안 진열하였느냐고 물으면, 그제야 남은 걸 몰랐다고 한다. 그럴 수도 있다.

그러니까 주인이 직접 늘 따라다녀야 한 개도 에누리가 없다. 늘 그렇게 하면 그런 생각을 가지지 않는다. 내가 따라가면 헌 신문지도 다 모아서 집으로 가져온다. 그것도 다 모아 놓으면 며칠 불쏘시개감이 된다. 집에 누가 있어 계속 따는 일을 하면 교대로 되는데, 혼자서 여기도 못 믿고 저기도 못 믿고, 눈에다 버팀목을 질러야……

돈 독촉 (1961년 7월 14일 금요일)

종대가 종기 때문에 호남병원에서 치료받았다. 애들이 어디가 조금만 앓아도 한시도 지체 않고 서둔다. 종기야 아는 거니까 낫겠지만 더욱 관심이 가진다. 이제는 수입이 매일 있으니 야단들이다. 사방에서 차용금 독촉이 심하다.

나성권 쌀가게에서 그동안 거래하였다. 갚지 않은 돈이 남아 매일같이 독촉이다. 상점 형편이 복잡하게 되어 자연히 내게까지 영향이다. 달라는 사람더러 나쁘다고 할 건 없다. 못 주는 사람이 잘못이지.

남의 말 안 듣고 살다 졸리니 어쩔 줄을 모르겠다. 여자아이들도 품삯을 달라고. 초봄부터 계속한 일, 하나 못 주고 복숭아 수입해서 주마고 한 것이라, 달라고 하는 것도 무리가 아니다. 전부 매상 후 한꺼번에 계산할까 했더니 그렇게 안 되겠다. 수입되는 대로 급한 대로 주고, 또 수금되면 주는 수밖에 없다. 돈이 없다가 돈이 수입되니, 웬 쓸 데가 많은지.

교인들의 심방 (1961년 7월 16일 일요일)

오늘은 주일이다. 주일임에도 불구하고 시장 안 나갈 수가 없어 여전히 출하하였다. 가격이 올랐다. 복숭아가 없다. 이른 복숭아는 떨어질 무렵이다. 얼마간 더 있어야 중갈이가 나온다. 조생종은 품절 시기다. 얼마 동안 여가가 생겼다.

석양에 교회에서 여러 분이 심방차 방문. 교회 몇 주일 불참하니 낙심했나 하고 오셨다. 사실이, 하루도 그대로 둘 수가 없다. 그래서 못 나갔다고 사과하였다. 기도회를 보셨다. 겨우 줄잡아 출석한 교회인데, 하루하루 이러다 또 탈락한다고 걱정들을 하시었다.

종인·종대 둘이라도 주일 학교에 열심히 나오게 하라고 하였다. 과수원에 일손이 부족해서 이 아이들이 거들고 있는데 야단이다. 공부에 시간도 없고 과수원 일도 그렇고, 남만 다 쓰면 품삯을 주어야 하고…….

4남 종실이 전한 소식들(1961년 7월 20일 목요일)

4남 종실이가 방학으로 귀가. 하계방학 약 40일간 집에서 있게 되었다. 학비만 해도 큰 도움이 될 것 같다.

큰형 집도 다 무고하고 구야도 잘 큰다고. 할머니가 귀하게 키우던 것이 늘 생각난다고. 큰형은 시험 준비에 주야로 열심히 공부하고 있고, 시험 합격하면 사무관으로 승진된다고. 자유당 때는 만날 시험 봐야 소용없었다. 혁명 후로 인재 등용시킨다고. 이번에나 확실해야겠는데 기대가 크다. 부산 세관 때도 주사 진급된다고 부탁만 하다가 허탕을 치고 말았다. 실무 자격대로 하는 게 옳은 제도다. 법률을 몰라 새로 공부해야 할 것이다.

종성이는 그대로 로터리클럽 사무에서 외국행 해제되기만 고대하고 있을 뿐이다. 여권 발급 받고 월말 출발 직전에 5·16 혁명이 나서 못 가고 말았으니, 곧 가게 되리라는 설이다.

8월
가는 데까지 가 보자

친구들의 방문 (1961년 8월 1일 화요일)

이리행. 조합에 출근. 고 상무 상봉. 농협법 발표, 원협은 특수조합.

생강밭 제초. 여자 6인 중 3인은 반일(半日), 3인은 전일(全日). 배추밭 제초 남자 인부 3인. 날씨가 혹서로 인부들이 일을 제대로 못했다. 내일까지 계속해야 끝나겠다. 오후에 복숭아 따기. 약 25관.

친우들이 방문하였다. 혼자 적적하겠다며 가끔씩 찾아 주는데, 오늘도 여전히 3인이다. 낮에는 농사일 돌보느라 분주하니 못 오고, 밤에는 소풍 겸 찾아왔노라고. 이 사람 이야기 저 사람 일 듣고, 나도 거들고 나면 막혔던 가슴이 확 트이는 것 같다. 밤이 오래도록 놀고는 갔다.

가고 나면 오히려 더 쓸쓸하여진다. 잠이 깨어 곤히 잠들지 못하고 고민이 계속된다. 누구를 믿고 무슨 희망을 가지고 살아볼까? 용기가 날까? 조그마한 생기라도 보여야 살지.

놀다 가자는 친구들 (1961년 8월 4일 금요일)

중앙시장 출하. 조합공판장으로 안 가고 청과시장으로 가 보았다. 조합 공판장이나 별 차이가 없다. 거기가 거기다. 사람의 눈은 동일하다. 65관 대금 8,400환 수입. 상한 건 작은집으로 보내고 나니 날씨가 변해 갑자기 비가 온다. 줄줄 쏟아진다. 종인이가 학교 갔다 오는 길에 만났다. 극장 영화 구경 간다고. 학교에서 단체로 가니 안심하라고. 잔돈을 주어 보내고 왔다.

오다가 판문 친우들을 만나, 박장수(朴長壽) 상점에서 놀다 왔다. 모두 다 천천히 구경이나 하고 가자고들 한다. 그러나 집에 속히 와야 한다. 내가 있어야 일이 되지. 예전에는 내가 없어도 만단하게 해 놓으니 걱정 없이 놀고 늦게 오기가 보통인데, 이제 와서 내가 당하니 옛날 생각이 나서 더 못 잊어진다.

아내 생각 (1961년 8월 5일 토요일)

날이 덥다. 몸도 피곤하고 정신 고통. 사방에서 지불 독촉. 오늘도 인부 임금 남은 것 얼마 안 되지만 받으러 와서 주었다. 아이들은 일찍 왔다. 무언가 궁금한 양이다. 복숭아라도 먹으라니 집에서 생산해서 그런지 잘 안 먹는다. 나도 종일 가야 한 알 먹을까 말까다. 애들도 잘 안 먹고 다른 걸 먹고 싶은 양이다.

엄마는 시장 갔다 올 때에는 꼭 참외나 수박을 사 갖고 온다고. 식사도 제대로 안 사 먹고 오면서도, 자식들 먹이기 위해서 사 온다. 종인이는 어려서부터 착해서, 무슨 말이고 잘 듣고 순종하지만 종대는 전연 딴판이다. 배포가 크다. 여간 일 당해야 늠름하다. 제 생각대로다. 애닳게 한다. 형들 괴롭게 하겠다. 엄마가 늘 걱정이었다.

137

비가 새는 천정 (1961년 8월 8일 화요일 비)

폭우. 비가 온다. 폭폭 쏟아진다. 비가 아니라 물이다. 퍼붓는다. 옳은 여름철 장마다. 홍수가 날 때다. 사방이 캄캄하고 폭우가 쏟아지게 생겼다. 천정에서 물이 뚝뚝 떨어진다. 차차 더한다. 줄줄 쏟아진다. 여기서도, 저기서도 쏟아진다. 방바닥에 물이 고인다. 걸레로 훔쳤다. 내다 쥐어짜고 또 방바닥을 휘말았다. 여기도 물. 방에 홍건하다. 세면 대야, 그릇 갖다 놓고 물을 받았다. 하늘에서는 작은 비 오고, 천정에서는 큰 비가 온다. 막을 길이 없다. 비는 여전히 계속한다. 이미 방에 고인 물을 다 휘말아 내야 한다. 헌옷을 내다 휘말아서 닦았다. 다닐 수가 없다. 장판이 다 벗겨져 다시 발라야겠다.

천정이 무너지면 사고다. 방 안에 앉아 있을 수가 없다. 위험하다. 밖에 나가 보니 비가 곧 개일 것 같지 않다. 집 위의 기와가 하도 오래되어 틈이 나고 깨지고 해서 비가 새니, 비가 개야 고치지 지금 할 수 없다. 이러다가 천정이 무너지고 집이 자빠지기 쉽다. 집 안에 앉아 있을 수가 없다. 비나 개야 무슨 수단을 쓰지 어이할 거나.

내가 이 집으로 온 지가 10여 년. 그 전에 집 지은 지가 언제인지 몰라도 몇 십 년 될 것인데, 기와집이라 새는 건 사실이다. 이사 와서도 조금씩은 샜다. 많이는 안 샜는데, 폭우로 오니 큰 물구멍이 난 모양이다. 날이 개어도 한두 곳이 아니고 할 수가 없다. 전부 기와를 개수해야 한다. 돈이 있어야 하지. 이사 와서 바로 개수(改修)했으면 되는데, 그때는 돈도 있었고 능(能)한 일인데, 일산 가옥이라 어찌될지도 모르고 해방 후 판문 교회가 이곳으로 옮긴다고 교인들하고 나하고 얼마나 싸웠는지. 미국 군정청에서 호출이 와서 재판도 하였다. 별 대책을 다 써서 자기네 사욕을 채우려고, 교회당 핑계 하고 야료를 부렸다.

해방 직후 원주인인 전판(田坂, 다사카)에게서 토지 가옥 일체 관리를 이양받았고, 다시 적산(敵産) 취급으로 신한공사(新韓公社)가 취급하여, 그곳에 접수시켜 농장관리인으로 선정되어, 주택 겸 소작료 저장 창고로 관재처(管財處)에서 임대차(賃貸借) 쪽지를 가옥에다 붙였다. 그 후 개인 농장을 통합하여 토지행정처로 개명해 그리로 이관 취급하였다. 직원도 합하여 같이 구(舊) 세천(細川) 농장에서 업무를 보았다.

매월 월급쟁이 노릇도 3년간 하였다. 관재처에서 일산(日産) 가옥, 대지는 취급하는데, 임대계약 후 매매 불하를 하였다. 상당의 재산 피해도 났고, 그동안의 고충이 이만저만 아니었다. 사적 감정으로 지금까지도 서로 등지고 멀어졌다.

만약 판문에서 그대로 살았으면 이런 불행이 없었을는지……. 여러 모로 반성이 된다. 복잡한 세상도 살아왔다. 후팔자나 좋을 줄 알았더니, 이런 벽에 부닥쳤으니 무슨 방도가 생각이 안 난다.

돈 걱정(1961년 8월 11일 금요일)

시장 출하. 중갈이 80관 15,000환 수입. 집에서 10관 3,000환 수입.

각처에 지불할 돈은 많고 수입은 적고, 걱정이다. 참외, 수박, 토마토가 만발하니, 자연 복숭아는 값이 저하될 게 사실이다. 장례 비용 빚이 거액이니, 우선 급한 대로 인부 품삯이나 다 지불하고, 잔돈푼 줄 것을 청산해야겠다. 늘 돈은 수입하나, 자연 소비는 많고 큰 돈이 안 되어 거액 빚을 갚을 길이 없다. 생활하는 가용돈들…….

종일 비는 계속 온다. 일이 안 된다. 비가 올수록 낙과(落果)가 많아 야단이다. 그것은 집에서 헐값으로 팔고 품삯으로 주어 버려, 시장에 내가지도 못한다. 안 따면 물러 버리니, 비를 맞아 가면서도 따야 한다.

가는 데까지 가 보자 (1961년 8월 13일 일요일)

대량 출하. 오늘은 최고로 많이 내었다. 품질도 제일 양호하다. 마차가 늦어서 구(舊) 시장으로 나갔더니 중앙시장만큼 수입(收入)이 못하였다. 계속 그대로 나오면 좋겠다. 대금 액수가 많아야 쓸 게 되지, 소소한 돈은 그 자리에서 소비되고 만다. 운임, 식대. 자기 우마차로 운반하고 제가 직접 싣고 나가고 해야지 인부로만 하니 그 사람 일이다. 밥 사 먹이고 담배, 술까지 주고 마차 임금 주고 하니, 주인 먹을 게 없다.

장차 어떻게 될는지 내일이라도 예측도 못하겠고, 가는 데까지 가 보아야겠다. 농촌 부자란 안 먹고 안 입고 안 쓰니까 남는 것이지, 그렇게 구두쇠 짓 않고서는 도저히 계산이 맞지 않는다. 한 푼 쓰기를 벌벌 떨고 주머니에서 녹이 나야 한다. 아직은 도저히 불가능이다.

아픈 5남 종인이 (1961년 8월 14일 월요일)

종인 병원. 갑자기 구토를 하고 몸에 두드러기가 나서 붓고 야단이다. 어제 판문 가서 생게를 먹었다고. 아마도 식중독이라고. 호남병원에서 해독하는 주사를 맞았다. 집에도 못 오고 이리 종일네 집으로 가서 쉬게 하였다. 만약 더하면 바로 또 병원으로 가라고.

조합으로 와서 고 상무하고 점심을 먹었다. 중앙시장보다 우리 공판장 시세가 헐하니 무슨 이유일까. 내가 실지 출하분을 비교해 보니 그렇다고, 사실이 그렇다고. 이를 시정해야겠다. 중개인들이 소매상에게 위탁하는 게 문제다. 소비자 시민이 구시장보다 중앙시장 소비자 생활 수준이 높으니 자연 그럴 수밖에 없다. 연구 자료.

채소 파종 (1961년 8월 18일 금요일)

채소밭을 고르면서, 골을 타고 비료를 뿌리고, 종자를 파종하였다. 한 골로 곡괭이로 파서 둑을 만들고, 그 골에다 씨를 뿌렸다. 다시 여인들은 뒤를 따라서 씨를 덮었다. 너무 두텁게 덮으면 발아가 안 되고, 얕게 덮으면 햇볕이 뜨거워 안 난다.

오늘이 최고로 더운가 보다. 더위가 아니라 불이다. 온몸이 땀으로 멱을 감는다. 있는 것이니 복숭아를 인부들에게 대접하였다. 나는 신 것을 잘 못 먹어서, 수박이나 사 오라고 했더니, 그저 와서, 목은 타고 죽을 뻔하였다. 누가 알아주는 사람도 없고, 그저 저 하늘만 쳐다보며, 얼마나 평화한지 차라리 바꾸어 되었으면, 자식들에게도 좋고, 집안 장래에도 행복하고, 교회로도 발전하고 할 텐데, 반대로 되었으니, 복잡할 수밖에…… 평소에 내가 얼마나 농사일을 했나, 그런 체격이 아니지.

파종 완료 소감 (1961년 8월 19일 토요일)

잘되든 못되든 종자를 갈았으니, 맡기고 잘 나기나 바랄 뿐이다. 일을 끝내고 나면, 마음은 한갓져서 개운하다. 일이 어려서부터 몸에 익어야 고돼도 이기고 노동을 하지, 젊어서 않던 일, 늙어서는 버성겨 안 될 건 사실이다. 둘 다 그랬다. 종대 어머니 역시 어려서는 귀하게 커서 세상 물정 모르고, 부모 밑에서 호강스럽게만 살았고, 몸이 비대할 뿐 인내력이 없어, 가정 일이나 노동은 제대로 감당을 못하는 체격이다. 부득이 자식들의 교육을 위해서 몸부림친 거다.

고산에서 생질 해곤이가 왔다. 3남 종정이도 오고, 종대가 수박을 내왔다. 종인이가 어제 수박을 사 왔는데, 사람이 많아서 못 내놓았고, 더운데 먹자고, 잘되었다. 손님도 오고. 나는 속도 모르고, 어제 공연히 종인이만 혼을 냈지.

4남 종실이의 학비 걱정 (1961년 8월 20일 일요일)

복숭아가 늦갈이가 되고, 다 떨었다. 오늘 내갈 게 적어, 권철이 지고 나갔다. 내가 가지고 가야 하는데, 인부를 사니, 품삯을 주고 나면 남을 게 없다.

4남 종실이가 방학하고 와서는 집에서 일 거들고 그렁저렁 공부도 못하였다. 신학기는 다가와 학교는 가야할 텐데, 집안 형편은 복잡하고 하니 공연히 성질을 내고는, 서울로 가 버린다며 나가 버렸다. 재학 시절에는 여름 방학 때같이 재미나는 때가 없는데, 집에 와서 내내 날마다 일이나 하고, 공부도 안 되고, 신경질이 날 건 사실이다. 무슨 짓이라도 해서 학비는 잘 보낼 테니 안심하고 공부나 잘 하라고 해도, 눈에 보이는 사실이라 말을 듣지 않는다.

3남 종정이는 늦게 대전으로 귀대하였다. 종일 속이 상하였다. 공연히 종인이보고 야단을 치고 나니, 안타깝기만 하고, 그게 무슨 죄가…… 내 불찰이다. 혼나고 나서도 아무 반항도 않고, 그저 눈물만 흘린다.

아이들과 생강밭 제초 (1961년 8월 21일 월요일)

생강밭 제초. 아이들하고 생강밭 풀을 뽑았다. 날이 더워 생병이 나겠다. 그래도 할 일은 제때에 해야지, 하루만 시기를 놓쳐도 안 된다. 억지를 쓰고 땀을 흘려 가며 풀을 뽑았다. 애들 일하는 게 속으로 안타깝기는 하지만 하는 수 없다.

너희 복이 없으니 일찍 엄마가 죽었다. 그래서 이런 고생을 하지, 복이 많으면야 이런 불행을 당할 리가 있나? 부지런히 하자. 일을 해서 몸이 부대끼는 건 상관이 없는데, 공부할 시간이 없어 공부가 떨어지니 야단이다. 속으로 말은 못하고, 일도 해야 하고, 공부도 해야 하고, 살림살이도 요 꼴이 되고, 공부도 못해서 아이들 신세도 망치고, 두 가지 다 버리니, 무엔가 하나를 택해야 한다. 일은 못하여도 공부는 해야지.

막내 종대의 까치 꿈 (1961년 8월 22일 화요일)

조반이 늦었다. 과수원 일도 끝이 났다. 채소밭에도 파종하고 생강밭 제초도 하고, 얼마 안 가서 학교 개학일 게다. 집에서 일이 많으니 쓸데없이 놀지 말고 공부 한 자나 하고, 기차 통학할 때 시간만 있으면 학교에서나 기차 안에서나 공부하라고. 엄마가 없고 집이 곤란하니 공부나 잘 해야 장래 출세하지. 아무 생각 말고 정신 차려서 행동도 하고 공부도 하라고.

종대는 어젯밤 꿈에 까치를 보았다고, 오늘 기쁜 소식이 올는지 모르겠다고 좋아하였다. 이런 집에 무슨 희소식이 있겠니, 아예 생각지도 말아라. 서울 형들이 한 급 올라갈는지 모르지. 그래도 무슨 조그만 희망이나마 가지니 살맛이지.

석양에 고산 해곤 엄마(이춘기님의 누이)가 왔다. 과자를 사서 한 봉지 내놓으니, 아이들이 반가워한다. 사람이 그리워 누구나 오면 못 가게 하고 반가워한다. 엄마 생각이 진해서지.

차남 종성이의 일본 유학 확정(1961년 8월 24일 목요일)

서울 편지. 장남 종화가 이번 3급 시험에 우수한 성적으로 합격하였다고. 종성의 편지가 왔는데, 로터리클럽 주선으로, 내년 2월경에 일본으로 유학을 가게 되었다고. 형도 합격하고, 저도 대망의 숙원이었던 외국 유학을 가게 되니, 얼마나 가문의 영광스러운 일이냐고. 얼마 동안 몇 달만 더 생존하였더라면, 이런 영예스러운 꼴을 보았을 텐데, 그동안을 못 참고 가셨으니, 이제는 누구에게다 이 영화를 드릴까?

가슴 아픈 일이다. 일편단심 유학을 목표로, 밤이나 낮이나 기도하고 마음에 유념하여, 장래를 위해서 괴로움도 역겨운 세상도 무릅쓰고 살아왔는데, 이를 못 보다니, 얼마나 원한이 될까? 먼저는 미국을 간다고 만단 시험도 통과되고, 여권도 발급받았는데 그때는 재정보증과 매월 송금을 은행에 적금 등 제반 복잡한 문제가 방해되어 손해가 막심한 채 포기하고 단념한 것이다. 그때는 미국에 학교 관계가 연락이 잘못되었을 것이다.

여비 때문에도 여러 곳에서 창피 막심한 꼴을 당하였다. 외부 소문만 떠들썩하여 사람들의 조롱을 받아 낯을 들 수가 없었다. 그 집은 자식들이 허풍을 떨어서, 가지도 못하는 미국 간다고 비웃는 소리가 철천지 원한이었다. 일본으로나마 가게 되었다니 차라리 그 편이 낫겠다. 미국은 갔다 온 학자들도 별 게 없다. 일본은 언어가 통하니 속히 교육을 받을 수가 있고, 국제 간에 친선을 도모하기 위한 초청 학생이라, 학비도 그 나라 로터리언들이 담당하니, 졸업 후 직장도 문제가 없을 것이고, 가슴이 확 트이는 것 같다.

종인·종대보고 편지를 읽어 주니, 그저 힘없는 미소를 지으며, 친우들을 보고 광고해야겠다고. 우리 형 유학가게 되었다고.

3남 종정의 편지(1961년 8월 26일 토요일)

3남 종정의 편지. 군에서 시달리고 고되어 집에나 가서 마음껏 놀다 올까 하고 집에를 가 보니, 모두가 쓸쓸하고, 찬바람 휙 돌아, 비길 데가 없었다고. 엄마가 생각나서 산소에나 갈까 하였더니, 혼자서 답답해서 못 가고 그저 왔다고. 이번 추석에 집에 가서는 형제가 모여 산소에 가서 엄마 묘 앞에서 울음이나 실컷 울다 오겠다고. 제대 후에 공부를 계속해 볼까 하는데, 집안 사정이 어찌 되는지요?

추석에나 설날에나 제대로 명절답게 지낸 적이 없었다. 그저 밥이나 해 먹고 말거나, 큰 잔치를 한 번 베풀겠다고 하였지만, 명절 때면 대개가 서로 못 모여, 그저 넘어갔다. 생각하니 원이 된다. 돈 한 푼이라도 헛되이 안 쓰고, 자식들의 장래를 위해 교육비에 쓰겠다고, 죽어서 없는데, 누구를 위해서 차려서 먹을까?

아이들과 주일예배 참석(1961년 8월 27일 일요일)

교회. 종인·종대를 동반하여 교회 가서 예배하다. 여름철 동안 과수원 일 때문에 주일을 많이 범하여 죄송스러웠다. 특별예배 시에 종화의 이번 3급 시험 합격의 감사헌금을 올렸다.

교회에서 모두 얼마나 영광스러운 일이냐고 축하를 하며, 멀리 떠난 김 권사가 살았으면 얼마나 주 앞에 영광을 감사드렸을까, 천국에서도 자식을 위해서 기도 생활을 하고 있을 거라고. 그런 뜻에서 집에 있는 어린 막둥이들이나 교회 잘 다니도록 하라고. 날보고는 더 다짐을 않고 알아서 하라는 것이다.

세상에서 서로 고생만 하다가 못다 살고 못다 쓰고 못다 영화 보고, 주님 일 열심히 하다 갔으니, 주 앞에 갔을 거라. 다 같이 믿고 죽어야, 천국 가서 영원히 살지 않겠느냐고. 찬사가 그칠 줄 몰라, 식사는 어떻게나 하며 가사는 잘 처리되느냐고.

수입이 있어 돈 갚기 (1961년 8월 31일 목요일)

구시장 공판장에 오랜만에 나갔다. 약 140관 진열하는 데 시간도 오래 걸리고 힘이 들었다. 얼마 전보다 값이 올랐다. 참외, 수박, 토마토 밭을 다 걷고 채소를 가는 바람에 복숭아 값이 올랐다. 대금을 찾아 가지고 오던 길로, 나성권 2만 환 청산하였다. 문제가 많았고 다른 거와 달라 고인의 치료 때 빌린 돈이라 더욱 창피하고, 남의 입줄에 얽히면 그런 모욕적인 일이 없을 것이다. 갚고 나니 이젠 밥을 굶어도 살 것 같다.

인부 품삯 나머지도 다 주었다. 한시가 급하였다. 집에 와서 독촉해 대면 입맛 변한다.

오후에 계속 따기 시작하였다. 어서 처치해 버려야 한다. 날이 갈수록 남의 신용을 잃지 않도록 해야겠다.

9월
아내 없는 외로움

과일값 하락 (1961년 9월 1일 금요일)

중앙시장으로 나갔더니, 시세가 내렸다. 월말 청산기에는 중개인들의 입금을 돕기 위해 시가를 내려 헐값으로 낙찰한다.

구시장에 갔더라면 나을 걸 잘못 계획했다. 연일 비가 내려 떨어지는 과일은 많은 데다 다량이라, 소비가 많은 곳으로 간 것이 결국은 모두 그곳으로 집중하여, 서로 손해가 되었다.

100가마 26,000환 수입.

맥추수 헌금 작정 (1961년 9월 3일 일요일)

처녀가 결혼하려면 준비가 필요하다고, 기름을 예비한다는 비유가 있다. 성경의 절수를 기억 못하겠다. 매일 과수원 작업과 출하로 피곤하여 교회당에 나가서 앉아 있을 뿐이었다. 내내 졸다가 깨곤 하였다. 정성이 부족하였는지 낙심이 났는지, 지난 번 맥추수 감사 연보 때에 벼보리 연보 1가마를 바치기로 적어 놓았다. 오늘까지 미납하였다. 물론 현물은 없고, 대금으로라도 바쳐야 옳은데, 그게 마음대로 못 되었다.

고인에 대해 면목이 없다. 어떤 방도로라도 드려야 옳은데, 양심에 가책이 되어 낯을 붉히었다. 집사가 독촉까지 하여서.

추석을 기다리며 (1961년 9월 4일 월요일)

판문 조카 종임 귀가. 장남 종화 집에서 종임이를 데려가, 그동안 안 가서 집안일을 거들어 달랬는데, 추석이 되어 귀향차 어젯밤에 왔다고. 아이들은 다 잘 크고, 손자 세구도 많이 컸다고. 별일은 없는데, 생활이 곤란하다고. 식량이 없어서 살기가 힘드는 모양이다. 이번 추석에는 모두 형들과 엄마 성묘차 귀향한다고.

자식들이 모두 모여도, 무얼로 추석상을 차려 놓고 같이 먹을까? 생전에 한 번이나 그렇게 전 가족이 모여 추석을 쇠었으면 얼마나 재미가 났을까? 모두 모여 봐야 가슴 아픈 일만 보이고, 옛날의 모습만이 우러날 따름인 것을……

이래도 소용없고, 저래도 소용없고, 이미 때는 지나고 말았다. 한 자리에 주러렁 앉혀 놓고, 자식들의 맛있게 먹는 꼴을 보고, 마음속 기쁨을 느낄 때, 얼마나 행복감을 누릴까? 그걸 못하고 말았지.

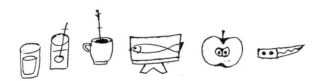

과일 출하 (1961년 9월 5일 화요일)

오늘 시세는 중이다. 어제 비가 와서 마차가 늦게야 와서 실었는데, 경매 시간 내에 당도할는지 뒤따라갔었다. 뒤늦게 도착하였어도, 품귀라 가격이 높았다. 그나마 다량으로 딸 거나 많으면 하겠다마는, 앞으로 한 번이나 나갈는지 모르겠다. 사방에서 달라고 독촉은 심하고, 수입금은 적고 걱정이다. 그래도 늦갈이로 수입고가 올랐다.

이른 복숭아, 중갈이는 양은 많았지만 실수입금은 얼마 안 되었다. 장구한 시일 동안 판매가 되니, 총 수입고는 많았으나, 매일 출하 비용으로 소비되는 돈이 예상 외로 들어, 실속 없이 수선만 떨었다. 수입금으로 보리를 사거나 쌀 선금을 주거나 고리 대금을 하면 되는데, 그런 게 안 되니 갈수록 지속하기가 곤란함을 면할 수 없다.

과일 농사, 과일 팔기의 어려움 (1961년 9월 8일 금요일)

과일시장 출하도 끝이 나고 나니, 한편 몸이 괴롭지 않아 편하기는 하게 되었으나, 돈 나올 길이 없으니 시원섭섭하다. 인부도 많이 안 사 부리고 둘이서 힘껏 하고, 덜 소비하고 하면 학비 충당도 되고, 그대로 할 만했었다. 일은 몸에 과하게 되고, 먹지도 않고 쉬지도 않아서, 영양 불량으로 자연 그런 악질환에 걸렸나 싶어, 뒤늦게 깨달아진다.

온갖 힘과 정성 다해서 지은 결과, 한 푼이라도 더 수입하겠다고 애썼던 것이다. 시장에서 도매 시세가 너무나 내려가면, 소매까지도 한 적이 있다. 남 앞에 창피한 것도, 고된 줄도 모르고, 발버둥을 쳤던 것이다.

몇 해 전 일이다. 이리시에는 소비 대상이 좁아서 값이 헐하다 싶어 마차에 싣고 군산까지 갔었다. 항구라서 선원들이 출입하니 다량 소비가 된다는 소문이다. 여기서 늦게 석양에 나섰다. 마차에만 맡기고 뒤를 안 따라가면 도중에 별일이 다 있다고. 자기들이 수시로 먹고 또 팔아서 술 사 먹고 담배까지 사니, 그걸 방지하기 위해서 주인이 뒤따라가야 된다.

여기서 목천포로 해서 군산행 큰길로만 근 100리 길이니, 속히 가야 한다. 석양은 되어서 그렇게 덥지는 않으나 가다가 쉬고 가다가 쉬고, 지경을 넘어서는 개정(開井) 못 미쳐서는 12시 통행금지 시간이 되어 가고, 오도 가도 못하고 통금이 해제되도록 있어야 한다. 하는 수 없이 마차부들은 남의 집 처마 밑에서라도 자지만, 주인은 그것도 못한다. 밤중에 도둑맞을까 봐 마차 뒤에서 그대로 아스팔트에 앉아서 자다 누웠다가 사이렌이 울리자 다시 마차부를 깨워서 갔다.

군산 시장은, 과실은 장소가 2층이라 상자를 2층으로 올려다 진열하여야 한다. 인부를 사서 하느라고 죽을 욕을 보았다. 값은 좀 더 수입되었지만 마차 운임, 잡비를 제하자 그게 그거였다. 이리 시장에는 우리 것 한 차 분량이 안 갔으니, 누군가가 비싸게 팔았을 것이다. 마차부도 한 번 갔다 오면 며칠씩 쉰다고 다시는 안 가겠다고 한다. 우리도 다시는 못 가겠다고, 그 후로는 한 번도 더 안 갔다.

복숭아 심어서 처음 수확해서는 도매시장이 없었다. 중개상들이 자전거로 사다가 소매를 하니까, 자기네가 주는 대로 받고 팔았다. 그리고 덤으로 얼마를 더 주는지 몰랐다. 낙과(落果)되고 상한 것은 집어서 남들 먹으라고 주고, 품삯으로 한 보따리씩 퍼주곤 하였다. 공판장에 나가서 다른 과수업자들의 말을 들어 보면, 상한 것, 낙과된 것도 가지고 나오면 그런 걸 사다 파는 광주리 여인 장수가 많아 다 판다고. 잘 몰라서 그랬지만 숫되기 짝이 없었다.

그리고 남보고 같이 가서, 진열하는 것, 알아서 해 달라고 품삯을 주며 데리고 나갔다. 숫되기도 하지만 농촌 사람같이 순진한 사람이 없지. 근(무게)도 많이 주고, 남은 것은 미리 다 빼 놓고, 남들은 불량품은 모두 속에다 놓고 보이는 데에만 큰 걸로 쌓아 놓으니, 자연 상품으로 보인다. 차츰 장사에 수단이 났었다.

농촌을 상대하고 소비할 계획이었다면 야단날 뻔했다. 종일 가야 한두 관 사 갈까? 그런 과실을 먹을 줄이야 알지만, 돈이 아까워서 사 먹지 않는다. 혹시 애들이 사달라고 조르면, 보리쌀 몇 되 가지고 애들 있는 대로 데리고 온다. 와서는 주인보고 물어도 안 보고 우선 다 하나씩 준다. 먹으라고.

차마 못 주게 할 수 없고, 가만 있으면 얼마를 집어먹을지 몰라 적당하게 주면, 더 달라고 투정. 애들 먹은 것 다 치면 반값밖에 안 된다. 손해된다고 안 팔면, 공으로 달라는 것도 아닌데, 서로 아는 처지에 그러느냐고 따지면 그럴 수는 없다. 속담에 원두 첨지 3년 하면 문상꾼 떨어진다더니, 그게 사실이었다. 보리쌀 몇 되가 제일이고, 딱 되어 가지고 와서 한 알도 더 남지도 않는다. 그 사람들보다 우리 얼굴이 뜨거워서 못하겠다.

과실을 따 놓은 게 있으면 그걸 바로 팔면 되는데, 없으면 과수원에 따러 들어간다. 10관쯤이나 되면 하지만, 몇 관 안 되니까, 익은 걸로만 찾아 온 밭을 더듬는다. 따서 달아 보면 조금 모자란다. 그러면 또 따러 과수원에 들어간다. 들어간 사이에 누가 하나 보고 있어야지 그렇지 않으면, 집어먹어 버린다. 말로 일러도 소용없다. 두 번째 따다 달아 보면 이번에는 좀 남는다. 남는 것은 달라고 하면 주든가 그렇지 않으면 그저 소비되고 만다. 바쁘기만 하지 돈이 안 된다.

시장에는 한 개 더도 없고, 덜도 없고, 정확하게 달아서 놓으면 그만이고 속이 편하다. 시장에서도 아주머니 장사꾼들 깡패에게 걸리면 당한다. 남는 것, 상한 것 관당 얼마 작정하고 달아 주면, 우선 배곯아서 그런지 몇 개 먹어댄다. 제가 산 거니까 먹어도 상관은 없지만, 주머니에서 돈을 꺼내 세어 보고는, 돈이 모자라니 돈대로만 달라고, 그중에서 나쁜 걸로만 덜어 내놓고 만다.

10관, 20관 다량으로 살 테니 갖다 달라고 하며, 자기 집으로 갖다 달라고도 한다. 그래서 값을 더 준다는 바람에 가지고 따라가면, 어디만큼 가는지 시장에서 제일 머나먼 곳이다. 운임이 비싸니 그걸 노리는 것이다. 공판장에나 진열하였다가 다른 사람, 중개인 아닌 다른 사람에게 팔면, 벌금을 물거나 수수료를 받거나 한다.

밤에는 처녀 총각 패들이 놀러온다. 밤에는 시장에 출하할 걸 다 상자에 쌓아 놓아 낱개로 된 상자가 없다. 그런데 와서는 무조건 과수원 원두막으로 올라간다. 올라가서는 지껄이고 야단을 떤다. 우리는 일찍 잠을 자야 내일 새벽에 시장에 갈 판이라, 잠 못 자는 게 제일 야단이다. 어서 가라고 잠자게, 하면 애걸복걸 야단이다. 여보시오, 돈 준다는데 왜 안 파느냐고. 인수리 덕실리 먼 길에서 특별히 벼르고 왔는데 그럴 수가 있느냐고 한다.

밤에는 익고 안 익은 걸 잘 모르니 못 딴다고 하면, 설익어도 좋으니, 여기까지 놀러 온 기분이니 조금만 따다 달라고 사정이다. 계집애들이 더 야단들이다. 아저씨를 찾으며 사정하면, 그저 나가서 낮에 눈 익혀 놓았던 나무에 가서, 만져 봐서 큰 걸로만 골라 따온다. 그릇에 담아다 주면 물에다 좀 씻어다 달라고. 그렇지 않으면 대야에 물을 떠다 주면 다 먹고 실컷 놀다가 간다고. 복숭아 값 얼마요? 얼마라고 하면, 여기 덜 익어서 먹지 못하고 남은 건 제하고 주시오 한다. 화가 난다. 처음 어두워서 잘 안 보이니 못 딴다고 하니 설익어도 좋다고 하지 않았느냐고 하면, 그렇지만 못 먹을 걸

어찌 팔아요? 그렇게는 안 됩니다. 저희 마음대로 주고는 슬슬 나가 버린다. 다시는 그런 자식들 오면 일절 안 팔기로 하였다.

어느 날 밤에는 또 한 패가 왔다. 대개 몇 관씩 남겨 둔 게 있기에, 마루에서 먹으라고 하였다. 와삭 와삭 먹어 대고는 물을 떠다 달라고. 막 가려고 하는데 비가 쏟아진다. 참아 보라고. 조금 있다 개일 줄 알았더니 영 그치지 않고 주룩주룩 더 온다. 차차 밤은 깊어간다. 그들도 가야 하고 우리도 자야 하고, 야단이다. 우산을 빌려 달라고 한다. 속히 보내야 하겠기에 빌려 주었다. 내일 일찍 보내 달라고. 학생들 학교에 가야니까 꼭 신용을 지키라고 일렀다.

걱정 말라고 하더니, 그 후로 영영……. 또 오지도 않았다. 낮에 와서 먹는 사람들에게는 물 떠다 준다 어쩐다 시끄럽다고, 또 아는 사람들이 오면 애들이 창피하다고, 일절 집에서는 팔지 말자고 했다. 그러나 장사가 그렇게 안 된다. 한 푼돈이라도 소중히 알고 팔아야지, 창피하다고 생각하면 안 된다고 내 아내는 말했다.

사람이 살아가는 길은 늘 평탄한 것만은 아니다. 높은 곳도 있고 낮은 곳도 있다. 높아서 오르막길만 있어도 살 수 없을 것이요, 내리막길만 있어도 살 수가 없는 것이다. 그런 창피한 일과 괴로운 일을 안 보고 자기 마음대로만 살면야 걱정할 필요도 없지. 그렇게 해서 남의 돈 빌린 걸 다 갚고, 나 쓸 데 다 쓰고 먹고 살게 되는 것이 과수원이라, 등한히 할 수가 없다.

논을 어쩌다 다 팔아 버리고 나니, 제일 식량을 사다 먹으니 감당도 못 하고, 수입은 좀 나으나 비용이 많다. 이거나마 절약해서 생활해야 된다. 나이들 늙어서 웬만한 일은 체면이나 남의 구애를 받지 않을 작정이다, 누가 무어라 그래도 내 주장대로 살 생각이었더니, 그 계획이 다 틀어져 버리고 말았다. 젊었을 때는 돈이 무언지, 살림이 되든지 말든지, 그저 살아갔지. 농사짓는 일도 연구도 않고, 되는 대로 지어서 되는 대로 따 먹고 살고.

내 천성(1961년 9월 18일 월요일)

판문에서 살 때는 일제 때다. 판문이 출생지다. 선친도 판문 출생이시다. 조부 때는 잘 모르겠다. 선친께서는 내가 17세 때 작고하셨다. 비교적 신체가 약하고 늘 병치레만 해서 키가 작았다.

나는 학교 가기 전에, 한학(漢學)을 미리 오래 집에서 선생한테 배웠지만, 별로 해득이 없고, 배운 사람이나 안 배운 사람이나 다름이 없었다. 학교도 늦게야 입학했으니 그렇게 양호한 성적이 못 되고 따라가는 것이다. 했으면 잘할 수 있었는데, 놀기를 힘썼다. 성질은 유순하여 남에게 불량하다는 평은 안 들었는데, 모진 데가 없었다. 결단성이 없어, 적극성이 없다. 모든 게 다 완결이 못 되었다.

천성이란 버릴 수가 없다. 오늘날까지 실패를 보고 있다. 흐지부지하니까 범사에 실패하고 후회하면서도 사건 처리에는 흐리멍덩하여 끊고 맺지를 못한다. 실패의 근원이다. 남에게 좋게만 하려고…….

추석에 내려들 오겠다는 편지(1961년 9월 19일 화요일)

종인·종대, 가족이 총동원하였다. 청소부터 하고 환경 정리를 하였다. 복숭아 상자, 전부 창고에다 정돈하고, 정원 잡초를 제거하였다. 여름 동안 방치하였더니, 풀이 우거져 뱀이 나오겠다.

서울에서 편지가 왔다. 이번 추석에는 형제가 다 귀향하겠다고. 며칠 전에 부산 출장 갔다 왔는데, 모든 연구했던 학문을 실력 그대로 발휘하였다고. 부모의 은혜를 이제야 알게 되었다고. 알고 실행해야 할 단계에 와서, 어머니가 안 계시니, 누구에게다 그 영화를 보여 드릴까요?

자식들이 성장함에 따라 중요한 인도의 초점이 되실 모친이 계셔야 실력 그대로 발휘할 수가 있을 거라고. 저희들이 지금까지의 성장도 어머님의 숨은 공덕이라고.

사망 신고(1961년 9월 20일 수요일)

호적 정비. 사망계 제출.

서울 애들도 출생계를 못 냈는데, 제 일시(日時)대로 기입하였다. 많은 형제들의 혼인, 출가, 출생, 제적, 입적…… 복잡해서, 보면, 하도 만지고 넘겨대 때가 묻고 생일이 잘 보이지 않는다.

추석날 함께 울기(1961년 9월 24일 일요일)

추석. 이리에 일찍 도착하였는데 종일네 집에서 저녁 식사를 하고 집안

일에 대한 상의도 하고, 이제 늦었다고. 할 말도 없다. 조반 식사는 아주 준비도 없지만, 밥상을 갖다 놓고 서로 바라보다가 눈물로 말문을 막고, 산소로 떠났다. 찬송가 196장(이 세상 험하고 나 비록 약하나)을 부르고 기도를 하다가 큰 울음이 터져서 그저 붙들고 울기만 하였다.

묘는 푸르른 잔디, 산지기가 잘 벌초를 하여 보기 좋게 자랐다. 조부모님 산소에 다시 성묘를 드리고, 오래 있어야 소용도 없구나. 인자하던 모습만이 허공에 떠오른다. 각자 나름대로 슬픔이다. 제일 막둥아들이라 가끔씩 와서는 무슨 슬픔을 애태웠는지는 몰라도, 잘 먹지도 못하고, 제대로 용돈도 못 쓰고 얼마나 마음속에 엄마가 그리울까?

집에 와 보니, 고산에서 애들의 고모가 왔다. 국수 한 뭉치를 사다 삶았다. 한 그릇씩 먹게 했다. 입에 들어갈 리가 없다. 아무도 입을 대는 이가 없었다. 돈도 없고, 사다가 해 줄 사람도 없고, 이렇게 막막한 집안은 없으리라.

딸자식이라도 있었으면 수시로 와서 도울 수가 있는데, 그나마 식모가 없으니, 살 길이 없다. 셋 다 있어야 아무런 해결책이 못 나게 되었다. 각자의 길을 가야 된다.

오후 3시 30분차로 서울로 떠나 버렸다. 어린 동생들, 집안 꼴을 그대로 목도하고 떠나가는 자식들의 심사인들 앞이 어두웠을 것이다.

아이들은 서글퍼 울상을 짓고, 고모는 달래며 과자를 사다 주었다. 밖에 가서 놀다 오랬다. 어린애들 심사가 우울하면 장래 사업상 투지력이 상실된다고 나는 늘 평화롭게 타이른다. 걱정 말라고. 형들이 다 성공하면 너희 둘은 책임지고 공부시킨다고. 가슴 앓는 심정을 어찌 달랠까? 15일 보름밤 달이 유독 밝구나.

아내 없는 외로움 (1961년 9월 26일 화요일)

'아무도 날 찾는 이 없는 외로운 신세', 어디서인지 날 보라고 들려오는 것 같은 소리가 들린다. 그림자조차 안 보이는 공허한 허탈감에서 오는 것이다. 초가을 궂은 비는 부슬부슬 메마른 땅을 적셔 준다. 가뭄에 시달렸던 채소는 춤을 춘다. 가슴속 괴로움을 누구에다가 파헤쳐 볼까? 아무리 생각해도 지속할 수가 없다. 두 막둥이를 어디에 의탁을 할까? 그 애들만 아니면 다 헤쳐 버리고 툴툴 털고 나서 볼까?

누가 이런 사람을 찾아줄까? 무얼 먹고 살까? 먹고 살 게 있다면 식모라도 두고 살겠다. 사실은 식모도 여의치 않다. 늙은이는 송장 치워야 하고, 젊은이는 홀아비 집이니 아니 오고, 처녀도 그렇고, 마땅치 않다.

식모가 집에 가서 아니 와, 고모가 데리고 오겠다 하고 갔다. 매월 월급은 무슨 돈으로 줄까? 이게 다 모두 애고로구나!

부부간에 서로 못 만날 사람끼리 다시 만나 죄 없는 자식들에게 고생이 되는지도 모르겠다. 공연히 팔자 탄식이 자꾸 난다. 남들을 보면 내외 다 호호하니 늙도록 해로하고 사는 걸 보면 얼마나 다복하게 뵈는지 모르겠다.

내가 조실부모해서, 자식들이나 그런 꼴 안 보게 하렸더니 또 내가 당하였다. 어려서 엄마의 자애로운 사랑을 못 받아 보면, 커서 다감하지도 못하고 숫기도 없는 양, 상대방에 우둔한 감을 준다. 표현력이 부족하다. 나 역시 마음속에는 있으면서도 밖으로 표현력이 부족하니, 무감정이라 오해하기 쉽다.

식모 구하기의 어려움 (1961년 9월 28일 목요일)

고산의 아이들 고모가 주선하여서 식모가 왔었다. 교인이고 촌에서 순진하게 자라서 곧잘 아이들도 따르고 알맞게 되었다. 1일 3식, 매일 밥하는 일이 큰 문제이기도 하고, 어려운 일이다. 사람이 산다는 게 오직 먹는 것으로만 산다고 할 수 없다지만, 한 가정에서든 각 사람으로서든, 식생활이 중요하다.

학교에 가는 일, 통학차 시간을 꼭 지켜야 한다. 철모르는 처녀애들은 으레 늦잠이 보통이다. 집 안에 나이 많은 늙은이가 다 참견해야 제 시간에 밥이 입으로 들어가기 마련이다. 그러나 매일과 같이 내가 참견한다 하여도 제 시간에 알맞지 않아 늘 먹을 밥 제대로 다 못 먹고 가곤 한다. 점심은 자연히 설치고, 귀가해서도 그렇고, 자연히 애들이 제 얼굴이 아니요 야위어진다.

그래서 식모를 두었더니 그나마 추석에 귀가하더니 오늘에야 제 엄마하고 둘이서 왔다. 이유는 월급이 적으니 좀 더 달라는 것이다. 그럴 여유가 없어 허락을 못하였다.

10월
도시락을 안 가져가는 아들

교회 결석 (1961년 10월 1일 일요일)

일요일이다. 아이들이 학교에 아니 가고 집에 있으니, 집 안 소제도 하고, 살림도 정돈하고, 정원도 제초하였다.

내가 교회에 못 나가면 아이들이라도 나가도록 해야 할 텐데, 차츰 낙심이 나고, 가도 무던 안 가도 무던, 그저 넘기게 되어 버린다. 그럴수록 교회라도 나가서 신앙생활을 계속해서 모든 난관을 극복해야 할 텐데 안 된다. 자포자기도 아니요 타락도 아니면서, 그저 흘러만 간다.

해가 저물어도 날이 밝아도, 밤이 되면 안면해야 매일 업무에 지장이 없을 텐데, 무상한 마음이다. 배가 고프니 자연히 무언가 먹어야 하고, 모든 게 다 준비되어 있어도 여의치 못할 텐데, 있지도 않고 누구 하나 와서 말로라도 걱정하는 사람도 없고, 눈알 멀거니 정기가 없는 것만 같아 눈을 끔쩍거려 본다.

막막한 형편 (1961년 10월 2일 월요일)

굶으나 먹으나 학교는 어떻게라도 보내야 하니, 날간장에 밥이라도 이름 지어 보내고 나니 집 안이 조용하다. 우울한 심사를 어디 비길 데가 없다. 끝없이 찾아오는 고독을 무얼로 다 메꾸어 볼까? 사면에 모두 잡초만 우거지고, 소제도 제대로 안 해서 날로 퇴락해 가기만 한다.

돼지도 먹이다 벌써 없애 버리고, 닭 새끼도 한 마리 없다. 손대는 건 모두 다 제거해 버렸다. 어디에 뜻이 있나. 집 안이라고 누구 하나 담당하여 당분간이나마 살림을 보살필 만한 사람도 없다. 이렇게 막막한 데가 어디 있을까? 딸이라도 하나쯤 있었던들 그래도 도움이 될 것인데…….

중이 장판에 가서 화나는 이치지. 만날 울상을 하고 있은들 보탬이 되지 않는다. 속이 답답하면 죄 없는 어린애들만 야단을 친다. 아무 영문도 모르고 그저 듣고만 있을 뿐 아무런 반응조차 안 보인다.

혼자 일꾼 부리기의 어려움 (1961년 10월 3일 화요일)

채소를 갈았다. 갈기만 해서 먹는 게 아니고, 날마다 가꾸고 매달려야 한다. 이미 해 오던 일이니, 그대로 전담을 황무하게 내던질 수는 없고 해서, 전과 같이 갈았다. 방치할 수가 없다.

그나마 생명이 붙어 있으니, 손을 대야지. 여인들을 얻어서 제초 겸 배토(培土)를 하였다. 여인들은 집안 주부가 있어서 서두르고 같이 해야 하는데, 뒤에서 지켜보고만 있으니 자기들도 힘이 나지 않는다고 콧노래만 부르며 해 지기만 바란다. 자기들은 힘껏 한다고 하겠지만, 내 마음에는 그렇게만 생각이 든다. 쉴 참에도 새참도 마련해서 시장기도 면하게 하고, 고된 줄을 모르게 위로의 말도 해야 하는데, 나는 그걸 못한다.

석양에는 그래도 해가 서산마루에 걸치니 마음이 바쁘다. 인부를 보내고 나니 몸이 피곤하다. 밤에는 이런저런 시름을 잊고 잠이 들었다.

재혼 권유 (1961년 10월 5일 목요일)

오산면장 신리(新里) 윤영한(尹永漢) 씨 방문. 원예조합 이사 수년을 같이 해 온 조합의 중요한 임원이었다. 교회 장로직까지 보고 있는 처지라 잘 아는 사이다. 뜻밖에 심방하여서 고적함을 위문차 온 줄로 알았다. 그러나 그게 아니다. 용건은 자기의 친척 중에 과부가 있는데, 내 처지를 보아 적당한 인물이라며 중매를 서겠다고, 의향이 어떠냐고 한다. 그러면서 연령이 좀 차이가 있다고. 아직 40이 좀 못 된 나이인데, 능히 농촌의 살림살이를 감당할 것이라고. 그래서 특별히 왔노라고. 심각한 표정이다.

나를 위한다는 데는 사실 호감이 가나, 연령 차이가 심하면 어느 모로 보아서도 곤란하다는 걸로 말하였다. 그런 점은 있노라고, 잘 생각해 보라며 갔다.

벌써 틀린 일이다. 함부로 할 일이 아니다. 신중히 생각할 문제다. 가내 형편으로는 한시가 급하지만, 후회 없도록 사전에 주의가 필요하다.

비가 새는 집(1961년 10월 6일 금요일)

며칠 동안 날씨가 흐리고 무더웠다. 가을비가 채소밭 해갈이라도 하게 왔으면 하였다. 밭의 채소나 부쩍 크게.

저녁을 먹고 나니, 비가 오기 시작이다. 부슬부슬 차분히 시작이다. 마음이 한갓지고 몸이 노곤하여 한 식경(食頃)을 잘 잤다. 창 밖에 비 쏟아지는 소리가 나며 천정에서 빗물이 새어서, 지천으로 새는 소리가 뚝뚝 난다. 얼마 안 가서, 그만 방바닥으로 쏟아진다.

곤하게 자고 있는 애를 다 일으켰다. 우선 헌 옷으로 휘말아 내고 세숫대야와 장독의 뚝배기를 모아 빗물을 받아 냈다.

그러나 한군데뿐 아니라 여러 곳에서 줄줄 새니, 결국에는 하는 수가 없다. 침구를 다 내팽개치고, 책상도 내가고 야단을 떨었다. 대청으로 나가서 이 밤을 새웠다. 한밤중이라서 잠은 오고, 아무 분별없어 그대로 두어 버렸다.

기와가 하도 오래되어서 한두 곳이 아니라 보수할 방법이 없다. 한두 번 일도 아니다. 해결 방책이 없다. 먹고 살기도 곤란한데…….

천정의 피해로 온 방 안이 홍수난 들판 모양으로 엉망이다. 장판지가 다 해져서 방바닥이 흙 그대로 질퍽거려서 발을 디딜 수가 없다. 아궁이에다 불을 뜨겁게 피우고, 문을 열고 바람을 통하였더니, 도로 말라서 그대로 거처하게 되었다. 그래도 해진 곳은 사방에 있다.

갑자기 기와를 다시 걷고 새로 덮자니 막대한 금액이 필요할 것인데, 어디서 나올 곳이 없고, 혼인한 자식들은 겨우 제 살림도 못해서 쩔쩔 매고 있으며, 기타는 오히려 나만 바라보고 있는 형편이다.

일찍이 해방 후 이사 오던 당시에는 수리할 형편은 되었으나, 일산(日産) 가옥이라 여러 문제가 많아, 고쳐 가며 살 마음이 나지 않았었다. 되는 대로 살다가 말자고 한 것이 이런 변을 불러들였다. 그대로 방치하면 얼마 안 가서 석가래 연자가 썩어 가라앉아 큰 사고가 날 것이 걱정이다. 어떻게 이 난문제를 해결할 것인지……. 종인·종대 두 철모르는 애들만 바라보고 긴 한숨만 쉬어질 뿐이다.

아이들의 장래 걱정(1961년 10월 8일 일요일)

주일이다. 아이들이 학교에 안 가니, 자연히 조반 식사가 늦어지고, 마음이 한가하여 시간 가는 줄도 모르고 아이들과 답답한 사정을 서로 말도 못하고 걱정만 하다, 침묵에 잠겨 우울할 뿐이다. 아이들이 풀이 죽어 보이니더 장래가 걱정된다. 어떻게든 살아나서 의젓한 사람들이 되게 해야겠다는생각밖에 없다.

오늘도 교회를 못 나가서, 목사, 장로님들을 다시 대할 면목이 없다. 괴롭고 답답하면 주님 앞에 나가서 부르짖고 애원을 해야 할 텐데, 그렁저렁집에 있게 된다. 아이들이 학교에 안 가는 날을 이용해 가내 청소도 하고채소밭에 한 포기 잡초라도 뽑고, 공부 한 자라도 보충하라고. 같이 앉아말 푸접이 되고 싶었다.

석양에는 목욕도 시키고, 저녁 식사를, 변변치 못하나마 일찍 먹이고 재웠다.

MEMO 늦 口이다 아이들이 學校에 안가니 困難

朝飯 食事가느러지고 ── 마음이 바가라야

時間가는줄을모르고 ── 아이들하고

없오란 事情을어로 말을못하고 걱정만

하다가 ──店에 달려 무릎을 꿇이다

아이들이 굶어죽어 보이니 더 將來가 걱정이

된다 없이라도 살리니서 훌륭 한 사람들

이 되게해야겠다는 생각 밖에 없다

오늘은 敎會를 나가서 牧師 長老님들에

게서 對話 面이 있다 ── 피곤그다음 ~

하면 코 압에 나가서 무로딧고 哀願을

해야 할턴데 그렁저렁 집에 잇게된다

아이들이 學校에안가는날 도 팽이개하야

校內淸掃도하고 菜田에 한 폭이 돼를 쫓

하고 除草하고 ── 工 한가지로 神힘희

라고 ── 갈이앉어 말 푸념이되고 살었다

夕陽에는 沐浴도식하고 ── 저녁 食事

면서 치 못하니다 일즉 먹고 치웠다

막내 종대는 다르다 (1961년 10월 14일 토요일)

막내 종대는 종인이와 다르다. 집안사람들 말을 듣지도 않고, 제 윗사람을 능히 다룬다. 그런 놈은 엄마가 있어서 잘 조절해야 한다. 그걸 필요로 하는데 토로할 대상이 없으니 딴 의사가 발달되어, 자연히 목표의 학과 공부가 여의치 못하게 된다. 늘 감정적으로만 가 그 실행(實行)이 어긋나니, 그렇게 될 수밖에 없다.

아이들을 학교에 보내 놓고, 대소 채소밭을 가꾸고는, 아이들 돌아오기만 고대한다. 오는 길로 바로 변변치 못하나마 시장하겠기에 식사들 하게 하고는, 학교에서 배우던 일, 왕복에 기차에서 있었던 일 듣고, 지절들 대느라 자연히 공부 시작할 줄도 모르고 계속한다. 나는 그게 유일한 낙이요 위안이다.

종인이는 차분히 앉아 복습이라도 하는데, 종대는 그저 건성 나발이다. 그렇게 둔한 편은 아닌데 잔꾀가 많다. 기차 통학에, 학교에서 뛰고 해서 밤에 피곤해 곧 자기 바쁘다. 공부가 제대로 되지 않는다.

수학여행 못 가는 아들 (1961년 10월 21일 토요일)

종인이 학교에서 경주로 수학여행을 갔노라고, 집에서 쉬겠노라고 하였다. 너는 왜 안 갔느냐고 물으니, 여비를 내야 한다고, 집에 돈도 없는데 말할 수도 없고 나중에 갈 요량 대고 집에서 푹 쉬며 공부나 하겠노라고 하였다. 가슴이 뭉클하였다. 일찍이 말만 했으면 어떻게라도 변통해 주었을 텐데……. 사실은 실속 있는 일이지만, 엄마가 없고 지금 돈도 없어, 먹고 살기도 곤란하니, 제가 미리 이해하고 포기한 모양이다. 듣는 부모의 심정이야 말할 수가 없다.

철없는 애들이 어디 그런 생각을 하나? 얼마나 마음이 착한지, 속으로 희열을 느꼈으나, 아이들의 사기를 돋우어 주지 못한 게 느껴진다.

집에서 제 것이나마 세탁도 하고, 그동안의 공부, 복습도 하였다.

소풍 간다는 막내 (1961년 10월 22일 일요일)

막내 종대는 오늘 배산(盃山)으로 소풍을 간다고. 어제부터 몇 번이나 당부하고 졸라 댔다. 무엇도 사고 한다고. 돈을 미리 준비하라는 말이다.

예전에는 사과도 사고, 과자도 사고, 도시락도 반찬을 잘 장만하여, 용돈도 많이 주어, 한 보따리 싸 주곤 하였는데, 어찌할 수 없다. 도시락을 싸자니 순보리밥이라 안 들고 갈 것이고, 돈도 많이 없고, 걱정을 하고 있는 길이다.

날씨가 갑자기 흐리며 비올 기미가 보인다. 학교가 가까우니 얼른 갔다 오더니 연기했노라고, 책가방을 가지고 학교로 가 버렸다. 마침 잘 되었다만은, 철모르는 애를 남과 같이 못 다 해 주니, 가슴 아픈 일이 한두 가지가 아니다.

물 긷기 (1961년 10월 23일 월요일)

종인이는 통학 승차권 때문에 학교 가서 증명서를 맡아 왔다. 그걸 가지고 역에 가서 제출한다고. 종대도 오늘 일찍 학교에서 돌아왔다. 오랜만에 모두 집에 있으니, 일찍 목욕이나 하자고 했다.

학교에 가서 물을 세 지게 길어 왔다. 수도가 있다가 끊기고 갑자기 샘을 팔 수도 없고, 매일 식수를 학교 가서 길어다 먹고 사는 판이라, 목욕하기도 쉽지 않다. 방죽 물은 아마도 불결한 것 같아서 못 쓰겠다. 사방에서 썩은 가지와 잡나무를 모아다 물을 데워, 애들도 나도 목욕을 하였다. 기분이 상쾌하다. 밥상에는 호박죽에 감자를 삶아서 덧들여 왔다. 목욕하고 시장해서 출출한 판에 그나마 맛있게 달게 먹었다.

꽁보리밥이나마 푸짐하게 삶고 시래깃국이나마 후련하게 먹었으면 얼마나 속이 풀릴까 싶었다.

콩 타작 (1961년 10월 24일 화요일)

햇볕이 따갑게 쬐는 가을 날씨다. 논에서는 벼 베기가 한창이다. 논농사가 없으니 구경만도 시기심이 난다. 과수원은 수확하여 용돈조차 떨어진 지가 오래고, 밭고랑 빈 터에 사이사이 굵은 콩을 심은 게 얼마쯤 되었다. 그나마 타작 않고 두니, 쥐란 놈이 매일 밤 다 까먹어 버린다. 그래서 오늘은 애들하고 널어 말렸다가 석양판에 타작을 하였다. 몇 되쯤 되는가 보다. 무얼 해 먹는지, 밥하는 데 놓아 먹는지 알 수가 없다.

오늘 점심을 아랫집에서 세 식구와 밥 대접을 받았다. 그랬더니 저녁은 모두 별 생각이 없다고 그냥 말자고 한다. 또 먹자고 한들 변변치 못하니 미리 알아차린 셈이다.

그 짓도 한두 번이지, 번번이 그럴 수 없다. 먹는 게 좋기는 한 모양이다.

꽁보리밥 (1961년 10월 25일 수요일)

어젯밤 식사를 거르고 나니, 잠이 일찍 깨이고, 속이 출출하였다. 일찍 서둘러야 통학차 시간에 맞춘다. 새벽에 기상하였다.

보리쌀 몇 말 팔아다 놓은 걸, 꽁보리밥이니 미리 한 번 삶아 뒤적거려 놓는다. 그리고 나서 한 차례 더 끓인 후 뜸을 들인다. 아무리 법식을 찾아서 해도, 죽도 아니고 밥도 아니다. 부잣집 개도 안 먹게 되었다. 시장이 반찬이고, 할 수가 없다. 그래도 감자만 삶아 먹느니보다는 윗길이다. 종인이를 깨워 먹여서 보냈다.

그리고는 바로 뒷설거지를 해 버린다. 혹시 누구라도 와 보면 창피하니, 일찍 치우는 게 상책이다. 밥 짓는 거보다도 먹을 걸 치우는 일이 제일 어렵다. 먹을 욕심으로 하지만 먹고 나면 걱정이다.

종대는 오늘 점심은 양 생원 댁에서 먹었다고 좋아라 했다. 양 생원 댁이 오셔서 깍두기를 담아 주셨다. 이놈 가지면 며칠은 걱정 없겠다.

도시락을 안 가져가는 아들 (1961년 10월 26일 목요일)

오늘도 새벽부터 일어나 움직여야 했다. 밥 짓는 데 시간이 상당히 걸린다. 쌀밥보다 짓는 수속이 오래 걸린다. 밥만이면 간단하다. 상에다 달랑 깍두기 한 접시 놓고, 물 숭늉을, 밥 푸고 나서 바로 뜨겁게 끓인다. 국이 없으니 물 마셔 가며 먹는다. 점심 도시락은 아예 안 가지고 간다. 꽁보리 밥이라 남 앞에 내놓고 먹기 창피하다고. 같이 앉은 친구들이 제 밥을 나누어 먹자고 해서, 더러 먹은 일도 있다고.

그것도 한두 번이지 될 일이 아니다. 아침밥을 일찍 해 먹고 나니 잠이 들었다가, 판문 친우들이 와서 그만 깼다. 왜 비구승 모양으로 혼자 잠만 자느냐고 핀잔이다. 하마터면 밥상 설거지하는 걸 들킬 뻔했다.

종대의 소풍 준비 (1961년 10월 27일 금요일)

종대가 지난번 소풍을 못 갔으니, 내일은 꼭 간다고. 오늘 만단으로 준비해 달라고 한다. 근방에서는 누가 만져만 보고 주마고 해도, 일체 돈을 변통할 데가 없다. 하다못해 종대더러 집을 보라 하고는 이리에 나갔다. 조합에 가서 염치 불구하고, 현금 2천 환을 빌렸다. 대번에 용기가 났다.

바로 집에 와서, 역전에 가 과실도 사고, 나무 도시락도 사고 해서 만단 하게 해 놓았다. 저녁 밥도 잘 안 먹고, 재미가 나는 모양이다. 아무런 계책도 없이, 그저 갈 일 생각하니 걱정이 되었다가, 돈이 마련되었다고 하니, 얼마나 반가워하는지 모른다. 만약 안 되었던들 어쩔 것인가? 엄마가 생각이 나겠지만 말도 못하고, 속으로만 분통 터뜨렸을 것이다.

종대의 소풍날 (1961년 10월 28일 토요일)

종인이는 오늘 학생들이 여행 가고 없어, 저와 같이 안 간 학생들만 모여서 자습을 한다고 아침밥을 늦게야 먹고 갔다.

종대는 일찍부터 일어나서 서둘고 야단이다. 어디서 찾아왔는지, 전에 형들이 가지고 소풍 다니던 물병을 들고 와서는, 물을 끓여 넣고, 가지고 갈 걸 챙겼다. 점심밥은 그 집 애 것하고 같이 싸 준다고 기분이 나서 좋아한다.

학교 문 앞에는 행상들이 모여서 별 걸 다 늘어놓고 앉아서 팔고 있다. 계속 학생들이 가는 길을 따라다니며 판다고. 온통 근방이 명절날같이 붐비었다.

용돈을 넉넉히 쥐여 주니, 다시 바라보며 고맙다는 표정이다. 나는 혼자서 집 안을 살폈다. 어제 말렸던 굵은 콩을 다시 잘 골랐다. 보기에도 먹음직스럽다. 굵으스름 하고 까만 게 또렷또렷해서 몇 번이고 쥐어 보고 만져 보았다.

오후에 일찍 종대는 돌아왔다. 집에서 싸 가지고 간 걸 친구들하고 같이 나눠 먹고, 과자를 한 봉지 사 가지고 왔다.

떨어진 양식 (1961년 10월 29일 일요일)

양식이 떨어진 지는 이미 오래다. 초봄부터다. 초상 때부터 그때 형편대로 양식을 팔아서 먹고, 과일나무 수확하면서는 조금씩 장에서 팔아다 댔다. 요즘에는 돈 나올 데도 없고, 벼농사도 안 짓고…… 어디 손댈 곳이 없었다.

조합에서 융통한 돈으로 아랫집에서 햅쌀 한 말을 사 왔다. 오늘은 일요일, 학교도 안 가고, 느즈막하게 밥을 지었다. 채소는 넉넉하니 풋김치하고 뭇국을 끓이고 해서, 달게 먹었다. 꽁보리밥만 먹고 감자만 삶아 먹이다가, 기름진 쌀밥을 먹으니 당장 살찔 것만 같다. 아이들은 제 몫을 먹고도 더 먹는다.

먹는 게 무언지…… 배가 차야 울음도 울고, 몸부림도 치지, 배가 고파 놓으면, 먼저 먹을 거부터 생각난다. 선결 문제가 먹는 것이다. 살림을 꾸려야 한다는 결론이다. 애통만으로 두 어린 생명을 유지할 수가 없다. 못 먹으면 공부도 못하고, 병이 들 것만 같다.

생강값 폭락 (1961년 10월 30일 월요일)

지금까지 집안 살림을 엄마가 다 꾸려 나갔는데, 갑자기 책임을 지고 나니, 방황하여지며 유통 과정이 어떻게 되는지 숙맥이다. 실지가 큰 빚도 없었다. 겨우 1년 수입으로 학비와 제반 지출하고, 최저 생활로 그저 약간의 관광이나 가고 하였다. 이번 큰일(장례)에 좀 썼지만, 큰 빚은 아니고, 학교 앞 논 1천 평을 팔았기 때문에 금년 추수가 없을 따름이다. 이럴 줄 알았으면, 채소를 심지 말고 벼농사를 했으면 좋았을 텐데 잘못 생각했다. 내년에는 벼농사를 좀 해야겠다.

채소라기보다 매년 큰 이익을 보아 오던 봉동(鳳東)의 명물인 생강을 심었다. 작년에는 큰 수입은 아니었어도, 논농사 못지않게 잘 팔았다. 그래서 금년에도 생강을 심었더니, 원고장인 봉동이 풍년이라 아주 가격 폭락이다. 가마당 소매로 3,500환. 생강 종자를 심을 때 품귀해서 가마당 1만 환쯤 했을 거다. 으레 씨 때 비싸면, 수확기에 폭락이다. 그걸 예측 못하고 그저 맹목적으로 심고 만 게 실패다.

남는 게 없는 농사 (1961년 10월 31일 화요일)

채소도 논농사도 주인이 열심히 매일과 같이 가꾸어야 하는데, 나 혼자서 이것 하랴 저것 하랴, 시간도 없지만, 감당을 못하겠다. 거기에다 우선 먹을 것에 꿇리고, 가용(家用)에 시달려 해 나갈 장사가 없다. 외부에서 누구 하나 협조하는 이 없고, 혼인한 자식들은 기반도 안 잡히고, 기타는 모두 소비하는 처지고 보니, 무엇 하나 순조롭게 되는 일 없다. 그럴수록 중심을 단단히 잡고 나가야 한다.

하지만 그저 남의 일, 좋은 말뿐이지, 실지로는 안 되는 일이다. 오히려 비웃을 정도다. 그 사람 큰일이군. 그러다간 살림 못하고 파산하고 말지. 어떻게 해서라도 그런 풍설 안 나게 해야겠는데 큰일이다. 배추도 약제 소독을 제대로 안 했더니 늦게까지 진딧물이 발생하여, 약을 하기도 어중간하고 그저 팔자니 말썽이 되어 제값을 못 받는다. 비료 부족으로 제대로 속이 안 차서, 살 사람들이 잘 안 덤빈다.

과수원 수확도 점점 낮아져 간다. 새로 나온 과실은 크고 윤택이 나고, 많이 열리고 하더니, 퇴비를 못 넣고 매년 금비만 주니 제대로 우량품이 되지 않는다. 금비나마 양이 부족해서 과목이 무성하지 않으니 자연히 고목이 된다. 더구나 금년에는 가정 사정이 매우 어려웠으니, 약제 살포가 제 횟수를 채우지 못해 병충해가 많았다. 품질이 불량하고 빨리 낙엽이 져서 나무의 힘이 좋지 않다.

상강(霜降) 전에 과수원 안의 잡초를 베고, 사방을 판 다음, 퇴비를 주어야 내년에 좋은 과실을 결실할 판인데, 거기에 손이 미치지 못한다. 풀이 클 대로 커서 호랑이 새끼 치게 생겼다. 풀이 나 거름기 빨아 먹고 나니, 나무가 클 수가 없다. 하루에 한 나무씩이라도 깨끗이 제초를 해야 내년에 잡초가 안 나고 해충도 없앨 텐데, 혼자서는 안 될 일이다. 인부 사면 품삯도 문제고 먹이는 걸 해 줄 수가 없다.

11월
겨우살이 준비

시(1961년 11월 1일 수요일)

님을 불러 봅니다.

나직이 불러 봅니다.

아무리 불러 보아도 불러 보아도

왜 대답이 없습니까요?

그림자 같은 생각이 떠올라 불러 봅니다.

빈 방에 찬바람만 휘두릅니다.

훈훈한 그 손길이 그리워 불러 봅니다.

사방을 매만져도 잡히지 않습니다.

창밖에서 부르는 소리 들려옵니다.

문을 열고 내다봐도 아니 옵니다.

발자국 소리 성큼 들려옵니다.

찬송 소리 그 목소리 들려옵니다.

님을 불러, 님을 찾아

이 밤이 지새도록 불러 봅니다.

님을 불러, 님을 찾아 노래합니다.

저녁 밥상 (1961년 11월 4일 토요일)

아침부터 흐리며 찌푸리는 날씨다. 초복에 싸늘한 바람, 우울한 심사를 더 한층 괴롭힌다. 소리 없이 내리는 비가 낙엽을 재촉한다.

후줄근하게 비에 젖어 아이들이 학교에서 돌아왔다. 허둥지둥 분주하게 서둘렀지만, 손에 익지 않아 밥이 늦어졌다. 오는 즉시 지체 않고 밥상이 들어와야 아이들 직성이 풀린다. 조반도 설치고 점심은 공치고 저녁밥이나 맛있게 먹을 양으로 왔을 텐데, 겨우 장만한 게 김치우거짓국이다. 멸치나 좀 넣으면 새참한데, 겨우 미원을 조금 가미했을 뿐이다.

종대는 입에 안 맞으면 아무 소리도 않고 수저를 놓고 나선다. 남은 밥은 종인이가 다 치운다. 한참 밥이 당길 판이다. 매일 기차 왕복, 학교에서 운동. 새참을 먹어도 시원치 않을 것이다. 저녁을 먹고 나면 대강 설거지를 하고 모두 모여서 서로 바라만 보아도 마음이 위로가 된다. 말 안 해도 하고 싶은 일, 쓸데 많은 돈.

좋은 인간만 되라던 아내의 유언(1961년 11월 5일 일요일)

주일이다. 교회에서 종소리가 들린다. 예배를 보러 가야할 텐데, 벌써 몇 주일째 출석치 못하고, 주일을 범했다. 종대·종인이라도 빠지지 않고 가도록 해야 할 텐데 사정이 얽힌다. 종인이는 중학 가고부터 매일 통학하는데도 공부할 시간이 없지, 주일날에는 피곤하니 집에서 쿨쿨 잠만 잘 뿐 교회 나가라고 할 수가 없다.

종대도 입시 준비에 열심하니, 자연 출석치 않는 것을 방관하니, 일체 불찰이 되고 말았다. 고인에 대해 예의가 아니다. 병석에 누워 있을 때 교회 전체 교인들이 주야로 문병에, 가사를 저 버리고 협조하였는데, 결례다, 무례다. 고인의 열렬한 신앙을 생각한들 어찌 가사에 빙자하고 불참할손가? 반드시 책벌을 받아 마땅하도다. 못 잊어 못 잊어, 어린 막동들 장래를 걱정하며 부디 잘 믿고, 교육은 못 받아도 잘 믿어서 좋은 인간만 되라고 유지(遺志)를 남겼다.

나는 중심에 두고 지금 못 나가더라도, 후일 다시 출석할 요량으로라도 아이들이나 열심히 믿도록 해야 옳은데, 죄를 면치 못하리로다.

식사 문제(1961년 11월 6일 월요일)

판문 종임이가 그동안 며칠 와서 식사를 해 주었다. 그러나 벼 바심(타작)을 시작하면서부터는 매일 벼를 훑으러 다니느라 못 오겠다 한다. 우리 집에서 조반해 먹고, 치우고 가면, 벌써 다른 사람은 일을 착수해 큰 손해라고 안 온다.

그래서 고산 해곤이를 오라고 하였다. 같이 밭일도 좀 거들어 달래고, 식사도 해서 먹자고 편지를 냈더니 바로 왔다. 남자 인부는 전부 대농가 집의 벼 베고 추수하는 데 가 버려, 한 사람도 구할 수가 없다.

해곤이가 밭일을 하니 식사가 안 되었다. 할 수 없이 해곤의 누이 금자(今子)까지 같이 와서 식사를 담당하고 세탁도 하고, 집 안 청소도 하였다. 이젠 집 안이 환하고 밥하는 걸 잊어버리니 사람이 살 것만 같다.

해곤이와 밭의 채소를 짚으로 묶었다. 겨우 두 고랑을 한 셈인데, 어느 시절에 다 묶을는지 정신이 아득하다. 그리고 생강을 한 가마 캤다.

겨우살이 준비 (1961년 11월 8일 수요일 비)

아침부터 흐리고 추워진다. 쌀쌀한 겨울철이다. 오늘이 입동이라지. 절기 치레를 하는 모양이다. 어서어서 겨우살이 준비가 필요하다. 배추도 묶어야 하는데, 우선 추워 얼면 안 돼 무를 먼저 뽑았다.

비가 그치지 않고 온다. 오후에는 점심을 먹고 누운 것이 잠이 들어 한 식경 자고 나니 석양판이 되었다. 내가 이렇게 셈판이 없다. 할 줄 모르는 일이 몸에 젖지 않아서, 일도 안 되고 몸만 괴롭다. 그래도 어찌하겠나? 죽지도 살지도 못하는 난경(難境)이다.

어젯밤 지서에서 종화의 신원조사가 나왔다. 현주소, 직업, 학력. 밤이라 곤란해 내일 가겠다고 약속하였다. 그래서 지서에 나갔다. 묻는 대로 자세히 알려 주었다. 부산 전 주소까지 물어서 알려 주었다. 공무원들은 가끔씩 그런 조사를 한다고. 아무 걱정 말라고 한다.

생강 캐기 (1961년 11월 9일 목요일)

금년 들어 첫 추위라 견딜 수가 없다. 입동이라 그런지 북서풍이 불어오고, 덜덜 떨린다.

며칠이고 그놈의 배추 묶느라, 생강은 캘 새가 없어 그만 시기를 놓쳐 버렸다. 이렇게 날씨가 추우면 생강이 다 얼어서 상할 텐데, 인부는 없고 큰일이다. 하는 수가 없다. 아무리 몸부림을 쳐야 소용이 없다. 누구 와서 거들어 주는 사람 없고, 다 제각기 제 일들도 못다 해서 눈에 불을 켜고 서두는데, 어림도 없다. 그대로 밭에다 썩히는 수는 있을망정, 인부 하나 못 만난다.

손을 불어 가며 덜덜 떨면서 종일 캔 것이 겨우 세 가마다. 그래도 창고에다 잘 저장하였다. 종일 떨면서 찬 흙을 다루었더니, 손부리가 다 트고, 손톱 밑이 아리다.

금자가 무언가 따뜻하게 식사를 마련했다. 훈훈하게 먹고 나니 온몸이 풀린다. 아무것도 더 생각이 없다. 다 썩어 빠져도 다시 손댈 생각이 안 난다.

생강 캐기 계속 (1961년 11월 10일 금요일)

사방 다니며 부인들을 동원하였다. "품삯을 생강으로 많이 줄 테니 오시오." 하며 떠들었다. 그랬더니 여럿이 왔다. 캐 주면 뿌리를 다듬어 가져가고 알만 담는데, 뿌리 담는 자기네 그릇에다 밭 생강 큼직한 걸 그저 몰래 어느 틈에 넣고 감춘다. 배보다 배꼽이 크다더니, 삯 주는 것보다 생강 가져가는 게 더 많겠다.

아무리 감시를 해도 소용이 없다. 지키는 사람은 하나인데, 부인들은 여럿이라 하는 수 없다. 다시 그릇을 뒤져 조사하여 보면 속에다 감추었다. 내서 흩어 놓으니 무색해서 화를 내고 그만 가 버린다.

노친들은 그래도 조용히 일대로 하고 정식으로 달라고 요구하는데, 젊은 여자들은 안 될 말. 어서 해 버렸으면 속이 시원하겠다.

석양에는 또 비 올 기미가 있다. 가슴이 터진다. 날씨나 좋아야 속히 처리할 텐데, 비가 오고 춥고……. 엎친 데 덮친다. 해곤이가 가마니에 담은 걸 져다가 창고에 쟁였다.

생강 농사 결산 (1961년 11월 12일 일요일)

생강을 다 캐고 나니 잡초가 우거졌다. 그대로 방치하면 독사풀이라 겨울에 자랄 대로 자라서 내년 봄에 큰 지장이 있다. 그래서 다 캐어 버리고 갈아엎었다. 단무지 무를 말리게 엮어서 간자에다 매달았다. 조선무는 아직 김장도 멀고 해서 굴을 파고 묻었다. 내년에는 생강은 그만 단념해야겠다. 생강 심지 말고 벼농사를 하였던들 겨울 양식이나 할 텐데, 값이 헐하고 수확도 적고 아주 큰 실패다.

한 해 시세가 좋으면 다량 재배해 다량 생산하니 먹는 건 동일하고, 자연 저하할 수밖에. 씨를 심을 때 가격이 높으면 반드시 추수 때 낮아진다. 씨 심을 때 헐값이면 추수 때 저하되어도 크게 밑지진 않는다. 자기 집에 씨 생강만 저장되면 이해 따지지 않고 하겠는데, 꼭 사다 심으니 시세가 안 맞는다. 단념하는 게 신세 편할 것이다.

생강 밭 갈기(1961년 11월 13일 월요일)

생강 밭에서 생강을 캐고는, 소로 갈았다. 그리고 쇠스랑과 팽이로 고르고 고랑을 쳤다. 종일 쉬지도 않고 한 것이 겨우 반절밖에 못하였다. 내일 종일 해야 다 완료하겠다.

봄보리를 파종하면 많이 수확한다고들 한다. 실지로 갈아보았어야 하는데, 남의 말만 듣고는 신용 못하지. 가을보리를 갈아야 하니까 퇴비가 없다. 가을보리는 갈고 안 덮어 주면 얼어 죽는다고. 오히려 봄보리 파종이 낫다고. 남의 말도 들어볼 일이다.

석양에는 해곤이가 코피를 흘린다. 너무나 일에 피곤하여서 그런가 싶었다. 일찍 일을 끝내고 들어왔다. 먹는 것도 시원치 않고 쉬지도 않고 하니 자연히 고될 것이다.

한 사람 없어지니 여러 골 시끄럽다. 매일 집에서 남녀 일 나가면 돈도 받고 할 텐데, 우리 집에 와 잡혀서 오도 가도 못하고 곤욕을 치른다.

보리 파종(1961년 11월 14일 화요일)

봄보리가 아무리 좋다 해도, 가을보리가 확실히 믿을 만하다고들 한다. 식구끼리 힘닿는 대로, 골을 다듬어 정지(整地) 작업을 하였다. 그리고 가을보리를 뿌렸다. 그리고는 풀과 나무를 때고 나온 재를 갖다 뿌렸다. 퇴비는 없으니 재가 제일 좋다고 한다. 석양에 늦게까지 온갖 힘을 다하였다.

올 여름철에 식량 때문에 얼마나 곤란을 보았는지…… 보리나 풍작해야겠다. 인부 하나 안 대고 가족끼리 다 해치웠다. 인부를 대도, 품삯도 문제지만 먹이는 일을 제대로 못해서 안 됐다.

1인 2역의 어려움 (1961년 11월 15일 수요일)

초겨울의 매운바람 옷깃에 스며들고, 가을의 살얼음이 실낱같이 어리었다. 흙덩이를 매만지는 손끝에 거스러미가 일어나고, 손가락이 얼어 매만지기도 싫었다. 따스한 입김으로 홀홀 불어 녹였다. 해가 돋으면야 양지 바로 쪼이는데, 음침한 응달 아래 덜덜 떨며 두리번거렸다.

백지장도 맞잡아야 가볍고 힘든 일도 말방귀라도 뀌어야 쉽다고, 혼자서 안 되겠다. 남자가 할 일 따로 있고, 여자가 할 일 따로 있다. 1인 2역이 될 말인가? 그렇다고 노상 앉아서 명상만 한들 옛날이 돌아오지도 않고, 우선 먹어야 하고 입어야 하고 활동해야 산다. 모든 원동력이 결여다. 이런 줄도 모르고 세상 셈판 없이 살다가, 갑자기 벽에 부딪히니 오도 가도 못하고 그대로 서 있을 뿐이다.

우선은 수확해 창고에 저장해 놓았으나 탈곡해 출하하기까지는 막대한 경비도 필요하지만, 가격이 계산과 맞지 않아 용기가 나지 않는다. 본고장의 소문을 들어 보아도 풍작이고 다작이라 소비가 안 되니 가격 하락이 불가피하다고, 매일 연락이 빈번하나 지방에서는 소화 불능이고 서울로 가야겠다.

생활의 압박감 (1961년 11월 16일 목요일)

겨울비는 부슬부슬 내린다. 시름없이 생각나는 일들이 꼬리를 물고 회

182

상이 된다. 아이들은 학교에 가고 방 안은 텅 비어서 싸늘하다. 우수수 낙엽 지는 처절한 소리. 아픈 마음 달래며 되새겨 본다.

손끝에 물 한 방울, 발바닥에 흙 한 번 안 대어 보고 살았다. 그것이 오늘에 와서 커다란 모순이다. 남에게 창피도 당해 보고, 남을 상대로 금전 거래도 해 보고……. 사람의 마음을 몰라 내 마음 같을 줄만 알아서 실패한다. 다 자기같이 정직한 줄만 믿고 신용하고……. 이제부터 실생활에 나서도 늦지 않을까? 늦으나 이르나 부득이한 사정. 막 벗어 부치고 나서야만 하겠다. 그대로 밥이 입으로 들어가는 게 아니다. 쌀이 밥이 되는 게 문제가 아니라 쌀을 지어 만드는 게 중요하다.

그날그날의 생활도 복잡한데 생산자금 융통이 중요하니, 누가 고리(高利)든 저리(低利)든 돈을 빌려 주는가? 어디로 가 볼까? 만약 요청했다 응하지 않으면 또 다시 누구에게 갈까? 망설이다가 용기가 죽고 만다. 마음속에 없는 말, 피새를 부리고 아첨을 할까?

돈을 받을 수 있는 희망을 보고 주는 것이다. 몰락해 가는 줄만 알고 있는데 어찌 빌려 줄까?

단무지 담기(1961년 11월 18일 토요일)

오늘도 비가 온다. 비 때문에 밖에서 하는 일은 못하겠다. 해곤이를 시켜 이리에 가도록 했다.

박 장로 소금집에 가서 소금 1가마를 사 왔다. 판문 김기순 집에서 쌀겨 두 말을 샀다. 왜무 말린 걸 잘 다듬어서 노란 약과 미원과 소금, 쌀겨를 혼합하였다. 독에다 차곡차곡 한 켜는 무를, 한 켜는 쌀겨 혼합한 걸 깔고, 그런 식으로 독이 차도록 꼭꼭 담았다. 그리고는 맷돌로 그 위를 꼭 누르게 해 놓았다.

며칠 있으면 푹 가라앉아 독 안으로 줄어든다. 그때 또 다시 우거지로 독을 채운다. 맛이 있을는지는 몰라도 그저 해 보았다. 내년 아이들 도시락 밑반찬이다. 첫째로는 간이 맞아야 하는데, 첫손이라 맛있게 될 수는 없겠지. 전에는 다 여자가 하는 일이라 어떻게 하는 건지 미처 몰랐는데, 늦게야 이런 단무지 담그는 일을 하게 되니, 잘 되지도 않지만 팔자 탄식이 난다.

이도 저도 다 집어치우고, 두 손 싹싹 비비고, 탈탈 털고, 어디로 날아갈 생각밖에 안 난다.

판문 아저씨의 재혼 권유 (1961년 11월 20일 월요일)

판문 아저씨가 오셨다. 늘 우리집 살림이 염려되어 걱정하는 중, 가끔씩 오시곤 한다. 처음 당하는 일이라 두서를 못 차리니 가끔씩 오셔서 귀띔해 주시는 것같이 도움 되는 일이 없다. 때마침 이리의 종일 모친께서 궁금해 하여 오서 서로 의논 대상이 되니, 마침 잘 만났다.

현재 경제적으로 복잡한 형편은 말할 수도 없고, 우선 돈이 있거나 없거나 가정일 처리할 책임자가 없으니 제일로 식구들의 생활이 문제라고. 선결 문제로, 쌀도 없지만, 있더라도 먹게 마련할 주부가 필요하다는 결론이다.

나야 어쨌든 두 아이가 학업에 지장이 심하다는 것이다. 사실이나, 현재로서는 누가 때마침 대비하고 오겠다는 사람이 있어야 말이지. 어떠한 인물이 필요할까? 우선 급한 대로는 오늘이라도 들였으면 하지만, 그게 입에 맞는 떡이 있어야 말이지. 새장가 들기보다도 더 힘들겠다. 사방으로 물색

해 보았으나 쉽지 못하다는 결론이다. 서로 걱정만 태산같이 하고 있다. 남들 말이, 사람 잘못 만나면 패가망신한다고.

다가오는 김장철 (1961년 11월 21일 화요일)

한파 급습. 갑자기 추워지니 사람이 움직이지를 못하겠다.

차츰 김장철이 오는가 싶다. 무를 400본, 생강 1가마를 자전거에 실어다 이리시장에다 출하하였다. 생강은 관당 130환, 채소보다도 더 헐값이다. 차라리 배추나 갈았던들 김장철에 다 처분하고 나면 속이나 시원하지. 생강은 여기서는 다 소비도 안 되고 걱정이다.

고산에서 해문(海文)이가 왔다. 집에서 종금이를 데리고 오라 한다고. 식사를 해 주니 한동안 식사하는 일을 잊어버려 살 것만 같더니, 또 데려가면 야단이다. 집에 가면 고모(누이)가 대신 온다고는 하였다. 그러나 추수기 농촌에서 누구나 할 것 없이 바쁠 때인데, 올 리가 만무하다.

그동안에 아이들 세탁도 해 주고 식사도 잘해서 먹으니 무엇보다도 안정되었는데, 또 다시 큰 걱정이다. 해곤이마저 가면 아무것도 못하겠다.

종인·종대가 학교에 갔다 오더니, 금자가 갔다고 하자 낙심천만이다.

되는 일이 없다 (1961년 11월 24일 금요일)

설상가상으로, 큰일이 나면 다른 일이나 순조롭게 해결돼야 하는데 무엇 하나 제대로 되는 일 없다. 마음 둘 곳이 없다. 철없는 아이들은 그저 학교에 갔다 오면 무엔가 궁금한 양 사방을 뒤지고 다닌다. 공연히 허전하고 늘 서글픈 모양, 추레하고 있다. 꼴이 보기도 싫고 역정이 난다.

이유 없는 반항이랄까? 저들이 복이 많은 바에야, 이런 비극이 있을 리가 만무하지. 혹은 내 죄로 애매한 자식들이 고생을 하는지도 몰라, 만약 그렇다면 죗값을 얼마나 받아야 하나? 차라리 반대로 뒤바뀌어 되었으면 집안 전체가 얼마나 좋을까? 그건 열 번 백 번이나 할 말이다. 쳐다보면 볼수록 불쌍한 마음이 드는 게 아니라 분통이 터진다.

그맘때 엄마의 사랑을 받으며 온갖 귀염둥이 노릇 다 할 텐데, 제대로 끼니도 못 얻어먹고 공부한다고 왔다 갔다……. 내가 무슨 수를 내야지, 이대로 살 수가 없다.

배추 팔기 (1961년 11월 26일 일요일)

배추 매매. 채소 값 하락, 다 팔 수 없음. 시장으로 출하하기에도 차 운임으로 비용이 다 나니, 될 수 있으면 앉아서 파는 게 낫다. 그래서 늘 서둘고 다녔다.

때마침 하신(下新)에 사는 중개상인 서정환(徐正煥)이가 왔다. 배추를 흥정하자고. 마침 잘되었다, 좀 값을 잃고라도 웬만하면 앉아서 팔겠다 하고 계약을 성립시켰다. 2,400포기, 포기당 45환. 계약금 28,000환을 받고 잔금은 작업 도중에 모두 받기로 하였다.

계약 후에 배추만 사방 다니며 보고는, 배추가 진딧물이 꽉 들어 있어 안 사겠다고 투덜댄다. 그것, 서리 왔으니 관계없다고 해도 짬짬하며 계약을 해지하잔다. 나는 절대 불가능하다 주장하였고, 자기도 불찰이라며 단념하는 모양이다.

돈 갚기(1961년 11월 27일 월요일)

나 집사, 서정환, 배추 대금 8만 환 중 나 집사 회계로 5만 환 제하고, 3만 환만 영수함.

작년 추곡(秋穀) 때부터 현금 출납을 역전 쌀가게 나성권에게서 거래하여 왔다. 교회 집사이기도 하고 교회 회계 일도 보고 해서, 서로 신용하고 거래가 되었다. 작년 겨울부터 보관미 대금으로 약값으로 지출해 쓰고, 또 학교 앞의 논 1,000평을 매각해(40가마), 나 씨 상점에다 보관하고 사용 중, 다 써 버리고 오히려 가불하여 사용하였다. 그게 청산이 못 되고 나니, 자연 부채가 커져서 늘 독촉이 심하였지만 못 주고 있었다.

그러다가 어찌해서 배추를 산 서 씨와 내통이 되어 앞서 발등거리를 한 셈이다. 나 씨가 와서 서정환에게, 내가 줄 게 있으니 그걸로 정산하자고 하는 통에 불가항력으로 주고 말았다. 그러고도 나 씨에게 줄 게 남았다.

김장 준비(1961년 11월 28일 화요일)

생질 해곤이가 와서 지금까지 온갖 일을 다 하였다. 배추 뽑는 일도 전부 오늘까지 끝을 냈다. 김장철이 닥치고 있다. 이리 조카 종일 집에 김장용으로 배추를 보냈다. 2차에 걸쳐 60포기를 자전거로 운반하였다.

우리 집도 며칠 후에는 김장을 마쳐야겠다. 날씨가 더 춥기 전에 해야겠다. 시장에서 고추 10근을 사고, 또 조미료랑 다른 것도 대강 사왔다. 동삼(冬三)에 살아나려면 허술하게나마 막김치라도 담그고 봐야겠다. 어디로가 있으나, 세 식구, 먹고는 살아야지.

김장은 제일 끝으로나 나중에나 해야지. 여인들 일손 구하기가 어려우니, 며칠 새 해곤이가 온다고 했지만 김장을 하고 나서야 올 테니, 자연히 시기가 늦어지겠지 아마.

12월
낡아서 추운 집

서울에서 생강 퇴자 맞기(1961년 12월 2일 토요일)

서울 도착. 이른 아침 5시. 역전 식당에 가서 식사를 하며 날 새기를 기다렸다.

초겨울 새벽바람은 너무나도 쌀쌀하여 밖에 함부로 나가기가 망설여진다. 오래도록 식당 뜨뜻한 방에서 날이 밝기만을 기다렸다. 그렇게 시급한 일도 아니고, 물표로 배달만 상회에다 해 놓으면 일은 끝난다.

오전 8시경, 남대문이 아니고 중앙청과시장이다. 삼복상회에 가니 연전에 생강 때문에 싸우던 그 자다. 물표를 보이며 도착 여부를 물으니 하신(下新) 조 씨라는 이가 자기 것과 동시에 청량리로 옮겼다고 한다. 조금 있으니 조 씨가 온다. 중앙시장에서 퇴자를 맞았다고. 할 수 없이 우리 것과 동시에 옮겼노라고. 같이 가 보니 청량리 봉안(奉安)상회인데, 매매가 없다고. 장소가 없어 다른 물건 놓을 곳이 없으니 가져가라고 한다. 움직이면 돈이다. 조 씨를 죽이고 싶었다.

그러나 중앙시장에서도 퇴자를 맞았노라고, 서울 시내는 어디를 가도 그렇다고 한다. 영영 가망은 없다. 일찍 단념하는 게 옳은가 보다.

장남, 손주들과의 만남 (1961년 12월 3일 일요일)

재무부에 가서 장남 종화를 만났다. 점심을 '고향'이란 음식점에서 먹었다. 신문로로 나와 손녀 선(善)이도 만나고, 아이들도 보았다. 선이와 같이 용산으로 나갔다. 종성이 숙소다. 종실이도 같이 있었다.

밤에는 종화가 손자 구야(세구)를 데리고 왔다. 구야를 보니 할머니가 좀 더 오래 살았더라면 더 확실하게 사랑을 받았을 것인데, 남달리 손자를 본 것처럼 몇 달 동안 온갖 공을 다 들여 길러냈다. 작년 여름에 내수동(內需洞) 움집에 살 때, 다 와서 보니 젖이 부족한데 음식 부주의로 소화 불량이 되어 다 죽게 된 걸 데리고 와서, 온갖 정성을 다하여 길렀다. 우유, 미음, 과실을 잘 배합해서 일정한 시간에 일정한 양으로 1주간 계속하니, 그만 설사가 그치고 차츰 울지도 않고 살이 올라 몇 달 안 가서 완전히 건강한 아이가 되었다. 돌날, 돌떡을 들고 다니며 나눠 준다고, 숙성한 애들은 다 그렇지만, 구야도 돌 지난 지 얼마 안 되어 걷기 시작하여 곧 걸어 다니고 달음질쳤다.

할머니가 앓아서 입원할 때, 같이 데리고 있을 때는, 정작 낳은 엄마는 알아보지도 못하고 가지도 않았었다.

190

시민회관 구경(1961년 12월 4일 월요일)

신문로 숙소가 불편하다. 용산에서 종실이하고 함께 잤다. 따로 하숙을 하지 않고 종성이 하숙집에 있다.

신문로에 들러 놀다가 시민회관에 갔다. 마침 HLKY 개관식 방송을 실시하였다. 공짜 구경이라 입장 만원이다. 일류 명가수, 영화배우들이 총 출연, 볼 만하였다.

비가 부슬부슬 내린다. 어디 다니기가 구질거려서, 일찍 용산으로 돌아왔다. 모두 일찍 귀가하여 저녁 식사를 단란하게 하였다. 큰방집 주인 한씨와 초면 인사를 나누었다. 주인아주머니와 한담도 나눴다. 온돌이 아니고 침대라 스팀이 없고 그저 침구만 가지고 자니 너무나 추웠다.

그새는 기온이 덜 추워서 그런 대로 지냈는데, 갑자기 추워지니 방 안도 더 추워졌다. 앞으로 종실이가 여기에서 겨울 동안 지낼 일이 안타깝다. 그래도 식모가 있어 식사는 배불리 먹고 맛있게 하니 다행한 일이다. 하숙을 따로 하면 적어도 큰돈이 따로 들 것이다.

빈손으로 귀가할 판(1961년 12월 6일 수요일)

무얼 손에 쥐고 귀향할까? 집에서는 큰 돈뭉치나 들고 올 줄 알고, 아이들이 매일 눈이 무르게 고대하고 있을 텐데, 집이라고 돌아갈 용기가 안 난다. 오는 사람, 가는 사람, 사람의 물결, 자동차의 행진. 무슨 일로 그렇게들 분주하게 다니는지……. 범사에 성공한 사람만은 아닐 것이다. 나처럼 실패한 사람도 있을는지, 아무나 붙잡고 물어보고 싶다.

서울에 모처럼 왔으니 쏘다니고 싶기도 하고 영화 구경도 하고 싶으나, 마음에 여유가 안 생긴다. 마음이 편하고 기분이 나야 말이지. 어처구니없이 무슨 재미로 우두커니 가서 앉아 있을까?

출출하고 갈증이 나면 다방에나 가서 한 시간 휴식하려 했는데 웬놈의 볼일들이 그리 많은지, 사람이 밀려서 앉을 자리가 없다. 할 일이 없어 와서 시간을 보내기도 하겠지만, 꼭꼭 약속을 지키느라고 기다리는 사람이 더 많을 것이다.

차남 유학의 확정과 언론 보도(1961년 12월 9일 토요일)

토요일이라 석양쯤 일찍 모였다. 나 있는 용산에서 식사를 같이 하였다. 모두 모였으니 장래 일, 가정사가 자연히 논의된다. 한 가지 희소식이 나왔다고. 이번에 종성이가 로터리재단 장학생으로 한국지부 추천을 받았다. 미국 총본부에서 전 세계 로터리 가맹국에 뉴스를 발송하였는데, 통신에 보면 한국 용연리 출생 이춘기 아들이 기재되었고, 일본 대학에 입학 허가가 나와야 외무부에서 여권이 나온다고.

연 2,500불 학비를 받게 된다고. 숙원이었던 외국 유학이 성립되어 간다고. 미국을 포기하고 일본을 지망한 것은, 어학 공부에서 세월이 너무 지나고 나면 안 되므로 일본을 택한 것이다. 과거 수년 전부터 미국 유학 간다고 많은 돈 소비하고 일심 정력으로 활동하며 추진시켰던 일이다. 유학생 어학 시험도 통과하였으나 재정 보증 때문에 미국은 실패하고, 다시 로터리클럽에 가입하여 활약하였다. 엄마가 살아서 이 영광을 보았으면 얼마나 반가울까?

빈손 귀가 (1961년 12월 10일 일요일)

상경한 지 오래고 집 안이 적적하다. 아이들 어떻게 지내고 있는지 궁금하다. 그러나 빈손으로 내려가니 허전하기 말할 수 없다. 오후 1시 15분발 열차로 서울역을 떠났다. 4남 종실이가 역에까지 나와 점심도 사 먹이고 차 내에까지 와서 좌석도 마련해 주어 편히 왔다. 차 속에서 오만 잡념이 떠올라 언제 왔는지도 모르게 대장역에 당도하였다.

무슨 면목으로, 얼마를 팔아 왔다고 할까? 철모르는 애들이라도 사고파는 걸 알 텐데, 할 말이 없다. 면목도 없으려니와 생활이 문제다. 한 푼도 융통할 길이 없는 이 지방에서 누구를 붙들고 이 사정을 토로하고 내년 일을 꾸려나가며, 무얼 먹고, 무슨 돈으로 애들 뒤를 댈까?

역에 내리니 종인이하고 해곤이하고 속도 모르고, 대환영이다. 내 속 봉창('호주머니'의 호남 방언)은 텅텅 빈털터리인데, 앞이 캄캄하다.

집안에 아무 일 없겠지? 고모(누이)가 와서 김장을 담그고, 판문 아저씨 집에서 총동원하여 와서 세탁도 해 주었다고. 아이들이 건강한 모습이어서 그저 좋으나, 내일 일을 생각하니 울음이 복받쳐 말문이 막힌다.

판문 아저씨의 재혼 권유(1961년 12월 12일 화요일)

판문 아저씨 댁을 방문하였다. 그 사이 경과보고를 하고, 이 방식으로는 도저히 한시도 부지할 수가 없으니, 어떻게 하면 살 길이 열릴까 상의하였다. 역시 딴 방법이 있을 수 없지. 그저 고생이 되지만 참고 살아 보라고만 한다. 그러나 절대로 그대로는 못 지내니 재혼을 하라고 한다.

그런 생각도 나나, 어디 입에 맞는 떡이 있느냐고. 사방으로 말을 놓아 알아보자고. 안심하고 극복하라고. 가재(家財)들 다 정리하고 간편하게 논이나 몇 필지 짓고 살면 오히려 마음 편할 것이라고. 그러면 살 사람은 있는지 반문. 논이면 쉬운데, 밭은 살 사람이 없다고. 자연히 팔게 되면 헐값이라고. 어딘가 큰살림을 맡아서 할 사람이 있을 거라고, 좀 더 참고 기다려 보라고. 속 시원한 소리는 못 된다. 오나가나 그 소리가 그 소리다.

종인이가 학교에서 돌아오며 시장하니 속히 가서 밥이나 삶아야겠다고 나와 버렸다.

낡아서 추운 집(1961년 12월 13일 수요일)

혹독한 한파가 급습해 왔다. 북서풍이 강하게 불어온다. 굴뚝이 북향이라 아궁이에 불이 들이지 않는다. 창문에서 스며드는 찬바람은 방 안에 앉았어도 턱이 덜덜 떨린다. 겨울에 추운 게 제일 어렵다. 밖에 나갈 생각이 안 난다.

애들더러 부엌에 불을 좀 때라고 하니 연기가 차서 땔 수가 없다고 한다. 그냥 그대로 자자고 한다. 방에서 찬바람이 불고 얼굴이 시려서 잠이 아니 온다. 이불을 이중 삼중 있는 대로 껴 덮어 주었다. 아이들은 추운 줄 모르겠다고 그저 잠이 들면 된다고 한다.

날씨 좋은 때 굴뚝 다잡이를 잘해 놓아야 하는데, 그때가 지나면 그만이고, 또 당하면 곤란을 겪는다. 북향받이 굴뚝은 비 오고 북풍만 불면 으레 불이 안 들인다.

살림살이하는 것도 집 안에다 될 수 있는 대로 돈 안 쓰고 되는 대로 살고, 그저 자식 학비에 부족이 없도록 하려고 절약하고 살다 보니 모두가 손댈 것이고, 돈 쓸 데뿐이다. 온돌에서부터 굴뚝도, 부엌도 해방 후 이사 오던 그대로 살고 있으니, 한쪽에서 무너지고 쓰러지고, 어디를 먼저 손대야 옳을까 모르겠다.

재혼할 여인 (1961년 12월 17일 일요일 맑음)

오랫동안 주일을 범하였다. 오늘은 참례하였다. 특별히 박노봉(朴魯琫) 장로가 그간 휴직 중에 있다가 오늘부터 다시 시무한다고. 교회에서 환영식이 거행되었다.

오후에는 종화를 만나러 판문 아저씨, 종인·종대랑 모두 동행하였다. 목포에서 돌아오는 길에 이리에서 만나기로 했으나, 오후까지 기다려도 안 왔다. 밤에 나 혼자서 역에 나가서 만나, 종일네 집으로 같이 갔다.

아저씨, 종인·종대는 집으로 돌아오고, 종화와 같이 자면서 가정사에 대해 상의하였다. 경제적인 문제가 어렵다. 얼마 동안만 집에서 극복하시고, 고생이 돼도 유지하시라고. 가내 사정을 맡고 도저히 부지할 수 없노라고 하였다마는 자식도 별스런 방법이 없는 것이다. 일시에 거액의 금전이나 융통된다면 다 해결인데, 지금 형편으로는 아무런 방법이 없노라고. 우선 서울에 적당한 여인이 있으니 모시도록 하라는 내용이다.

연령이 너무나 젊어서 맞지 않다. 40 미만이라고. 그리고 어린 딸이 있는데 시집가면 그만이라고. 하나도 생산 못하였고, 불능이라고. 만약 생산한다면 큰일이니 그게 중대 문제라고.

재혼을 반대하는 막내 (1961년 12월 18일 월요일)

새벽 6시. 전주행으로 집에 왔다. 판문 아저씨를 들어오시라고 하여 종대를 데리고 이리행.

종화가 문제를 꺼냈다. 종대더러 집에서 아버지 혼자 너희 데리고 살림을 할 수가 없으니, 이번에 마땅한 새엄마를 모시는 게 어떠냐? 대번에 안색이 돌변하며 말을 안 한다. 눈에서 눈물만 떨어지고 흐느끼기만 한다.

물론 엄마를 생각하면 너보다 내가 더 슬프다. 그러나 가정이란 주부, 즉 엄마가 없으면 살림이 안 된다. 너희 뒷바라지를 누가 하겠느냐? 일시적인 감정이지, 울어 보아도 소용이 없다. 모든 걸 이해하고 내가 하자는 대로 하여 보자. 너희가 학교도 가고 먹고도 생활을 하여야지, 이 꼴로는 살 수가 없는 것이다. 아무리 설득해도 묵묵부답. 그저 흐느끼기만 하였다.

말이 막힌다. 어린 것이 얼마나 엄마가 그리워, 남의 엄마 보기가 싫어서 불응할까? 최후에는 제사가 넘어가면 데려오라고 한다. 종화는 태극호를 타고 출발.

전주 과부와 맞선(1961년 12월 21일 목요일)

전주 제사소(製絲所) 김춘자(金春子) 방문. 지난번에 판문의 황 목사 부인이 전주 제사공장 여교사로 있는 여인이 적당하다고 동행했었다. 남자는 일정(日政) 때 징용 가서 아니 오고 딸 하나만 데리고 살고 있는데, 실물을 가서 보자고. 그래서 상면을 했다. 그 딸이 판문에서 황 씨 집에 온 길에 우리 집을 보러 오는 길이었다. 아무것도 볼 것 없는데, 방에 앉아서 장시간 한담을 나눴다.

엄마의 성품이라든지 과거의 생활이라든지 장래의 방책이라든지, 자세한 내용을 솔직히 토로하였다. 그리고 이 편에 대한 소견을 묻고 듣고, 기탄없이 하였다. 무척 사람을 따르는 인상 좋은 아이였다. 장래 복스럽게 생겼다. 털털한 방에서 스스럼없이 놀며 점심을 차려다 주니 그저 김치하고도 맛있게 먹는다. 행동이 퍽 순진하고 솔직하였다. 시간 가는 줄을 모르고 제 특기라든지 거침없이 발표한다.

오후 3시 기차로 출발하였다. 역에까지 가서 배웅하였다.

맞선 본 여인의 인상(1961년 12월 22일 금요일)

전주 제사소 여인은 어떠한가? 인품은 상당히 영리한 편인데 너무나 계산이 빨라서 곧 응답이 안 되게 생겼다. 위로 큰 자식이 있고 밑으로 어린 애들이 있고, 또 자기 딸 출가 관계도 있고, 여러모로 생각해 자기의 몸만이 헛될까 봐 상당히 주저하고 있다. 딸은 퍽이나 호감이다. 아직 세상 물정을 잘 파악 못해서, 그저 인간성이 좋으니 나를 따르는 것이다. 그걸 확신해서는 틀려지겠다.

물론 중간에서 권유는 하지만 본인은 명확하게, 또 가장 냉정하게 비판해서 쉽사리 허락이 안 나올 것이다. 사람은 틀림없는데 올까 싶지 않다. 용하게도 쌍방에서 맞서니, 일이 안 되려면 쌍립 선다고 한다. 아무래도 민감한 짓이다.

서울 여자는 직접 대면하지 못했으나 외모만 번지르르하면 어디에 쓸까? 마음 착실한 순수성이 필요하다. 만약 아이들 의향에 맞지 않으면 산을 떠다 주어도 나는 싫다.

아이들 밥해 먹이기 (1961년 12월 23일 토요일 맑음)

날씨가 혹한으로 자연히 아침밥 짓는 게 늦었다. 종인이는 기차 시간이 늦어 식사를 않고 바로 학교에 갔다. 얼마 안 되면 겨울방학이다. 그동안 며칠만 고생해라. 추울 때는 뜨뜻한 국물에 밥을 식지 않게 먹어야 추위가 물러가는데, 추운 날씨에 조반도 안 먹고 갔으니 얼마나 몸이 떨릴까? 죄될 것만 같아 몸부림치고 싶다.

어디에 정신이 있는지, 취사나 아이들 수종에 정성을 다하면서도 그렇게 안 된다. 일찍이 부엌에 나가는 게 쉽지 않다. 그러나 밤에 쌀도 잘 씻어서 담그고, 국도 불만 때면 먹도록 안쳐 놓고, 김치는 김장을 하였으니 우선 먹을 건 넉넉하다. 그래도 본업이 아니라 그런지 손이 설다. 물이나 제대로 있어야지. 학교까지 가서 두세 번 져 날라야 한다. 눈이 오고 비가 오면 물지게 지고 다니기가 아주 어렵다.

MEMO

아침 酷寒으로 自轉車에 故障가 느렸다
鍾路 이는) 電車 時間이 느저서 食事를 빨리그그저
學校에 갔다 얼마 안되면 겨울 放學이다
그동안 몇일 반 苦生 하여라 치울때는 듯 人間
국물에 입을설 숙지 않게 먹어야 치 위기를 바는
더 치운 날씨 後悔 恨을 안먹그것으니 얼마 내
몸이 떨릴까 罪 될것가 같아 몸 부딛치그 살다
어디에 青春이 있는지 있엇 튼나 아이들 수 중에
精誠을 다 하드 니 번어도 그렇게 안된다
일즉이 부역 에 나가는 거 쉽지 않다 그러니 옆
에 쌀으 잘 석어서 닸그 국으 끌쓰데 내린 녕
드록 안 취놓그 김치는 김장을 헤 많으니 우선 便을
건녕 벅 하그 그러나 本業 이 아니라여 그런지
손이 쉬다 놀이 니케 대로 읏어야지 學校
게 지기나 두세번 형부해 야지 한다 눈아 오그
미가 되면 물 지게 지그 단기기가 극 난이

199

성탄 준비 (1961년 12월 24일 일요일)

해곤이가 고산에서 어제 왔다. 그동안 집안일이 밀려 있나 하고 또 왔다. 우선 부엌에 불이 잘 들이게 굴뚝을 고쳐야겠다고, 이리에 가서 굴뚝한 층 더 쌓게 토관을 사 오라고 하였다. 자전거로 갔다 왔다. 즉시 굴뚝에다 끼웠다. 좀 나아져 불이 잘 든다고 한다. 방도 부엌도 고쳐야지, 온돌만으로 안 될 것이다. 우선이라도 그쯤 해 두자.

밤에는 아이들하고 모여서 상의했다. 내일 새벽에 성탄절 성가대가 올 텐데, 촛불을 준비해야겠다며 양초 한 자루를 사 왔다. 오늘 밤에는 밤새도록 통행금지도 없고, 집에서 모두 철야하며 장만도 해서 먹고, 즐거이 노는 날이다. 먼데 간 식구도 돌아오고, 선물도 교환하고, 크리스마스 카드도 주고받고, 예년마다 하였는데, 무어라도 사다 먹자.

크리스마스 (1961년 12월 25일 월요일 맑음)

크리스마스. 어젯밤 철야한다는 게 그만 모두 잠이 들었다. 성가대가 와서 부르는 〈고요한 밤 거룩한 밤〉 찬송 소리에 깨었다. 현관문을 열고 촛불을 밝혔다. 예년에는 차를 끓여서 따뜻하게 대접하였는데, 금년에는 사정이 못 되어 그대로 보냈다. 의식이 풍족해야 예절을 챙기지……. 다 알고 이해해 줄 것이다.

오늘은 종일토록 날씨가 음산하였다. 석양에 3남 종정이가 휴가차 귀가하였다. 그러나 누구 하나 환영하는 사람도 없고, 오히려 음울한 심정에 밖으로 나가 버렸다. 종인·종대는 오늘밤에 교회 가겠다고. 엄마 살았을 때는 교회 나가서 찬송도 하고, 율동도 하고, 주일학교에 열심히 출석하였다고. 상도 많이 타 오고 과자도 여러 봉지 가져왔는데, 올해는 다 그만이다. 구경이나 하고 오너라.

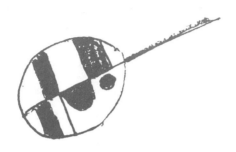

목재 팔기(1961년 12월 27일 수요일)

목재(木材). 해방 후 대장촌에서 목재 각목 70본(本)을 샀다. 6·25 당시 일산가옥 전부 퇴거시킨다고 하였고, 목재를 사둔 게 창고 한 곳에 쌓여 있었다. 목재는 산 속에서도 구하기 어려워 품귀하였다. 신평리(新坪里) 아무개가 건축한다기에 통지했더니 와서 팔았다. 가격은 달라는 대로 주겠다고. 2만 환에 팔았다. 좀 두었으면 가격이 올라갈 텐데, 속담에 비단이 한 끼지. 그걸 두고 굶고 앉아 있을 수도 없고 해서 처분했다.

팔고 나니 사방에서 자기가 살 걸 그랬다며, 헐값으로 팔았다고 한다. 뒷소리다. 소용없다. 옹색한 형편에 두고 볼 수 없었다. 현금이 필요하였다. 아무것도 아까운 게 없다. 그저 먹고 사는 일에 옹색이 없어야겠다. 어떠한 짓이라도 해서 살고 보자. 세 식구 생명이 어디에 붙어 있나?

정처가 없다. 두려움도 괴로움도 이젠 다 넘어갔다. 살고 보자. 중심과 주장을 변치 말고, 끝까지 용진(勇進)하자. 두 아이가 너무나 안타깝다.

돈 갚기 (1961년 12월 28일 목요일)

현금 수입. 오랜만에 돈을 보니 눈이 번하다. 연말도 되고, 빌린 돈 독촉도 심하다. 상점에서 외상 장부에 적은 셈을 다니며 치렀다. 큰 덩어리는 건드리지 못하고, 우선 급하고 적은 것만 갚았다. 날품삯 밀린 게 있어 조석으로 받으러 와서 그것도 다 주고 전등료와 신문 대금도 청산하였다.

지서 출두 (1961년 12월 29일 금요일 맑음)

지서에서 사람이 왔다. 지금 급히 출두하라고. 죄 진 일도 없는데 경찰에서 오라 가라 하면, 자연 마음이 조인다. 사실 아무런 거리낄 게 없다. 안심이 가나 속으로 께름칙하다.

이번 종성 외국 유학에 대한 신원조사라고. 묻는 대로 자세히 답하라고 한다. 원적, 현주소, 생년월일, 학력(學歷), 경력, 친척, 사상, 교우, 세밀하게 조사하였다.

제2부

아내가
떠난 자리

― 1962년 일기 ―

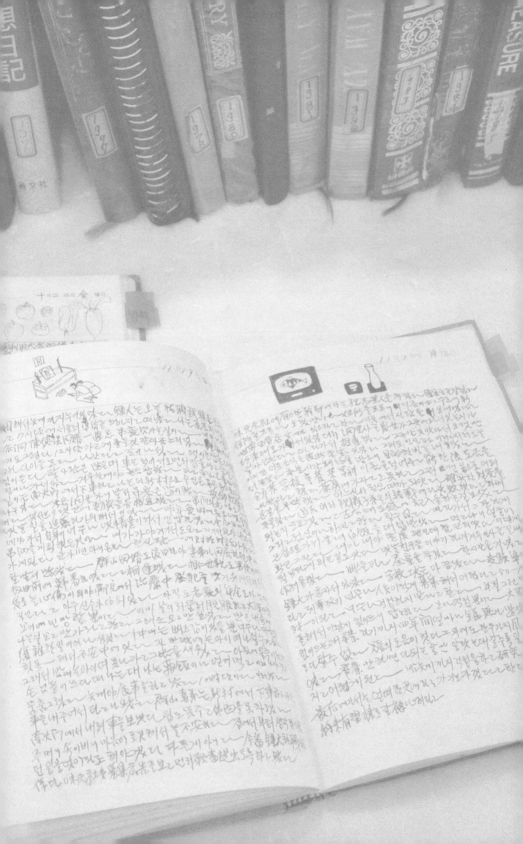

1월
서울 출신의 재혼녀

재혼 결정 (1962년 1월 1일 월요일)

장남 종화가 목포에 출장 갔다 오다가 이리에 들렀을 때, 종일이 집에서 상의했던 새엄마에 대한 일이다. 종대가 선뜻 허락을 안 했다. 엄마 제사나 넘어간 뒤에 얻든지 말든지 하라고 훌쩍거리며 눈물만 흘리고 있어, 한다 못한다. 말없이 그냥 떠나고 말았었다.

나도 사실, 식사나 가내 문제만 아니면 그대로 있는 게 마음 편할 것 같은데, 사방에서 집안 살림이 안 되니 마땅한 데 있으면 결혼하라고 권한다. 새엄마를 얻는 것도 아이들을 위함이요, 아니 얻는 것도 아이들 때문에 안 얻는 것이다. 육신은 괴로워도 지금이 마음은 편할는지 몰라.

그런데 또 다시 통지가 왔다. 누구에게 물어봐도 이 계제에 엄마를 들여세우는 게 아이들이나 집안 장래를 위함이라고 한다. 철모르는 아이들 생각이지, 가정사, 주부가 없이 어찌 살 수가 있느냐, 결정을 하시고 종인과 종대 데리고 상경하라고 하였다. 겨울 휴가 중이니 마침 잘 되었다고. 상대가 생산도 더 못하고 연소해서 가사도 잘 살필 것이고, 딸 있는 건 곧 시집

가면 한갓지니, 아버지 노래(老來)에 몸 편히 받들도록 하시라고. 좌우간 여기는 형제들이 상의한 결과 합당하다고 하니, 올라오라고 하였다.

종대를 또 다시 설득하였다. 형들이 또 다시 성립시키자는 내용이니 네 마음에 어떠냐고 물었다. 역시 확답은 아니다. 아무 말 없이 엉뚱한 데만 바라보며, 생각대로 하시라고 한다. 서울 구경 겸 같이 가 보자고 하였다.

해곤에게 가사는 부탁하고, 새벽 6시발 서울행 완행을 탔다. 날씨가 추워서 차 안에 웅크리고 앉았으나, 종인과 종대는 서울이 초행이라 마냥 즐겁기만 한 양 한시도 자리에 앉아 있지를 않는다.

도중에서 열차가 경로에서 탈선해, 논산에서 5시간, 대전 및 흑석에서 몇 시간, 서울에 도착하니 새벽 3시경이다. 서울에서는 종일토록 밤 늦게까지 모여 기다렸으나, 아니 와서 틀린 줄 알았다고. 설날이라 놀러들 갔다 늦게야 왔노라고 도리어 불평이다. 완행 타고 오다 늦었노라고 하니 핀잔이다. 서울역에서 전화를 걸었더니 종실이가 길가에 나와 주었다.

용산 종성이 숙소였다. 이튿날 신문로에들 갔다. 종화 내외와 그 여인네에 들렀다. 종성 숙소의 주인의 소개란다. 촌에서 물정 모르는 것보다 오히려 도시 생활에 익숙하니, 복잡한 가정에서도 잘 이해할 게라고. 내일 모 친우 집에서 점심이나 먹어 가며 결정을 지으시라고.

입에 맞는 떡이 없고, 차라리 새장가 들기보다 사람 선택이 어렵다고들 하는데, 옳은 말이다. 제일 문제는 아이들 꼴을 잘 볼까? 더구나 종대가 부당하다며 반대했는데, 이럴 수도 없고 저럴 수도 없다. 이율배반이다. 자기는 그 딸린 딸이 두통거리라고 했다. 제가 낳은 게 아니고 고아를 데려다 키웠노라고.

재혼할 양가의 대면(1962년 1월 4일 목요일)

종인이가 어디로 없어졌다. 저녁때는 돌아오겠지 하고 용산에 갔다. 거기 와서 있었다. 신문로에서 걸어서 물어물어 왔노라고.

처 될 사람이 왔다. 계집애를 데리고. 첫인사를 정중히 큰절로 모녀가 하였다. 아주 젊었다. 상대가 안 된다. 농촌 살림은 못하겠다.

저녁을 같이 먹고 문 밖의 다방으로 나갔다. 경과를 알아보니 그런 대로 살아온 모양이다. 다시 더 물어보아야 마음에 맞는 답이 없을 것 같다.

생활 능력이 없이 어찌 살 수가 있느냐고 하니, 자식들이 조금만 고생하면 다 해결하겠노라고, 걱정하시지 말고 피차에 이해하고 극복하시라고. 자식들이 좋다니 멋도 모르고 따라갈 뿐이다.

청량리 용두동 김 모씨 집에서 양측 가족 다 모였다. 종화 형제 다 모였다. 3남 종정이는 군에 있어 불참이었다. 점심 겸 술 한잔씩 들었다. 철없는 아이들은 구경 다니고 잘 얻어먹고 하니, 불평도 즐거움도 없다. 밖에 나가서 구경에 열심이다.

재혼 여인과 함께 귀가(1962년 1월 5일 금요일)

서울 출발. 간단한 살림살이 정리하고, 중요한 의복만 부치고, 8시 30분 발 태극호를 탔다. 종실이가 역에까지 나와 배웅하였다. 2등 지정석이다. 차 내에는 종화 친우 박세금(朴世禁) 군이 귀향길이라고 같이 타고 있었다.

점심 식사를 박 군이 초대하였다. 서울에서부터 사전에 약속이 있었다고. 호화롭게 먹어 가며 왔다.

이리역에 내리니 아는 사람을 더러 만났다. 유심히 쳐다보는 것만 같아 슬슬 피하여 가며 택시를 잡았다. 시내를 빠져나오다가 종일이네 집(남동생의 집)에 들렀다. 제수씨한테 지금 오는 길이니 동행하시자고 했더니, 먼저 어서 가라고 뒤따라가겠노라고 하였다. 차를 대고 내리니 아주머니들과 고산 고모(누이)가 와서 영접하며 데리고 들어갔다.

서울 출신의 재혼녀(1962년 1월 6일 일요일)

종일이가 모친(제수)과 동반하여 왔다. 처음이라 생소하니 말벗이 되겠다고. 제수씨가 위로 겸, 장래에 유망할 것이니 우선 고생을 괴롭게 생각지 말고, 없는 가운데 어린애들 잘 키우며 수종을 잘 들어달라고. 자식들이 미구에 무언가 있을 것이니 아무런 잡념 저버리고 집안 살림이나 잘해 달라고.

보아하니 때가 벗어, 이 집에는 해당치 않은 양, 눈가늠이 틀리는 모양이다. 초면이라 아주머니들이나 고모(누이)로는 상대가 안 되는 양 이리 제수씨하고만 이야기를 늘어놓는다. 제수씨는 무조건 과거와 미래 전후사를 좋도록만 벌여 놓는다.

가내 주부가 오랫동안 없어 치울 일이 많겠다고. 살아가며 하도록 하고, 도시생활과 농촌과는 너무도 차이가 나니 모든 걸 이해하라고. 암만 옥토경을 읽어도 들은 척 만 척 아랑곳없이 어리광만 부린다. 두 손길 하며, 입고 있는 옷맵시 하며, 너무나 대조적이며 유한마담격이다. 듣기와는 달리 연령이 너무나 차이가 많아 사람들이 나를 쳐다보고 여인을 보고 한다.

도시도, 제일 번화가인 종로구에서 어려서 지금까지 살아왔다고 하니 벌써 알아볼 조다. 한 끼도 고기 반찬 아니면 식사를 못하고 하루 한시도 손에 돈이 없으면 생활을 못하는 걸로 아는 족속들이다. 몸에서 땀내가 찌 걱찌걱 나고 꽁보리 씹어 가며, 몸빼에 배중거리 걸치고 견딜 수 있을까? 게다가 오곡이 몰락이고, 밖에서는 물정 모르는 서당 샌님, 큰일이 났다고 말도 못하고 가슴속에는 못마땅……

두 막내에 대한 형들의 교육 (1962년 1월 8일 월요일)

종인과 종대는 종실이가 데리고 서울에 있다. 오랜만에 도시에 갔으니, 수학여행 간 셈 치고 방학 동안에 창경원에도 가고 영화관 구경도 하고, 마음껏 흡족하게 놀다 오라고 하였다.

형들이 그동안 집에서 엄마하고 살던 그런 생각과는 전혀 다른 생각으로 살아야 한다고. 물론 할 말도 많으나 전과는 달리 주의도 해야 하고, 시키는 대로 말을 잘 들어야 한다고 훈련을 시킨다고 하였다. 딸린 딸도 철부지이니 같이 있으면서 낯이 익기를 바라고, 한동안 용산에서 두었다가 보내기로 한 것이다. 집에도 얼마 동안 조용히 지내도록 하기 위한 것이다.

집안 청소 (1962년 1월 9일 화요일)

고산 고모(누이)도 아주머니들도 이제는 안심한다고. 그동안 집안 주부가 없어 늘 마음이 안 놓이더니, 저렇게 굉장한 집안 주격자루가 와 있으니 무엇 걱정이냐고, 믿고 가겠노라고, 즐거운 낯으로 다 가 버렸다.

이제는 받은 밥상이다. 우리가 먹고 치우고 할 수밖에 없노라고, 벗고 나섰다. 너절한 집안 귀퉁이, 모퉁이마다 먼지가 가득 쌓이고, 발길에 차이는 게 헌 누더기뿐이다. 하루만 청소를 안 해도 구더기가 나는데 그동안 그대로 두었으니, 발목이 빠져 다닐 수도 없게 되었다.

정원에서부터 시작하였다. 낙엽이 쌓여 수북한 걸 삼태기에다 쓸어 담아서 말렸다. 다만, 한 끼니 땔감이 되더라도 소제 겸 땔나무 겸 일거양득이다.

판문 아저씨의 도움 (1962년 1월 11일 목요일)

판문 아저씨가 방문하셨다. 범사에 지도해 주시고 융통해, 모든 걸 해결해 주신다. 오늘은 특별히 장차의 생활이 염려되어 자청해 오셨다. 사방에 갈 것도 문제지만 우선 식량과 연료가 급선무라고, 융통할 곳을 알아보자고 하셨다. 또 건강에도 유의해야 한다고, 보약이라도 복용하라고.

당분간 임시 쓰라고 현금 약간을 주시었다. 우선 반찬도 사고 가용 급한 데만 사용하였다. 남의 식구 하나 거느리기란 용이치 않다. 더구나 딸린 새끼가 있으니 우리 애들도 제대로 못 충당하는데, 거기에다 더 보태게 되니, 쓸 곳이 늘어난 셈이다. 한 달 사용할 양이 이제 반 달밖에 못 간다.

물 긷기 (1962년 1월 12일 금요일)

새 사람이 식전에 물지게를 지고 물을 길러 나간다. 울안에 샘이 없으니 근방에는 학교밖에 없어, 세가우뜸을 거쳐 운동장을 거쳐 간다. 조금만 늦으면 벌써 만원이어서 열을 지어 기다려야 한다. 하루 사용량이 암만 절약해 써도 3회는 길어야 한다. 시간이 늦으면 학생들이 오기 시작한다.

그러니까 새벽부터 일어나야 한다. 한낮에 용수가 필요하면 뜰 물을 길어 와야 한다. 길이 나빠, 고무장화를 신고 가야 한다. 지게질이 서툴러서 오다가다 출렁출렁 엎질러져서 반 동이밖에 안 된다. 샘을 파려면 몇 만 환이 든다. 돈이 없어 파지는 못하고, 이 고생을 한다. 일상생활에는 식수가 제일 중요하다.

부엌 청소와 살림 정리(1962년 1월 13일 토요일)

밥 짓는 부엌을 보면 정이 천 리나 떨어진다. 이 사람 저 사람이 나들이로 식사를 해 먹어서 엉망이다. 천정의 거미줄을 다 털어 버리고 구석구석 먼지를 털었다. 짚을 때니 재가 날아와서 모든 솥이며 식기가 잿더미가 되어 버린다. 쓸고 닦고 해야 하는데, 한 두께는 쌓였다.

장롱 짝을 꺼내서 백지로 틈을 발랐다. 먼지나 안 들어가게 헌 누더기를 정리하였다. 입다 벗어 놓은 것들은 다 세탁통에 내던지고 살아왔다. 침구를 들썩거릴수록 퀴퀴한 머슴 냄새가 코를 찌른다. 이불 홑청을 화다닥 뜯어 버렸다. 때가 누룽지처럼 까맣게 절었다. 신다 해진 헌 양말짝이 틈새에서 줄곧 나왔다.

수리할 곳 많은 집안 (1962년 1월 14일 일요일)

사랑방에는 먼지가 쌓이고 쌓여, 걸어가는 대로 먼지가 퍽석퍽석한다. 아무도 거처하지 않으니 자연히 손님도 안 가지만, 소제해야 표시가 없다. 변소에를 가면 변기가 깨지고 유리창도 다 깨져서, 비가 뿌리는 날에는 앉아서 대변을 볼 수가 없다.

문짝이 여닫는 대로 밑창이 닳아서, 제대로 세워서 닫게 되었다. 앞마루에 여닫는 유리창을 안 달아 비만 오면 방에까지 빗방울이 들여 뻗다. 현관으로 손님을 안내해서 하루면 수십 번 여닫는데, 어긋나서 잘 닫히지 않는다.

어디서부터 무얼 먼저 손대야 할지…….

재혼 후 첫 교회 출석 (1962년 1월 15일 월요일)

어제 14일에는 나 혼자서 교회에 나갔다. 제반 행사가 질서 있게 되어가는 것인지, 그렇지 않으면 남의 비웃음거리나 되지는 않은지, 마음속 판단이 서지 않는다.

우선은 새로운 대면이니 피차 주의도 하고 참기도 하지만, 얼마 안 가서 허물이 없어지고 제대로 안 되면 충돌이 될 것이다. 속이 뒤숭숭하고 갈피를 못 잡겠다. 예배가 끝나고 나니, 모두들 나를 붙잡고 인사. 얼굴이 화끈화끈.

뒤따라 부인들이 심방을 왔다. 물론 기대했던 일이지만, 실물을 보기 위해서……. 가정을 위해서 기도회를 보아 주었다. 교회와는 천리 강산이었다. 속으로는 콧방귀도 안 뀌었을 것이다. 앞으로 교회에 출석하라고 다짐을 하고, 마냥 좋게만 축하의 덕담만 왕래하여 화기등천(和氣登天).

새엄마 앞에서 우는 막내(1962년 1월 17일 수요일)

종실이가 종인·종대와 의붓딸을 데리고 도착하였다. 가족이 방으로 하나 가득하다.

저녁상을 두 상 차려서 거창하게 떠벌여서 먹었다. 좀 더 놀고 구경도 실컷 하고 오지 벌써 왔느냐고 물으니, 집에 오고 싶었다고. 무슨 좋은 일이 집에 있을까, 그래도 내 집, 몸 담아 사는 부모 밑이 그립던 모양이지.

저녁상을 치우고 나서는 윷놀이도 하고, 의붓딸이 고전무용도 하고, 동요도 하고, 돌림차례를 하였다. 마지막으로 종대 차례가 되었다. 한쪽으로 외면하고는 흑흑 울고만 있다. 종인이하고 딴판이다. 겉으로는 좋은 것 같으나, 속으로는 엄마 생각이 떠올랐던 것이다. 좌중은 아연실색이다.

새엄마는, 네가 그러면 미안해서 어쩌니? 내색을 한다. 얼굴이 붉어 가지고…….

鍾寬이가 鍾仁 鍾大 또 딸내미 다리고
歸省하였다 家族이 많으로 하나 갓득하다
저녁 床을 두床 차려 너그러하게 떠 멱여서
먹었다 좀더 놀고 花景도 실컷하고 오지멀
서왔느냐 누르니 집에오고 싶었다고 무슨좋
은일이 집에 있을까 그래도 내집뿐 닦어사는
父母밑이그립는양이지 저녁床을치리서는
웃노리도하고 秀蓮 古典舞踊을하고 흥흥
도하고 돌 멋치러를 하였다 마즈막으로鍾
벗치리가 되었다 찬쪽으로 사 面하고흠흠
을그끗없다 鍾仁하고 딴판이다 것으로는
좋은것같으나 속으로는 엄마 생각 더올랐든
것이다 맏中은 아연낫 층이고 새엄마는 네가
그리면 미안해서 엇거니 內조을 번다 얼골아붉히
거지고

막내 종대의 눈치 (1962년 1월 21일 일요일)

종대 눈치가 빠삭하다. 예감이 이상한가 보다. 지난 날 저녁에도 엄마 생각이 나서 대답도 않고 돌아서 울기만 하고, 먼젓번에도 불응, 엄마 제사나 지난 다음에 재혼하라고 한 일이 모두 되살아온다. 그게 사실이고, 정의인가 보다. 어린 가슴에도 얼마나 사무치게 엄마가 그립고 생각이 났을까?

웬만한 애들은 그저 날뛰며 먹을 것이나 주면 다 잊어버리고 한 통이 되게도 마련인데, 이건 어깃장 놓는 데, 보통으로 알 일이 못 된다. 이 생각 저 생각이 혼선이 되어, 방황해져 갈피를 못 잡겠다. 적어도 몇 번이라도 서로 상대해 보고, 심리 파악도 해 보고, 행동, 생활철학, 성질 등 다목적으로 검토한 후에 결정해야 할 일인데, 너무나 갑작스럽게 망동을 하였다.

자식들은 객지에서 각자 직무에 얽매여 쪼들리는 박봉 생활에, 본가에 협조할 여력이 날 수가 없고, 여기서는 날이 갈수록 복잡하고 난처한 일만 쌓이고 쌓인다. 말쟁이 말이지, 새 가정, 새 출발, 재건 운운하지만, 원동력이 결핍된 데다 차츰 비위 사실이 노출되고, 실꾸리 얽히듯 잘 풀리지 않고 그저 어지러워만 간다.

물 긷기는커녕, 수도에서 철철 흐르는 생활만 하다가, 울안 샘도 없이 살 수가 있나? 그건 여자의 책임이 아니라 가장의 책임이지. 할 수 없이 해장에 물지게를 졌더니 어깨가 뻐근하니, 옆구리가 결린다.

그렇다는 말은 못하고, 숨찬 가슴만 헐떡거렸다. 하루 식수인데, 방죽의 똥 덩어리 떠다니는 물을 퍼올 수는 없고, 함부로 쓰는 물이 없으니, 짜증이 아니라 해결을 해야겠다.

가정주부 책임으로 왔다 해서 오던 길로 당장 부엌에 들어가 밥을 하라고 할 수가 없다고 판문 종임이가 같이 서둘렀다. 나중에는 어쩔망정 그럴 수밖에 없다. 그때 형편으로는 매일 식량도 없는데, 누에 한 밥 먹듯, 쌀이고 반찬이고 정신 못 차리겠다.

아이들은 여럿이 어울리고 밥도 마음대로 편히 앉아서 먹고, 반찬도 전보다 잘 차리고 하니, 아주 희색이 만면이다. 종대도 처음에는 섞이지 못하더니, 차츰 갈수록 어울려서 한 덩어리가 되어 버렸다.

농촌 생활이란 안 먹고 안 쓰고 절약해야만 살림을 지속하지, 한 푼만 낭비해도 대번 표가 나게 마련인데, 양단 치마저고리에 열두 폭 질질 끌며, 앉으면 거울 앞에서 분이나 꺼내서 딱딱 치장이나 하고 있고 흐트러진 머리칼 매만지니, 마치 처녀 총각 신혼생활이 아닌가 싶다. 몸빼 입고 헌 털목 버선, 때가 새까맣게 묵은 거 신고, 머리에 수건 하나 써 놓으면 되는데, 손가락에 묻은 물로 톡톡 튕기고……. 세수하고 화장하려면 몇 시간씩 앉아 있고, 하루 한 번씩 새 옷으로 갈아입고.

3일이 못 가서 속옷도 빨래질을 하니, 세상에! 그 물을 감당할 수가 있나. 저 방죽 도랑으로 나가라고 하였다. 머리가 우~~ 하다고. 미장원엘 가야겠노라고. 역전 아무 데나 가라니, 촌에서는 도리어 머리꼴 버린다고. 아예 그만두겠다고. 그 돈 많이 드는 도심지로 갈 생각이 나는 모양이다. 아랫집 춘자가 미용사라고 하니까, 콧방귀도 안 뀐다.

판문 박 장로의 방문과 신앙생활 권유 (1962년 1월 25일 목요일)

판문 박 장로 두 분이 오셨다. 그동안 홀아비 생활에 고생했으니, 이제 호강도 좀 하고, 전과 같이 대를 이어 교회에 나와 열심히 믿고 신앙생활을 하라고 권유하며 호감을 사도록 추켜올려 주었다. 농촌에서는 도시생활에 이해가 없으니 많은 오해와 마음고생, 몸 고생이 되리라고.

전혀 생내기니 예수교의 교리를 잘 알려 달라고 하였다. 그저 교회에 열심히 나오면 자연히 알게 된다고.

대강 말로 하니 그저 알아듣는지 저 밖에 넘기는지, 아랑곳없는 것 같다. 차라리 교인됨에는 아무 잡념이 없는 생내기가 낫다고 한다.

교회 부인들의 방문 (1962년 1월 26일 금요일)

교회 내 부인들은 오늘도 여러 분이 떼 지어 방문하였다. 기도를 올리고 찬송을 부르고, 전도를 하기로 작정이다.

예수는 가장 외롭고, 슬프고 괴로운 고민을 하고, 빈한하고 불행한 사람을 위로하신다고. 과거에 아는 듯 모르는 듯 범죄한 걸 다 속죄하셨다. 그 누구든지 주를 믿으면 속죄함을 받고 구원을 얻는다고. 성경을 보고 찬송을 부르면 모든 마음이 안정되어 생활에 방도가 된다고. 자녀 교훈에 얼마나 도움이 되는지 모른다고. 부디 여러 애들을 동일한 애정으로 원만한 가정생활을 누려 가야 한다고. 과거 종대 엄마의 유지를 받들어 불평 없이 단란한 가정을 이루어 달라고.

누워 있는 재혼녀 (1962년 1월 31일 수요일)

아무개 엄마(재혼녀)가 방 안에서 일어나지 않고 누워 있었다. 며칠 몸써 활동하여 과로해 그런지 몸살이 난 모양이다. 종로 한복판에서 손끝 발끝 하나 움직이지 않고, 남이 해 놓은 밥 갖다 먹기도 싫다 하며 살다가, 갑자기 와서 몸부림쳤으니 자연 몸이 고되겠지. 옳게 인간이 되는 길이다.

이런 농촌에 와서 발을 붙여 보겠다고 과단성을 낸 것도 좋으나, 살림이란 어려서부터 손에 익고 몸에 배어야지, 두 손 쪽 빼고 놀다가 갑자기 안 되는 일이다. 싫증이 나고 몸이 불편한 게 옳은 일이다. 자기 자신도 너무나 경솔한 처사라 후회하는지도 모르겠다. 다복한 집의 첩살이감이다. 이런 데는 애시당초 안 되겠다. 별 약이 없고, 누워 있으면 자연 회복이 될 것이다.

동네 모처에다 목재 계약을 하고 선금을 좀 받았는데, 목재도 안 가져가고 돈도 안 준다. 잔액 준비를 못하겠다고 계약 파기한다고. 부득이 다른 데 팔기로 약속하고 선금을 받아, 먼저 구장 유판성(柳判星)에게 받았던 선금 5천 환을 반환하였다.

2월
재혼녀의 불평

여전히 누워 있는 재혼녀 (1962년 2월 1일 목요일)

아무개 엄마(재혼녀), 병으로 여전히 누워 있는 중. 답답하다. 병원에 가라니까 돈이 있느냐, 내라고 한다. 주머니를 털어서 주었더니, 이런 것 가지고 왕복 차비하고 담배 한 값 사면 무얼 가지고 약값을 내라고 하느냐고. 어처구니없는 일이다. 여유만 있다면 몸이 불편한데 무얼 그리 아까워하리. 그러나 돈이 없는 빈탕인데…….

한 생각이 났다. 판문 가서 박 장로에게 의논하니 곧 오시겠다고 하였다. 진찰을 하시더니 몸살이라고. 약을 먹으라고 적어 주었다. 즉시 역전에 가서 두 첩을 져다 달여 마시게 했다. 숯도 없어서 송판 조각과 삭정개비를 주워 삼발이를 놓고 단지째 밥해 먹듯이 달여서 주었다.

종대의 치통 (1962년 2월 3일 토요일)

종대가 치통으로 밤새도록 잠을 못 잤다. 이를 갈려고 그러는지 아직 아이라 충치는 아니겠고……. 이리치과 김영균(金榮均)에게 보냈다. 현금도 없고, 친분이 있으니 우선 외상으로 치료해 달라고 보냈다. 아이의 성질이 남에게 구차한 소리 안 할 것이다. 제 자비로 타 치과에서 치료했다고 한다. 매일 다니라 한다고. 입시 준비에 매일 학교 과외 공부를 시작했는데, 앓으면 야단이다.

석양에는 근방 여자아이들이 한 패 몰려왔다. 나는 아이들 떠드는 꼴을 아예 잘 못 보는데, 뜻밖에 의붓딸 때문에 그런가 보다. 들어와서 한참 놀다가는, 데리고 나갈 테니 승낙하라고 하자 제 엄마가 안 된다고 한다. 외출 습관 되면 바람난다며 거절하고, 절대 금지.

종성의 편지 [1962년 2월 5일 (음력 1월 1일) 월요일]

종성의 편지 도착. 일본 유학 여권은 현지 대학에서 입학증이 아직 나오지 않아서 여권 발급을 못 받았다고. 일본 경응대학(慶應大學) 경제과를 말했는데, 일어 대화가 가능하다는 증명을 먼저 해 오라고 하였다. 증명서를 부쳤는데, 우송 관계도 있고, 한국인의 외국 유학이 용이한 게 아니었다. 그래도 로터리클럽 장학생 선발이 되어 그렇지, 개인으로는 학비재정보증 문제도 여간해서 안 된다고.

그래서 미국도 다 되었는데 학비 문제로 시효 경과해서 못 가고 말았다. 이번만은 어떤 난관이 있더라도 돌파하고 유학길을 떠나야 한다. 엄마 생전에 철천지 소원이었었는데, 그만 그런 영광을 못 보고 간 일이 원한이다.

재혼녀와의 첫 충돌 (1962년 2월 6일 화요일)

명절은 당하고, 사방에서 받을 것 독촉은 심하고, 설빔으로 무언가 장만 해야 하고, 더욱이 새 사람이 왔으니 특별히 걸게 차려야 하는데, 두 손 꼭 묶여 빈털터리 그대로다. 아무렇게나 넘기면 되지만, 철부지 아이들 과실 이나 먹였으면 생각이 난다. 서울 가서 많이 먹었으니 좀 참으면 어떠리?

양말이라도 한 켤레씩 사고 운동화 샀으면 한다만, 우리 아이들 것만 살 수 있나? 딸도 가져다주어야지. 여자 것은 값도 비싸고 고급이라야 신지, 나쁜 건 눈도 안 거들떠볼 걸……. 걱정을 하다 그렁저렁 해가 졌다.

밤에는 저녁을 먹고 모여서 한담하는 가운데 공연히 의붓딸아이를 눈치 한다고 타박, 불평을 이룬다. 이해할 수도 있고 문제 삼을 일이 못 된다. 공 연한 생트집이다. 명절이 되어도 냉랭하니 울화통이 났던 모양이다.

음력이든 양력이든 우리 집에는 해당하지 않는다. 여러 다른 족속이 사 는데, 특별한 기회일수록 충돌이 많고 불평을 하게 마련이다. 제 부모 제 자식끼리야 이런들 어떠리 저런들 어떠리. 물과 피가 혼합이 될쏘냐? 피차 부득이한 사정에 서로 등을 대고 살아 볼까 하는 것.

여인도 생각하건대, 도시에서 만날 허황한 생활을 해 보아야 실속 없고 나이 젊어 농촌에 숨어서 딸자식이나마 순전하게 키워 출가시켜 보려는 계 획이리라. 나야 아이들이 클 때까지만, 만사를 참고 나갈 생각이다. 학교에 지장만 없으면 수단과 방법을 가리지 않겠다.

명절에는 그렇지 않아도 심정이 괴로운데, 건드리면 폭발할 것 같은데,

222

야단이다. 전에야 마음 편하게 반찬에 식사나마 재미있게 먹어 가며 장래 자식들 성공하면…… 하는 그런 말 일러 가며…….

세배 갈 일도 없지만, 기분이 잡쳐서 용기가 안 난다. 무슨 큰 벼슬이나 했나? 누가 비평이나 할 줄 알지 하나도 거들떠보지도 않는 세상에, 어디를 떠벌리고 다닐까, 속없이.

그래도 사람들이 초대하니 판문에까지 갔다. 아는 친우들이 서로 말벗이 되어 한담하는 기회이지 다른 건 없다. 누구 집에 가면, 내외가 앉아서 서로 쳐다보며 자식들 자랑, 집안 자랑, 너절하니 늘어놓는다.

사실이 그렇지. 나 같은 팔자가 어디 있을까? 돈도 없지. 나이도 늙었지. 철부지 어린애들하고 귀때기 새파란 젊은 여인을 얻어다 놓고, 먹을 거 땔 거 암담하니, 무슨 기분으로, 절로 터진 입으로 종알거리며 같이 얼버무리니, 남들이 뒤에다 대고 욕할 것이다. 나도 알면서, 어떻게 할까?

유행곡도 못 부르는 재혼녀(1962년 2월 9일 금요일)

친우들이 방문하였다. 설도 되고 새 인물이 왔고, 세배 겸 꼴을 보러 온 거지만은, 명절이고 하니 그저 있을 수 없어, 역전에 가서 외상 거래를 텄다. 나는 그간 마냥 다니며 얻어만 먹었건만, 솜씨가 없으니 과자, 과실, 마른안주로 한 상 차렸다. 아무것도 음식 솜씨가 없다.

얼굴이 훗훗하다. 술자리가 벌어졌다. 주흥이 나니 자연히 흥청흥청한다. 술상을 젓가락으로 두드려 가며 흥타령이 나왔다. 차례로 돌림노래를 한다. 물론 새 노래를 들어 보자는 것이다. 무어라고 지절거린다. 꼴보다는 아주 젬병이다. 그렇게도 유행곡 하나 못 부를까? 좌중에서도 짐작이 가는

가 보다. 별로 권하지도 않는다. 의붓딸이 대신 춤을 추었다. 하는 짓마다 꼴불견이다.

패물 팔기(1962년 2월 12일 월요일)

종실, 감기로 병원 치료를 받았으나 차도가 없어 닭을 사다 인삼탕을 해 먹였다. 주사도 맞히고 약도 먹였으나 잘 안 낫는다. 식량도 떨어지고 학비도 가용도 열 가지, 백 가지인데, 다 없다. 오후에 아무개 엄마(재혼녀)하고 동반하여 전주까지 갔다. 종실이와.

목적은 전에 집에 있던 은수저와 아무개 엄마(재혼녀)가 지참한 것을 전부 가지고 가서 금은방에다 팔았다. 겨우 쌀 5가마를 사고 나니 없어졌다. 무 저장한 걸 내다가 팔아야 살지, 석양이 되니 날씨는 다시 추워진다. 5가마를 담았다. 내일 시장에 가야 한다. 손이 꽁꽁 얼어서 훅훅 불어 가며 담았다.

정원수 팔기(1962년 2월 13일 화요일)

새벽에 일찍 출발하였다. 시장에 늦게 나가면 시가(時價)를 잃는다. 우마차를 동원하였더니 백설이 분분하고 추워서 못 가겠다고 한다.

전부 봉래원에서 와서 정원수 매매하자고 왔다. 손질해서 잘 가꾸어 놓았고, 안 팔고 두면 큰 자산이 될 텐데, 현금은 필요하고, 할 수 없이 팔았다. 쓸 만한 걸로 전부 40만 환에 계약하였다. 계약금으로 20만 환을 받았다. 현금이 손에 잡히니 딴 기운이 난다.

정원수 캐기(1962년 2월 14일 수요일)

인부 10여 명이 와서 정원수를 캔다고 수선을 떤다. 오장이 뒤집힌다. 하지만 할 수 없는 일이다. 안 팔면 이런 꼴 안 보는데 사정이 궁핍해 부득이 파니 별수 없는 일이다. 보기도 싫어 내다 안 보고 방에 처박혀 있었다.

잔액 20만 환 받음. 농협은행에 예금 요일 잔돈푼 줄 것 다 주고, 식량을 매입. 현금 28만 환.

종실의 약 복용(1962년 2월 16일 금요일)

종실의 병이 완쾌 안 되어, 아무개 엄마(재혼녀)가 어디서 들었는지 오산 가서 한약 지어다 먹으라고 해서, 종인이를 데리고 걸어서 뒷골까지 갔다 왔다고. 불시로 탕약을 해서 복용하였다. 곧 학교 개학 때문에 상경해야 하는데, 객지에서 몸이 충실해야 한다고, 생각이 열렬했던 모양이다. 그런 데는 열심이다.

밤에 저녁을 먹고 나서다. 9시경 군인이 왔다. 3남 종정(鍾正)이다. 오랜만에 귀가하였다. 곧 제대한다고. 집이라고 와 보니 엄마가 없어 쓸쓸하니, 밖으로 나가서 돌아오지 않았다.

종정의 귀대(1962년 2월 17일 토요일)

종정이 어젯밤 도착하였다가 새어머니에게 초면 인사를 드리고는, 아무 흥미 없이 동생들만 바라보다가 말없이 떠나 버렸다. 금마(金馬)로 가서 친구 윤석정(尹錫正) 만나고 귀대하겠다고. 집에서 누구 하나 환영하지 않고 있으니, 자연 찬바람만 불 건 틀림없지.

엄마 살았을 때는 종정이를 제일 착실하다고, 빨리 혼인시켜 데리고 가 정살림 보살피겠다고 하였다. 저만큼 커서 군에 가더니 모든 게 달라졌다. 자식 낳아 놓으면 다 제각기 방향을 찾는 것이다. 속이 안정되어 침착할 것도 같은데, 그런 것도 아니다.

박 장로 댁에 가서 아무개 엄마(재혼녀) 한약을 지어 왔다. 몸살이 아직도 덜 풀렸나 보다.

재혼녀의 불평(1962년 2월 18일 일요일)

종실이가 기침이 심하여 여러 차례 병원에서 치료, 복약, 주사까지 맞혔지만 아직 완전히 낫지 않았다. 젊은 때니 밥 잘 먹으면 차차 낫겠지. 무심코 한 말이다. 그런데 아무개 엄마(재혼녀)가 공연히 언성을 높인다. 자식의 아픔을 왜 소홀히 여기느냐고 말이다. 옳은데, 이상 더 다스릴 수는 없고 그런 대답밖에 없었다. 묘하게도 조건을 결부해 트집을 잡는다.

자기는 성심껏 간호를 했으나, 내가 서두는 게 부족했다고 책임 전가다. 다른 애들에게도 큰 관심을 가져달라는 뜻이다. 집안 경제가 어떻게 되어 먹고 쓰고 사는지 일체 관심도 없고, 세 살 먹은 아이다.

종실이가 듣기에 내가 성의 없이 야속한 양으로 나를 만들어 버렸다. 아이들이 모두 소리도 없이 풀이 죽어 저녁 밥상에 참여.

종대의 진찰 (1962년 2월 21일 수요일)

종대, 수일 전부터 이상(異狀). 몸이 불편한 양, 몸이 까칠해 가지고 활발치 못하다. 과외 공부에 시달리고, 먹는 게 영양 부족인지……. 조금만 아이들이 아프다고 하면 이상 겁부터 나고, 가슴이 덜컥한다.

학교 가서 양해를 얻어서 동반해 이리에 갔다. 먼저 내과의원에 가서 진찰하니 별 이상 없다고. 목욕을 같이 하고 바르는 약을 사 왔다. 오늘은 학교에 가지 말고 집에서 편안하게 누워 있으라고 했다. 과외공부한다고 합숙을 한다. 학교 숙직실에서 자연히 밤에 오래까지 잠 못 자고 낮에도 꼬박 앉아 공부만 하니, 운동 부족으로 몸이 약해졌는가 보다.

재혼녀의 피병 (1962년 2월 22일 목요일)

아무개 엄마(재혼녀)가 계속 와병 중. 식음 회피하고 건성으로 끙끙거리며 이불을 둘러쓰고는 엄살을 떤다. 안색이 홍도화 같고 눈깔이 불덩이 같은데 어디가 아파? 내 속으로 짐작이다. 그러나 인정 간에 방관할 수 없어, 원대로 하랍시고 동행하여 이리 중앙병원에 갔었다.

내과의가 원장인데 그렇게 침착하지 않게 보인다. X선 사진 찍어 보자고, 혈액검사도 해야겠다고 할 때도 하라고 내맡겼다. 혈관에서 피를 주사기로 뽑는데, 그런 가관이라니, 아파 죽는다고 수선을 떨고 간호원을 꼬집고 야단이다. 아이들도 가만히 견디는데, 한 번도 혈관 주사 안 맞았다고 한다. 그런 건강체가 무슨 내과 X선? 별 이상 없노라고.

봄보리 파종 준비 (1962년 2월 24일 토요일)

바람이 소란. 나도 모르게 봄철이 오는가 보다. 들판에는 소 모는 소리, 밭갈이가 한참이다.

먹지도 못하고, 입지도 못하고, 우수사려 속에서 지금까지 살아온 게 기적이다. 잘 먹고 못 먹고, 사람이 마음 편한 게 제일인데, 속 근심하는 게 제일 살 빠진다. 그런 백난(百難) 가운데라고 해서 본심을 잃지 말아야 한다.

봄보리 파종을 해야 여름철에 꽁보리라도 깨물고 살지, 종자도, 비료와 인부와 소도 준비하였다. 해동 전에 하루라도 빨리 파종하는 게 유리하다고.

종대의 친구 방문 (1962년 2월 26일 월요일)

보리 파종, 소가 없어서 내일로 연기다. 내일은 틀림없이 온다고.

군산에서 종정의 친구인 라디오가게 박 군이 사천(沙川) 유탁(柳鐸)이와 방문하였다. 종정이는 군에 있어 집에 없지만, 없어도 있는 것과 다름없이 재미있게 종인·종대와 놀고 갔다.

날씨가 또 갑자기 추워졌다. 땔감이 없어 판문 가서 짚 200속을 사 왔다. 아궁이가 펄펄 끓게 달구었다. 겨울에는 방 따뜻한 게 제일이다.

보리 파종 (1962년 2월 27일 화요일)

이른 아침에 농우(農牛), 인부, 제반 준비가 되었다. 가을에 간 것을 다시 갈아서 비료를 살포하고 종자를 뿌리고 초목용 회를 덮었다. 작년에 채소로 큰 실패를 하였다. 봄보리를 파종해 수확하고, 거기에 벼를 심어야겠다. 무엇보다도 식량이 중요하다.

종인·종대, 이리 가서 놀다가 오후에 돌아왔다. 작은집에서 놀다가.

서울에서 해곤이가 도착했다. 종화가 오라고 해서 갔는데, 아직 상업 관계가 미비. 며칠 안 있어 개업하면 오라고 한다고. 그곳 갈 예정으로 왔다 갔다, 여비만 손해가 났구나.

종실 상경 (1962년 2월 28일 수요일)

종실 상경. 그간 겨울방학도 끝나고 새학기가 되었다. 몸도 완치되고, 정원수 팔아 등록금도 마련되고, 오늘 출발이다. 역전에는 종인·종대가 모두 전송을 나갔다. 갔다 와서 서글퍼 울상을 한다. 형이 있어 든든하더니 마저 가 버리니, 뒤가 허전한 모양이다. 집안이 아무래도 이상한가 보다.

종실이 역시 가기는 가도 막연한 앞길. 큰형 집에는 아이들이 우글거리고, 종성이는 곧 일본 가면 어디로 갈까? 집에서 매월 식비 겸 막대한 학비를 어떻게 보내줄는지 몰라, 가면서 발길이 천 근은 되는가 보다.

종일토록 마음이 설레며 아무 데도 뜻이 없다. 얼마 안 남았는데 그 새를 못 참고 죽다니, 여러 사람 녹인다.

3월
학비를 가지러 온 아들

과일나무 해충 구제 (1962년 3월 2일 금요일)

과일나무. 그간 정신적으로 마음 고통도 많았고, 육체적으로도 활동을
하였다마는, 이젠 본격적인 작업에 열중해야 할 때가 왔다. 과일나무 작업
이 늦어 간다. 전지(剪枝)가 급선무다. 해가 바뀌기 전 겨울철에 했어야 하
는데……. 한시 급히 해야겠다. 그래야 해충 구제(驅除)가 되는데. 약제 살
포를 해야 한다.

해마다 타처에서 기술자를 우대해 살포하는데 임금도 높다. 북일면 과
수단지에서 초빙해야겠다. 벌써 타처로 안 갔는지 모르겠다. 활동해야겠
다. 과일나무 수확이나 기대하고 철저히 비료도 주고 잘 재배하며 관리해
야겠다. 오직 이것밖에 없다. 하는 데까지 용진해 보자. 우리 가정의 모든
유지 대책이 과일나무에 달렸다.

종대의 건강 걱정 (1962년 3월 3일 토요일)

이리행. 조합에 가서 과일 싸는 용지로 쓰기 위해 헌 신문지 30관을 신청했다. 공동 구입해서 도(道) 지부에서 배급해 온다.

종대가 또 몸이 불편하다고 걱정이 되었다. 공부도 문제가 아니요 몸이 건강해야지. 호남병원에 가서 진찰을 했다. 그러나 딴 병은 없고, 공부에 과로한 탓이라고. 안정하고 쉬어 가며 공부도 하라고. 별 큰 걱정을 할 것은 없다고.

안심하고 오다가, 구(舊)이리 남국종묘원에 가서 종자 대금 1만 환을 지불하였다.

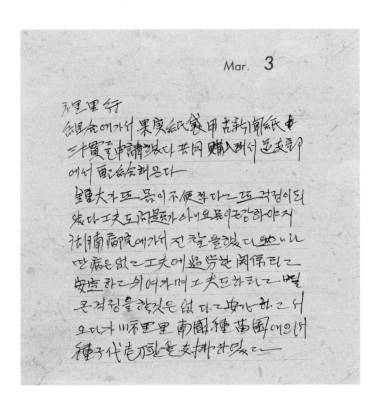

과일나무 전지 시작 (1962년 3월 4일 일요일)

교회 예배 참석. 무거운 짐 진 자 다 내게로 오라. 주께서 말씀하셨다는 설교였다. 감명 깊은 예배다.

과일나무 전지 시작. 해곤이가 뒤따르며 도왔다. 나는 수년간이나 보고 다녔지만 영영 가위를 못 잡아 보고 남을 시켰다. 복숭아 전지가 제일 쉽다는데 용이한 일만은 아니다. 인부들 품삯만 해도 거액이다. 답답해서 못하겠다. 뒤에서 거들어 주는 것도 감당치 못하겠다.

역시 해곤이가 수고를 한다. 이 공을 잊지 말아야 할 텐데……. 종일 뒤따르며 큰톱질을 해야 기술자의 일이 신속하니, 한몫하는 셈이다.

과일나무 전지 계속 (1962년 3월 10일 토요일)

과일나무 전지 계속. 비료 주기, 정지 작업 인부 10여 명. 오늘도 끝이 못 난다. 집에서는 식사 준비에 대활동, 고되다. 내일에나 완료 예정.

종인이가 책을 사겠다며 돈 달라고. 오늘은 돈이 없으니 박장수 씨 상점에 가서 꾸어 달라고 해서 사라고 해 보냈다. 돈을 달라는 대로 주어야 하기는 하지만, 아이들 버릇이 되면 용돈을 함부로 사용해 안 된다. 있어도 잘 검토해 보고, 좀 날짜를 미루어서 줘야 된다.

종인이는 그럴 리는 없지만, 속으로는 예뻐해야 하나, 겉으로는 엄하게 길러야지.

인부들의 새참 (1962년 3월 11일 일요일)

교회도 못 나가고, 과수원 일이 끝날 때까지는 아무 데도 안 가야겠다. 주인이 뒤에 꼭 붙어 있어야지 눈만 팔아도 일이 잘 안 된다. 식사 준비도 연일 분주하게 나댔지만 오늘은 인부가 많아 감당을 못하겠다고 해서, 동네 부인을 청해다 같이 하도록 했다.

오후에는 새참을 주어야 한다. 막걸리 5되, 술 안 마시는 사람은 맨 국수라도 먹어야 한다. 일이 고되고 시장하면 먹어야 저녁 때까지 하니, 시간이 멀었는데도 대 주어야 한다. 뒤따라 다니기만 해도 시장기가 드는데, 옛날부터 일꾼은 먹어야 한다고 했다.

과수원 일 완료 (1962년 3월 12일 월요일)

과수원 일을 오늘로 전부 완료했다. 전지 인부 17인, 기타 인부 30인.

이리 원예조합 이사회 참석. 의결안, 조합원 생산 자금 배정 건. 고등채소면적별. 농협은행에 수속하여 상호 연대 차용하기로. 조합에서는 선정만 하지, 현금 출납은 농협은행에서.

학비 가지러 온 종실 (1962년 3월 13일 화요일)

어젯밤 종실이 귀가. 지난 번 상경할 때 본가에서 지참한 등록금이 부족하였다고. 남한테 빌려서 등록은 하였으나 빌린 돈 때문에 기타 학비가 필요해서 왔다고.

오후에는 가을보리용 비료를 주고, 즉시 뒤따라 흙 덮는 작업(覆土)을 하였다. 제초 겸 이삭이 패기 전에 꺾어지는 것을 방지하기 위해서다. 비료 효과도 속하다고 한다.

집에서는 오늘 장 담그는 메주를 마련했다. 예년에야 해 바뀌기 전에 쑤어서 말려 띄워 봄에 장 담그는데, 장 담을 시기에 이제야 메주를 쑤었으니, 제대로 될 것인지 걱정이다. 이런 일은 금년이 처음이다. 양조용 누룩균을 사다 넣고, 소형으로 만들어 발효해 몇 차례 되풀이하면 오히려 깨끗하다고, 맛도 똑같다고 경험자들이 지도.

무 출하 준비 (1962년 3월 14일 수요일)

겨울에 저장하였던 무를 가마니에 담았다. 해곤이가 흙구덩이에서 꺼냈다. 봄이 되니 제 몸에서 습기와 지열로 썩은 것도 많고, 반타작이다. 내일 시장에 내가야겠다. 골라서 가마에 담으니 10가마.

인부 한 사람을 댔다. 변소 청소 겸 보리밭에다 인분을 주었다. 종일 준 게 겨우 5백 평밖에 못 주었다. 인부 품삯이 더 든다. 궂은 일이라 잘 하려고 들지 않아 대접도 잘해야 된다. 새참에는 술도 취하도록 마시고 담배도 고급으로 늘 입에 물고 해야 한다고. 농부는 무어라도 제가 해야 하는데,

전부 품삯으로 하니, 이익은 다 인부가 먹고 만다. 그나마 인부가 귀해서 하루나 데려다 하려면, 수일 전부터 예약을 하고, 일찍 모시러 가야 온다. 삯꾼은, 즉 돈.

종실의 빈손 상경(1962년 3월 17일 토요일)

종실 상경. 학교 등록금 부족으로 친구한테 빌렸는데, 큰형더러 상의하니 차일피일 미루더니 최후에 와서는 거절을 당하였다고 울상을 하였다. 막상 귀가하여 보니 과수원 일에, 동생들 학비, 가내 생활, 눈코 뜰 새 없이 쓸데는 많고 들어오는 데는 없으니, 한숨만 쉬고 땅이 꺼지고 걱정만 하고 있다.

하는 수 없이 위안시키고, 걱정 말라고, 어떻게라도 해서 뒤를 댈 테니 안심하고 공부나 열심히 하라고, 차비를 주어서 보냈다. 며칠 새 곧 송금할 테니 염려 말라고 달랬다. 엄마가 있으면 하나도 문제없는데……, 울상을 하였다.

그런 말 하면 무엇하나? 내 속이 정처가 없다. 정신 차려서 공부나 잘해라……. 조금도 안색을 안 변하고 평범하게 웃는 낮으로 상경시켰다.

오랜만의 교회 출석 (1962년 3월 18일 일요일)

교회에 나갔다. 여러 번 주일을 범하다가 나가니 양심가책이 된다. 교회에 가 앉아 있어도 딴 생각이 나면 정신은 다른 데 가 있고, 아무 소용없이 허수아비 노릇이다. 율법대로, 가정에서나 사회에서 행동도 계율에 위배되지 않도록 해야 하는데 옛 생활과 같으니, 남의 체면도 있고 교회에 대한 죄책감을 느낀다.

가사 혼란하고, 인간관계가 복잡할수록 이탈되지 않게끔 꼭 붙들고 따라 나가야 하는데, 암만 해도 낙오가 되는가 싶다. 교직자들이 수시로 가정 심방, 기도회, 위로……. 하지만 내외가 정신 통일이 되지 못하니 남의 수치거리 되기 쉽겠다.

오후에 이리에서 조카 종일이가 놀러왔다.

단비 (1962년 3월 21일 수요일)

한 방울이 천금 같은 단비.

봄보리 종자를 파종하고는 봄비가 잦아야 발아가 잘 되고 풍작이 된다는데, 그동안 비 오기를 고대했으나 계속 가뭄이었다. 어제부터 비가 흡족히 내렸다. 보리농사는 안심이다. 1차 제초와 김매기만 하면 된다.

보리나 풍년이 들어야 여름 식량이 해결되지, 과수는 일시 수입이 못 되고 매일 매일 여러 달에 걸쳐 수입하니, 자연히 지출이 많고 목돈이 안 되어 실수입이 적다. 매일 시장 출하 운임에 인건비를 제하면, 제 손으로 제가 끌고 가고 한 푼도 남 안 주고 해야 되지, 내 실속이 없다.

재혼녀의 불평 (1962년 3월 27일 화요일)

아침부터 눈치가 보인다. 오늘은 무슨 변고가 날 것만 같은 예감이 든다. 무슨 조건을 내걸고 탈을 잡을는지, 사전 대비책을 생각한다. 식사 때나 학교 갈 때나, 언제든지 제 자식들만 알지 자기가 데려온 아이한테는 아무런 관심도 없고 상관을 안 한다고, 차별을 한다고 뇌까린다. 이미 그런 문제로 불평할 줄 알았다. 그러나 돈 드는 게 아니니 내가 태도만 고치면 되는 일, 걱정 말라고 타일렀다. 하지만 속셈은 그게 아니었다.

때마침 이리에서 작은어머니(제수)가 방문했다. 서울 갔더니 종화를 만났는데, 집안 걱정을 하면서 조금만 더 고생하시라고 하더라고. 서로 불편하고 속 상하는 일이 있을 것이지만, 참으시라고. 모두가 입에 붙은 인사에 불과하다.

못마땅한 재혼녀 (1962년 3월 28일 수요일)

종인·종대 학교 가는 일이 중요하다. 아침밥 이른 아침에 준비하기. 기타는 무슨 지장이 있든 상관없다. 학교에서 어서 돌아와야 이야기도 하고 말이 나온다. 종일 집에 있어야 상대하기가 싫다.

의붓딸 치다꺼리 하는 걸 보면 눈꼴서서 참을 수가 없다. 지금까지 딸자식을 안 키워 봐서 모르지만, 칠면조 변하듯 하루에도 몇 번씩 옷을 갈아입히고 하는 게 비위에 거슬린다.

종인이는 외붓딸아이를 아끼고 상관을 않지만, 종대는 안 그런다. 제 마음에 틀리면 그대로다. 자연히 사이가 벌어진다. 으레 식사에는 종대만 찾아서 먹으라고 한다고. 물론 내가 천성이 그러니까 건성으로라도 잘해야 하지만, 죽어도 속에 없는 가살을 떨기가 싫다.

누워 있는 재혼녀(1962년 3월 29일 목요일)

아무개 엄마(재혼녀)는 불편하다고 누워서 일어나지 않고 있다. 그간 인부들 밥해 먹이느라 피곤하겠지. 쌀나무가 어떻게 생겼는지 모른다는 서울 한복판에서 살다가 농촌에 와서 된 장구를 뗐으니 좋을 리 없지. 자연 병이 날 건 사실이다. 이해한다.

마음은 그렇지 않은데 몸이 안 듣는 수도 있고, 마음에 싫증이 나니 자연 거추장스럽게만 생각이 되지.

하는 수 없이, 오랜 만에 아이들을 데리고 밥을 했다. 일찍 물 긷기, 종대가 부엌에 불도 때 주고. 학교 가야 되니 겨우 밥만 삶아서 도시락 싸서 먹여 보냈다.

4월
유학을 떠난 아들

독감 (1962년 4월 1일 일요일)

날씨 불순이라 그런지 독감이 유행이다. 전염력이 커서 그런지 사람마다 거의 한 번쯤은 돌려 가며 앓는 소동이 일어났다. 왜 나는 빠졌는가 했더니만, 미워라고 그런지 마침내 나한테도 차례가 돌아왔다.

전신이 찌긋찌긋 두통에 열이 오르고 참을 수 없다. 누가 정성껏 간호해 줄 리도 만무하고, 철 모르는 애들은 건성이고, 아무개 엄마(재혼녀)는 약만 지어 오라고 하지만, 자기 몸도 성치 못한데, 말뿐이지 마음을 독하게 먹고 이겨 보려 했지만 병한테 지고 말았다.

하는 수 없이 누워서 인부만 시켰다. 아이들하고 같이 하라고, 차츰 시기가 늦어 가니 감자를 놓으라고. 밭을 잘 골라 골을 타고 씨감자를 쪼개서 다섯 마디(寸) 간격으로 놓고, 비료를 뿌리고, 퇴비를 덮고 흙을 북돋아 주라고, 얼마 안 되니 같이 하라고.

도시로 나가 버릴까 (1962년 4월 2일 월요일)

역전에서 파는 약(賣藥)을 사다 계속 복용하였다. 한도가 차야만 나을 것인가 보다. 나을 날 있겠지, 참고 이겨 내기로 했다마는 이러고 누워 있어 봐야 오히려 병이 덮치겠다. 이리우체국 앞 전문 감기약을 사다 먹었다. 누웠으니 서로 답답하고 의사 불통인 데다 종인·종대, 의붓딸아이가 무언가 말다툼을 한 양 시끄러웠다.

나는 뒤에서 귀넘어들었는데, 아무개 엄마(재혼녀)는 하나에서 열까지 따지고 종알거린다. 나는 어린 너희를 위해 모든 걸 단념하고 이 고생을 하는데, 철모르는 의붓딸아이 꼴을 못 보니, 어찌 살 수가 있느냐? 그 애가 무어 잘못이냐? 너희 팔자나 그 애나 다 같으니, 그러면 안 된다고 서릿발 같은 꾸중이다. 이날까지 그런 모진 소리 안 듣다가 그런 냉랭한 소리를 들으니 두 눈에서 눈물이 핑 돈다.

의붓딸아이만 두들겨 팬다. 그 애 때리는 게 안타까울 것이다. 차마 우리 애들은 못 때리고 의붓딸아이만 울리니, 매 맞는 거보다 더 눈알이 씀벅씀벅하다. 당장에 일어나 벼락을 내려다가 참고서 모르는 척하였다. 이불을 둘러쓰고 끙끙 앓는 소리를 하고 누워 있었다.

제 부모, 제 자식 같으면야 대가리가 터지건 눈이 빠지건 그때뿐이지만, 기름과 물이다. 이날까지 고이 길러 모진 소리, 등짝 한 번 안 맞고 컸는데, 종대는 속으로 능청하지만, 종인이는 솔직해서 풀이 죽어 가지고 어쩔 줄을 모른다. 적적하게 지내다가 얼른얼른 우군대고 식사라도 먹게 하니 감격한 양, 죽으라면 죽는 시늉까지 한다. 엄마의 애정이 지극히 요구될 시절이다. 마냥 어린 양만 할 때인데, 막둥이들이 중학을 가고 또 가게 되고……

만득(晩得)으로 늦자식을 낳아서 못 다 키우고 죽으면, 형들에게 눈치코치 뵈고 설움을 볼 일 생각해 금이야 옥이야 키웠다. 장성하도록 살아서, 스무 살만 되면 다 컸으니 그때는 제대로 둬도 살 테니 안심인데, 그 안에 죽다니……. 늘 못 미덥게 생각하였던 것이다.

큰자식들에게 폐를 끼치지 않도록 하기 위해 생활이 검소하고 명일에도 특별한 차림은 일절 없었다. 그런데 오늘 꼭 당하고 마니, 얼마나 못 잊어 눈을 감았을까? 하기야 강보에 싸인 젖먹이도 두고 죽는데, 차라리 아무런 줄 모르는 유아는 배만 부르면 크는 것이니. 남자 치고 후처에 안 빠지는 놈 없다지만, 참 정이 가지를 않는다. 모든 게 가면만 같고, 내가 오해일는지 모르지만, 너무나 일방적인 구두쇠 성질인지 모른다.

내가 조실부모(早失父母)하여 부모의 애정을 받아 보지 못하고 살아서 사교상에도 큰 약점이었다. 무표정하고 무감각이어서, 상대방에게 냉랭한 태도로 알게 되니 실패가 많았다. 그래도 나는 할머님이 생존하셔서 어머니 이상으로 애지중지하셨으니까, 아버지는 엄하셔서 말을 함부로 못해 버릇하니 커서도 남 앞에서 자기 발표를 잘 못한다.

그래서 자식들이 이런 꼴을 또 보게 되니, 전생에 부모네의 원죄로 그러는가 싶다. 순수한 아이들 동심을 유린당하여, 사회 진출에도 영향이 오고, 잘못하면 탈선하여 부랑배 되기 쉽다. 엄마의 유언은 공부는 못하더라도 좋은 인간이 되라고 남기고 갔는데, 어쩌다가 이런 난관에 다다랐으니 해결책이 없을까?

집을 정리하고 도시로 나가서 하꼬방 장사라도 해서 먹고 살아 볼까? 큰자식은 종실이 학비 부족액을 보태라고 해도 모른 체했다는데, 철부지 애들을 데리고 간들 한시나 부지할까? 종실이도 까딱 잘못하면 학업 중지되기 쉽겠고, 종성이는 머지않아 출국할 게고, 종정은 몇 달 후 제대해 올 것이고, 돈과 쌀이 꽉 차 있어도 쓰기가 바쁘겠는데, 아무리 생각해도 살 수가 없다.

마음이 편해야 죽이 되거나 밥이 되거나 부지할 텐데, 새 사람은 갈수록 마음이 떠서 설레발만 치니 부지할 수가 없다. 좀 더 생각하고, 한 해 고생을 더 하였으면 될 텐데, 너무나 급하게 경솔하였다. 좀 더 물색해서 농촌 철부지 할망구나 데려왔으면 마음 편하고 복종하며 살 텐데……

외모만 근사하고, 겉치레만 반드르르 하면 어디에 쓸 건가? 술장사나 유흥업소에나 소용이다. 농촌에는 아예 부당하다. 그런 중에도 오곡이 몰락이니 무얼 보고 여지를 바랄까? 뿔이 날 건 사실이지. 옳게 바로 본 것이다.

도시에서 사람한테 많이 겪어 봐서, 쩍 하면 입맛이지, 온 지가 몇 달이라고……. 중심이 서 있다. 그래도 용케도 막다른 골목에서 융통이 되어 화급한 건 면했으니 당분간 기세를 엿보는 것일 게다.

아무리 우둔한 생각이라 하나, 3일 만에 미장원 출입하고, 대부분 외식에다, 철 따라 새옷만 입어야 행세를 하고, 매일 쓰는 화장품 값만 해도 큰돈인데, 와서부터 미장원 두 번은 갔나? 담배는 와서 계속 됐다. 내가 피울 줄 모르는 담배 대 주기는 여간 정성이 아니다. 그야 나도 이해한다. 한 번 인이 박히면 유치장에 가서도 피우니까.

종성의 유학 출국 전보 (1962년 4월 10일 화요일)

전보. 4월 10일 10시 종성 출발. 숙원의 소망이 달성이다. 졸업 전 재학할 때부터 미국 유학을 계획해 수년 동안 온갖 정성을 다 들이고, 재산도 막대한 금액을 소비하고, 실지 달성하는 데는 비교적 순조로웠다.

엄마가 생존했으면 얼마나 반가워할까? 주야로 기도하며 온갖 성의를 다했는데, 조금만 더 참아 주었으면 숙원을 풀었을 텐데, 그 새를 못 이겨 죽었을까? 혼자서 무슨 흥미가 날까? 갑자기 출발해 가 보지도 못하고 멀리에서 기도할 따름이다. 형설의 공적을 이루어 금의환향하여 부디 엄마의 소원을 풀어 주기만…….

조간신문의 아들 기사(1962년 4월 11일 수요일)

조간신문을 보니, "CAT. 10일 오후 30분 출발. 이종성. 로터리클럽 장학생. 동경 경웅(慶應)대학 유학생."

식량 마련(1962년 4월 13일 금요일)

식량 결핍. 곤란이 막심. 며칠 있으면 아내의 1주기다. 자식들도 오고 무어라도 반찬을 준비해야 하는데, 속수무책. 생각다 못해 조합에 나가 보았다. 돈이나 좀 빌리려고.

마침 직원들이 나가고 없다. 회계더러 말하니 일체 공판장과는 관계가 없어 헛말이다. 허탕을 치고 집에 돌아오려니, 내 발이 제대로 안 놓인다. 오다가 쌀집에 와서 며칠 새에 줄 테니 쌀 5말만 외상 달라니까, 두 말 않고 가져가라고 하였다. 먼저 치 합하여 1가마인데, 갚을 일이 걱정이다.

식량은 해결되어서 안심이다마는, 현금이 없으니 어떡하지?

식량 문제(1962년 4월 14일 토요일)

식량도 계속 댈 수가 없다. 식구가 대식구요 날마다 인부가 10여 명씩 소 먹듯 하지, 도저히 내 힘으로는 긁어댈 수가 없다. 이제까지는 톡톡 털어서 전력을 다해 과수원에 투자하였다. 2개월만 있으면 복숭아가, 이른 복숭아가 나올 텐데 그때까지 버텨야 한다. 그동안 살아갈 일이 꿈만 같다.

아이들이 먹고, 자고, 공부를 하고, 학교를 가고. 일체 돌아볼 새가 없었다. 알아서 하겠지……

조합에 나가서 책임을 해야지. 대외적으로 각 관서에 활동도 해야지.

종성의 동경 도착 (1962년 4월 15일 일요일)

동경에서 종성 무사 도착했다고 편지가 왔다. 일본국 동경도(東京都) 문경구(文京區) 구입부토전정(駒込富士前町) 아시아문화회관 내 이종성.

제사 지내러 찾아온 장남 가족 (1962년 4월 16일 월요일)

종화 내외, 세구, 종정, 종실. 기다리는 심정. 마음의 준비는 이미 오래전이다. 먹고 살기가 곤란할 때마다 생각나는 건 옛날 생각. 속이 상할 때마다 아이들이 실심할 때마다, 옛날이 문득 생각난다.

아침부터 마음이 설렌다. 무얼로 차 대접이라도 할까?

오후에 모두 다 들이닥쳤다. 손주 선, 신, 세구가 오니 더욱 맘이 설렌다.

아내의 제삿날 (1962년 4월 17일 화요일)

종정이가 장례 때 불참해 엄마의 임종을 못하고, 제사에는 꼭 작정했던 모양이다. 가족이 다 모였다. 언제든 하나는 불참이로구나. 종성이가 일본에 있어 못 오니, 만리 이역에서 얼마나 애통할까?

모여 앉아서 오히려 울상을 하고 침울하다. 누구를 기다리나? 머지않아 엄마가 오겠지. 목련꽃 필 때 갔으니, 목련꽃 피었으니 오겠지. 고요한 밤 하늘에 별빛이 반짝일 때 가만히 살짝 오겠지.

영정을 내걸고 백목련, 수선화를 앞에 놓고 성경, 찬송가를 받쳐 놓았다. 말없는 촛불만 끔벅였다. 아무 말도 할 말이 없다.

상복을 꺼내 입었다. 교회에서 장로님, 부인회 모두 참석하였다. 목사는 새로 와서 형식적인 집례다. 판문에서 친구 가족이 왔다. 추모식은 거행되었다. 조객, 교인, 친척들은 그저 추모의 표정밖에 없다. 다과를 내고 면목이 없어 많이 드시라 권하지도 못했다. 말 없는 침묵. 엄숙히 끝났다.

비가 낮부터 내렸다. 밤에도 부슬부슬 내렸다. 비가 오고 길이 소삽해서 못 오나 보다. 종인아, 종대야, 무얼 기다리냐? 오늘은 날씨가 불편해서 못 오시나 보다. 언젠가는 오겠지. 걱정 말고 네 할 일이나 다해 놓아라. 그래야 반갑게 만나지.

손자 세구가 저만큼 컸구나. 귀한 손자라고 밤에나 낮에나 등에 업고 다니며 자랑하고, 온갖 정성 다 들여서 살렸는데, 그걸 못 보고서 나만 보는구나. 세구야, 할머니 알겠냐? 사진을 가리키며 물어보니 아랑곳없다는 듯 별 표정이 없다.

낳아서 제 돌도 안 갔는데, 함부로 해서 창장병(昌腸病)으로 곧 죽게 된 걸 서울 가서 데리고 왔었다. 큰자식의 맏자식 가계의 장손. 귀중한 혈통이다. 할머니, 할아버지가 일심 정력을 다했다. 한 달 못 가서 완전하게 되어 제 돌 때는 일어서 섬마섬마 짜박짜박 걸어서 10월 16일 돌잔치를 걸게 차렸다. 온 면이 들썩하게 손님을 청하였다. 등에 업고 구야를 부르며, 어르던 것이 눈에 선하다. 딸 4형제를 낳고 귀한 손자지. 지팡이였다.

아이들을 불러 산소에나 가라고 했다. 암만 기다려도 아니 오니, 가 보아라. 종성이만 빠지고 다 나갔다. 아이들이 나란히 열을 지어 저만큼 걸어간다. 늠름한 체격에 무엇이 부족할까? 호랑이가 덤벼도 안 무서울 텐데, 그 새를 못 이겨 갔단 말인가?

강을 건너고 다리로 해서 둑을 지나 산소. 줄을 지은 장송곡. 날빛보다 더 밝은 천당, 믿는 곳으로 멀리 가네. 며칠 후 며칠 후…… 대열이 지던 그 길이다. 발자국마다 피어린 슬픔. 갈 때나 올 때나 그 한 길, 외로운 길. 언젠가 나도 그 길을 가야지.

막둥이들이 저만큼 덥수룩하게 크면 나도 갈 테니 조금만 기다려요. 나마저 없으면 그것들을 누가 돌보아 줄까? 차라리 바꾸어 되었으면 아무렇지도 않고 오히려 평범할 텐데, 필요한 사람은 가고, 쓸모없는 주책 남방이 남았으니 질서가 안 잡히지.

나간 지 얼마 안 되어서 돌아왔다. 갔다 오니 속이 좀 풀리는가 보다. 한 줌의 흙이나마 만져 보니 긴 한숨이 내쉬어질 게다. 직무, 군무, 학교…… 원도 한도 끝이 없이 남겨 놓고, 서울행 열차에 실려 보냈다.

온 집안은 또 다시 초상을 치룬 것이다. 더 한층 쓸쓸하다. 멀리서 기적 소리 은은하게 들린다.

보리밭 매기 완료(1962년 4월 24일 화요일)

보리밭 매기는 끝이 났다. 오이, 수박, 호박 구덩이를 팠다. 인분도 넣고 퇴비도 넣었다. 싹을 내서 종자를 들여야지. 여름 내내 먹을 반찬거리다.

석양에는 비가 또 오기 시작이다.

아무개 엄마(재혼녀)는 독감 차례인가 보다. 낑낑대며 의붓딸아이만 불러내어 집안이 들썩들썩하게 큰 소리로, 죽네 사네 야단을 떤다. 다 아는 병, 이리약방에 가서 감기 전문약을 사다 먹였다. 기름기, 가루 음식을 안 먹어야 한다고.

비가 온다(1962년 4월 25일 수요일)

어젯밤부터 비가 오기 시작하여, 오늘도 계속 온다. 채소, 보리밭에 모두 비가 오니 잘 온다. 며칠 동안 햇빛에 태우다가 비가 오면 더 효과가 있을 텐데, 마음대로 할 수 있나? 날씨를 인력으로 좌우할 수 없다.

사전에 잘 짐작하고 계획해서 작업도 해야지, 농사는 날씨에 크게 관계가 있으니, 언제든지 앞당겨서 일을 해 놓고 볼 일이다. 하루만 어긋나도 틀린다. 하늘이 하는 일을 인력으로 맞서 갈 수 없다. 역천자(逆天者)는 망하고 순천자(順天者)는 흥한다고, 성현의 말씀이다.

여전히 비는 온다. 비나 와야 방에서 쉬지.

종대, 의붓딸아이의 소풍 (1962년 4월 28일 토요일)

종대, 의붓딸아이 소풍 가다. 소풍 가는 걸 애들이 고대하고 있었는데, 급히 엄마가 상경하는 통에 집에 없으니 실심천만이다. 대신에 내가 도시락도 싸 주고, 과자 한 봉지씩, 사과랑 배낭에 넣어 주었다. 불평 없이 잘 다녀오겠다며 나갔다.

종인이는 다음 토요일에나 간다고, 미리 당부한다.

집이 웬만큼만 살면 그렁저렁 부지하겠는데, 원체 깡통이라 견뎌 나갈 장사가 없다. 돈만 써 주면 문제는 없다. 불평도 없고, 조용할 판. 매일 돈을 물 쓰듯 하고 살다가, 갑자기 딱 절박하게 살려니 안 될 말.

교회 출석 (1962년 4월 29일 일요일)

교회에 나갔다. 하도 마음이 산란하여 걷잡을 수 없이 어지러워지는 심사에 몸과 마음이 같이 설레니 한시도 부지할 수 없다. 교회에 나가서 성령께 의탁해야겠다.

날이 갈수록 외롭고 미칠 것만 같다. 교인들이 지성으로 권유하고 위로하고……. 따뜻한 인정이라고는, 이 사회에서 맛볼 수 없는, 믿는 사람의 예수의 정신밖에 없다. 그래도 설교 시간에 잠자기가 일쑤요, 딴 생각이 들어 먼 산 바라보는 체하기가 일쑤다.

예배 후에 부인회가 찾아와서 간절히 부탁한다. 옛날 권사님의 뒤를 따라서 열심히 나오시라고. 그래야 후일에 서로 하늘나라에서 만나지.

5월
복숭아 열매 솎기

재혼녀 귀가 (1962년 5월 2일 수요일)

아무개 엄마(재혼녀) 귀가. 상경하여 고모 병 위문하였다고. 병세 호전, 완치 퇴원하여 안심하고, 가사 못 잊어 신속히 귀가하였다고. 과자를 선물로 사 오고 반찬도 사 와서, 집안이 일시에 화기가 돌고 언제 불평하였던가 싶게 단란하였다. 역시 고모 댁도 여유 있는 생활이 아니요, 음식점을 해서 먹고 산다고. 단성사 근처 어디라고.

도시생활 다 그렇지. 재혼녀 모녀를 촌으로 떼어 보내려 속으로 애썼던 모양이다. 보내고 나서 안심하고 한갓져서 잊어버렸던 모양이다. 아무 소리 말고 고생하면서 살아야 한다고, 전에 가끔씩 편지 오는 걸 보면 그런 내용이었다. 만날 서울에서 안정된 생활이 아니어서 걱정하던 차였던 모양이다.

못자리 준비(1962년 5월 4일 금요일)

오월 달이다. 벼농사를 크게 지을 때는 근본적으로 못자리 준비를 일찍 시작하였다. 이제는 벼농사가 조금이고 과일나무와 채소 재배를 주로 하여 등한시된다. 그러나 시기가 임박하였다.

씨 나락을 잘 골라 소금물에 띄워 고르고, 메루크론으로 소독하고, 못자리용 줄 치는 새끼, 꼬치 100본. 배합 비료.

옮겨 심기(1962년 5월 5일 토요일)

옮겨 심기. 온상에 파종하는 것을 봄에 준비하지 못했다. 유천(柳川)에 가서 토마토, 가지, 양배추 모종을 사다가 심었다. 종인이가 학교에서 돌아오는 길에 현지까지 가서 사왔다. 식구를 총 동원하였다.

아무개 엄마(재혼녀), 다른 채소밭 제초 작업과 달라, 과실을 따 먹는 재미와 재배 취미로 한다는데, 몸이 고된지도 모른다. 재미가 나서 열심히 하였다. 손바닥에 공이가 생기고, 바지 주워 입고 함부로 나댔다. 본격적인 촌아낙네가 되었다. 마음이 풀린다.

동네 여인들이 와서 보고, 재미를 붙이라고, 차차 날이 가고 달이 가고, 익숙해지면 된다고. 하는 사람이 따로 없다고. 일 좋아하는 사람이 어디 있어? 자식들 먹이고 입히고 공부시키는 재미로 하는 게지.

일요일(1962년 5월 6일 일요일)

일요일. 아이들이 학교에 안 가 집에 있다. 노는 날을 이용한다. 애들은 쉬고 공부 복습도 해야 하는데, 기차 통학에 피곤하고 복습거리가 밀려서 보충하는 날인데, 그걸 생각할 수가 없다. 인부 품삯 한 푼이라도 덜 들고, 또 열매채소 같은 건 식구가 먹는 것이니, 식구가 해야겠다. 토마토, 오이, 가지 모종 심기에 물 긷기 작업을 하였다. 강물, 방죽 물을 길어 왔다.

전에는 아이들 공부에 지장이 있다고, 일절 집안일은 거들지 말라고 하였다. 큰애들 공부할 때, 막둥이들은 복을 못 타고 나서, 엄마가 일찍 죽고 남의 엄마를 엄마라 부르고, 온갖 괴로운 일 다 시키며, 아낌없이 막 부려 먹는다. 다른 애들은 놀러도 다니고 쉬는 날에 떡도 해 주고……

어머니날(1962년 5월 8일 화요일)

학교에서 어머니날 행사를 한다고, 거리에는 어머니들이 아이들 손을 잡고, 길이 메어지게 간다. 의붓딸아이는 학교에서 어머니들에게 관람시킨다고 유희 율동, 고전무용, 노래 등 다채로운 행사를 한다고. 무용반이라고 옷을 새로 맞추고 여선생들이 연습을 시키고, 꼭 구경을 나오란다고 법석을 떤다.

종대는 아무 말 없이 과외 공부한다고. 학교 시끄럽고 속상하니까 안 간다고. 집에서 책상에 꼬부리고 있었다. 오래 있을 리가 없다. 어느 새 밖으로 나가 버리고 없다. 점심 때도 안 들어왔다. 어머니 생각이 더 간절하겠지. 석양에야 추레해 가지고 들어왔다.

의붓딸아이는 춤을 잘 춘다는 소문이 들렸다고.

모종에 물주기(1962년 5월 9일 수요일)

과일나무 소독이 끝났는데, 돌아다녀 보니 아직도 해충이 죽지 않고 그대로 살아 있다. 더 강력하게 해야 효과가 있을 것인가 보다. 여러 번 독한 약을 해서 면역성이 생겼는지, 더 농도를 세게 해야 효력이 있으려나 보다. 수은제의 침투성이 강하다고 하는데, 철저히 다루어야겠다.

오후에는 옮겨 심은 모종에 계속 물을 길어다 주는 작업이다. 오늘도 끊임없이 해질 때까지 했다.

과수원에 풀이 커서 꽉 찼는데, 여인들이라도 대서 제초 작업을 해야겠다. 풀이 우북하니 뱀이 나올까 봐, 여자들은 깜짝 놀라 잘 들어가려고도 않는다.

아무개 엄마(재혼녀)도 종일 함께 하였다. 차차 익숙해지는가 보다. 쉴 참에는 담배 한 대 피우는 재미로.

일요일(1962년 5월 13일 일요일)

일요일이다. 명절날 돌아온 것만 같다. 아이들 학교에 안 가고 모두 모여 있으니.

목욕한 지가 오래라, 물지게를 찾았다. 양철 동이도 팽개처져 여기저기 질질 새어서, 한 지게가 반 동이밖에 안 된다. 물을 데워 온 가족이 목욕을 하였다. 이발도 하고 아이들도 같이 이발을 시켰다.

오후부터 몸이 이상하다. 미열이 나며 식욕이 없고, 전신이 노곤하다. APC를 사다 먹었다. 몸이 아프면 겁이 난다. 내가 누워 있으면 철모르는 애들이라도 겁이 나는지, 종인이가 걱정이다. 종대는 별 관심이 없다고. 아무개 엄마(재혼녀)도 걱정을 하며 간호를 한다.

복숭아 열매 솎기(1962년 5월 14일 월요일)

복숭아가 꽃이 졌다. 잎이 무성함에 따라 열매가 제법 굵어졌다. 한 가지에 다닥다닥 붙어 그대로 다 달아 두면 큰 열매가 못 된다. 솎아 줘야 한다. 한 번에 다 따 버리면 안 되니, 형세 보아서 가장 우량한 걸 남겨 두고 기타는 솎는다.

1차, 2차 다음에 한 가지 한 알이나 둘만 남긴다. 처음 오는 여자아이들은 방법을 잘 모르니 가르쳐 주고, 옆에 잘하는 애들하고 묶어 준다. 한 번 따 버리면 다시는 달리지도 못하고 버리니, 미리 가지 하나 잡으면 딱 남길 놈을 생각해 두고 솎는 거라고.

여자아이 6명, 부인 3인, 회화 쪽에서부터 시작, 차례로 한다. 뒤따라 다니며 감독해야 한다. 조금만 눈 팔고 다른 데 갔다 오면 난리다.

복숭아 열매 솎아 주기 (1962년 5월 17일 목요일)

복숭아 열매 솎아 주기. 날이 갈수록 비대해지고, 시기가 늦어질수록 손해다. 조속히 따내야 속히 큰다. 여자아이 6명, 부인 2인. 새로 온 애들은 다시 설명을 하고, 실제로 시켜서 잘할 때까지 따라다니며 감독한다.

눈치 빠르고 재치 있는 애들은 잘하는데, 역시 멍청이는 가지만 뚝뚝 부러뜨려 놓고 엉뚱한 놈을 따 버린다. 좀 굵어서 밤만씩, 손가락만씩 한 걸 따 먹느라고 정신없다. 먹지 말라고 눈깔사탕을 사다가 하나 앞에 둘씩 나누어 먹인다. 쉴 때는 유행곡도 시키고, 재미있는 동화도 해 주고, 종일 하면 뒤통수가 뻣뻣하고, 고되어서 못 살겠다고.

밀가루 배급 (1962년 5월 19일 토요일)

춘궁기(春窮期) 식량난으로, 농사 안 짓는 사람들의 식량을 위해, 면에서 밀가루 1포대를 대여곡으로 준다고. 보리 추수기에 갚으라고. 나중이야 어쨌든 주면 더라도 좋겠다. 주식도 되고 간식도 되고, 곤란한 때에 다행한 일이다.

저녁때부터 밀국수를 만들었다. 밀가루나 10가마니쯤 주면 도움이 될 것인데, 어림도 없다. 옛날 같으면야 부라외 곤란한 사람들 주라고 양보할 판인데, 오죽 궁해야 그것에 눈을 밝힐까? 내가 생각해도 지레 환장한 것 같다.

256

주일(1962년 5월 20일 일요일)

주일에도 교회에 불참하고 여자아이들을 동원해 과일나무 작업에 열중했다. 해충 구제. 뵈는 대로 잡고, 열매 솎아 주기를 하였다. 차례로 해 나가며 형세를 보아 행한다. 큰 것은 남기고 작은 것은 솎아 낸다.

기온은 점점 무더워 가고 과일나무는 무성하여, 바람 한 점 안 들어오고, 아이들에게 힘든 일은 아니라도, 어른도 답답해서 하기가 힘이 든다.

아침 때와 저녁 때는 너끈히 쉬게 한다. 저녁 때는 해는 길고 시장하고 하니, 무어라도 새참을 해 먹인다. 배부르게는 못 먹어도 때를 잊어버리게는 한다. 저녁 때는 꼭 일찍 일손을 뗀다. 집에 가서 할 일이 많다고. 집 안 소제하고, 밥 짓는 데 같이 해야 한다고.

밥하기(1962년 5월 24일 목요일)

조반을 일찍 해야 되는데, 아무개 엄마(재혼녀)가 앓아누웠으니, 할 수 없이 종인이를 깨웠다. 쌀이 하나도 없다고 한다. 식전에 어디로 바가지 들고 꾸러 갈 수도 없고, 현금도 없고, 창고에 씨나락 담그고 남은 게 한 바가지쯤 된다. 절구통에다 막 찧었다. 퍼내서 왕겨를 까부르고 다시 찧었다. 시간은 급하고, 정신없이 대강 껍질만 벗겼다.

종인이는 불 때고 밥만 불쑥 지었다. 종인이는 제가 퍼서 점심 도시락도 싸고 물 말아서 한 그릇 먹고 갔다. 다른 사람은 먹든 말든 관심이 없다.

종대도 제가 제 일 생각해서 조금 떠먹고는 학교로 달아나 버렸다.

돈과 식량 부족 (1962년 5월 25일 금요일)

은수저는 먼젓번에 팔아 먹고 이젠 무엇 값나가는 물건이라고는 아무 것도 없다. 하다못해 양복때를 싸 주었다. 전당포에 갖다 맡기라고. 하나도 창피한 생각이 없다. 우선 먹어야 사니까.

돈도 필요하지만, 매일 과수원 일하는 품삯은 사전에 약속을 하였다. 과 일 팔아 수입해서 주기로. 그래도 집에 잔돈푼과 식량이 필요하다. 아무개 엄마(재혼녀)의 담배도. 나는 아무것도 안 쓰니까 겨우 이발료뿐이지. 회화 오복용(吳福用) 쌀가게에서 외상으로 쌀 1가마를 샀다. 판문 작은어머니가 왔기에 그 동네 어느 부잣집에서 쌀 2가마만 장리(長利)로 달라 말해 달라 고 부탁.

물 긷기 (1962년 5월 26일 토요일)

새벽부터 일어나 식수를 세 지게 길었다. 어깨가 무겁고 팔다리가 뻐근 하다.

오후에는 옮겨 심은 모종에다 물을 길어다 주었다. 비가 와야 해결되는 데 큰 일이다. 비가 올 성부르다. 몸이 무겁고 날씨가 무덥다. 종대도 물 주 기를 거들었다. 종인이는 일답게 하지만, 종대는 아직 힘차게 못한다.

아무개 엄마(재혼녀)도 며칠을 앓고 누워만 있더니, 오늘은 일어났다. 아 이들하고 같이 물도 주고 청소도 하였다. 식구가 같이 움직이고 거들면 마 음이 흐뭇하고 풀린다.

교회 결석 (1962년 5월 27일 일요일)

교회에 결석하였다. 종인·종대, 아무개 엄마(재혼녀) 동원, 복숭아 열매 솎아 주기 작업 나머지를 식구끼리 하였다. 여자아이들이 하다가 귀찮으면 빼놓고 나간다. 하지 않은 나무가 많아 그걸 다니며 보충했다. 뒤따라 다니면서 빼놓지 말고 하라 하였건만, 힘에 부치고 높은 가지는 그대로 두어 버렸다.

역시 해 보니, 아이들이 싫증이 나겠다. 현금을 그날그날 주면서 일도 제대로 시키면 잘 하고, 고된 줄도 모르고 할 텐데, 외상으로 하니, 제대로 안 될 건 사실이다.

어쨌든 과일 솎아 주기, 싫증이 났다. 오늘로 끝을 맺었다. 남은 건 봉지 씌우기.

장남 종화의 귀가 (1962년 5월 31일 목요일)

장남 종화가 뜻밖에 귀가하였다. 군산 세관 출장 갔다 오는 길이라고. 종성이 3만 환, 종정이도 1만 환, 종일 집에도 본가에도 가용하라고 1만 환을 주고 갔다. 출장 여비도 아니요, 매일 퇴근 후 집에 와서 밤잠을 못 자고 원고를 썼다고. 원고료가 나와서 표나게 써야겠다고 하였다.

받는 사람은 하찮지만 그 돈에 수고가 얼마나 들어갔는지 모른다. 그런 실정을 알아 줄 사람이 몇이나 되나? 가끔씩 이런 기회나 있으면 좋겠다.

부산까지 출장이라고 곧 출발하였다. 고생이 되더라도 조금만 더 참고 계시라고 신신 부탁이다.

6월
보리 베기와 모내기

폭우 (1962년 6월 2일 토요일)

어젯밤에 바람이 불고 비가 폭우로 쏟아졌다. 아침에 일어나 보니 과수
원에는 아직 모르겠고, 우선 논에 가 보니 보리가 막 패어서 넝쿨졌는데,
비바람이 불었으니 그대로 싹 쓸려 버렸다. 이삭이 나와서 얼마 안 되었으
나 결실이 안 된다.

며칠만 더 있다 쓸렸어도 괜찮은데 이제 막 이삭이 패었는데, 실패다.
너무나 비료를 많이 주어 웃자란 탓에 피해 막심이다. 다시 무릎 꿇고 재기
한다고는 하지만 시원치 않다.

강가에 포플러가 고목도 아닌데 언덕에 있는 거라 그만 넘어가 버렸다.
과수원에는 별 피해가 없는데, 봉지를 꼭 매지 않고 시원찮게 쇠를 누른 건
봉지가 빠져 버렸다.

Jun. **2**

어제 밤에 바람이 불고 .... 가 폭우로 쏟아졌다
아침에 이러나 보니 果樹園에는 아직 드
르겄고 .... 뵈기가 막해 어서
풍둑하니 넝쿨겄는데 비바람이 부렀으니
그대로 싹 ... 버렸다 收穫 ...
안되았으니 ... 될까 ... 만 ... 되었다가
싥이 ... 괜찬 ... 이삭이 되었는
데 失敗다 結實이 너무나 ... 웃거리게
.... 다시 무릎꿀고
再 .... 누라지 ... 언제 않다
江가에 포푸라가 去木도 만 인데 언덕 이어있는
거라 그만 버께가 버렸다 果樹園에는
... 없는데 ... 를 꼭 안 매그시 ...
게 되불누는 것 뭉지가 비꺼 버렸다

261

비료 주기 준비 (1962년 6월 3일 일요일)

논농사. 텃논에 모 심게 해서, 못자리를 했는데, 퇴비 웃약을 주어야 할 시기가 되었다. 수억(守億)이네 논에다 했는데. 한 번도 못 나가 보고, 늘 수억이가 옆에서 물 품을 때 같이 품어서 대 주고 하였지만, 웃거름은 내가 주어야지…….

텃논은 물이 용이치 않아 제자리에다 모판을 못한다. 그래서 들논인 수억이 논을 빌려서 했다. 여간 친분으로는 모판을 주지도 않는다. 부락 구장에게서 비료 한 포대를 외상으로 가져왔다. 수억이 집으로 보냈다. 집의 논 못자리에 줄 때 같이 주라고. 그거 보고 인부 살 수 없고, 한 시간이면 되지만, 공짜로 남의 일 하지 않으니 별 수 없이 그렇게 부탁하였다.

봉지 씌우기 (1962년 6월 4일 월요일)

벽장을 뒤지니, 전에 쓰다 남은 봉지가 한 상자 나왔다. 보니 뒤가 안 막히고 터졌다. 그걸 다시 풀로 막았다. 하나하나 풀칠하는 게 더뎌 시간이 걸렸다. 종이만 많으면 그걸 사용치 않고 내버리겠다.

자기네 집안 식구끼리, 일 없을 때 앉아서 세월아 네월아 하고 할 일이지, 삯꾼 사서 할 일은 못 되었다. 둘이서 종일 그것만 하고 말았다. 만약 뒤를 대다 못해 봉지를 안 사용하면 어떻게 될까? 별 수 없으나, 복숭아가 때깔이 안 나고, 벌레가 덤벼 파먹으면 떨어진다. 조생종은 그럴 필요가 없으니 그저 둔다. 전부 누구나 안 싸니까 일반이다.

봉지 씌우기 감독 (1962년 6월 5일 화요일)

여자아이들 일 시키는 데 요령이 생긴다. 한 사람이 몇 봉지나 쌌는지 보게, 수를 세어서 나누어 주었다. 속히 다 사용하는 사람이 잘하는 사람이다. 매 1인당 100장씩 세어 주었다. 눈도 안 팔고 정신 없이들 싼다.

점심 때쯤 싼 나무를 다녀보았다. 특별히 속히 하는 애들이 있다. 빨라도 어느 정도지 배나 빨리 끝났다. 그 애가 한 나무를 자세히 조사해 보았다. 어쩌다 봉지가 유독 크게 보인다. 봉지 속에 싸인 복숭아가 아직 나타날 만큼 크지는 않을 텐데 이상하다. 올라가서 봉지를 만져 보니 상당히 크고 무엇이 들었다. 따서 끌러 보니 그 속에다 봉지를 꼭꼭 접어서 몇 장씩 넣었다.

봉지 씌우기 (1962년 6월 7일 목요일)

봉지 싸는 여자아이들이 네 명만 왔다. 복숭아를 싸다가 비가 왔다. 실내에서 하는 일로 봉지를 만들었다. 그저 놀 날이 아니다. 얼마 있으면 이른 보리 추수와 모내기 일로, 인부들은 물론 여자아이들도 다 조합에 나가서 모 심는다고. 보리 베는 데 뒤에서 거들고 집에서 밥하느라 과수원 일 올 수 없노라고.

점점 복잡하게만 된다. 제대로 풀리는 게 하나도 없다. 못하면 할 수 없지. 나 혼자 할 수도 없고, 원수 같기만 하다. 전답 다 팔아먹고 겨우, 울안의 과수원 이것 있는 게 골칫덩어리구나. 집 아이들을 불러댄다. 몇 개 하지도 못하지만 화가 나니, 어디 풀 곳도 없고 해서 하는 짓이지.

쓰러진 나무 치우기 (1962년 6월 8일 금요일)

폭풍에 쓰러진 나무를 처치했다. 마늘밭 한가운데에 쓰러졌으니 마늘 다 자빠지고 버렸다. 거성이를 얻어 베고 쪼갰다. 장작이 한 짐이다.

여자아이들이 겨우 4명이다. 하는 대로 하자. 억지로는 못 산다. 되어 가는 대로 살자. 아무리 걱정해도 할 수 없고, 다만 한 그루씩이라도 하자.

마음 단단히 먹고 아이들 달래 가며 쉬지도 못하고 늦게까지 붙들게 하였다. 여자아이들도 걱정을 하며 부지런히 열심히 하였다.

석양에, 대장우체국에서 전화가 와 있다고 호출이다. 나가서 통화했다. 조합에서 내일 회의를 하니 나오라고.

마늘 급매 (1962년 6월 11일 월요일)

화폐 개혁 통에 돈도 아쉽고 해서, 예전에 마늘이 비싸다기에 30속을 청과시장으로 보냈다. 그랬더니 현금이 없어 매매가 안 된다고 도로 짊어지고 왔다. 이걸 다 먹을 수도 없고, 누구를 그저 주기도 아깝고, 5일을 두고 궁리하였다. 시장에 알아보니 판매는 하지만 아주 헐값이라고. 그저 내 버리는 것이나 다름이 없다.

별수 없이 내다팔았다. 과거의 10분의 1을 받아야 하는데 현금들이 없으니 공짜나 다름없다. 재수가 없으면 별스럽게 다 손해를 본다. 엎친 데 덮친다더니 갈수록 태산이로구나. 현금만 많이 가진 사람은 이 통에 물건 싸게 살 수 있겠는데……;

보리 베기(1962년 6월 12일 화요일)

가을보리는 베어도 되겠다. 식량은 없고, 남에게 구차한 소리 해 봤자 헛소리고, 농사 지어 놓은 걸 아직 푸르나마 베어다 청보리 죽이라도 쑤어 연명을 하자. 아랫집 잿간에 사는 강 씨하고 둘이서 보리를 베기 시작하였다. 그이도 혼자 산다고 제대로 먹질 못하고 사니, 일도 제대로 못한다.

그래도 인부 하나 없으니 같이 베었다. 낫질이 서툴러 힘은 달리고 허리는 아프고 하니, 앉아서 뭉그적거리며 세월아 네월아 한다. 빨리 할 수도 없고, 하는 대로다. 도란도란 이야기로 판을 짠다. 그도 역시 노인이고 나역시 반거충이, 해가 저물도록 했다. 겨우 두 골을 베었다.

보리 베기 계속(1962년 6월 13일 수요일)

아랫집 강 씨는 어제 하루 베더니 그만 오늘은 허리를 앓아 못하겠다고 벌러덩 누웠다. 나 혼자서 계속 베었다. 날도 덥고 낫질은 서툴고, 낫이 잘 안 들어 무뎌서 많이 벨 수가 없다.

숫돌에 갈면 들겠는데, 낫을 갈 줄 알아야 말이지. 아무개 엄마(재혼녀)가 그 꼴을 보고 있더니, 하다못해 뭉툭한 헌 낫을 들고 와 거들었다. 옆에서 있기만 해도 고된 줄을 모르겠는데, 한 쪽이라도 베니 다행이다. 생전 처음이요 구경도 못한 일인데, 첫손에 낫을 잡았는데도 곧잘 한다.

나가는 일이 문제다. 길가에 왕래하는 사람들 창피해서 못하겠다. 천길량(千吉良) 선생, 집에 왔다 간다고, 딱 마주쳤다. 할 말이 없다. 얼굴을 못 들고, 시간 없는데 어서 가 보라고……

담배 (1962년 6월 14일 목요일)

오늘도 온종일 보리밭에서 살았다. 남과 같이 어려서부터 농사일이 몸에 배었으면 늘 하던 일이니 수월할 것인데, 전혀 난생처음 일이라, 한다는 게 기구하지. 남과 같이 쉴 때 담배나 피우면 덜 고될 텐데, 입만 짬짬하고 앉아 있으니 답답하다.

아무개 엄마(재혼녀)는 더러 한 대씩 피워 보라고 하지만, 아예 거절하였다. 술이라도 한 잔씩 새참을 하면 갈증이 갤 텐데, 돈이 있어야 말이지. 외상 술 받으러 아이들을 보낼 수도 없고, 교회 다니면서 술 냄새 피우기도 안 되었고⋯⋯. 제대로 밥이나 먹었으면 하지만, 밥도 못 먹을 형편이다. 언제쯤 다 끝이 날 것인지, 이러고 어찌 살까?

죽을 싫어하는 종인이 (1962년 6월 15일 금요일)

오늘도 보리를 베다가 먼저 벤 걸 일부 묶었다. 만약 비라도 쏟아지면 허사니, 한 다발이라도 묶어 세우는 게 편하다. 종인이도 거들었다. 일꾼같이 잘하지는 못해도 비 안 맞게만 하였다. 종인이하고 나하고는 가리해 놓고, 아무개 엄마(재혼녀)는 나머지를 베었다.

저녁밥을, 쌀이 적어 아욱죽을 쑤어 먹자고 하였다. 먹을 만해서들 먹는데, 종인이가 죽을 보더니 울상이다. 죽을 안 좋아하는가 보다. 양이 안 차지. 종일 학교에서 뛰고, 긴긴 해에 또 집에 와서 보리 일을 하니⋯⋯ 아무개 엄마(재혼녀)가 당장에 나가 밥을 해다 주었다. 종인이는 또 오히려 미안하다고, 안 먹겠다고⋯⋯ 피차에 못할 노릇이다.

보리 묶기 (1962년 6월 17일 일요일)

봄보리만 남았는데, 아무리 해도 인부가, 장정이 계속 있어야 하지 안 되겠다.

종인이를 심부름 보냈다. 덕진(德津, 현 전주시 덕진구) 삼천동(三川洞) 김사일(金士日) 씨를 찾아가라고. 과일나무 전지하는 분인데, 근방에 인부가 있을는지 모르니 가 보라고. 밤늦게야 종인이가 왔다. 김 씨는 만났는데, 알아서 구해 보겠다고.

혼자서 한 줄 묶어 보니, 답답하고 지루해서 못하겠다. 날씨만 좋으면 찬찬히 하지……. 부득이 하는 군소리다. 날 좋을 때 딱 베어서 말려 쌓아 놓아야 안심이지, 비 내리면 골칫거리다. 보리나 빨리 타작해야 식량이 해결될 텐데…….

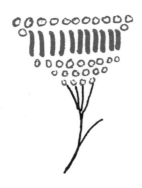

보리 묶기 완료 (1962년 6월 19일 화요일)

며칠을 보리만 가지고 몸부림을 쳤다. 그 결과 다 묶어 치웠다. 또 다시 과수원으로 일판을 옮기자, 전에 오던 여자아이들은 자기 집 일에 매여 못 오고, 필요 없어 놀고 있는 애들이 있다. 각자 제 용돈이 궁해서 다만 한 푼이라도 벌어 보겠다고 오는 애들이다.

자기 집에서 한 푼 못 얻어 쓸 처지에 놓여 있는 애들 몇이 그럭저럭, 판문에서 5명이 한 일행으로 오고, 특별히 정기적으로 오던 애들이 체면상 품삯 많이 받는 일 갈 수가 없어, 생각하고 왔노라고.

2명이 합해서 심심치 않게 진행이 되었다. 물림쇠가 부족해서 이리 조합에 갔더니 품절. 전주까지 가서 2,500개 사 오다.

학교 결석하고 일하는 종인이 (1962년 6월 20일 수요일)

보리타작 발동기가 오기로 약속했다. 이른 아침부터 보릿단을 운반하였다. 인부는 없고, 뒤따라가며 거들기는 꼭 해야 되고, 부득이 종인이더러 오늘만 결석하고 보리타작 치는 데 도와달라고 하였다. 어쩔 수 없다는 듯이 아무 말 없이 책가방을 제 방에 던지고 헌옷을 주워 입고 나왔다.

타작이 시작되었다. 막 시작해서 보리알이 나와 담으려고 하는데 비가 오기 시작한다. 도로 한 곳에 쌓아 누리를 만들었다.

오후에는 개었다. 큰 비는 아니다. 공연히 일도 못하면서 종인이 학교만 결석하게 했다. 늦게나마 학교에 가라고 하니까 안 가겠다고. 집에서 자습하겠다고.

보리타작 (1962년 6월 21일 목요일)

아침에는 가랑비가 내렸다. 그러나 식후에는 맑은 날씨, 청명하였다.

보리타작을 개시하였다. 온갖 먼지를 둘러쓰고 땀이 온몸에 젖어 사람 꼴이 아니다. 할 수 없다. 1년에 한 번 하는 일이다. 고약스러운 일이다. 먹고 사는 게 무섭고도 큰 일이다. 다급하면 별짓 다하고 무서울 게 없다.

겉보리 7가마, 품삯 1가마, 품삯 선불 1가마, 나머지 5가마.

용연리 농협조합장이 생산 자금 5만 환을 가져와서, 얼마나 고마운 지……

모내기 준비 (1962년 6월 22일 금요일)

보리 농사한 논을 완전히 청산했다. 판문 박 씨네 소를 오라고 해서 갈기 시작. 벌써 모내기가 늦어 간다. 이미 늦모가 되었다. 6월 15일이 권농일. 제일 적기인데 속히 서둘러야겠다.

하신 수복(壽福)이가 와서 물길이 통하게 터널을 닦았다. 학교의 배수 도로에서 하수가 합해져 진흙 때문에 물길이 꽉 메워져, 파내야만 물을 길을 수 있다. 겨우 반도 못 팠다.

아무개 엄마(재혼녀)가 병으로 누워서 과수원에 못 나갔다. 내가 논으로 밭으로 왔다갔다 눈코 뜰 새 없다. 아무리 분주해도, 비용의 뒤만 댈 수 있으면 일에 취미가 있겠는데……

모내기 준비 계속 (1962년 6월 23일 토요일)

보리 거둔 논을 소가 잘 갈았다. 현금을 척 주니 고맙다고 하였다. 몇 해 채소밭으로 경작해서 지면의 고저가 상당히 심해, 내일 인부가 지게로 평평하게 골라야만 모를 심겠다. 도로 터널은 완전히 물이 오도록 뚫었다.

과수원 일은 회화에서 몇이 더 와서 계속 복숭아 싸기를 하였다. 그중 남자아이들을 데리고 왕마늘을 캤다.

비가 많이 오면 흙이 달려 상품 가치가 떨어지니, 날씨 좋을 때 가뭄에 캐 놓아야 한다. 무엇을 해야 할지 두서가 없다. 내가 조금만 안 보면, 일이 틀리고, 해찰을 하고 안 한다.

논에 물 대기 (1962년 6월 25일 월요일)

6·25사변 기념일. 본답에 물대기 시작. 인부 2인을 특별 품삯을 주기로 작정하고, 장정을 택하였다. 수차(水車)가 없어 하루 사용료로 인부 1인분의 품삯을 주기로 하고 빌렸다. 부서진다고 잘 빌려 주지 않는 걸 사정해서 빌렸다.

논이 물턱이 높아 힘이 든다. 수로는 옆이라 안심인데, 물을 품는 대로 논에 그대로 담겨 있지 않고 다 엉뚱한 데로 새 버린다. 쉬지 말고 계속 품어서 단번에 꾸며서 심어야지, 하루만 두면 물이 다 없어져 버려 도로 품어야 한다. 새참은 고기에다 술에다 칙사 대접한다.

날은 덥고 힘든 일이다. 물 품는 일이 제일 중노동이다. 농사치고 늘 밤늦게까지 품었다. 논두렁이 넘치도록 품어야 한다. 그래도 자고 나면 쭉 써

들어 없어진다.

모내기 걱정 (1962년 6월 26일 화요일)

비가 온다. 가랑비로 온다. 논에 물은 품었는데, 모 심어야 할 일이 걱정이다. 우선 인부 1인이 논을 꾸민다. 종일 하면 다 할 것이다.

문제는 모 심기다. 각 동네 반이 조직되어 한 조에 약 30명씩 반 편성을 하였는데, 사전에 일정을 편성해서 하루도 변통이 없고 계획대로다. 끝난 후라야 그 밖의 사람들 논을 심기로 되어 있다. 농토 없는 사람은 미리 다른 논을 그 사람에게서 맡아가지고 들어간다.

새벽 5시경에 나가서 밤 8시경까지 모판을 찌고 심는데, 매일 1인당 6백원 수입이라고. 중간에서 새치기로 부탁했는데, 올는지……. 온갖 선심을 다 보였는데 모르겠다. 점심도 해 주고 새참 국수를 대접한다고 하였다.

모내기 (1962년 6월 27일 수요일)

어젯밤에 조용히 반장 집에 가서 사정을 말하고 특별히 부탁했다. 약 1천 평이니 2시간이면 심을 거라고. 자리가 좋아 심기도 좋고, 길가라 편리하다고. 만단의 준비가 되었으니, 오늘 못 심으면 손해막심이니 꼭 심어 달라고 했더니, 점심 때쯤 심을 것이니 뒷바라지를 잘하라고 하였다.

일꾼을 데리고 모판에 가서 고대하고 있었다. 여인 조합원들이 약 30분간 모를 다 쪘다. 일부 실어 나르고, 논에는 비료 뿌리고 반장들은 줄을 치고 심기 시작하였다.

집에서는 모 심는 인부 30명 식사를 하였다. 아침부터 총력전이었다. 집에다 상 차려서 대접하였다. 모도 잘 심어 주었다.

모내기 완료 (1962년 6월 28일 목요일)

모내기 완료하고 나니 한숨이 쉬어진다. 내년에는 식량 때문에 곤란 안 받으려는지, 기대가 커졌다. 옛날 광작(廣作)을 할 때의 모판만도 못한 걸 농사라고 할 것도 없지만, 온갖 정성 다 들였다. 뒤가 든든하다.

복숭아 일에, 늘 하는 대로 할 수밖에 없다. 마음이 한갓져서 몸이 거뜬하다. 여자아이들이 더러 와서 이젠 얼마 안 남았다. 가소롭게 남았다. 과수원에 싫증이 난다. 도로변에서 논바닥만 쳐다보고 싶고, 밭에는 가기 싫다.

채소를 하지 말고 계속 논농사를 했으면, 그런 곤란은 안 볼 텐데, 생강 때문에 큰 고생을 하였다. 다시는 채소농사 하지 말고, 모나 심어 식량이나 넉넉히 먹고 살자.

의붓딸과 종인이의 충돌 (1962년 6월 30일 토요일)

참외밭 제초를 하고, 모포(苗圃)를 만들어 물을 댔다. 풀을 잘 매어 놓으니 보기도 좋고 성적 양호하다.

종인이는 조반을 안 먹고 갔다. 점심도 안 가지고 갔다. 의붓딸아이가 제법 소란을 피운다. 엄마에게 얻어맞고 울고 야단이다. 무슨 내란이 난 모

양이다. 종인이가 와야 알 일이다. 무슨 조건이 있겠지. 계집애란 사소한
걸 못 참고 고자질이 일쑤요, 불평의 근원이다. 어떤 문제도 안 받아 준다.

　학교에서 종인이가 왔다. 의문점을 묻자 제가 잘못했다고, 아무 말 말고
조용해 달라고. 그러기 시작하면 버릇이 된다고. 아무리 해도 참을 수가
없다.

7월
복숭아 봉지 씌우기

봉지 부족, 화폐 개혁(1962년 7월 1일 일요일)

복숭아 봉지를 씌우다 봉지가 모자랐다. 이리에 가서 2관 사왔는데도 부족이다. 겉보리 1가마를 쌀가게에 내었다. 대금이 800원이라고. 논에 모내기 한 품삯 600원을 주고 나니, 어디로 갔는지 없어졌다.

보리 수확도, 풋보리로 팔아서 쓰기로 들면 천하에 헤퍼서 허망하다. 그대로 두었다 혼식으로 보태 먹도록 해야지. 지금은 수확기이고 또 화폐 개혁 직후로서 모든 게 제값을 받지 못한다. 현금은 수중에 없고, 할 수 없이 팔아서 쓴다.

차용할 데만 있으면, 보리는 두면 틀림없이 배 장사는 된다. 장사꾼들이 다 이익을 보고, 농사 지은 농민들의 손에는 땀만 쥐여진다.

가뭄 (1962년 7월 2일 월요일)

모를 심고 나서 바로 날이 가물어, 그만 바싹 말라 버렸다. 물을 품어야 하겠는데, 수차(水車)도 없고 야단이다. 걱정만 하고 있는데, 수억(守億)이가 수차까지 짊어지고 와서 품어 주었다. 해갈은 되었는데, 비가 풍덩 와야겠다.

인부는 집에 가더니 오늘에야 늦게 왔다. 안 올 줄 알았더니 오는 게 만행(萬幸)이다. 없는 것보다 낫다. 앞으로 과실 수확하고 출하하게, 우선 잘못하여도 그대로 보고 있다.

저녁 때 종정이가 왔다. 곧 군에서 제대한다고. 7월 말경.

종정의 제대 임박 (1962년 7월 5일 목요일)

종정이가 휴가로 잠깐 왔다 갔는데, 7월 말경 제대한다고. 반가운 일이지. 그동안 3년간 수고가 많고, 대학 공부도 중단하고, 국토방위로 활동하였으니, 공로가 크다.

제대한다니 또 일거리가 났구나. 제대로 하자면 대학을 다시 복교(復校)해야 옳은 일이지만, 가정 형편이 그렇게 계속 공부시킬 수가 없으니, 어찌하면 될까? 종실이도 미해결인데, 종정이까지 이런 처지에 있으니 큰일이다. 둘 다 중도에 있으니, 엎친 데 덮쳤다. 누구 하나 뒤를 못 대겠는데, 둘이나 무슨 돈으로 학자금을 마련할까? 두 막둥이까지 영향이 미치겠다. 이 형편으로는 호구지책(糊口之策)도 못 면하겠다.

장남에 대한 기대(1962년 7월 6일 금요일)

장남 종화가 웬만하면 종실이만은 밥만 먹여 주어도, 또 돈 안 들고 하련만……. 학교 등록금만은 내가 대더라도. 그만 못한 월급쟁이도 형제들 뒤를 대고 있는데, 이상하다. 딴 돈 안 들고, 실비로 쌀 5말 대금이면 족할 것이다.

가정교사라도 방구해야겠다. 마침 오라는 데가 있을까? 신문에 광고도 내고 개인에게도 부탁해 보자.

집에서 무얼 할까? 제대로 농사일도 못할 것이고, 어디 취직도 못하고……. 가장 중요한 난문제다. 가산을 정리해 학자금을 댄다고 하더라도 몇 달분이나 될까? 그간 사방에 빚만 져서 청산해야 할 텐데…….

물 품기(1962년 7월 9일 월요일)

논에 물이 바짝 말랐다. 수차를 빌려 인부 용성이하고 품었다. 보태는 물이니까 조금만 품어도 되고, 또 비가 올는지도 모른다. 밭일을 갈면 아이들이나 여자 인부 품삯으로 치지만, 물 품는 데는 꼭 장정 일꾼이 해야 하니, 논농사는 이 통에 못 지어 먹겠다.

인부도 어리고 몸이 약해서 종인이 정도 됨직한데, 나 역시 물은 품어도 오래는 못 품고, 서로 쉬어 가며 품었다. 품는 시간보다 쉬는 시간이 많다. 다리 힘이 팽팽하고 젊은 사람이라야지 숨이 헐떡거려서 못하겠다. 논 코만 두르면 된다. 겨우 고를 두르고 수차를 떼어 버렸다.

집에서 팔면 손해(1962년 7월 11일 수요일)

매일 사용하는 앉은뱅이저울 고장. 사용 불능. 도량형 수리소에 가서 수선하자고 하니, 비용이 많아서 손저울로 교환했다. 늘 쓰는 데 불편이 많다.

집에서 중간상인 여인들에게 복숭아를 팔았다. 수량이 적어 운임, 인부 품삯도 못 되니, 앉아서 파는 게 이익이다. 집에서 팔면 우수리로 더 달라고, 오자마자 먼저 몇 개씩 먹어 버리고, 애들까지 달고 오면, 이것도 못하겠다. 되는 대로 파는 게 장사다.

반가운 비(1962년 7월 12일 목요일)

어젯밤, 제일 비가 많이 왔다. 금년 들어 처음으로 왔다고. 비가 많이 와서 다른 논에는 홍수가 났는데, 우리 논은 겨우 알맞다. 비가 와서 인부들이 놀고들 있다. 동네 사람들을 동원하여 제초를 하였다. 물이 있을 때 매야지, 마르면 못 매니까.

인부 8인이 와서 한참 만에 끝내고 갔다. 품삯이 350원이다. 그게 간편하다. 이제 초벌이니 뒤를 추어야 모포기 쓰러진 걸 일으켜 세운다. 용선이하고 차근차근 추었다. 잘 하자니 시간이 걸린다.

밖에서 볼 때는 풀이 없는 것 같았는데, 논바닥에 들어서서 보니 꽉 찼다. 낱낱이 다 뽑고 다녀야 한다. 종일 하였다.

복숭아 출하 (1962년 7월 19일 목요일)

조합 공판장에 출하. 오늘 복숭아는 우리 것이 제일 상품이다. 최고 가격으로 낙찰. 관당 30원씩.

호남병원에 가서, 늑막 고장이 아닌가 싶어 진찰하니, 아직은 모르겠다고. 무조건 주사 한 대 맞고, 약을 2일분 사 왔다.

관재국 이리출장소에 들렀다. 정준석(鄭俊石)이라고, 춘포면 담당을 찾았더니, 출장 중이라 못 만나고 왔다. 일산(日産) 대지 건물 연부액(年賦額) 불입 건을 매매 계약 체결 단행이라고 늘 독촉이었다. 현재의 형편으로는 불가능하니 내년에나 하자고 만나려 했더니, 없어서 헛걸음.

호남병원 (1962년 7월 20일 금요일)

호남병원에 갔다. 오늘도 다친 데를 진찰하고 주사를 맞았다. 다친 상처에다 습포제를 바르고 약을 2일분 주었다. 혈관이 적어 여러 번 굵은 핏대를 찾는다고 욕을 봤다. 큰 침을 맞고 말지, 여러 번 찔렀다 뺐다 하는데, 싫증이 난다.

일찍 돌아와 안정하고 누워 있었다. 이른 복숭아를 딴 것 중 자가 소비 27관.

늑막염 의심 (1962년 7월 21일 토요일)

병원에 열심히 나갔다. 혹시 늑막염증이나 될까, 속으로 걱정이 되어서 오늘도 여전히 주사를 정맥에다 놓았다.

관재국에 들러 정 씨를 만나 사유에 대해 상의하니, 부득이 이번 기회에 매도 대금을 완납하라고. 당국의 방침이니 할 수 없다고.

일산 가옥 때문에 애간장 녹은 일 생각하면 기가 질린다. 물심양면으로 손실이 막대한데 몇 해를 두고 질질 끌고 가니 싫증도 나지만, 현금이 없는데 월말까지 완납하라고. 가지고 있던 돈 2,839원 납입.

일요일 (1962년 7월 22일 일요일)

오늘은 일요일이다. 학교 안 가고 쉬는 날. 아무개 엄마(재혼녀)는 종대와 의붓딸을 데리고 이리행. 오랜만에 해방이다. 그동안은 하루라도 나가려 해도 돈이 있어야지. 요새는 복숭아 나오니까 되었다. 나가서 구경도 하고 바람도 쐬고 놀다 오라고 하였다.

말이 그렇지, 죽을 고생 다 하였다. 나도 속으로 민망도 하고, 자기도 힘드는 일, 하기 싫은 일 모두가 손에 설어서 못하는 것을 극복하느라고 욕을 봤다. 차리고 나서면 근사하다.

겨우 장에 가서 반찬거리를 사고 일용품을 사 왔다. 아이들에게 필요한 학용품을 사 주고 일찍 왔다. 종인이하고 집에서 종일 누워 쉬었다. 저녁밥은 반찬도 좋고 식구가 화기등천.

논 만두레 (1962년 7월 23일 월요일)

논 만두레를 하였다. 인부 3인이 하였다. 작황은 양호한데, 그래도 앞으로 성장할 날이 많이 남았다. 요소 비료를 뿌리고 매었다. 만두레는 잡초를 뽑아 가며 손으로 맥질을 하니까, 다시는 풀이 못 나게 논물을 말린다.

점심 식사는 반찬을 장만해서 잘 대접하고, 새참으로 술을 사다 주었다. 복숭아를 덤으로 주었더니 다른 것보다 제일 맛있다고 좋아한다.

논농사가 간단하구나. 가끔 피사리나 하고 물이나 품으면 된다. 밭농사는 풀 나는 통에 해 볼 수가 없다. 매고 돌아서면 도로 풀이 우우 하니 나고, 깨끗하게 매자면 품삯이 이만저만 드는 게 아니다.

진찰 결과 (1962년 7월 24일 화요일)

호남병원에 가서 확실한 걸 알고 싶다. 크게 걱정할 일은 아닌가? 원장이 진찰한 결과 큰 염려는 없노라고. 원 체질이 약하니 늘 주의해서 몸을 보호하라고. 현재로는 흉부 염증은 없다고. 이상이 있으려면 열이 오른다고.

염증이 안 나니까 그대로 안정하라고 주사도 안 맞고, 약도 안 가지고 나왔다. 역전에서 보신탕을 먹었다. 보신이 된다기에 혼자서 먹기에 안되었다. 내가 몸이 건강해야 식구들이 다 편하지. 다 집안을 생각하는 일이다. 어디 조금만 불편해도 곧 죽는 것같이 겁이 나고 병원에 가 보아야 안심이 된다.

복숭아 약 20관을 땄다.

봉지 씌우기 완료(1962년 7월 25일 수요일)

조생종 복숭아 그루 수가 얼마 안 된다. 관수(貫數)도 안 나가고, 초여름 새 맛으로들 먹는다. 며칠 내로 이른 복숭아는 다 떨어져서 그런지 값이 비싸다. 겨우 17관밖에 안 되어 직원들에게 부탁하였다. 한동안은 조용한 판이다.

봉지 싸는 일도 완료하였다. 논농사 만두레까지 끝이 나고, 가용으로 한 과일채소류나 가꾸고 수확할 뿐, 제초를 제대로 하자면 놀 새가 없는데, 급한 건 당분간 없다.

복숭아나무에 살충제 소독하는 일을 계속해야 하는데, 펌프 때문에 용이치 않다. 하기만 하면 효과적인데 알면서도 못하고 있다. 본격적 과실 수확기가 당해야 돈이 한몫 잡히겠다. 대목만 바란다.

품삯 받으러 오는 여자아이들(1962년 7월 26일 목요일)

과수원에 정기적으로 와서 일한 여자아이들이 밤이면 찾아온다. 놀러왔다고도 하지만, 이른 복숭아를 출하하니, 돈이 필요한 모양이다. 기색을 보러 온 것이다. 돈을 줄 건가 안 줄 건가, 마음속으로 궁리한 나머지 온 모양이다. 3인 또는 5인 패를 지어 온다.

나도 벌써 알고서 답변을 한다. 요새 나오는 것은 그날 그날 가용하기에도 모자라니, 중갈이가 나오면 누구나 할 것 없이 일제히 지불할 테니 조금만 기다리라고.

한 명이 20일, 25일이니 찾으면 큰 돈이다. 그걸로 여름 양장이라도 사겠다. 다 여자들이라 화장품도 사고, 부모가 사 주는 것 갖고는 못 감당한다고. 쓸 데 다 계산하고 고대하고 온 것이다.

내 말을 듣고는, 알겠다고 하며 가 버린다.

불평 불화 (1962년 7월 27일 금요일)

아무개 엄마(재혼녀)는 채소밭에 나가 무언가 보살피고, 아이들은 학교 가고, 방에서 혼자 있었다.

너절하니 늘어만 놓고 제대로 수습이 안 되고 걱정이다. 아이들 교육 문제 등……. 가장 중요한 게 가정 평화 문제다. 생활이 여유가 있어도 혈통이 다르니 늘 불평이 있게 마련인데, 두 패로 분리되어 있고, 가정의 단란은 주부가 주장인데 늘 성질이 천태만상이고, 거기에다 여자아이를 데리고 있으니, 이건 꼭 적수다. 상대방은 철모르는 개구쟁이 남자들이고.

부합될 리가 만무하다. 제 부모 제 자식 사이라도 날마다 불평이 날 텐데, 물과 기름이다. 합의가 될 리 만무하다. 그 가운데 골탕 먹는 건 나 하나다.

땔감 마련(1962년 7월 28일 토요일)

종실, 여름방학이라 귀향. 그간 식량도 문제지만 땔감이 더 심하다. 쌀은 한 가마 가지면 한 달을 먹지만, 땔나무는 한 달 때려면 10배나 든다. 부피가 차서 인부가 운반해야 한다.

작년에는 논농사를 안 지어서 짚 한 뭇 없이 사다가 땠다. 여름이 되니 보리 짚도 때지만 그걸로 대지 못한다. 영단 공장에서 왕겨를 판다니 왕겨를 담으러 갔다. 그래야 여름 한철 밥해 먹지.

용선이, 종인, 종실이를 데리고 갔다. 헌 가마니를 리어카에 싣고, 농사 짓지 않는 사람이 많아 모두 우리와 같이 왕겨 나오기만 목 빠지게 기다려, 새벽부터 대기했는지 시장 속이다. 우리도 함께 서둘렀다.

먼지에, 날은 덥고 숨이 막히고 땀이 차서, 꺼끄러기는 배이고, 사람 낯짝 같지 않고 무슨 짐승 같다. 일 가운데 가장 고약한 일이다. 힘이 들거나 어려운 건 아닌데, 거북하다. 바람 한 점 없는 겨 창고에서 먼지를 둘러쓰고 숨이 꽉꽉 막힌다.

가마에다 조금씩 담아서 놓고는, 함지박으로 퍼다가 발길로 밟고 손으로 우겨 담는다. 가마니 단위로 계산하니까, 가마니도 헌 것 중에서도 큰 것으로만 골라서 담는다. 위에 올라오도록 많이 담고, 짚으로 아가리를 늘려 힘껏 담는다. 그래도 주인은 말을 않는다. 애초에 그럴 셈 치고 가마니 단위로 값을 정했기 때문이다.

겨우 30가마를 푸고는, 사람이 너무 많이 와서 더 풀 수가 없다. 그놈만 가지고 리어카에 싣고 왔다. 밤중에 가서 온몸을 목욕하였다.

재혼녀의 폭발, 이혼 결심 (1962년 7월 31일 화요일)

세무서에서 매년 과수 수입에 과중한 세금을 부담시킨다. 총 매상고가 얼마 안 되건만 고지서는 다액이다. 총 수입이야 큰 액수가 되지만, 최후로 남는 게 있어야지.

북일면 과수집단지에도 과중하게 안 한다는데, 우리 집에 와서는 세밀하게 따지고 더 부가시키지 못해 환장이다. 면으로 가서 자진 신고하라고 공문이 왔다. 통틀어서 얼마 나올 것 계산해서 서류를 작성해 제출했다.

돼지 병이 유행이다. 돼지를 큰맘 먹고 사다 한창 크는 중인데, 만약 병에 걸리면 큰 일이다. 예방주사를 맞혔다. 뒤로 나가는 밥찌꺼기가 아까워서 샀는데, 재수 없으면 죽을 것이고, 양판이다.

오늘은 비가 오기 시작하여, 사방이 잠자듯 고요하고 음침하다. 성한 사람도 몸져눕고만 싶은 날씨다. 아무개 엄마(재혼녀)는 늘 못 이겨 몸을 질질 끌고 움직였지만, 오늘 또 다시 이불을 둘러쓰고 누웠다. 그간에는 무슨 중병이 드나 싶어 겁을 냈으나, 이젠 꾀병인가 하고 본 둥 만 둥했다.

종대만 챙겨서 밥 먹자고 하며 방으로 들어오니, 아무개 엄마(재혼녀)가 지성으로 나를 부른다. 멋모르고 그 옆에 앉았다. 무슨 이유로 나를 데려다 이 고생을 시키고 구박을 주느냐고 발악이다. 눈치를 보니 본격적이다. 살이 긴 것 같다. 무서운 생각이 났다.

무슨 말이냐고 하니, 대번에 덤빈다. 멱살을 움켜쥔다. 나는 이런 줄 모르고 왔다. 날 죽이라고 덤빈다. 나 역시도 영문을 모르겠다. 원래 재취의 목적이 행복을 누리려는 것도 아니고, 두 아들의 생활 유지를 위해, 첫 대면에 천성도 모른 채 맹목적이었다. 눈 먼 말이 방울소리만 듣고 따라가듯, 따라온 그녀도 그렇고, 데리고 오는 나도 그렇고, 어느 영문인지를 몰랐다.

그저 살면 사는 줄 아는 젊은 애들의 소치다.

대관절 나를 어쩌자고 데려다 놓고 이 압박을 주느냐 말이다. 난 못 살 겠다. 당장에 떠나겠다. 내 의복가지 다 찾아다고 악을 쓴다. 가슴이 울렁 거리고 소름이 끼친다.

부엌에 나가더니 이놈 죽여 버린다고 칼을 찾으러 나갔다. 종대가 벌떡 일어나더니, 나를 끌고 윗뜸으로 가자고 맨발로 뛰어나갔다. 아랫도리가 벌렁벌렁 떨려서 있을 수가 없다. 종인이는 학교에서 아직 아니 오고, 종정 이가 제대해서 집에 와 있을 때였다.

종대가 겁을 먹고 나를 죽이는 줄 알고 벌벌 떤다. 걱정 마라, 괜찮다. 사람이 사람을 곧 죽이나?

그래도 알 수 없다. 여자란 발악을 하면 꼭 살인 밑천이 되는 거다. 위기 는 면했는가도 싶지만, 무섭고 치가 떨려서, 집의 형상을 알아봐야 안심하 겠다.

종대를 조용히 보내보았다. 그러자 시끌시끌하니 종정이가 나서서 조용 하게 이유를 들어보았던지, 무슨 이야기인가를 나누고 있더라고.

당초에 내가 내 팔자를 짐작 못하고, 함부로 중대한 일을 처리한 게 실 책이다. 그렇게 방랑 생활을 하던 사람을 데려다가 어떻게 부지할 계책도 없이 무작정 귀향시켰다. 도저히 계속할 수도 없고, 피차에 의사가 합당치 않다.

일각여삼추(一刻如三秋)다. 하루바삐 안 보았으면 살겠다. 밤을 타처에 가서 새우고, 종대가 연락을 해 주는데, 조용히 종정이하고 상의하고 있더 라고. 최악의 경우에는 대항을 방지할 생각으로, 악이 북받치니 무서울 게 없다.

누워 있는 데 내가 가니, 일어나 앉으며 솔직한 속셈을 말한다. 피차에 뜻이 안 맞으니 기탄 없이 보내 달라고 사정한다. 자신이 한시도 부지할 수가 없어, 하루라도 빨리 가야겠노라고. 자기가 가지고 와서 전당포에 맡긴 걸 찾아다 달라고. 여비나 마련하면 되겠다고. 최후로 부탁은, 의붓딸아이는 불쌍한 고아인데 다행히도 호적 입적했으니 그 한 가지는 안 잊겠으니, 조용히 떠나겠노라 한다. 종정이가 잘 이해가 가도록 말을 한 모양이었다.

자기도 아무리 이기고 살아 보려고 애써 보았으나 도저히 부지하지 못하겠고, 이 많은 애들 다 뒷바라지하라니, 아무 노릇도 못하고 고생만 늙도록 지긋지긋하게 하게 생겼으니 어젯밤에 결심을 한 것이다.

이미 함께 살 수 없을 바에야 속히 보내는 게 옳겠다. 종정, 종실이 모두 동일 의견이다. 종인·종대는 말할 것도 없다. 대외적으로 체면이나 창피한 걸 생각할 여지가 없다. 자식이나 가정의 장래를 위해서 단행을 해야겠다.

마음의 결정이라 하지만 중대한 일이다. 어쩌다 함부로 이런 일을 저질러 놓고 불행을 당하는가 싶어 죽고만 싶다.

8월
떠나 버린 재혼녀 모녀

재혼녀 떠날 준비 (1962년 8월 5일 일요일)

회화(回化) 쌀가게를 불렀다. 겉보리 재고를 출고해 매상하였다. 대장촌 전당포에 가서 의복을 찾아왔다. 가지고 있던 걸 다 챙기고, 침구 일체를 짐을 매어 대장촌 역에다 운송을 맡겼다.

피차에 팔자가 기박하여 이런 불행을 저질렀으니, 세상이 부끄럽고 하늘이 두려워 어찌 낯을 들고 출입을 할까? 기왕지사 후회한들 다시 고쳐질 수 없는 실패다. 운명이란 자기 불행을 자신이 처리할 수 없으니 공연히 전가라도 하고 싶은, 입에 붙은 문자다.

운명을 반대하지 말라. 드디어 운명을 사랑하라. 달게 받아들여라. 올 게 왔는데 무얼 주저할까? 불행이 다행일는지 몰라 좀 더 시련을 당하여라. 눈알이 씀벅한 일, 등에 땀이 흐르는 일.

떠나 버린 재혼녀 모녀 (1962년 8월 6일 월요일)

아직도 미명. 밝은 햇살이 떠오르기 전. 재혼녀 모녀는 홀연히 행장을 챙겼다. 종인·종대가 의붓딸아이 손을 잡고 집을 떠났다. 나는 말없이 먼 산만 쳐다보며, 차마 잘 가소 잘 있소, 말 한마디 못하였다. 그저 두 눈에서 눈물이 핑 어릴 뿐이다.

서로 멱살을 잡고 싸웠든 칼부림을 당하였든, 피차에 떠나는 마당에 당하니, 사람으로서는 못할 노릇이다. 후~~ 하고 한숨만 쉬어질 뿐이다. 종정, 종실이가 역에 나가 101 열차에 태워, 잘 가시라고 차표를 사 주고, 달라는 대로 여비를 주었다.

옛날에는 후처가 들어와서 전처 소생을 학대하고 모함하여 시기하고 질투하는 등, 속없는 남자들은 후처의 꾐에 빠져서, 보는 데 즉 겉으로는 하는 척, 속으로는 미워하고 나중에는 죽이기도 했다는 사실이 하나 둘이 아니었다. 어느 남자치고 그렇지 않겠는가? 주부의 권리가 쥐어진 동시에는 자연 그렇게 되게 마련이다.

내 자신이 어려서 네 살 때 어머니가 돌아가시고, 동생이 태어난 지 6개월 만에 돌아가셨다. 부득이 계모 슬하에서 자랐지만, 할머님이 젊어 계셨고, 부친께서 꽉 주관하셔서 비교적 그런 티 없이 자랐다. 그래도 어딘가 모르게 모성애가 그리워 활발한 기상을 못 가졌다. 원한이라면 원한이나, 이번 처사로는 확실히 본인도 그런 내심 없이, 유랑성의 과거를 청산하고 진실한 농촌생활을 향유하기 위해 고생을 각오하고 용단을 내렸던 것이다. 솔직히 말해서 고생도 많이 하고 참기도 하였다. 최후 일각까지 육체적으로 생리에 부당하였을 것이다.

소란했던 폭풍이 잔 듯 집 안은 적막하다. 불평 불만도 옛말이요 잘한다 못한다 이젠 일단락 지어졌다. 오늘부터는 또 다시 식사 걱정이 곤란한 일이다. 그래도 주부 격으로 있어서 제때에 식사를 마련하니 안심이었는데, 이제는 누가 매일 식모 노릇을 할 것인가?

다시는 이런 비극이 있어서는 안 되겠다. 그렇다고 자포자기할 수도 없고, 오히려 그 비애를 절실히 느끼어 앞으로의 큰 경험으로 삼아야겠다. 인생의 최대 비극은 자아 상실이다. 실패에서 성공으로 고난을 극복하자.

생에 어떤 고통이 있다고 해서 그 생을 부인할 게 아니라, 오히려 긍정해야겠다. 이미 짓밟힌 인생길, 호화로운 이상도 저버리고, 오직 자식들의 장래를 위하여 희생할 수밖에 없다. 역경에서 고난을 극복하고, 운명을 도피하지 말고 인종(忍從)해야겠다.

주체 의식이 박약하면 그대로 파멸이다. 재건의 희망을 가지고 싸워 보자.

생업에 몰입(1962년 8월 10일 금요일)

생업에 집착. 본답(本畓)이 가뭄으로 물이 마른 지가 오래다. 수차를 빌려다 물 대기를 하였다. 장정이 몇 있으니 마음이 든든하다. 우선은 종정이

제대해서 와 있고, 종실이 방학하고, 종인과 종대는 있지만 큰 일은 못하고, 적으나마 인부가 있다. 되는 대로 먹고, 되는 대로 입고, 되는 대로 살자. 마음에 불안한 것같이 께름한 게 없다. 굶어도 살 것만 같다.

시장하면 복숭아로 간식을 하고, 보리는 넉넉히 찧은 게 있으니, 당분간은 안심이다. 더운 줄도 모르고 아이들도 일을 잘하였다.

오후에는 복숭아를 따기 시작하였다. 이제부터는 중생종(中生種)이다. 따다가 선별해서 출하 준비를 단단하게 해 놓았다.

복숭아 출하 1(1962년 8월 11일 토요일)

인부 용선이가 리어카에 싣고 조합 직매장으로 출하하였다. 바로 뒤를 따라서 내가 갔다. 대중소로 선별해 진열하니, 69관. 경매 대금 1,562원이었다.

집에서는 논에서 피사리도 하고, 채소밭 제초 작업도 하고, 시킬 것도 다 제각기 알아서 놀지를 않는다. 새 정신이 나는지 열심들이다. 보리밥이라도 맛있게 먹어 가며 아이들의 얼굴에 화기가 돈다. 종인이는 방학이라 같이 따라서 하고, 종대는 열외다. 입시 준비 과외 공부 때문에 학교에서 산다. 식사 때만 집에 와서 먹고 가고, 밤에도 합숙을 하며, 선생님 지도를 받는다.

오후에 서늘하면 과수원으로 들어가 복숭아를 따서 운반.

복숭아 출하 2(1962년 8월 12일 일요일)

용선이가 끌고, 종인이가 뒤에서 밀고 이리행. 일찍 가서 놓을 자리를 잡았다. 나는 버스를 타고 갔다. 늦게 가면 진열할 자리가 없다. 광장으로 나와야만 한다. 밖으로 나와서 놓으면 복숭아가 땟물이 안 난다. 지질 관계인지, 북일면이나 황등면에서 오는 것은 모두 깡깡 하니 탄력 있어 보이고 색이 고운데, 우리 것은 크고 맛은 일등인데, 색깔이 안 좋다.

그래서 창고 안을 차지하려고 일찍 가야 한다. 첫차 101 열차를 탄다. 용선이와 종인, 셋이서 저울로 달아서 상중하로 진열한다. 일렬로 쌓아 놓으면 보기도 좋고……, 기술적으로 해야 한다. 한 알도 남기지 않고 꼭 맞게 진열해 놓고 나서, 음식점에서 애들 아침밥을 사 먹인다. 돼지곱창 국에다 밥 말아서 한 뚝배기 먹으면 만족하다고. 바로 가라고 보냈다.

복숭아 출하 3(1962년 8월 13일 월요일)

새벽에 일어나서 아이들을 깨웠다. 종일 더운 데서 일하고 곤해 늦게까지 자야 하는데, 새벽에 일으켜 놓으면, 잠이 덜 깨서 도로 누워 버린다. 다시 깨워 복숭아 상자를 내다 짐차에 싣는다. 싣고 나면 30분 걸린다. 어느 때인 줄도 모르고 간다.

철도를 조금 넘고 토다리쯤 가니 땀이 온몸에 배어서 옷을 더 벗고 런닝만 입었다. 그래도 더워서 리어카를 끌 기운이 없다. 동산리(銅山里) 다리에 올라가서 쉬고 나니, 12시 사이렌이 울린다. 시장에 가서도 날이 새지 않는다. 숨을 내쉬고 복숭아 진열을 한다.

끝나고 나니 머리가 띵하니 정신이 흐릿하다. 밥맛이 없다. 누워서 잠이나 실컷 잤으면 좋겠다. 집에 오는데 차가 가면 온갖 먼지가 날아와 눈코를 못 뜨겠다. 와서는 떨어져 자 버린다.

복숭아 출하 4 (1962년 8월 14일 화요일)

구시장 공판장에 출하. 복숭아 39관.

용선이 먼저 보내고, 나는 버스로 갔다. 혼자만 보내면 안 된다. 여러 사람 가운데에서 까딱 잘못하면 물건을 도난당하고, 자리를 잘못 잡으면 손해다. 적으나 많으나 꼭 주인이 따라다니면서 보아야 한다. 한 관씩만 틀려도 큰 손해다. 믿을 사람 없다.

종인이가 여름철 음식을 부주의했는지 이질에 걸린 지 며칠 된다고, 변소에 수도 없이 들락거린다. 호남병원에 가서 진찰하고 약을 사서 보냈다. 음식만 주의하면 곧 낫는다고, 가만히 누워 있으라고 하였다.

채소밭 작업 (1962년 8월 16일 목요일)

채소밭. 오이, 토마토의 뒷그루를 제거하고, 첫 갈이를 하였다.

밑거름으로 퇴비와 요소를 조합하여 뿌렸다. 토양 살충제는 헵타크를 사용하였다. 처음으로 시험해 보았다. 해충인 지렁이와 굼벵이 등 흙 속에 있는 벌레는 다 죽는다고, 효과가 있다고 선전해서 처음 사용하였다. 그 위에다 종자를 파종하였다.

날씨가 너무 더워 병충해가 많이 발생할 것 같으나, 비가 오고 차차 늦어지면 속이 안 차니 일찍 갈았다. 영업용이 아니고 가정용이니까 미리 갈아 버렸다.

품삯 주기(1962년 8월 17일 금요일)

조합 공판장 출납 관계 담당 직원 유 장로 모친상. 직원 일동 조위금 일봉 가지고 문상을 하였다. 노환이고 상제가 늙어서 호상이었다.

복숭아 출하분. 어제 오늘 합하여 30,200원 수입. 인부 임금을 매일 받으러 와서 오늘은 다 청산해야겠다.

종인이더러 여자아이들 전표 가지고 모두 받아 가라고 하였다. 많은 아이는 3,000원. 상당한 액수다. 한몫 쓰겠다. 일할 때는 욕보느니 못하겠다느니 하더니, 한꺼번에 많이 찾으니 아주 기분이 나는지, 고맙다고 하며 내년에도 열심히 해야겠다고.

헤어진 재혼녀의 편지(1962년 8월 18일 토요일)

아무개 엄마(재혼녀)의 편지.

과거를 청산하고 갑작스럽게 떠나고 그 생각을 하니 죄송한 게 한두 가지가 아니라고. 벌써 반 년 세월에 어느덧 정이 들어 못 잊겠다고. 피차에 이해가 없이 시행착오 한 점이 많았다고. 고모께서 여간 걱정을 안 하신다고. 종인·종대 잊지 못하겠다고. 앞으로 어려운 일 있거든 통지하라고. 도움이 될 수 있다면 힘껏 하겠다고. 의붓딸아이 학교 전학 관계로 불일간 내려가겠다고. 올라온 후로 지금까지 누워서 못 일어났으니 양해하시고 몸 건강을 바란다고.

그놈의 호적 때문에 불씨로구나. 오기 전에 미리 학교 가서 수속해 놓으라고, 종인에게 부탁하였다. 꼬락서니 보기 싫다.

판문 아저씨의 방문 (1962년 8월 19일 일요일)

판문 아저씨가 오셨다. 아무개 엄마(재혼녀) 출발 소식을 알고 오셨다고. 앞으로 어떠한 계획이냐고. 가정 형편이 도저히 이런 식으로는 생활이 안 되니, 잘 방구어서 새 아내를 맞으라고. 천리강산이요, 아직은 그런 생각은 커녕 생쌀 그대로 먹을망정 다시는 여자는 안 얻겠다고 막말을 하였다.

중요한 주부감을 물색하려면, 새로 장가가는 것보다 더 골라야 한다고. 친정 부모네가 행세하는 집안인가, 성질이 유순한가, 딸린 자식이 있는가, 몸이 건강한가, 전실 자식들에게 잘할 수 있는가, 또 살다가 변개치 못할 처지인가, 다시 자식을 못 낳아야 하고, 이런 것을 구비한 인물이 어디 있을까? 어려운 일이다.

제일 복잡한 건 식사 문제밖에 없다. 식모가 여의치 못해. 중년 여자는 홀아비 집, 처녀는 총각 구덕(舊德), 늙은 노파는 송장…….

마지막 다량 출하 (1962년 8월 20일 월요일)

오늘이 가장 마지막으로 다량 출하했다. 대금도 제일 많이 잡혔다. 요새 같으면 아무렇거나 현금을 입수하니 걱정이 없다.

정오면, 시장 갔다 온 패, 집에서 채취하는 패, 모두 낮잠을 너끈히 잔다. 잠 실컷 자는 게 제일이다. 잠자는 게 먹는 거보다 낫다.

어서 복숭아 출하 끝났으면 시원하겠다고 한다. 나는 계속 몇 달이고 이대로 있었으면 수지가 맞겠다. 잠 못 자는 게 제일 힘들다.

석양판이 되어 서늘바람이 분다. 과수원으로들 내보냈다. 나무숲이 꽉 차고 사방이 막혀 시원한 바람 한 점 안 들어오니 살 수가 없다고. 북숭아도 먹고 싶지가 않다고. 수박, 참외나 사다 먹자고.

재혼 권유하는 판문 아저씨 (1962년 8월 26일 일요일)

판문 아저씨가 또 오셨다. 그 양반은 다른 일이 아니라 속히 주부를 데려 세우라고. 그래야 애들 세탁도 해 입히고, 조석으로 식사도 하고 살지, 이대로는 도저히 못 산다고 걱정이시다. 사실은 그래야겠는데 먼저 싫증이 나서 영원히 생각조차 못하겠다고.

역시 경험 많은 노인들의 지시인가 보다. 몸이 성해서 기동할 때는 괜찮지만, 병이 나서 앓아누웠으면 물 한 모금이라도 누가 떠다 줄까, 잘 생각해 보라고. 지금은 여름이니까 그래도 해 먹지만, 겨울이나 되면 어설프고 어떻게 그 짓을 하느냐고. 큰 아이들, 다 저 갈 데로 가 버리면 어린애들만 남을 텐데, 그것들보고 밥하라고 하게?

다시 찾아온 재혼녀(1962년 8월 28일 화요일)

새벽 3시경이다. 고이 잠들어 세상모르고 자는 판이다. 밖에서 대문 두드리는 소리가 요란하다. 무슨 급한 일로 그러나? 혹 서울에서 급전(急電)이라도 왔는가, 정신없이 나갔다. 문 밖에는 여인의 목소리다. 깜짝 놀라서 누구냐 소리를 질렀다. 태연히도 간사한 목소리로 "아무개 엄마요." "들어갑시다." "얼마나 욕보시오?" 할 말이 없다.

집에서는 모두 잠이 들어 코만 골고 조용하다. 불빛에 쳐다보니 새로운 유행 옷감으로 위아래 쪽 빼서 입고 왔다. 아이들 다 잘 있었느냐고. 상경후로 병으로 몸져누웠었노라고. 고모에게 꾸중을 듣고 개심하였다고. 아직 세상 경험이 적어 여러 가지 부족했노라고. 많이 이해해 달라고.

상당히 저자세다. 풀이 죽고 아쉬운 처지인 모양이다. 고모가 돈 10만 원 주마고 했다고. 전에 못 보던 우대다. 의외라 겁이 나고 무서웠다. 일언 반구 대꾸하지 않고, 누워 자 버렸다.

재혼녀 피하기(1962년 8월 29일 수요일)

이리행. 집에는 종성이, 용선이 모두 있다. 내가 없어도 된다.

조합에로 와서 업무에 근무, 공문 결재. 출근부 정리. 공판장 판매 상황 독려.

작은집으로 왔다. 종일네 집 이삿짐 꾸리는 데 협조를 했다. 내가 있어 일이 되는 게 아니고 인부가 다 하고 있지만, 집에 안 가고 시간 보내기 위해서였다. 저녁 식사까지 이리에서 먹고는 늦게야 귀가하였다.

문 밖에서 내부를 살펴보았다. 틀림없이 안 가고 있었다. 아이들하고 이야기하고 있다. 도로 나왔다. 아랫집에로 가서 조용히 앉아서, 아주머니보고 아무개 엄마(재혼녀) 말 들어보았느냐고 물어보았다. 그렇지 않아도 권하려고 하는 참이라고. 다시 오라고 합시다. 와서 산다고. 싸움도 않고 잘 산다고 하더라고. 말 좀 해 달라고 하더라고.

원망하며 떠난 재혼녀 (1962년 8월 31일 금요일)

사람을 보기가 역겨워 식전 아침 일찍 이리행하여 늦게야 돌아왔다.

물론 소문이 각지에 퍼졌겠지. 서울에서 온 각시 엊그제 못 살고 도로 갔느니 어쨌느니, 남 말하기 좋아 별소리 다 할 것이다. 그걸 받아 넘기지를 못해서 피했다.

저게 또 와 있으니, 오늘은 갔겠지. 늦게 들어갔다. 집이 조용하다. 밖에서 수소문하니 아침에 가 버렸다고. 가면서 울며불며 너무나 무심하다고, 별소리 다 하고 갔다고. 그러나 의붓딸아이만은 앞으로 큰집으로 알고 부모로 섬길 테니 뒤를 잘 봐 달라고 신신당부했다고.

한숨이 내쉬어졌다. 어쩌다 이런 일을 함부로 저지르고 이 망신을 당했는지 후회막급. 화근이 남았으니 저게 언제 제적이 되나? 장래의 집안일에 말썽이 되지는 않을까? 혹은 방해는 없을까?

딸이라고는 없는데, 남자 일색이고, 끝으로 저게 실렸으니, 무방할까? 출가까지는 근 20년이 남았다. 그동안 호적만 여기 있지, 저대로 살다가 무슨 짓을 하고 어찌 될지 의심이다. 본적을 추심하거나 신원조사에는 반드시 본적지 호적을 주로 하게 된다. 나중은 어쨌든 우선 눈앞에 안 보이니 속이 편하다.

  지금까지 딸을 안 키워 봐서 그런지 여자란 하루면 열두 번 변화하니 그걸 볼 수가 없었다. 안으로 먹는 시앗이 이젠 바람이 잤다. 잔잔한 호숫가에 일엽편주 둥당실 띄워 놓고, 버들피리 불며 걱정 없는 세월을 살고 싶다.

9월
혼자 살기

마지막 출하 (1962년 9월 3일 월요일)

12관을 리어카 두 대에 실었다. 마지막 출하, 최종으로 다량이다. 낙과 40관. 2,300원 수입.

결산이다. 수입은 얼마라도 실제 현금은 하나도 없으니, 앞으로 생활은 어떻게 할 것이며, 채무는 무엇으로 갚을는지. 과수원 내 제초, 세전(歲前)의 전지, 갈이와 비료 준비도 해야 하는데, 지금 현황으로는 아무런 계획도 없고, 우선 먹고 살 것도 없으니 제대로 과수원 경영이 될는지 모르겠다.

문제는 가정이 안정돼야 제반 가사가 진행되는데, 이런 방식으로는 할 수가 없다.

채소 흉작 (1962년 9월 13일 목요일, 추석)

연일 계속해서 비만 온다. 채소도 큰 농사인데 흉작이다. 해충 피해도 많고, 작황 불량. 비 때문에 발육이 안 되었다. 여인을 댔다. 중간 제초를 하였다.

혼자 살기 (1962년 9월 16일 일요일)

아침 해가 눈부시어 찬란하게 떠올라 와도 그대로 누워서 이 짐을 쓰는 건지, 밥 생각도 없구나. 아무 일도 없구나. 찾는 사람도 없구나. 말 상대가 없으니 살찔 것만 같더니, 하루하루 지나가니 가슴이 답답, 말 않고 묵묵한 게 병 치고는 중병이다.

아이들을 불러보았다. 아무도 대답 없다. 들에도 밭에도 과수원에도 방에도 부엌에도 대답 없는 폐허. 산들바람만 시름없이 얼굴을 스쳐 간다. 누워서 뒹굴뒹굴 뒹굴었다. 방으로 마루로 거침새가 없구나.

종화의 귀가 (1962년 9월 24일 월요일)

종화가 서울에서 국정감사반 수행원으로 따라왔다고. 군산을 거쳐 전주로 간다고. 종정이가 군산 갔다가 만났는지 동행.

먼저 번 모처의 여인을 말썽 중에 혹여나 의아하여 주저하고 있느냐 하고, 가정 형편을 자세히 알리기 위해서 심방하였다고. 그러나 직접 대면하였던 바 절대 거절이라고. 직접 말은 하지 않아도 경제적으로 생활 능력이 부족한 데 원인이 아닌가 한다고. 너무 염려 마시고 심신을 굳건하게 가지고 안심하시라고.

앞으로 3년 동안은 최저의 생활을 해서 과수 생산에 열심하여 우선 생활의 토대를 완전히 세워 놓고, 제대로 사람다운 이상적인 생활을 할 계획이다. 폐허를 다시 재건해 보자. 아무런 여념을 가지지 말고 흙을 다루고, 흙과 싸워서 목적을 달성해 보자.

논에서 밭에서 인부들과 아무런 잡념 없이 더운 것도 잊어버리고, 괴로운 것도 이기고 살자. 세상에는 자세히 살펴보면 내 처지만도 못한 사람이 얼마든지 있다. 돈도 필요하고 물질도 필요하지만, 가정생활에는 살림을 맡아 볼 주부가 중요한데, 이게 해결이 안 되니, 억지로는 할 수 없지. 입에 맞는 떡이 어디 있나…….

식량 부족 (1962년 9월 26일 수요일)

식량이 결핍. 새 곡식으로 며칠간 찐쌀로 먹을 수는 있는데, 햅쌀에는 못 미친다. 묵은쌀 구하기가 어렵다. 대농가에 물어보니 없노라고. 있어도 시중 가격이 고가(高價)되면 팔려고 하니 살 수가 없다. 기막힌 일이다.

이리시장으로 보냈다. 200원. 소매로 풋나락을 잡으면 덜 익어서 얼마나 손해가 나는지 모르고, 매일 조금 장만하는데 귀찮아서도 못한다. 앞으로 며칠만 참아라. 나는 보리밥이 낫다. 햅쌀 찐 것보다.

그러나 저러나 배가 고프면 무엇이든지 먹지.

풍족했던 시절 생각 (1962년 9월 28일 금요일)

선들바람이 불어온다. 한낮에는 더워도 조석으로는 차갑다. 오곡백과가 무르익어 밥 안 먹어도 배가 부르다. 들밭으로 해서 만경강 제방으로 올라섰다. 질펀하게 깔린 들판에 벼 이삭이 누렇게 익어서 금빛 파도가 넘실거린다. 강 속도 뒷들보다 더 풍작이다.

밭에 수숫대, 메밀꽃이 하얗게 피었구나. 옛날에 내가 짓던 밭은 누가 짓고 있나? 논도 많고 밭도 많아, 쌀이고 콩이고 무엇이고 귀한 것 없이 줄줄이 쌓아 놓고 살았는데……. 다 꿈이었다. 그 시절에는 그렇게 귀한 줄 몰랐다. 수숫대, 콩, 짚다발 등을 앞뒤로 늘어놓아 너절하다고 성화를 대더니, 그때가 좋은 때였던가 보다.

추수동장(秋收冬藏)의 수확기가 되면, 매일 인부 10여 인씩 논에서 벼를 베어 깔고, 한쪽에서 간추려서 묶고, 논 한 배미 타작하여 식량도 하루에 몇 말씩 훑고, 일찍 시작하여 제일 늦게까지 가을일을 하였다. 강 속에 수십 마지기 보리를 갈고, 논에도 이른 벼 타작 후에 보리농사를 지었다. 마차 두 대가 들 논에서 등짐을 해다 쌓고, 부인들 몇 십 명씩 작당하여 타작해 매년 200석 수확은 하였다. 소작료 공출하고 나면 겨우 횐대기(타작되지 않고 남은 이삭)밖에 안 남는다. 약 30가마는 되니, 식량 1년분은 못 되어도 여름까지는 댄다. 눈코 뜰 새 없이 했는데, 오늘 와 생각하니 무엇이 남았나?

10월
영양 부족인 아들

국민학교 운동회 (1962년 10월 1일 월요일)

춘포국민학교 운동회. 중추가절 오곡풍등(五穀豊登)한데, 학교 운동회는 지방의 큰 향연이다. 농사일도 한가한데 자녀들의 뛰노는 모습을 보기 위해 가족 전부 총동원하여 교정이 터지도록 만원을 이루었다.

우리 애들은 평소 체육 경기에 능하지 못하여, 가서 구경할 취미조차 없다. 그러나 종대가 마지막 졸업인데 무어라도 점심이나 군음식이라도 해주어야 하겠다. 그러나 경기에 출전하지 않으니 그저 용돈이나 달라고.

엄마가 있어 점심도 장만해서 이고 들고 가서 떠벌이고 즐겁게 할 것인데, 다 이해하고 단념한 모양이다. 속으로는 얼마나 다른 애들 부모네들 하는 걸 보고 부러워할까? 마음이 아팠다. 명절날이나 이런 때 더 한층 괴롭다.

종대의 과외공부 1 (1962년 10월 4일 목요일)

어제 등산을 하고 밤늦게까지 도보로 몇십 리 걸었더니 피곤도 하고 기동하기가 싫었다.

종인·종대는 학교에 다 가고 큰애들은 매일 별일도 없는데 늘 집에 없다. 무슨 계획을 하는지, 집에 없으면 챙기고 싶고, 집에 우두커니 있으면 울화병이 나겠고, 그렇다. 직접 대놓고 이렇게 해라 저래라 조건 붙여서 할 말도 없다. 무언가 해야 할 일은 꽉 찼는데, 않고 덮어 두면 할 일이 아무것도 없다.

큰애 둘 다 학교 중지하고 있으니, 공부 계속할 생각밖에 없으니, 노동일, 집안 채소밭 일할 생각이 날 리 만무하다. 형편을 아무리 보아도 계속 공부는 못하겠고, 방황할 건 사실이다. 우선 매일 식생활이나 안정해야 하는데 이게 잡히지 않으니……

종대의 과외공부 2 (1962년 10월 5일 금요일)

종인이는 중학 입학 후 1~2학년 때에 기초를 닦아 놓아야 진학에 지장이 없는데, 공부하는 데 일체 간섭할 새도 없고……. 제 자신이 시간적인 여유가 없어 그저 날마다 차 타고 왔다 갔다 하는지도 모를 일이다.

종대는 더 중요한 시기다. 중학 입학시험 낙방하면 큰일이다. 늘 담임선생을 방문하고 격려해야 하는데, 하는 대로 두었으니 좀 참견해야겠다.

오후에 과외 공부하는 교실을 찾았다. 여전히 구성 구성 읽고 있다. 알 수가 없다. 선생을 만나 모의시험 성적을 보았다. 잘한다고 하지만 안심이 안 된다. 다른 부형이 와도 그런 대답일 것이다. 과외선생 부담도 적지 않다.

산소 성묘 미루기 (1962년 10월 9일 화요일, 한글날)

종인, 학교 안 가고 쉬니 산소 성묘나 가자고 하였다. 8월 추석에도 비 때문에 못 가고 서울에서 형들도 안 오고 하였으나, 오늘은 날씨도 청명하고 휴일이니 가자고 했다.

그러나 종대가 과외 공부가 미진이라 못 가겠다고 한다. 둘이서만이라도 가야 하는데 실심해졌다. 나중에 가자 하고 말았다.

양대 명절에는 꼭 산소에 가야 하는데 가족이 다 안 모인다고 미뤘더니 되는 대로 가야겠다. 혼자라도 가야지……. 나 혼자는 가기가 좀 그렇다.

종인이도 그만두자고 한다. 편히 쉬어라. 그동안 공부 밀쳐 둔 거나 복습하고…….

상경 계획 취소 (1962년 10월 12일 금요일)

집에서 아이들에게 모든 집안일을 부탁하였다. 일찍 자고 일찍 일어나고, 내가 없는 동안에 잘하라고. 조합 일로 상경한다고. 곧 돌아올 테니 주의해서 살피라고.

상경 차림으로 조합에 출근하였다. 뜻밖에도 전화가 왔다. 중앙회에서 조합장 회의 연기했다고. 예정대로는 내일이니까 오늘 상경해야 한다.

요새 집에 일도 없고 서울 소식도 알 겸 잘되었다고 갈 계획을 했더니,

속으로 실심해졌다. 집에 일이 있다고 곧 나왔다.

햅쌀 장만 (1962년 10월 13일 토요일)

어제부터 햅쌀 장만하기 시작하였다. 한 번에 많이 베어도 안 되고, 조금씩 벤다. 매일 익어 가니까 손해다. 일찍 베어다 가마솥에다 쪄서 말려 석양판에 정미소로 가서 찧는다. 어제 오늘 합하니 약 5되다. 햅쌀이 나왔다. 쌀 장만해다가 먹는 일이 일과다. 농사지어 놓아 우선은 먹으니 아무 여념이 없다.

밤에는 종대 진학 문제로 선생의 하숙집으로 집합하였다. 먼저 담임선생의 실력 부족으로 학교에서 선생을 교체했다. 과외생들의 부형이 집합, 선생 대우에 대한 상의가 있었다. 회비는 학생 1인당 매월 400원.

과외 공부 (1962년 10월 14일 일요일)

날씨가 갑자기 쌀쌀해졌다. 추울 때도 되었다. 추수기를 당하니 서리를 재촉하겠지.

일요일, 종인이는 복습을 하겠다고, 종대는 과외 공부에 열심한다. 그밖에도 합숙을 하며 공부하고, 식사 때면 와서 밥만 먹고 간다. 밤에는 어쩌나 하고 암행을 갔다. 담임선생이 아직 젊은 청년이다. 열성을 다하여 지도하고 있다.

하숙집 주인 아이도 같은 반인데, 내외 열심이다. 어느 정도인지 알 길이 없다. 그저 읽고 쓰면 하는 줄 아는데, 입시 경험이 많은 선생이 되어야 성적이 오른다고. 그저 잘되기만 바랄 뿐이다. 최후 막둥이 하나 남았는데, 마음이 졸인다.

영양 부족 종대 (1962년 10월 15일 월요일)

종대는 일찍 왔다. 새벽에 일어나서 공부하고 밥 먹으러 왔다고. 밤에는 늦게까지 하고 피곤해서 그런지 코피를 흘리고 누워 버린다.

영양분을 섭취해야 건강에 지장이 없을 텐데, 밥만 먹으니 그럴 수밖에 없다. 고기라도 사서 먹이고 싶으나 장만해서 만들 줄을 알아야지. 그래도 요새는 쌀밥을 먹으니 다행이다. 나는 어쩐지 햅쌀밥보다 보리밥이 낫다. 종대는 입이 짧아서 함부로 잘 못 먹는다. 종인이는 가리지 않고 되는 대로 먹는데…….

저녁에는 역전 음식점으로 데리고 갔다. 장국밥을 맛있게 해서 먹었다.

왜무 흉작 (1962년 10월 17일 수요일)

모정밭에다 왜무를 갈아서 내버렸다. 관리를 않아서 바이러스 병으로 잎이 노랗고 밑이 안 들었다. 그럴수록 거름이라도 주고 매야 하는데, 눈에 안 보이니 잊어 먹어서 땅만 묵혔다. 다시 제초를 하고 퇴비를 주었다.

김장 때까지 두면 밑이 들겠지. 늘 사방을 돌아보고 관리를 철저히 해야 하는데, 등한히 해서 손해가 적지 않다. 집안일 보랴 조합에 나가서 활동하랴, 제대로 안 된다.

과부 맞선 (1962년 10월 18일 목요일)

일찍 판문 아저씨가 오셨다. 동네에 전남 광주에서 왔다는 과부가 있는데, 보고 의향이 있으면 결정하자고. 실패하고 또 실패하고 온갖 풍파 다 겪고 3년간 극복하자고 결심하였다고, "남의 체면도 있고, 얼마 동안 고생 좀 더 할까 합니다, 경제적으로 꿀리고 말꾸러기들, 아들 등쌀에 여간 사람이 와서 부지하고 살 수 없으리라는 남들의 평입니다." 하고 거절하였다.

그러나 일부 호기심에 끌려 못 이기는 체 따라가 보았다. 알 수가 없다. 외모보다도 속셈을 알아야지. 자식들 뒷바라지에, 없는 살림살이 이기고 살 만한 심보인지 무슨 사기꾼인지……. 떠돌아다니는 돌팔이를 어떻게 들일까? 고맙다 하고는 거절.

식량과 가용돈 (1962년 10월 20일 토요일)

햅쌀 풋나락 장만하기란 지극히 어려운 일이다. 사람 하나는 종일 따라야 하고, 큰일도 아니며 일한 표가 없다. 식량도 문제지만, 매일 가용돈 때문에 장만해서 매상한다.

보리를 파종하기 위해서 백미 1가마 장만해서 매각하러 보냈더니, 현금이 없다고 도로 왔다. 무슨 일인지 쌀까지 팔지 못하고, 이리로 보내자니 왕래하느라 하루 걸리고, 농사짓는 놈 금전 융통 길이 막혀 살 수가 없다. 보리갈이가 늦어질 뿐이다. 좀 두고 보자.

제대한 종정이의 상경 (1962년 10월 23일 화요일)

종정이가 그간 제대하고 집에 와서 있는 가운데 여러 가지로 공상도 해 보고, 실지로 논과 밭 일도 해 보았다. 그러나 이상과 실제는 달랐던 것이다. 무언가 방향을 바꾸었는지 매일 궁금한 표정이다.

며칠 전 상경하였었다. 큰형과 가정사로 제 장래 진학 문제로도 상의하였으나 여의치 못한 모양이다. 불평도 하고 반발이 심하다. 좌우의 판결이 안 난다.

11월
김장철

과수 전지 (1962년 11월 3일 토요일)

어제부터 비가 온다. 오늘까지 촉촉이 온다. 마침 논에 볏단을 다 쌓아 누려 놓았다. 마음 개운하다. 보리 갈 일이 큰일이다. 소가 와서 논을 갈아야겠다. 사방에서 보리갈기가 한 고동이라 우리 차지가 못 되었다.

과수 전지 작업을 시작하였다. 매년 와서 하던 전주 삼천동 김사일(金土日), 채판쇠(蔡判釗) 2인이 올해에도 왔다. 가을에 하면 해도 길고 내년 봄에 하는 것보다 이익이라고, 아이들, 인부 모두 뒷서들이를 하고 열심히 한다. 채 씨가 아프다고 해서 약을 사다 주었더니 먹고 일어나서 석양에는 같이 작업.

종대의 수학여행 (1962년 11월 4일 일요일)

종대, 여수 수학여행. 얼마 전부터 수학여행을 간다고 부탁. 졸업반은 언제고 명승지로 나간다. 상급학교 갈 학생도 있지만 가사 때문에 못 가는 애들을 위해서 먼 지방으로 나간다.

종인이도 여수로 갔는데 종대도 가게 되어서, 나는 그저 아이들 마음대로 가는 걸 무덤덤. 그러나 본인은 마음에 기대가 큰지 어제부터 서둘렀다. 차 안에서 먹을 것, 제가 원하는 대로 다 해 주고, 돈도 주었더니 그저 감지덕지 만족한 모양이다. 돈이 없어 못 줄 줄 알았다가 가게 되니 그렇지.

부모네들이 역에까지 나가고 하지만, 종대는 그럴 사람도 없이 미리 역으로 나갔다. 해변, 기차, 교통 주의하라고 일렀다.

가는 데까지 가 보자 (1962년 11월 6일 화요일)

과수 전지를 하는 데 감독을 하고, 본답에 보리 파종하는 데 같이 거들었다. 소가 없어서 일이 제대로 안 되고 느렸다. 땅굴이 좋으니 겨울 전에 발아하면 넉넉하다고 한다. 밑거름과 퇴비를 넣었으니, 잘 되겠지.

하나가 어긋나면 제반이 다 어긋나는 것이다. 그러니까 답답하다는 게지. 누구를 원망하고 탓할 것 없다. 가는 데까지 가 보자. 호화로운 생활에 낭비하고 탈선행위에 소비했다면 응당 고생을 해야 마땅하지만, 불의에 이런 불행을 당하고 나니, 인명은 재천이라 죽는 길을 누구의 힘으로 막을까?

종대가 무사히 다녀왔다고 감사하였다.

김장철(1962년 11월 13일 화요일)

김장철이 다가왔다. 일찍 해야 했을 걸 이제껏 늦어졌다. 배추 묶기를, 먼저 할 것은 나중에 하고, 나중에 해도 무방한 것은 먼저 하였다. 배추를 지금까지는 안 묶었더니 겉잎이 다 까부러져서 묶어도 다 부서지고 만다. 그래도 하나하나 묶기 시작하였다.

찬바람에 속이 찬다. 또 남들이 하니 우리 것도 해 보자. 아이들은 손을 호호 불며 하였다. 여럿이 나서 서두르니 곧곧 진행이 된다.

언제 일을 해 보았나? 이런 일까지 여인을 대면 인부 삯도 이만저만 아니다. 무엇이든지 식구끼리 해야지, 먹는 걸 보면 식량이 팍팍 줄어든다.

배추 묶는 일(1962년 11월 14일 수요일)

배추 묶는 일이, 보기에는 하찮은데, 실제로 해 보니 쉽지 않다. 하다하다 늦으면 가용할 건 그대로 두자. 일을 하기 싫어서가 아니고, 몸을 아껴서 등한히 알고 꾀병을 하는 것도 아니다.

범사에 그렇다. 할 줄 모르는 일이 손에 익었을까? 대다 못하니 이런 소리가 나온다. 그만 정신이 대하에 있는데 밭고랑에 엎드려 세월을 보낼손가? 청춘의 정열을 학수(學修)에 치중하여 남다른 연구를 발표하겠다고 일

구월심 그치지 않는다.

　그러나마 역정을 안 낸다. 자식들이 행패를 부리거나 탈선 위로 타락하였다면 용서할 수 없다. 그러나 되는 대로 먹고 그저 살고 있다. 자식들의 고민이 아니라, 내 고통이다.

* 이후 11월 15일부터 11월 30일까지의 일기는 조합 강습회에 참가해 강의 내용을 요약한 것이므로 생략했음(엮은이).

313

12월
궁색한 연말

귀가 (1962년 12월 1일 토요일)

오랜만에 귀가했다. 역시 분위기는 침울하다. 조합에 나가서 강습회 경과도 알리고, 그간 다른 문제나 없나 궁금했다.

역시 조합에 없는 사이에 복잡한 일이 많았다. 도지부 사업자금 융통한 걸 상환 기일을 넘겨 매일 독촉이 오고, 미수금 독촉을 하나 수금이 안 되어, 조합만 중간에서 난문제가 되었다.

다음 주 일요일 이사회 개최키로 통지를 내었다.

살림 걱정 (1962년 12월 2일 일요일)

날씨가 차가워졌다. 아직 김장도 못했다. 여러 곳에서 빌린 돈 독촉이 심하다. 제일로 농협 대장촌지소 농사자금 비료 외상값이 가장 곤란이다. 조속 상환치 않으면 법적 수속 단행하여 연체인까지 차압하겠다고 한다.

본답 농사 흉작으로 소출이 얼마 안 되고, 초동부터 햅쌀로 먹고 팔아서 가용에 쓰고 나니 별로 먹을 것도 없다. 내일은 배추도 뽑고, 마늘도 손을 대서 시장에 내다 팔아 한 푼이라도 갚아야지 두고 볼 수 없다. 조합에 가나 집에 들어오나 만날 돈 걱정 졸리기로 만든다. 김장을 담그려면 차비가 많이 들 텐데, 마늘과 배추를 팔아서 그거나 살 수 있을까?

두 아들의 건강 (1962년 12월 3일 월요일)

종인이가 벌써 며칠째 학교를 결석한 채 앓고 있다. 식사를 일찍 마련했지만 안 먹고 말았다.

종대는 과외 공부에 합숙 공부에 피곤하고, 영양 불량인지 코피를 쏟아 보기도 딱하다. 무언가 잘 먹일 필요가 있는데, 용이치 않다.

배추를 밤늦게까지 다듬었다. 일찍 출하하려고 우마차로 갖다 실어 놓았다. 마늘도 다시 손질하여 보기 좋게 잘 엮었다.

아랫집 종국(鍾局) 집 빚 전부 청산하였다.

채소와 밭작물의 시세 (1962년 12월 4일 화요일)

배추, 시장 출하 시기가 늦어 시세가 없다. 마늘은 높은 시세다. 고추 1근당 130원, 10근과 식염 1가마 230원. 새우젓 5동이, 황석어 한 동이. 양념감은 대강 준비되었다.

배추를 뽑아 다듬어서 간을 쳐야 하겠는데, 비가 온다. 대청으로 다 들여놓았다. 갑자기 추우면 얼까도 무섭고, 아늑해서 안심이다.

고춧가루 빨게 꼭대기 다 따고, 마늘씨도 까고, 생강도 벗기었다. 아주머니들이 와서 같이 담그겠다고 했다. 다른 양념이나 만단 준비하라고.

마늘씨 출하 (1962년 12월 5일 수요일)

마늘씨를 출하하였더니 1,000원. 북일면 손일선 고구마 170가마.

이사회. 그간 고 상무 부채로 논의가 분분하여 장시간 토의하였다. 결국은 장래성이 있으니 계속하도록 추진시키기로 하였다.

가사 관계로 나는 일찍 퇴근하였다.

김장 (1962년 12월 6일 목요일)

동네 부인들, 아주머니들이 오셨다. 일부 배추를 씻어 건지고, 양념감을 조미하여서 담았다. 잘 담을 것도 없고, 주부 없는 일, 얼마나 맛나게 되노? 그저 김장이라도 해 놓으면 된다.

옛날에는 우리집 김치가 제일 별미라고들 했는데, 조미료도 특별히 유의하여 담갔었다. 부인들이 주인마누라 생각이 난다고, 힘껏 애써 주었다.

겨울 내내 김치나 한 그릇씩 놓고 먹고 살지. 짭짤하게 담그라고 했다. 너무나 맛있으면 쉬 떨어진다. 대식구, 한참 먹는 판이다.

농한기 (1962년 12월 7일 금요일)

추수동장(秋收冬藏). 논일도 밭일도 다 끝나고, 오늘은 과일나무 전지한 것을 쌓아 누리를 만들었다. 인부 대고 크게 할 일은 없고, 인부도 가고 식구끼리다. 농한기다. 옛날 같으면 걱정될 일이 없었는데, 농한기래도 마음이 걷잡을 수가 없다. 조합에도 제대로 활동하기도 열성이 나지 않고, 가정은 다시 재건하기가 힘들 것만 같다.

큰놈들은 어디를 가도 제 목구멍 살 것이고, 어린애들이 어찌될까? 아무리 생각해도 살림을 유지할 수가 없다. 청산하고 나서려 해도 집터를 사겠다는 사람도 없지.

교인들의 권면 (1962년 12월 14일 금요일)

이리에 가서 조합에 먼저 들렀다. 구판장에는 경매가 시작되어 소매상과 출하인, 중개인이 몰려다니며 야단들이다.

교회에서 사용한다고 사과를 사러 와서 부탁해, 한 상자 사 주었다. 그리고 같이 가서 점심 식사를 대접하였다. 교회에 출석하라는 권유를 받았다.

과거 김 권사님의 신앙을 따르라고, 용이치 못하다고. 한번 안 나가기 시작하면 영영 못 나오니 낙심 말고 나오시라고. 그래야 후일에 다시 천국에서 상면할 게 아니겠습니까? 아이들도 잘 보내시오. 장차 옳은 인간이 되게 하라고. 셋째 아들은 결혼을 시키라고. 마땅한 혼처가 있다고. 그래서 가사를 맡겨야지. 그래야 집안이 되지, 남자들이 할 일이 따로 있지. 밥해 먹고 설거지 살림을 하겠소?

두 아들만 아니면(1962년 12월 15일 토요일)

종정이는 복학도 못하고 서울 가서 형하고 상의하니, 취직이 용이치 않은 모양이다. 결혼이라도 해서 집안이나 살림을 할까 생각이 나는 모양이다. 나도 그 편이 좋을까도 싶어진다. 마땅한 처녀가 있어야지. 비용도 큰돈이 들 텐데, 새엄마를 얻으라는 판문 아저씨 말이 어떨까?

식모를 둘까 하였더니 마땅치 않다. 젊은 여자는 아니 오고, 계집애들은 총각 구덕이라고 아니 오고……. 야단이다.

겨울철에는 그대로 살지만, 여름철이나 인부들 많으면 식사 때문에 문제다. 이 사람 저 사람이 드나들고 해 보니, 늘 새잡이다. 종인·종대 학교 제대로 다닐 수가 없겠다. 제대로 밥을 먹을 수가 있어야지. 종정, 종실이는 미구에 나가야 할 처지다. 종인·종대만 아니면 살림살이 않겠다.

맞선(1962년 12월 19일 수요일)

아이들은 학교에 가고, 종실이는 웅크리고 처박혀 있다. 종정이는 서성 거려, 깜냥에 동분서주하고 있다. 누워 있으니 분통이 터질 것만 같다. 조합에 나갔다. 갈피를 잡지 못하고 여기도 좀 저기도 좀 기웃거렸다.

유 장로와 동년갑이라서 서로 허물이 없다. 조용한 시간에는 농담도 곧잘 하였다. 오늘도 조용한 시간이다. 조합장을 불러, 과부가 하나 있는데 쌀 100가마를 가지고 있다고. 의향 있으면 가 보자고 한다. 장로님이라 헛말은 아니겠고, 교인이냐고 물으니 아니라고 한다. 마음에 솔깃했다. 장로도 안 보았는데 중매 여인이 있다고. 별일도 없고 하니 나가자고 한다. 못이기는 체하고 따라 나갔다.

중앙로 오고파 다방으로 갔다. 전화로 연락하니 약 1시간 후 두 여인이 왔다. 여인은 여인끼리, 우리는 따로 차를 마셨다. 여인을 보았다. 너무나도에 넘쳤다. 내 처지에 비해 감당할까 의문이다. 더구나 쌀이 100가마 있다는데, 쌀이 있다니 우선 융통이나 될까 하고 하였지만 틀렸다.

조금 있다가 합석했다. 할 말도 없고, 중간 여인만 남고 본인은 나가라고 했다. 3인이 솔직한 문답을 하였다. 내 의향을 물었다. 너무나 대조가 돼 안 되겠다고 했더니, 장로님이 중매인을 가리키며, 그러면 이 여자가 어떠냐고 하니, 그런 실례가 어디 있느냐, 창피하다고 나가 버렸다. 찻값은 내가 내야지. 어려운 일이다. 상대방 처지도 들을 것 없다. 공연히 마음이 설렌다. 늙은 사람을 창피당하게 한 일이 후회다.

유 장로 자신도 상처하고 재취하였는데, 가정불화로 복잡한 환경을 매일 토로한다. 딸은 출가하니 간단한데, 남자들 교육을 못 시키고 외도로만 빠지고, 단란하지 못하다고. 그래도 딸들이 있어 살림은 문제 없는데, 조합장은 생활을 할 수 있어야지. 식모 격으로 필요하지 않으냐고. 나하고는 다르니 살림이나 맡겨야지.

사실은 혼자 있는 게 마음은 편할 게라고. 남의 자식, 남의 부모가 합의가 될 수가 없다고. 서로 나이가 들면 이해하지만, 자식들 어리고, 젊은 여자는 복잡하다고. 경험담이다. 그 말을 들으니 영영 천리강산이다.

집에 와서 아이들을 쳐다보니 죄 될 것만 같아, 아무런 생각도 말아야겠다.

막막한 우리 집안 (1962년 12월 22일 토요일)

나 같은 처지가 어디 또 있을까? 막둥이 둘 중에 하나만 딸이 되었어도 좀 낫겠다. 그렇지 않으면 어머니라도 생존하시든가, 친척 중 노친이라도 있거나, 이렇게 막막한 집안이 있을까?

유 장로를 또 오늘 만났다. 내용이, 어떤 사람이냐고 물었다. 지금 여자들, 재산 가진 과부를 잘 생각할 필요가 있다고. 우선은 가지고 와서 살면 생활은 당분간 좋으나 그게 얼마 안 가서 떨어지면 불평이 나고, 그렇게 되면 자기 돈을 버노라고 하면 꼼짝없이 남자 재산을 여자 앞으로 이전한다고. 그렇게 되면 권리가 없으니, 여자 세상이다.

하루도 마음 못 편하다고. 자기가 당해 보았다고. 아쉬운 처지를 물색하는 게 좋으리라고.

엄마가 필요하냐 (1962년 12월 23일 일요일)

지금 여자들, 자기 자본 있는 여자일수록 무섭다고. 남자 골탕 먹여서 모은 돈이라고. 그런 여자 만났다가는 가산 다 돌려 간다고. 그게 수단이라고.

정신이 바짝 차려진다. 내 속으로는 우선 내가 궁하니 여자 돈이 되건 좀 쓰고 보자는 속셈이었더니, 아예 돈 있는 여자하고는 말도 말아야겠다.

종인·종대보고도 사실대로 말도 해 보았다. 엄마가 필요하냐, 없어도 살겠냐? 이렇게는 못 살겠다고 한다. 그러면 돈 많은 엄마를 원하냐, 돈 없어도 마음 좋은 엄마가 좋으냐? 결론을 듣기보다도 그저 말을 하였다. 먼저 아무개 엄마(재혼녀) 때문에 그런 생각 없으나, 원체 밥을 먹고 살아야 하는 데 아쉬워, 그저 누구라도 뒤를 돌봐 주었으면 하는 양이다.

성탄 준비 (1962년 12월 24일 월요일)

성탄을 준비하느라고 며칠 전부터 십자등(十字燈)을 만들어 달고, 아이들은 독창을 연습하고, 주일학교에 나가서 성경 구절 암송을 준비하고, 명절 기분에 온통 집안이 떠들썩하였다.

그런데 이제는 어찌되었는가? 아이들도 나도 교회도 못 나가고, 어찌 이 성탄을 무슨 면목으로 영접할까? 엄마가 없으면 아빠도 없나? 아빠는 왜 못하나? 왜 주일에 집안일을 시키느라고 교회에 못 나가게 하였는가? 엄마의 유지(遺志)를 잊어먹었는가?

이 밤에는 잠도 안 자고 유쾌히 놀며, 과실과 과자를 먹어 가며 밤을 새워 가며, 새벽찬양대를 기다렸는데, 침울하게 모두 다 방에서 옛 추억만 되새기고 있었다. 주님의 구원의 손길이 언제 이 집에 내리실는지……. 산타클로스는 언제 선물을 가지고 오실는지? 가물가물 껌벅이는 촛불을 밝히고 있다.

새벽 5시경, 빠짐없이 찾아왔다. 기쁘다 구주 오셨네. 만백성 맞으라! 아이들하고 모두 촛불을 밝혀 들고 나가서 말없이 머리를 숙이고 있었다. 다시는 고개를 들고 대원들을 바라보지 못했다. 은혜를 무엇으로 보답하오리까? 구주가 오시면 무얼로 받아 모실까? 꼭 오시겠지. 다 쓰러져 가는 이 집에도 찾아 주시겠지.

초라한 모습을 안 보이려고 했지만 줄곧 괴롭기만 하다. 식구들은 서로 쳐다만 보고 있을 뿐, 마음을 가누질 못하겠다. 근심 걱정 없는 사람은 영광이요, 이런 사람은 슬픔이요, 괴롬이다. 내년에는 보다 나을는지 못할는지…….

성묘 (1962년 12월 26일 수요일)

어제는 아이들이 산소에를 갔다 왔다고. 크리스마스에 엄마를 보고 싶은 생각에, 호소할 곳 없고, 가슴에 북받치는 원한 성묘나 가면 풀릴까 하고 갔겠지. 옛날 엄마 품이 그리워 애태웠으나, 세상은 오히려 차가웠을 것이다.

종인·종대 막둥이 둘이서만 갔다 왔다고. 모든 걸 신앙으로 이기라고, 너희가 참사람이 됨으로써 엄마의 영혼을 즐겁게 하는 것이다. 두고두고 되새겨 가며 슬픔을 기쁨으로 바꾸자.

어제는 또 내 생일이다. 엄마가 살았을 때는 무언가 표를 했는데, 그대로 조용히 넘어갔다. 제대로 밥도 못 먹는데, 딴 건 생각 말자.

종인이와의 외식 (1962년 12월 28일 금요일)

연말이 되어 구판장에는 자본주들이, 수금이 잘 되어야 조합에 경비 보충이 용이한데, 미수금 액수가 많아 야단이다.

종인이가 방학했다고, 고창 사는 친구하고 왔다. 둘 다 같이 중국 음식점에 갔다. 무엇이든지 원대로 주문하라니 짜장면이라고. 특별히 잘해 달라고 부탁했다. 늘 단골집이라 잘해 주겠다고. 3인분이라 조금 있다 2인분 더 주문했다. 한 그릇 먹고는 더 먹어도 그만 안 먹어도 그만, 별 맛을 모르는 양이다.

같이 먹으니 마음이 풀린다. 종대가 없어 섭섭하다. 과자를 사 먹었다. 별 맛을 모르는 모양이다. 차라리 한식집에 가서 고기를 먹었으면 맛있었을 걸……

막내아들 생각 (1962년 12월 29일 토요일)

종인이가 방학했으니, 물도 긷고, 청소하고, 종실이가 밥을 하고, 종인이와 종대는 과외 공부에 열심이다. 그러나 초봄부터 담임을 잘못 만나서 산수(수학)가 부족하다고. 최후까지 한 시간이라도 쉬지 않고 시켜야겠다.

막둥이가 제일 불행하게 걸렸다. 가정환경도 불리했고, 부모도 협력할 여유가 없었고, 학교 담임선생도 잘못 만났고, 제반 조건이 부합이 안 되어 걱정이 심하다.

깜냥에 잠도 제대로 못 자고, 몸 운동 부족이고 영양 부족이니 자연 그럴 수밖에 없다. 천행이나 바랄까?

궁색한 연말 (1962년 12월 30일 일요일)

종실이가 이발도 않고 머리가 봉두가 되어, 까칠하니 방에만 있다. 종정이는 뱃속에 바람을 잡아넣어서, 외출이 번잡하다. 종인이는 방학을 하였으니, 친구 집에도 가서 놀다 오고 싶고, 친척집에도 여행도 가고 싶다고. 마음만은 좋은데 돈이 없다.

연말을 당하니, 사방에서 빚 받으러 오는 사람 때문에 졸리기 진땀이 나는데, 언제로 미룰 거나? 음력 섣달 그믐날까지 미룰까?

목욕이나 물 길어다 하려니까, 물동이가 새서 한 나절 길어야 한다고. 속내의도 세탁한 지가 오래인데, 너희들이 각자 세탁하라고 하니, 들은 척도 않는다.

이불과 요의 호청이 까맣고, 깜밥(누룽지)이 져서 반질반질 윤이 난다. 우선 입에 들어가는 것만 열심이다. 어서 나가 식사 준비해라, 일찍 배고프다.

세모 (1962년 12월 31일 월요일)

세모(歲暮). 우리집에는 그믐도 설날도 없다. 양력도 음력도 평시도 명절도 없다. 언제나 한결같은 격식이다. 춘하추동 절후도 없다. 여름에 입었던 옷 겨울에도 그대로 입고, 추우면 그 위에다 한 벌 더 껴입는다.

언제나 밥상에는 김치 한 뚝배기 썰어 놓고, 밥만 각자 한 그릇씩 놓으면 된다. 국은 먹던 김치 남은 걸 3일 만에 한 번씩 짭짤하게 된장 넣고 지져서 먹고, 물 말아서 몰아 넣는다.

때가 따로 없다. 배가 고픈 게 때다. 누가 먹든 말든 제 양 차면 그만이다. 밥을 짓는 것도 걱정이지만, 먹고 나면 설거지하기가 극난이다. 치울 것도 그릇이 별로 많지 않으니 간단하지만, 혹 누가 찾아오면 창피하니 부엌문을 꽉 잠그고 설거지를 한다.

김치 그릇 그대로 덮어 두고 밥그릇만 물에 담갔다가 한 번 씻고 재벌 헹구면 된다. 북풍이 세게 불고 물이 떨어지자마자 얼어붙으면 밥이 다 되 살아 오른다.

돈도 없지만, 반찬을 사다가 만들어 먹을 줄을 알아야 하지. 시장이 반찬이라고 배부른 사람은 안 먹어도 그만이다. 밥은 언제라도 남는 일은 없다.

제3부

세상은
나와 다르더라

– 1963~1990년 일기의 주제별 발췌 –

가족

5남 종인이의 외박 (1963년 6월 22일 토요일)

5남 종인이가 토요일 학교에서 안 왔다. 그리고 어제 저녁 때 왔다. 너무나 애들을 자유로 내버려 두니 그런지 아무 말도 없이 제멋대로 쏘다니고 또 못된 애들하고 어울려 잡짓을 하는 것 같다. 제 엄마가 서모(庶母)라고 야속하게 하는가 하고 반항심을 보이는 걸까?

나 역시 주의를 하고 늘 유심히 보는데, 평소에는 순종한다. 그런데 친구들이 늘 일요일이면 놀러온다. 무엔가 있다는 예감이 든다. 그래서 무조건 야단을 쳤다. 무어라고 하는 말이, 변명만 같다. 화가 이만저만이 아니다. 형편없이 지내면서도 그래도 끝까지 자식들 교육을 시키겠다고 이 고생을 해 가며 하는 짓이 다 허사가 되어 가니 참 허무하기 짝이 없다.

새엄마 입장도 곤란하다. 좋게 할 수도 없고 남에게 하듯 하기도 그렇고……. 그런데 아침에 학교에 안 가고 말았다. 무슨 이유로 아무 말도 않고 그저 안 가겠다는 거다. 하도 답답해서 그래도 엄마를 시켜 달래고 타이르라고 했더니, 여전히 묵묵히 있다고. 이런 일은 또 처음이다. 그동안 자식들하고는 공부 걱정은 안 했는데, 모두가 제 친엄마가 아닌 관계이다. 제 엄마가 다시 마음을 돌리고 살살 달래서 이리에 데리고 갔다.

막내 종대의 고등학교 입학시험 (1966년 2월 3일 목요일)

고교 입시. 금년, 막내 종대가 중학교 졸업하고 고등학교 시험차 첫 출발이다. 남성고는 경쟁이 많으니 이리고로 지원했다. 그간 열심히 준비했지만 2대 1쯤 되니 알 수 없다. 새벽부터 기동하여 식사를 하였다. 먹지도 않고 겨우 몇 번, 그리고 수험표, 수험 도구 일체를 챙겨 보내었다. 그러고도 종인이가 학교로 달려갔다.

오후까지 집에서 기다리는데 너무나 시간이 지루하였다. 실력이 부족하니 안심이 안 되어서, 종인이는 좀 앞서 왔는데, 아마 가능할 것도 같다고. 대개 촌에서 많이 왔고, 비교적 답을 썼다고 한다.

밤에야 종대가 왔는데, 196문제 중 120개를 썼다고. 다 맞았는지가 문제지. 되어도 등록금 문제고, 안 되면 1년간 썩을 일이……, 집에서 두고 꼴을 볼 수도 없고…… 마음이 정처가 없다.

본인은 아무 걱정도 않고 평범하다. 요행수란 있을 수 없지만, 영어·수학만 부족이고, 다른 과목은 잘한다고. 이제는 다 결론이 지어졌으니 운에 다 맡기고, 발표나 기다려 보자.

종일, 조반도 못 먹고 갔는데, 배가 고팠는지 저녁을 맛있게 먹는다. 다음달 8일 발표. 내일은 체능(體能) 시험.

막내 종대의 고입 합격자 발표(1966년 2월 7일 월요일)

351번. 이리고등학교 수험번호. 오늘 해 지기를 고대했다. 8일 발표하기에 이리 기독교방송을 고대했다.

1차로 남성고, 이리공고, 다음 6시 50분에 방송하였다. 종대는 원서를 늦게 제출하여 늦게까지 듣는데, 가슴이 조여든다. 마침 저녁상을 들였는데 가족이 모두 손에 젓가락을 든 채 식사를 않고 긴장하고 있다.

약 2대 1인데, 300번까지는 넘어갔는데 차츰 긴장된다. 차차 가까워질수록 모두 서로 쳐다보지도 못하고 안색이 파랗게 질려가지고, 351번 소리를 듣고는 그제야 한숨을 쉬고 희색이 만면이었다.

평소에 성적이 불량하여서 남성고를 포기하고 좀 낮춘 곳이었다. 안심하지 말고 좀 더 용기를 내어 열심히 하라고 강조하였었다.

그러나 이제는 등록금이 문제다. 최후 막동이인데, 정말 긴장되었다. 형들은 다 문제 삼지 않았던 일이다. 영어와 수학이 부족하니 인문계로밖에 못 가게 되었다.

꿈에 본 아내(1969년 7월 21일 월요일)

어젯밤 꿈에는 종인이 엄마가 보였다. 장소는 판문 같은데 누군가 아이들이 어릴 때 모습이고, 평소 생활하던 그 모습이었다. 교회에 갔다 왔다는데, 즐거운 것도 아니고 불쾌한 것도 아니고 그대로다. 그러나 너무나 걱정스러운 부담을 안 주도록 노력하는 양하였다.

언제나 아이들 교육에 관한 걱정이지. 먹고 사는 거라든지 돈을 모으자는 걱정은 하나도 없는 심사다. 하도 오랜만이니 꼭 할 사정이라도 되는가 싶어 처분을 바랐으나, 여전히 평범. 나 역시 죽어서 10여 년, 생시 같으면야 별일을 다 말했으련만, 또 별말을 못하였다.

꿈이 하나의 환상. 생시에 사모하였던 게 재현되는 것이니, 아무런 예고도 신망도 미신도 아무것도 아니다. 깨고 나니 더 섭섭하기만 하다. 아이들 생각을 하고 얼마나 객지에서 고생을 하는가 하는 생각에서 자연히 우러나는 추억이다. 형들이 있다고 해도 각자 저 살기에 분망하여 돌보지 않으니, 부모로서 보기 안타까울 뿐이다. 제대로 학자금을 써 가며 공부할 처지에 주경야독을 하고 있으니, 구역질이 나지. 방학이 있을 리 없고 휴가도 없고, 그저 싸울 뿐이겠지.

막내 종대의 대학 합격 (1972년 2월 5일 토요일)

종대 대학 합격. 석양, 날이 저물어 어두컴컴하다. 아직 저녁 밥상을 차리지 않았을 즈음, 봉두머리를 박박 깎아 키가 훨씬 더 커 보이는 총각이다. 덜렁 방바닥에 엎드려 절을 한다. 엄마는 그저 앉으라고 했지만, 벌써 인사는 끝이 났다.

대뜸 시험 어떻게 되었느냐고 하니까, 그저 되었다고만 했다. 시시한 중앙대라고. 법과가 아니고 농식품가공과라고. 아무 데라도 되고 봐야지, 잘했다, 수고했다, 몇 번이고 되풀이.

우선 밥상을 차려 놓고 저녁을 먹어 가며 뒤풀이를 했다. 그래도 나는 별로 흐뭇한 게 없다. 3년간이나 세월을 두고 노력했는데 자신은 좀 더 일류학교를 못한 게 한스럽다고. 되고 보니 그런 여유가 있는 말이다.

이젠 막둥이까지 대학을 갔으니 일 다했다고. 엄마는 신바람이 난 양 기고만장하다. 옆집 돌팔이가 꼭 된다고 했다고. 쌀, 양초, 공을 들였다고. 허사가 아니라고.

등록금 140,000원이라고. 종실이가 월급에서 푼푼이 모은 걸 털었다고. 완전 등록까지 완료하고 왔다고. 3월 2일 개학이라고. 되는 걱정 안 되는 걱정. 앞으로 하숙이 문제다.

막내 종대의 입대(1972년 3월 10일 금요일)

종대 입대. 기차는 떠나간다. 목 메인 기적소리 구슬피 울린다. 푹푹 긴 한숨소리, 석탄 연기 내뿜으며 수많은 인파를 헤치며 김제역을 뒤로 두고 서서히 바퀴가 굴러간다.

유리창으로 내다보며 잘 있소, 잘 있소. 눈물 젖은 손수건, 흐느껴 목 메인 울음소리. 서로가 가슴을 설렌다. 내달리는 차창을 부여잡고, 부디 몸 편히 잘 있다 오라고. 말문이 막혀 울음 반 눈물 반, 철로를 부여잡고, 멀거니 떠나가는 뒷모습만 바라본다. 석탄 연기 아롱아롱, 들 건너 산 넘어 속절없이 가렸네. 차가운 저녁 바람, 가는 앞을 막아 봐도 추운 줄 모르고, 애태우는 가슴속에 불을 뿜는 긴 한숨.

역전 광장에는 떠날 줄 몰라라. 가는 길, 글 편지나 전해다오. 까까중의 뒷모습에 허름한 운동화가 눈앞에 선하다. 기왕에 갈 것을 행여나 하고 애태우던 일이 안타깝다. 오늘 밤은 어디서, 내일은 어깨에 총대 메고, 등에 배낭 지고서, 하나 둘, 하나 둘, 뒤로 돌앗, 앞으로 갓! 3년 세월이 언제일까?

아내 생각(1974년 6월 6일 목요일)

울어도 보았다. 외쳐도 보았다. 남 앞에서는 유쾌한 척하고 가슴속 애태우며, 밤이나 낮이나 그 모습을 환상하며 한 번만 꼭 한 번만 얼굴을 맞대고, 얼싸안고 싶다.

지금쯤은 나를 바라고 얼마나 원망을 하고 울며 호소할까? 얼마나 괴로우며 진통제를 원할까? 이미 갈 곳까지 알고 있다니 얼마나 처절한 일일까?

어린 자식이 앞에 있고, 늙은 애비, 형제 가슴에 사무치는 분통. 차마 제대로 눈이 감길까?

꼭 한 번만 보고 싶다. 최후로 한 번만, 말 한마디만 듣고 싶다.

차남 사망 (1974년 6월 27일 목요일)

어제부터 장보기도 하고, 청소를 하였다. 오후 1시 이리역에 나갔다. 차남 종성의 아들 피터 형제와 처, 3남 종정이 내렸다. 초면이다. 목울음이 터졌다. 여러 사람이 있는데도 불구하고 부둥켜안고 울었다. '할아버지' 하고 인사를 한다. 한없이 울고만 싶다. 택시를 탔다. 아무 말 못하고 서로 울기만 했다.

바로 집으로 와서 쉬었다가 점심을 먹었다. 그동안 경과 이야기를 할 새도 없다. 그저 서로 바라보고만 있었다. 일체 외부에 알리지도 않고 조용히 있었다.

석양이 되어 택시로 산소에 갔다. 백구면 엄마 묘소에 가서 가톨릭 식으로 약 30분간 묵도를 하였다. 다시 이서면 회통골로 가서도 묵도를 올리고, 주위를 돌고 덕진못 건산 이태조 산소 부근을 보았다.

귀가하니 어두운 밤이다. 밤에도 그저 재미스러운 담화도 않고, 그저 묵묵히 옛일을 생각하고 다시 슬픔.

사망한 차남의 가족 (1974년 6월 28일 금요일)

답답한 심정 괴로운 추억. 한도 끝도 없겠다. 고국에 부모형제 두고, 타국에서 어린 처자를 두고 아직도 전도가 창창한 나이에 이 무슨 변고인가? 얼마나 그 길이 싫었을까? 두 손에 꼭 십자가를 쥐고 이를 악물고 떨었다고. 차마 그 자식들 쳐다보기도 소중했다.

아직도 나이 어려 철이 없지만, 속셈은 환하다고. 피터 에미는 늘 평범한 표정, 속으로만 애도의 빛이다. 한도 많고 원도 많은 옛 터전. 처자식들이나마 가 보라 했다고. 이 속에서 엄마, 아빠와 어릴 때 자라던 일, 밤이 새도록 둘이 부둥켜안고 흐느꼈다고.

이제는 엄마하고 영원히 길이 평안하리. 떠날 때는 말없이. 세 식구 그저 집을 쳐다보며 내년에 다시 오겠다고 출발. 12시 이리에서 서울로 향하였다. 나도 동행.

막내 종대의 결혼 (1982년 1월 2일 토요일)

막내 종대 결혼. 1982년 1월 2일, 오후 5시, 재미한인기독교회에서 교회 목사 주례로 거행된다고 한다. 12월 22일에 부친 편지가 어제야 도착하였다. 성도 모르고 이름도 모르고, 그저 그런가 보다 하였다. 인간 대사에 얼마나, 만리 이역에서 고독한 가운데, 돈도 없이 아쉬운 것 많은데, 마음 괴로웠을까?

형이 있다고 해도 이민 간 지 얼마 안 되는 처지에서, 더욱이 세계 최대의 대도시에서 만사가 부족한 것뿐일 게다. 그래도 고국에서 했으면 여하

간에 돈이 들게 마련이리라. 결혼하겠다고 오만 가지 풍랑이 요란했는데, 지금까지 그 여파가 잔잔치 않아 가끔씩 들썩거린다.

어제도 오늘도 바람이 살랑살랑 분다. 온종일 아무 데도 안 가고 집에서 그곳을 바라보고 기도를 올릴 뿐이었다. 이곳에서도 친구 집 아들 결혼 초청을 받았지만, 참석치 않고 축하하는 마음으로 있었다. 장래를 위해 기도할 뿐이었다. 오후에는 깨끗이 단장하고, 5시에는 그곳을 향하여 상상도 하며, 주님께 기도하였다.

해가 지도록 기쁘기도 하고 슬프기도 하였다. 막둥이가 혼례했으니 다 끝이 났다. 옛말에 혼인치레 말고 훗날 팔자치레 하랬다. 얼레빗, 참빗을 춤에 차고 가도, 나중에 잘 살면 된다고 하였다. 부디 그 말대로 행복하게 살면 된다. 어려서 엄마를 여의고 얼마나 아섭고 고독한 가운데 가난을 탔는지, 가슴 아프다. 어찌 다 말로 할 수 없다. 보고 싶고, 가고 싶고, 마음에 잊지 못하겠다.

미국에 간 막내 (1983년 9월 4일 일요일)

미국이 좋아서 갔는지 장래 큰 꿈을 꾸고 개척자로 갔는지 돈이 좋아 부자가 되기 위해 갔는지, 하여간 갔다. 간 것이 발단이 되었다. 내가 계획을 잘못 세웠든지 불행하게도 병에 걸렸든지 어딘가 불찰이 있다. 여기에서 살아도 그대로 살 수 있을 것인데, 아무 세상 경험도 없고 돈은 물론 못 가지고 갔지만, 언어도 불통이고 일가친척도 없고, 초행길 소위 농촌 청소년들 무작정 상경한 식이다. 도시로만 나가면 성공하는 줄 알고, 오늘날은 후회할 것도 없지만……. 공연히 자식들에게만 책임 미룰 것도 없다.

막둥이가 제일 보고도 싶고, 고생시킨 것이 불쌍하기도 하고, 엄마의 사랑도 못 받고 형들 밑에서 눈치 보며 겨우겨우 성장했는데, 아무런 계책도 없이, 적수공권으로 세계 제일 화려한 도시로 가서 얼마나 고생이 되었을까?

더욱이 시민권 때문에 결혼까지 했는데, 벌써 임신해서 출산일이 지났는데, 어떻게 소식조차 없다. 무능한 부친을 원망하는지, 먹고 살기가 힘이 들어 자포자기하는지 답답하다. 직장이 부자유하니 닥치는 대로 막노동이라도 해서 자존심을 굽히지 않으려고 애태우겠지. 아무것도 걱정이 안 되고 건강하다면 이상 더 바랄 것 없다. 미국—서울 KAL기 사고를 보니, 관심이 달라진다. 공연히 명단이 보고 싶고, 자세히 알고 싶다. 목이 메도록 슬프기도 하지만, 내가 요꼴이 되니 더욱 막둥이 걱정되게 한 것이 마음에 걸린다.

종화의 편지에, 종대와 전화 통화했는데 목이 메어 울먹이며 말을 못하더라고. 가슴이 막혀 가눌 길이 없다. 미국에 가족이나 친지나 가 있는 사람은 다 일반일 것이다. 사람 마음은 똑같다. 혈통을 저버릴 수가 없다. 아들 잘 둔 사람은 장래를 믿고 산다.

달이 밝고 가을이 서늘하니 자연 자식들이 보고 싶고 앞으로 장래성 없는 생애에 더욱 양심의 가책이 심하다. 밤에나 낮에나 교회의 성소를 내 집으로 알고 주를 믿고 의지하고 기도함으로 살고 있다.

세시풍속 · 기념일

설 (1963년 2월 13일 수요일)

음력 설날 아침이다. 날씨도 명랑하고 바람도 세차게 불지 않고, 햇빛이 든다. 제사가 없으니 조반이 분주하지 않다. 기독교 신앙생활을 하면서부터 제사를 안 지낸 지도 이미 20여 년이다. 우리 다 교회서 세례를 받고, 신앙생활을 하면서부터다.

지금은 교회를 못 나가니 벌을 받아야 마땅하다. 그렇다고 다시 기독교를 떠나 유교로 돌아가 제사를 모실 생각은 없다. 조상을 숭배하고 기일을 잊지 않고 자손된 도리를 행해야 한다는 관념을 잊어서는 안 되겠다. 자식들이 부모를 존경하는 데에서도 그렇고, 예의국의 전통으로도 선조의 업적이나 교훈을 잊어서는 안 되겠다.

꼭 제사를 드려야 한다는 것은 미신에 지나지 않다. 앞으로 다시 교회에 나가서 신앙생활을 해야 하겠다. 전처의 유지를 무시할 수도 없다. 아이들도 지금은 공부하느라 출석하지 못하지만, 다시 나가도록 지도할 작정이다. 신앙생활을 하다 후일에 천국에 가서 엄마를 만나라고 하였다. 생각하면 안타깝다. 그러나 주관을 세워서 교육에 지장이 없도록 주력하고 있다.

오늘 잘 먹고 잘 놀고 무사히 보냈다.

설(1963년 2월 14일 목요일)

조반을 겨우 먹고 나니 위에 사는 청년이 세배를 왔다. 옷도 안 갈아입고 있는데 너무나 고맙고 미안해서 담배를 한 대 권하고, 금년에도 농사 잘 짓도록 하라고 했다. 아무런 대접도 없이 무미하기 짝이 없다. 탁주라도 한 잔 대접했으면 했다.

세배도 품앗이. 우리 자식들도 나가서 근처 노인들에게 뵙고 오도록 했다. 그리고 성묘를 안 가서, 종인이가 혼자 갔다 왔다고.

오늘 위장이 나빠서 누워 있었더니 어느새 다녀왔다. 세배법도 차차 없어져 간다. 그리고 오는 손님에게 대접할 음식을 준비해 놓고야 기다려야 할 것이다. 그저 가면 섭섭하다. 매년 아무것도 안 해 놓으니, 염치가 없어, 금년에는 술을 한 병 사 놓고, 안주를 장만해 놓고 기다렸더니, 묘하게도 아무도 아니 온다. 차차 내가 다니기도 뭣하다. 내년에는 좀 여유 있게 설을 맞을까도 싶다.

군대 가 있는 종실에게서 편지가 왔다. 휴가 때 왔었지만 너무나 집안이 쓸쓸해서 바깥에만 나다니고 집에는 있지 않았었다고. 군에서 고생한 것을 생각해서 동생들에게 모든 걸 타일러 말했다.

정월 대보름 (1963년 2월 27일 수요일)

음력 정월 대보름. 오늘도 명절이라고, 1년간 농사에 필요한 절후, 즉 우순풍조(雨順風調)해서 풍년을 갈망하는 의미다. 아침부터 청명하고 온화하였다. 찰밥을 쪄서 먹고, 김에다 밥을 싸서 먹었다. 여러 가지 나물도 장만했다.

역시 가정주부가 필요하다. 그러자니 자연 경비가 들어간다. 앞으로 식량도 막연하고 더욱이 날로 쌀값이 올라가니 큰일이다.

오늘은 아이들 학교도 쉬고, 방학이라 한자리에서 아침을 먹었다. 금년에도 모든 가내 제반이 순조롭기를 바랐다. 종대는 학우가 찾아왔다며 점심을 같이 먹고 나갔다. 나물이나마 늘어놓고 찰밥을 차려 주니 먹고 갔다. 그렇게라도 대접해 주니 섭섭지 않다.

그동안 몇 해는 너무나 쓸쓸했다. 돈도 없었지만 해 먹을 도리가 없어서였다. 올해는 남과 같이 맞이했다. 별것도 아니지만, 너무나 쓸쓸히 넘겼건만, 그렇다고 해서 별로 표시 나게 여유도 없었다. 좀 더 규모 있게 살림을 해서 단란한 생활을 하는 거다.

모래찜질 (1963년 5월 31일 금요일)

음력 4월 20일은 모래찜질을 하는 날이다. 실은 오월 단오절에 찾는데 이앙기라 미리 앞당겨서 하는 모양이다. 아침부터 가족을 동원하여 가내 청소를 하였다. 과수원 일도 않고 여자아이들도 모래사장에 간다고 하나도 오지 않았다. 그리고 일찍부터 손님이 오셨다. 이리에서 모래사장에 나가는데, 점심 식사를 부탁했다고. 솜씨도 없고 만만치 않은데, 부인을 하나 데려다 점심을 지어서 막 이고 가려니까, 군산에서 동서 부부가 찾아왔다.

오랜만의 귀빈이다. 그러나 속으로 걱정이다. 다시 한 번 옛 추억을 되찾아보았다. 그러나 현실은 그것이 아니다. 아무런 표현이 없이 그저 평범한 양으로 별말 없이 침묵이 계속되었다.

한 잔 들고 봅시다. 술도 어쩐지 당기지 않았다. 반찬도 없는 식사를 대접하니 섭섭하다. 마음은 있지만 별 수가 없었다. 동서끼리 만나면 소도 잡는다는데, 이거 되겠소? 피차에 집안, 아이들 이야기를 나눠 가며, 조용한 장면이었다. 찾아주니 고마웠다. 종종 왕래합시다 하고, 오늘은 뜻 있는 여행을 했다며 합승으로 떠났다. 어린 조카들 때문에 마음이 안 놓이는 모양이다.

거리에는 남녀 군상들이 범람하였다. 술이 취해서 곤드레가 되어서 가는 노친도 있고, 허수룩한 차림에 얼굴에 먼지 부옇게 쓰고 그대로 가는 부인들, 별로 새로운 남자는 보이지 않는다. 제대로 생긴 사람이 있을 리 없지. 찜이 약이 되는 게 문제가 아니지. 소풍 겸 나오는 판이지. 대부분 촌부인들이다.

석양에는 이리 부인 친지들이 오셨다. 사면을 구경하고 채소나 과수가 보기에 용이한 것 같고 신선한 것 같은데, 실제 이야기를 듣고는 입에 맞는 떡이 없다는 결론이다.

저녁 식사 때가 되니, 마음이 졸여진다. 어서 갔으면 싶었다. 안주도 없는 술을 한 잔 대접하니, 모두 유쾌한 기분이었다. 한 송이 백장미에 연분홍 들장미를 한 송이 꺾어 주었다. 꽃의 향기를 맡아 가며, 들고는 무엇보다도 큰 선물이라고 병에 꽂아 놓고 오래 보겠다고 했다.

설 (1966년 1월 24일 월요일)

옆집 청년, 근방의 꼬마들이 세배를 왔다. 세뱃돈을 주니 안 받겠다고 뿌리친다. 꼭 우리 애들이 간 집 애들만 틀림없이 왔다. 물론 품앗이다. 애경사 문상도 그렇고, 세상엔 공짜가 없다. 설을 잘 차려서 대접도 의젓해야 할 일이지, 그저 맨입으로 보내기로 들면 다음엔 없다. 언제나 설답게 장만해서 쇠어 볼까?

이젠 틀렸다. 내가 벌어서 하기도 여유가 없고, 자식들이 어느 시절에 그런 걸 차려 줄 수도 없고……

올해 만사 형통하도록 촛불을 켜 놓고 빌었다. 미신이라기보다도 위안 삼아 한 일이다. 비가 풍부할는지, 논이건 밭이건 간에 잘 되기를 바라는 마음이다.

해동하면 흙을 다루어야 한다. 모든 설계를 실천해 보자. 어디로 가든지 농부는 농사를 지어야지. 송충이는 솔잎을 먹어야 산다고……. 힘이 모자라면 마음으로, 끝까지 싸우자.

3·1운동 회상 (1969년 3월 1일 토요일)

3·1운동 기미년 3월 1일. 50주년이라고. 엊그제 같은데 벌써 50년이 되었다. 세월은 흐르고 인심은 거슬려 꿈결도 같고 가시밭도 같다.

당시 겨우 13세, 철도 모르는 학동. 머리를 길게 땋고 자주 댕기를 늘어뜨리고 학당에서 한문을 배우다가 학교가 신설되었다고, 아버지를 따라가 입학을 했다. 당장에 삭발을 했다. 어린 마음이라도 하도 허전해서 머리채에 달린 자주댕기와 함께 책보에다 쌌다. 학교에서 공짜로 주는 책과 함께 머리채를 싸서 소중하게 갖고 집에 왔다.

오다가 가게에서 모자를 사서 쓰고 동네 밖에서부터 만나는 어린이 동무들, 부인네들 할 것 없이 모두들 개화했네, 하며 혹은 비웃는 것도 같고 놀라기도 한다. 같이 서당에서 공부하던 애들은, 이 다음에 난리나면 너 먼저 데려간다고도 한다. 그런 말투는 어린 가슴에 듣기 싫게 언짢았다.

집에 와 마당에 들어서니, 벌써 먼저 알고 할머니는 그만 까까머리에서 모자를 벗겨 내동댕이치고 어루만지시며 통곡을 하셨다. 나도 같이 울었다. 아버지는 공연히 그러신다며, 머리를 깎았으니 정신이 맑아지고 목이 굵어지겠다고 좋아하신다. 할머니는 깎은 내 머리를 보며 끌러 보고는 더 우셨다.

윗방으로 올라가서 어머니 경대에 비춰 보니 딴 사람이다. 처녀같이 고운 태가 나더니 그만 까까중이 되다니, 이상하다. 가끔 머리로 손이 올라가 머리칼을 쓰다듬는 시늉을 한다.

고종황제 붕어 국상이 나자 선친께서 주도해서 동네 북쪽 편에 차일을 치고 제사상을 차렸다. 동네 사람들을 의복, 예복을 차려입게 하고 축문을 읽으시며 통곡하시며, 사람들도 따라서 재배. 그때 들은 말로는 망곡(望哭)이라 하셨다. 멀리 가지는 못하나마 북향하여 추모하며 애통하는 뜻이다. 물론 제왕의 붕어도 있지만 국사(國事)에 대한 통곡을 포함한 것이다.

그리고 선친께서는 혼자 상경하시어 국상에 참여하셨다. 서울에서는 이내 독립 만세를 부른 지 얼마 후였다. 점차 대도시에서 소도시로 번져 내려오던 참이었던가? 모조리……. 마침 기미년 음력 3월 4일(양력으로는 잘 모르겠다). 이리 장날이다. 조부님 제삿날이 3월 6일인데, 제사 장보기를 하러 이리장에 갔다. 제수품을 다 사서 일꾼에게 보내고 기차를 타고 오려고 이리역으로 나오다가, 뜻밖에 어디서 만세 소리가 나더니, 장꾼들이 모이고 사람들이 수군거리더니, 조금 있다가 그만 사람의 떼가 몰리기 시작하고, 장사꾼, 장꾼 누구나 할 것 없이 온 장판에 만세 소리가 충천하고 사람들이 전부 공중으로 날아다니는 것만 같다.

옹기전께로 뛰어 올라가니, 그릇을 발길로 차 부수고 온 장판 사람들은 얼굴빛이 한 색깔. 한 마음 한 뜻인 것 같다. 나도 같이 휩쓸려 한동안 따라다녔다. 모자를 공중에 던지고 서로 두루마기 자락을 잡고 날뛰었다. 숨을 헐떡이며 눈이 벌겋게 되어 제 바람에 쓰러지고 하였다. 일본인 상점, 중국인 송방(松房)은 문을 닫고 야단치던 중 뜻밖에 총성이 계속 5연발. 우리 또래 학생이 쓰러지며 피를 토하고, 어른 줄 사방에서 울음소리. 삽시간에 만세 소리는 조용하더니, 한쪽에서 장꾼들이 쏠리기 시작한다. 어느새 소방대원들이 갈고리를 들고 나와서는 닥치는 대로 옷자락을 챙겨 잡고 갈고리로 찍어 끌고 간다.

나는 겁이 나서 어떻게 뛰었는지 동산리(銅山里) 쪽으로 막 달음질쳤다. 오다가 대장촌 장꾼을 만났는데, 깜짝 놀란다. 어찌 와서 이러느냐고, 내 손을 붙들고. 숨이 차게 달음질쳐 달렸다. 곧 뒤에 쫓아오는가 싶어 뒤도 못 돌아다보고 도망쳤다.

오다가 토다리에 와서는 그만 다리가 휘청거리고 숨이 차서 더 못 가겠다. 주막집 마루에 누워 있으려니, 뒤따라서 많은 장꾼들이 수군거리며 서로 말도 않고 쉬쉬하며 달음질친다. 여기 있으면 붙잡힌다고, 잡히는 놈은 다 죽는다고, 어서 도망쳐야 산다고 야단들이다.

쉬어서 얼마 있다가 천천히 쉬어 가며 걸어오는데, 이제는 영 걸음이 걸리지를 않는다. 겨우 대장촌에 와서는 역전쯤에 사람들이 수군거리고 각자 자기네 식구들이 장에 가서 안 온다고 야단들이다. 겨우 동네에 도착하니 어느새 집에서 알았는지 할머니 할아버지 모두 깜짝 놀라시며, 어떻게 왔느냐고, 학생들이 많이 죽었다는데, 걱정이 돼서 나가려는 참이었다고. 가슴이 두근거리고, 아랫도리가 후들후들 떨려서 걸음이 제대로 안 걸렸다. 온 동네 사람들이 모여 와서 그 광경을 물었으나, 어떻다고 형언키도 곤란하였다.

집에 와서 들은 것인데, 오산면 남창문 예배당 학교 선생과 학생이 주동이 되었다고. 발사(發射)는 대교농장 고지에서 그때 수비대가 군중에다 대고 쏘았다고. 약 10여 명 죽었는데 대장촌 높은 주막 박 참봉 노인이 총살.

3·1운동이 벌써 50년이라니 꿈만 같고나. 어느덧 반세기가 되다니, 되새겨 보면 그렇지도 않다. 얼마나 뼈저리는 사연이 쌓였는지 모르겠다. 같이 놀고 밥 먹던 학창들도 거의 다 죽고 이제는 백발이 하야니, 그 시절을 어디서 찾을손가?

그 후의 일이다. 청년시대지. 3·1운동 예비 검속이라고 요시찰 명부에 올라 있었다. 신간회, 청년동맹, 사상단체 가입자는 무조건 검속해서 3·1절 지난 후 출감시키곤 한다. 3·1절 며칠 전에 이리경찰서에서 일본인 형사, 조선인 형사 3인이 와서 가택 수색을 했다. 비밀 결사나 연락 관계 서류가 있나, 책장이며 서류상자 다 뒤져서 서신 왕래한 것도 잡히는 대로 한 뭉치 쌓았다. 노트와 서신은 잘 기억이 안 난다. 다만 일기를 몇 해 걸 가져갔다.

서적은 문학전집, 사상전집 이런 건 책장을 넘기며 간간이 무언가 들어 있나 보고는, 먼저 일기와 편지 뭉치만 가지고 연행하는 사람의 뒤를 따라갔다. 불구속 연행이니, 바깥사람이 보기에는 그저 가는 것이다. 가족들이 뒤쫓아 오고 온통 야단들이었다. 죄가 있는지 없는지 알 수도 없고, 가슴이 두근거리고 발이 제대로 걸리지를 않는다. 그때에는 중학만 나와도, 신문만 보아도, 양복만 입어도 요시찰 대상이다. 경찰서에 가니 한숨이 절로 쉬어지고, 도살장에 들어가는 소만 같다.

형사더러 물어보았다. 곧 나오게 되는가? 걱정 말라는 것이다. 그러나 그걸 누가 신용하나? 그냥 하는 말이겠지. 거기 들어가면 마음대로 안 되니 여기서 밥이나 사 먹고 가자고 하니, 시간이 없다고 일본인 형사가 눈을 부라린다. 일본인 형사에게 사정을 했다. 내가 배가 고프니 같이 갑시다. 그러자 못 이기는 것같이 하면서 허락했다. 그래서 조선여관에 들렀다. 그 집 장국밥이 참 맛도 있고 유명하였다. 같이 한 그릇씩 먹고 주막식으로 술도 한 잔씩 했다. 속이 좀 풀리고 숨이 내쉬어진다. 밥 먹으면서 물었다. 내가 무슨 죄이며, 들어가면 어찌 되느냐고. 자기들도 잘 모르며, 우리 주임의 명령이니, 모르긴 몰라도 곧 나오리라고, 죄가 없으면.

바로 경찰서 문에 들어섰다. 무슨 무슨 계를 거쳐 뒤쪽으로 따라가니 벽돌로 지은 아담하고 튼튼한 집이다. 막 들어서니 이상한 냄새가 코를 찌른다. 오장이 뒤집힌다. 형사가 거기 지키는 순사더러 눈짓을 하니, 알았다는 듯이 '하이!' 하더니, '야, 너 어디서 왔어? 옷 벗어라.'라고 한다. 허리띠를 풀고, 바늘로 달아 놓아서 그런지 옷고름이 잘 안 떨어졌다. 그러고 나니 주머니 속에 든 것을 다 내놓으라고. 감방 안에서 사람들이 입에 손을 대고 빠빠 있으면 이리 던지라고. 빠빠빠 야단이다. 나는 담배를 안 피어 준비한 게 없는데 무서워서 안 내놓는 줄 알고, 이리 던지라고, 거기 두면 다 빼앗긴다고.

이번에는 팬티만 입고 옷을 벗고 저리 갔다 이리 오라고 한다. 시키는 대로 했더니, 조선인 간수다. '요시(좋다)!' 하더니 이리 들어가라고. 강아지만 한 감방문을 잠근 쇠통을 열었다. 그리고는 그 방으로 들어가라고 등을 밀어댄다. 들어가니 덜커덩 잠가 버렸다. 방 안에는 아는 사람은 하나도 없고 모두 모르는 초면이다.

무슨 일로 왔느냐고 묻는다. 대개 자기들의 추측에서 벗어나지 않는다고. 나는 좀 다른 관계라니까, 알겠다는 듯이 묵묵히 말들도 않고 쳐다만 보고 있었다. 감방에는 상석이 제일 먼저 들어와서 오래된 사람이다. 나중에 온 사람 자리는 똥통 옆이다. 자리가 비좁아서 바로 그 옆이 되고 말았다. 마룻바닥이라도 옷으로 깔고 문대서 그런지 뽀얗게 반질반질하다. 조금만 떠들든지 누웠든지 하면 한 사람을 나오라고 한다. 나가면 쇠창살에 매달고는 밧줄로 손을 때린다.

다른 살집 있는 데를 팍팍 두드려 맞고 말지, 차마 볼 수 없다. 당하는 게 무서워서 자진해 말하지 않으면 냉수를 대야에 떠서 방 안에다 쏟는다. 옷이 전부 물에 젖어 꽁꽁 얼어붙는다. 종일 가도 잘 안 마른다.

식사는, 때가 되면 변소에서 밑 닦을 때 쓰는 헌 신문지 쪼가리를 들고 기다린다. 방장이 나서서 숫자대로 받아 분배한다. 처음 간 사람은 누구나 못 먹는다. 그건 방장 차지다. 반찬은 고춧잎이나 김치 같은 조각을 한 손바닥에다 놓아 준다.

다음날 10시경, 고등주임실로 불려갔다. 실내에는 아무것도 없고 빈 테이블 하나가 놓여 있었다. 싸늘한 찬바람이 등을 서늘하게 한다. 무조건 꿇려 땅바닥에 앉힌다. 고문 관계는 한이 없다. 일기를 낱낱이 조사하여 묻는 것이다. 멋모르고 생각나고 복잡한 일들을 독백한 게 다 사고 덩어리다. 현 국내 정세, 조직망 활동 인명부 등이 요점이다. 물론 고등주임은 일본인인데, 어찌나 우리말을 잘하고 자세한지 깜짝 놀랐다. 미리 놀라서, 없는 일도 있다고 털어놓을 지경이다.

8·15 회상 (1969년 8월 15일 금요일)

8·15 해방 기념일이다. 어느덧 24년이 되었다. 그때 정신 차려서 잘 활약한 사람들은 지금 큰 사업가가 되고, 과거 그것만 가지고 움켜쥐고 있던 사람들은 오히려 쪼그라들었다. 경제적으로 정치적으로 얼마나 혼란을 야기하였는지, 과거를 돌이켜 보니 꿈도 같고 좋은 기회였다. 세계가 물 끓듯 뒤죽박죽이 되었던 참이었다.

그중에서도 가장 눈앞에 선한 건 일제가 추방당할 때는 참 가련하게도 쫓겨갔는데, 오늘날에는 세계에서 몇 째 안 가게 부흥하였으니, 얼마나 세계대전이 갖다 준 덕택이 클까?

아이들은 학교도 쉬고 직장도 휴일이고, 늦게까지 집에서 서성거렸다. 식후에 종인·종대가 오고, 종실이는 일찍부터 왔다. 휴일이라 자식들이 나를 보러 온 줄 알았더니 그게 아니고, 제 형이 일찍부터 오라고 전화 연락을 했던 모양이다.

조반 후 좀 쉬었다가, 나더러 이발을 하고 오라고 해서 집 앞 이발소에 갔다. 만원이라 시간이 걸렸다. 아이들은 벌써 서성대고, 차는 왔다 갔다 하며 속히 나오라고 한다. 미리부터 나 몰래 계획했던가 보다. 가족 일동이 모였으니 점심이나 같이 하려고⋯⋯.

일부 택시로 갈비집으로 가고, 또 우리는 애들하고 방향도 안 보고 갔다. 그러나 간 곳을 모르고 사방으로 찾아다니는 차에 아이들을 만나니, 중앙극장 앞 갈비집이었다. 얼마 있다가 전원 집합하여 식사를 하였다. 전원 12명. 갈비가 맛있는 게 아니라 가족 일동이 회식을 하니, 단란한 의미가 크다. 술하고 고기하고 먹었더니 밥 생각이 없다. 먹기는 먹었어도 마음 한쪽이 빈 것만 같다.

그래도 두 가족이 더 참가하고, 어미가 생존하였으면 얼마나 좋을까 생각하면 할수록 가슴 아프기만 하다. 하지만 산 자식을 생각해서 일체 그런 표현을 못한다. 눈시울이 뜨거워서, 설움이 북받쳐도 그대로 참았다. 막둥이들이 한 점의 고기라도 맛있게 먹게 되니 마음이 잠시나마 좀 풀린다.

식사 후에 오래 앉았으면 안 된다. 곧 집으로 모두 돌아왔다. 아이들은 각자 제 하숙으로 가 버렸다. 오늘은 배가 불룩 일어났을 것이다. 생각하니 참 안타깝다. 공부도 좋지만 먹기나 제대로 해야지, 먹는 것도 문제라고. 밥 많이 먹는 게 아니고 영양이 문제다. 반찬을 제대로 못 먹으니 그게 결점이다.

성탄절 (1969년 12월 25일 목요일)

크리스마스 캐럴. 캐럴은 축하의 뜻을 가진 노래. 캐럴 가운데 크리스마스 캐럴이 유명하다. 불어. 본래는 영국에서 동지에 춤을 추고 부르는 노래에서 유래된 듯하다. 기원 15세기부터 전해 온 노래로서, 나라마다 각각 다른 재미있는 이야기가 있다.

영국에서는 우리 구주 그리스도와 성모 마리아라고 표어가 붙은 배 3척이 베들레헴으로 떠나가는 것을 노래하는데, 사면이 물에 둘린 섬나라니 그럴 듯하다.

스페인에서는 집시가 말구유에 대령하고 어린 당나귀는 초콜렛을 잔뜩 싣고 베들레헴으로 달린다. 임금님은 아기의 선물로 탑을 가져온다. 다산을 의미하는 고대 로마의 상징인 '할리나무와 담쟁이'는 피처럼 붉은 열매와 쿡 쏘는 가시가 함께 있어, 마리아의 출산 고통과 예수 자신이 겪은 쓰라린 죽음을 뜻하고 있다.

독일에서는 상록수로서 상징된 땅 위에서 사랑을 노래한 것이 결국은 거룩한 사랑을 주제로 삼은 노래로 되었다고 한다.

이렇게 캐럴은 오랜 세기를 걸쳐 내려온 인류의 상상과 동경과 환희 속에서 자라왔다. 소박함, 사랑스럽고 자연스러운 멜로디의 흐름을 그대로 지니고 있다. 드뷔시는 집 없는 어린이를 위한 크리스마스 캐럴에서, 전쟁의 폐허가 된 데서 집과 학교와 교회를 잃어버린 프랑스 어린이들이 간곡히 기도하는 것을 그린 가사로 했다. 또 같은 운명의 다른 나라와 아이들도 도와줍사라는 구절도 있다.

성탄절마다 듣는 캐럴은 예나 지금에나 변함이 없다. 그러나 이 땅에 들려오는 캐럴은 왜 이다지도 착잡한 심정인지…….

크리스마스는 1년 동안 굳게 닫혔던 마음을 활짝 열어젖히는 계절이다. 참다운 행복, 환희, 동경, 진실한 노력 등을 이 절기가 주는 의미와 함께 느껴 보고 싶다. 저 테이슨의 슬픔과 절망은 크리스마스에 사라지고, 크리스마스가 주는 희망, 신념, 평화로 생 자체에 대한 예찬의 노래가 되었던 것처럼.

한식 (1970년 4월 6일 월요일)

한식날. 어제부터 산소에 갈 계획으로 찬감을 장만하였다. 그래서 합에 담고 과일, 담배, 과자를 준비하였다. 전주행 버스로 동산촌 가서 내렸다. 택시로 성공리(聖孔里)에서 내렸다.

판문 작은어머니, 종대 엄마, 일행 셋이 모두 한 보퉁이씩 머리에 이고 지고 걸었다. 공동묘지는 고속도로 용지가 된다고, 수많은 묘를 다 이장한다고 번호를 써 붙이고, 일부 이장 준비를 하는 사람, 또는 와서 쳐다보고 있는 사람, 명절날 같다.

오늘, 한식에 산소 일 하면 좋다고들 사방의 임야에 사람이 널렸다. 원동구 팔선동을 지나서 회통골 산소에 당도하니 산 관리인은 집에 없고, 안부인만 부엌에서 무언가 다듬고 여러 여인이 왔다 갔다 한다. 인부를 몇이나 얻었느냐고 물으니, 거기에서 온다기에 그럴 줄 알고 그저 기다리고 있다가 자전거 타고 건넛마을로 갔노라고.

버럭 화가 난다. 분명히 4인 꼭 얻어 놓으라고 했는데, 그리고 집에도 없으니 이럴 수가 있느냐고 했더니, 여인이 밭으로 나가고, 인부 4인이 오고, 부엌에서는 여인들이 찬을 장만하고 점심 준비를 하고 있다.

양조장으로 술을 사러 보내고, 우리가 준비한 찬으로 묘 앞에 차려 놓고 술을 한 잔 따라 놓고 재배를 하였다. 따로 산신님께 제를 올렸다. 그리고 묘소에 보토(補土)를 시작하였다. 해방 직후에 1차 하고 약 20년이 지나 고분이 되어 다시 흙을 높여 봉분을 짓고 떼를 입히고 하였다.

한참 일을 하고 나니, 관리인이 와서 미안하다고 한다. 그러나 인부들이 열심히 잘한다. 아버지, 어머니 두 분이시라 시간이 걸렸다. 부락 사람들이 하나둘 모여 거들어 주고……. 지나가는 사람, 동네 사람 모두 오는 대로 한 잔씩 다 대접하였다. 술 소두 1말 사 왔는데 부족하여 대두 1말을 더 가져왔다.

관리인 집에서 점심을 잘 지었다. 식량도 없을 텐데 찬도 아마 장을 본 모양이다. 나도 맛있게 식사를 하였다. 점심을 먹고 나니 오후 3시다. 산 너머 장동리로 갔다. 그 일꾼 그대로, 찬은 따로 준비한 걸 따로 다 산소에다 차려 놓고 제사를 지냈다. 산소 관리인도 오늘 자기네 산소가 고속도로 나는 데 들어가서 이장을 했다고.

장동리 산소는 소나무는 좋은데 면적이 겨우 22,600평이다. 비 내릴 것 같고, 시간이 없어 조속히 서둘러 겨우 봉분만 잘 짓고 밑은 대강만 하였다. 끝나니 비가 부슬부슬 내린다. 남은 술과 반찬을 모두 털어 대접하였다. 그리고는 동산촌까지 걸어서 비를 맞아 가며 나왔다.

이리행 6시 50분 차를 탔다. 비는 계속 온다. 집에 오니, 데려다 키우는 성복이가 병아리를 다 잡아서 방에 넣고 혼자 애쓴다. 그런데 병아리가 양이 덜 차서 환장이다.

종인이가 어디서 들어왔다. 어제나 오늘 아침 일찍 올 줄 알고 기다렸다. 정오에 왔는데 백구면 영상리 산소에만 갔다 오고 회통골은 못 갔다고. 친구네 집에 있다 왔다고. 서울에서 형을 만나고 종대도 보고 왔다고. 별 이상 없노라고. 잘 갔다 오라고 하더라고. 인사는 인사대로 해야지, 잘 다녀왔다. 그런데 신촌(작은집)은 못 갔노라고. 왜 안 갔느냐고 하니, 시간이 없었다고. 내일은 판문 가서 인사드리라고 일렀다. 밤에 다시 외출하였다.

정월 대보름(1976년 2월 15일 일요일)

보름 명절 여흥. 상쇠, 징, 설장구, 북장구, 소고, 북, 고깔, 책전님, 화복(花服), 가면, 광대 차림, 영기(令旗) 치받고 전후좌우 나열 지어, 앞뒤 당산제, 고사제를 치고, 동장, 유지, 후배 좌수, 부대, 길 좌우 꽉 차게 행렬이다. 구경꾼 한패 동네가 들썩들썩 우군우군한다.

가가호호 찾아가서 성줏상을 차려 놓고 쌀을 소복하게 담고, 식기 대주용에 쌀을 담고 촛불을 밝힌다. 그리고 풍장으로 어루고 맞이수로 재삼배하며 현금 일봉 두둑히 헌납. 금년 일 년 신수 재수 병액막이를 한다. 부엌 조왕 고사, 장독 고사, 곡간 찾아서 어루며 재배 고사를 한다. 끝나면 주효상을 내어 한판 잘 대접한다.

우리 집은 유독 오랜 시간을 치며 축복한다고 다녀갔다. 볼 만도 하고 농가에서 민속놀이 겸 행사로 의미가 있다. 새마을사업 기금 조성으로 상당 액수 모금했다고. 부락 공유 농가 필수품 구매 계획도 한다고. 백미 5말, 현금 2,500원.

6·25 회상 (1979년 6월 25일 월요일)

6·25사변 29돌이다. 생각만 해도 소름이 끼치는 무서운 사변이다. 죽을 고비를 몇 번 치렀는지, 자기 목숨이 어디 달렸는지, 그저 허공에 뜬 존재 였다. 언제 죽을는지…… 이러다가 혹여 살 방도가 나올지…… 위에는 날 마다 제트기 폭격이, 총알이 비 오듯 하고, 땅에서는 적군의 공격이 날로 심하고, 어디로 갈 곳이 없다.

포화를 피하여 조용한 곳으로 일시나마 피난을 가면, 거기까지 찾아와 쇠사슬로 꽁꽁 묶여 치안대로 끌려갔다. 한민당원이라고. 총을 감추었다 고. 토굴에다 가두어 놓고 온갖 악형을 다 하고, 집에는 민주청년 남녀가 와서 차지하고, 다 쫓겨나가 버리고 말았다.

식량도 부락에 와서 전부 약탈해 가고 말았다. 심지어 침구까지 헌납하 라고 했다. 아이들을 학병에 나오라고 밤에 데리러 다니는데, 들로 밭으로 나가 도망쳐 버리고, 밤이면 동원하여 철교를 쌓아야 한다고 출역(出役)을 하라 하고, 어린아이들을 등에 업고 들판으로 피난을 나갔더니, 어찌 알고 거기까지 찾아왔다. 아이들이 개 두 마리하고 마당에서 놀고 있는데 난데 없는 총성이 나더니 마당의 개 두 마리가 그만 피를 토하고 죽어 나자빠지 고, 아이들은 마당에 그대로 쓰러졌다.

죽었는지 살았는지 가슴이 울렁거리는데, 나를 찾는다. 멋도 모르고 나 갔다. 포승으로 두 손을 묶고 끌고 나갔다. 아이들이 어찌되었는지 뒤돌아 보자니, 발길로 차고 총대로 등을 치며, 어서 가자고 호통이다. 멋모르는 집안 식구들은, 곧 오겠지, 무슨 큰 죄가 있나 하는 마음으로 뒤만 바라보 고 있었다.

대장촌을 일주하고 치안대로 끌려간다. 인민군이 무에냐고 묻자, 반동이라고, 흥 그렇군, 수감되었다. 토굴 속으로 들어가란다. 가 보니 모두 근방 사람들이다. 밤에는 가끔 하나씩 데려다 어디로인지 나가면 다시는 오지 않는다. 강변에서 들판에서 가끔 총소리만 꽝꽝 난다. 며칠이 되었는지, 어느 날 종인이를 업고 아내가 먼 빛으로 나 있는 곳을 찾아온다. 그러나 말도 못하고 가깝게 오지도 못하고, 눈물이 글썽, 그리고 되돌아가곤 한다.

정월 대보름 (1982년 2월 3일 수요일)

정월대보름날이다. 옛날에는 설거지 않게 차리고, 더 가짓수가 많았다. 14일 밤에는 길가의 징검다리에 오쟁이에다 흙을 담아 잘 놓고 왕래하기 좋도록 하고, 마을길도 닦아 준다. 그리고 둑대라는 큰 대나무에 짚으로 꾸며서 달고 줄을 사방에 내다 매고 새끼를 달고 영등맞이를 한다. 날리던 연으로 액막이도 한다. 싸움을 끝내고 연 밑에다 목화송이로 불을 붙여 연실에 달고 공중에 올리는데, 불이 점점 타서 실을 태우면 어디론가 날아가 버린다.

밤에는 달이 어떻게 뜨고 별이 달을 바짝 따라가는지 달을 바라보는 게 큰 행사 중의 하나다. 금년 농사가 흉년일지 풍년일지를 예언하며, 밤에는 식구들이 모여서 윷놀이를 하고, 밤, 호두, 잣을 까먹으며 부스럼 깨물어 먹고 자면 1년 동안 피부병 안 난다고, 또 백지로 등거리를 만들어 아이들에게 입혀서 몸에 병 예방으로 한다. 밤을 뜬 눈으로 새우고, 새벽에 오곡밥이나 약식, 채소, 산채, 야채, 건채, 귀밝이술에, 살찌라고 두부탕으로 제사를 지내고, 모두 모여 새벽에 밥을 장만한 대로 다 먹는다.

아이들은 다른 집에 가서 동무들을 불러서 대답하면, 더위를 판다고, '내

더위' 하고 온다. 예방으로, 동무가 부르면 더위를 면제한다. 온종일 밥을 아홉 번 먹고, 나무를 아홉 번 하고, 글을 아홉 번 읽는다. 농악을 울리며 온종일 가가호호 다니며 놀고, 걸립이라고 고사를 지내며, 쌀돈 겨우 거둬서 동네 필요한 걸 장만한다.

그런 것 하나도 없고, 썩어빠지는 배추, 무나물과 소 기름덩이를 외상으로 샀더니, 석양까지 달라고 졸라대서 그런 창피를 당하고, 다시는 고기 외상으로 살 게 아니라고 했다. 냄새난다.

채소나물에 소고기 기름덩이 국을 끓여 맛있게 먹었다. 단둘이서 먹으니 간단하다.

오랜만에 종대한테서 편지가 왔다. 문안 인사를 한 다음에는 결혼 이야기를 자세히 적었다. 며느리의 본향은 청주이고, 부모는 서울에 살고, 형제가 미국에서 살고 있다고. 1월 2일 포레스트 한인 장로교회에서 식을 거행했노라고. 아파트에서 그저 그대로 살고 있노라고. 이제야 알리는 것을 죄송하게 생각하며, 여러 교민들은 물론 종실이 내외가 힘을 많이 썼노라고.

아무것도 가진 것 없는 이역만리에서, 이제 간 지 얼마 안 되고, 언어도 불통이고, 맨주먹으로 어떻게 꾸려 가는지……. 부족한 것 많고, 얼마나 마음이 괴로웠을까? 아파트나마 얼마나 얻기가 힘들고 고가인지 월 35만 원이라고.

명절날 반가운 소식이다. 이제 마지막 대사이지만, 과거 여러 가지로 풍파가 다단했다. 다시 되새기게 되는데, 그저 말 몇 마디하고 흥흥해 두었다. 오는 말 가는 답, 차차 광범위하게 전개되며, 귀가 시끄럽고 마음이 불안하여 그저 좋도록만 넘기기로 했다.

언젠가는 뵐 날이 있으리니, 지난 사연 다 말씀드리겠다고. 아무쪼록 힘껏 건실하게 살기 위해서 노력하겠노라고. 부모님, 고향에서 건강하게 무사히 지내시기를 빈다고. 모두 교회에 나가고, 종실이 가족도 한인장로교회 나간다고. 마음이 놓인다. 객지에서 고독할 텐데, 교회에서 도움이 있겠지. 주님께서 복 주시기만 기도한다.

6·25 회상 (1983년 6월 25일 토요일)

지금부터 33년 전, 전쟁이 무엇인지 조국 광복의 해방된 기분으로 되나 못 되나 우쭐대고 날뛰던 때다. 너무나 압도적인 식민지 정책에 시달리고, 제2차 대전의 종말을 우려하다가 의외에도 불로소득인 양 크나큰 금덩어리를 갖자, 어쩔 줄을 몰라 각자 기고만장하고 횡행천지했다. 단체도 많고 정당도 많아 국회의원 입후보자는 10인 이상 20인 정도 출마. 모든 게 혼돈되어 질서 없이 휘청대다가 갑자기 물밀듯 터져 몰아닥치니, 나야 아무런 죄가 없다. 아무것도 한 일 없다. 자신만만하고 있다가 그만 코다치고 말았다.

가족들은 다 피난 가고 나 혼자서 기다렸다. 밤이다. 가만히 아랫집 뒤안에서 보니, 도로에 군대가 가는 소리가 들린다. 어찌 되나 하고 몸을 움츠리고 있었더니, 하나가 우리 있는 데로 가까이 오더니, 주인을 찾으며 앞길을 묻고 물 좀 먹자고 하며, 인민들은 걱정 말고 가만히 있으면 된다고 하며 가 버렸다.

그 이튿날이다. 트럭이 들이닥치고 역전에는 온통 사람들이 나와서 인민군을 환영한다고 소를 잡아서 대접할 고기를 분배하고, 식량 배급을 주고 야단이다. 군인들이 다 양순하고 인민들을 사랑하더라고 안심하라고. 우리 집에는 마차부대가 와서 4인이 쉬고 말을 두 마리 나무 밑 그늘에 매어 놓고, 자기들은 밤에 행군하니 낮에는 잔다고. 담배를 많이 주고 해가 지고 어두워지자 잘 있으라며 떠났다.

우리 집은 민청 회관이 되어 남녀 청년들이 매일 집합하고 우리는 들판 시전(柴田)으로 식구가 피난 갔다. 종실, 종정, 종인이가 마당에서 노는데, 개가 같이 있는데, 느닷없이 꽝 하고 총소리가 나더니, 개가 맞아 마당에 피를 흘리며 죽어 버리고, 총알에 마당의 흙이 패여 애들에게로 덮치자 아이들이 놀라 쓰러지고, 아주 악질로 유명한 외팔이란 놈이 나를 포승으로 꽁꽁 묶어 앞세우고 치안대로 갔다. 대장이 묻자 반동이란다.

대장은 농촌에서 급사 노릇하던 애였다. 치안대는 하신의 잠실이었다. 죄인들은 지하실에 가두었다. 전주 면내 유지들이었다. 면장, 지서장, 전조 합장, 기독교인, 청년회원, 소 잡다가 온 사람, 절도 등. 여인도 있었다. 어찌나 맞았던지 다 죽게 생겼고, 누워서 움직이지도 못하고 다 죽게 되었다. 나는 무슨 이유인지 냅다 심문하는데, 한민당원, 무기 은닉이란다. 밤중에 호명하여 나가면, 강 안에서 총소리만 탕탕 난다. 다시는 돌아오지 않는다. 순경이 잡혀 와서는 그렇게 죽었다.

치안대 유치소란 임시로 어디나 창고면 된다. 폭격을 피할 수 있는 곳으로 옮겨 다닌다. 지하실이란 여름철에 습기가 차서 물기가 있는데, 사람이 꽉 차니 더워서 숨이 막힌다. 취조 나가서 외팔이한테 매 맞는 놈은 초죽음해서 온다. 온몸이 구렁이가 감은 것 같은 모양이다. 검은 콩 먹는 것보다는 윗길이다.

제트기가 웽 하고 오면 방공 구호를 부르며 조용하다. 학교에 있을 때 제트기 수류탄 폭격 바람에 학교에서 이리 이사했다. 학교 폭격 시 우리 집 식구가 다 죽을 뻔했다. 학교에 치안대가 있는 줄 알고 제트기 4대가 왕래 하며 기총 소사하는 바람에 우리 집 기왓장이 다 깨지고, 텃논에 던진 것이

폭발해 논 가운데가 못이 되었다.

유치장에서 꼭 밤에 취조. 나가서 돌아오지 않으면 강 속 뽕나무밭에다 총살. 대장이 금촌(今村) 농장에서 소사 노릇하던 20세 되는 서울 술장사 아들이다. 그놈한테 그런 이름으로 불렀다가는 녹는다. 낮에도 지하실 창 틈으로 보면, 동네놈들이 왔다 가면 바로 외팔이가 잡아 온다.

판문 박장로 아들도 잡아다 이리로 넘겼다. 지서장은 봉동에 가서 잡아 왔는데, 삼베 중의 적삼을 입고 잡혀 왔다. 그도 며칠 후 검은 콩. 면장도 말도 못하게 맞고 겨우 일어날 만하다가 빨치산이 지나다가 와서 탕탕 하였다. 그 속에 갇힌 놈은 똑같은 운명이다. 사선을 넘을지 언제 콩알을 먹을지 모르고, 손에, 등에 땀만 흘리고 있다.

한 동네 살던 사람이 서로 위로도 하고, 서로 의심도 하고, 과거를 견주어 본다. 며칠 후엔가 한낮에 지하실에서 주먹밥 한 덩이를 손에 들고 먹으려고 하는 때였다. 우리 집사람이 종인이를 업고 치안대 문전에 나타났다. 가슴이 덜컥 내려앉았다. 또 다른 것이 첨부되었나 싶어 걱정이었다. 나중에 안 일이지만, 대장과 친한 분을 찾아서 내놔 달라고 부탁을 하러 왔었다고. 더러 그렇게 되는 일도 있었다.

하여간 죄명은 우익 정치, 무기 은닉이라고. 사실이 희미하니 1주일 만에 출옥했다. 나가면 곧 하늘을 날 것만 같더니, 나오고 보니 집에는 민청이 들어와 있고, 부락에서는 창고 재고 곡식을 다 동네 정미소로 약탈해 가고, 한 가마쯤만 남겼다. 하신 박순철 씨 집으로 옮겼더니, 부락에 온 것이니 같이 분배하자고 한다. 또 논은 모 심어서 잘된 걸 부락에서 인민반장이 서로 나누어 가져가 버렸으니 생각 말라고. 베어 먹으면 죽인다고.

밤에는 목천포 철교가 폭격으로 파손된 걸 다시 쌓는 일에 나오라고 야단이다. 몇 번 반장에게 술잔이나 주고 면했는데, 나중에 또 나오란다. 할 수 없이 가만히 삽을 들고 갔다가 비행기가 오는 통에 그저 강 속에서 날을 새고 말았다.

낮에는 민청에게 집을 다 뺏기고, 시전(柴田)으로 가서 비행기가 우 하고 오면 애들과 서로 이불보따리 의지해 숨고, 애들과 밀가루 수제비 먹고, 언제까지 이렇게 볶아치니 살 수가 없을 것만 같았다. 나다니며 들으니, 비행기는 아군이고, 촌락에는 인민군대만 안 보이면 안민(安民)이고, 곧 또 국군이 온다고. 비행기에서 선전문이 날아 떨어졌다. 미군 대장 누구누구가 온다고 하고, 밤에는 봉화가 높이 오르고, 곧 UN군이 온다고 한다.

하여간 어디로든지 속히 결정되어야 살지 사람이 활동할 수가 있어야지. 인민위원들은 지하 굴 속에서 촛불을 켜 놓고 사무를 본다. 일체 아무데도 안 나가고 꼭 방에만 있었다. 장연익산강철교, B29 폭격기가 와서 까만 물동이 같은 걸 던지고 가고, 돌아와서 던지고 가면, 펑 소리가 나며 검은 연기가 하늘 높이 뭉게뭉게 오른다. 소방대가 가고 모두 가서 구경한다.

나도 가 보니, 철교 옆이 동네인데 철교는 안 맞고 동네 민가에 떨어져 사람이 10여 명 날아가 버리고, 동네는 못이 되었다. 큰 폭탄이 떨어진 자리는 큰 방죽만 하다. 철교가 파괴되면 인민군 수송 철도가 불통이니 교통 차단인 모양이다.

종정, 종실이 둘이서 신호 마을 뒷뜸 김길동 웃방을 빌려 밤에는 거기서 자고 있으라 보내고, 종인이는 방 하나 차지하고 거기서 그대로 살았다. 폭격이 와도 다른 데로 갈 데도 없고, 아무 데나 있다가 죽게 되면 만다고 했다.

민청회관에서는 라디오를 갖다 듣고 있다. 외부인은 못 듣는다. 밤에는 군산 쪽에서 함포 소리가 쿵쿵 나고, 불이 번쩍거리는 게 보인다. 행여 미군이 상륙작전이나 하는지 지금이니 그런 생각이라도 하지만, 그때는 다시는 미군이 올 수 있을까 언감생심이었다.

하여간 먹을 게 없다. 먹고 살 일이 걱정이다. 쌀, 보리 모두 가져가고 나니 먹을 게 없고, 또 추수해도 하나도 손대지 못한다고. 인민위원회에서 분배하여 준다고 하니, 어린애들만 있고 장정 일꾼 없는 우리 같은 사람은 꼼짝없이 굶겠다.

그런 중에도 종대를 임신했는지, 그 익년 4월에 출생했고, 종인이는 세 살이었다. 33년 전이니 종대가 33세, 종인이가 36세인가 보다. 노산이라 엄마가 난산해서 고생했다.

9·28 수복 후에야 안 일이지만, 그때 부락민 가운데 치안대 왔다 갔다 하던 자가 밀고한 것이었다. 원래 일제부터 일제 농장 셋집 살면서 옆집 순사네하고 같이 살며 근방 밀정 노릇을 한 일제 근성이 있는 자로서, 인민군이 오자 일제를 감추고 습관성이 있어, 나도 그 자가 밀고했는가 싶다.

전쟁 시기에, 농촌 식량 공출 시 짚 누리에다 감춘 짚을 밀고하여 찾아낸 것도 있어 그 집과 원수로 지냈고, 아주 상습적인 자다. 9·28 후에는 부락인민위원장을 지낸 부역자로 타처로 도피한 걸 잡아다가 고생도 시켰다. 하도 늙고 체면이 안 되어 곧 석방했다. 그후로 또 무슨 사건으로 가족이 지방을 떠나 타처로 갔는데, 거기서 병들어 죽었다. 남에게 악한 일을 당하게 하고 자신이 행복할 수 있을까? 하늘이 준 벌이다.

우리 애들이 직장에 근무 중 군대 기피자로 밀고를 당했다. 그래서 입대 수용소에서 한 달인가 고생한 일이 있는데, 역시 그 집에서 밀고한 것이다. 무기를 숨겼다는 것은 국군 후퇴 시에 우리 논에다 장총을 던지고 갔는데, 수복 후 벼를 베다 그 총을 인부들이 찾아서 지서에다 갖다 준 사실이다. 그걸 누가 보고 그 사람에게 말해 그런 것이다. 한민당원이라는 것은 그저 근방에서 모모 인사는 무조건 우익인가 하고 말한 것이다.

6·25 후유증은 말로 다할 수 없다. 곡물 수백 가마를 착취당하고, 여러 가지로 복잡다단했다. 나만 당한 일이 아니고 온 세상이 다 당하고 온 가족이 몰살당한 집도 있으니, 목숨 산 걸 다행으로 알아야 하지만, 금년 33돌 6·25를 맞이하니, 다시는 그런 전란이 또 있어서는 못 살겠다.

이제는 피난갈 데도 없고, 전후방이 따로 없을 것이다. 긴 세월이 아닐 것이다. 늙은이들은 어쨌든, 젊고 어린 것들이 처참하다. 6·25 당시를 체험하지 못한 젊은 사람은, 그저 총 놓고(쏘고) 비행기 폭격했겠지 하며 보고 싶어 할 사람도 있을 것이다. 6·25를 실지로 체험하고 나서는, 확실히 공산정치란 어떤 것이라는 것을 알았다.

노년

이민 초청장 (1978년 1월 13일 금요일)

캐나다에서 편지가 왔다. 크리스마스 카드가 왔나 했더니 바랐던 초청장. 이번에는 확실한지 모르겠다. 몬트리올 올림픽 때는 초청 자격 미비로 무산됐는지 몰라도, 이번에는 5년 만기니 정확한 내용을 알고 한 것이다.

그러나 만약 간다 해도 문제는 돈이다. 비행기표는 사 보낸다고 했지만, 기타 여비가 크다. 내 형편으로는 능력이 없는데 반가운 걱정이다. 기회는 적당한데 자신이 그래도 다소 준비가 필요한데, 빚내기도 그렇고 걱정이다. 젊었을 때 모양 마음이 공연히 부풀어 오르고 설렌다. 세월이 더딘 것만 같고 수속 절차가 공연히 까다로운 것만 같아 누구를 원망하고만 싶다. 만나는 사람마다 묻지도 않는데 알리고 싶고, 자랑하고만 싶다.

아직도 서류 정비도 다 못 되고, 수개월 후에나 될지 안 될지 모른다. 너무나 서두르지 말자. 침착해야겠다. 간다고 해도 가내 농사, 제반 살림살이, 어떻게 누구에게 맡기고 갈 것인가? 아직 묵은 빚도 미완결이고, 재건 도상에 있다. 무엇보다도 몸 건강이 중요하다. 오나가나 그렇다.

Canada 書信가 왔다 크리스마스 카드나 왔나 했드니 開封해보니 所望의 招請狀 財政保證도 並封 連求 同令 壯丁 申告書等이다 鍵突便에 보내왔다 代行旅費社에 依托하라고 하였고 厚意은 裡里寫眞舘 撮影記念까지 封함하야 登記付送한 것이니 爾後 書信審査 登記로 보냈고 其間 消息도 傳하고 必要한대로 使用하라고 100 連求 100 添付했다 新年劈頭를 받가운 書信의 열음이니 今番에는 確實한지 모르겠다 아몸조피 여겨는 招請資格未條를 追填됐든가 몰라도 이걸 時日 蕩盡五年이나 되 確認 內容을 알고 한 것이니 또 昨年 尹氏라고 春川 農大學長 宗親본으로 故国訪問次 服서울에 온길에 서울서 相逢하야 하루 걸이는 일이 있는데 그분에게서도 年賀狀 象書信가 왔는데 確信이 간다 唁에서 하는일이 잘될바 없다 그러나 出發 간다하드라도 또 모든 問題은 돈이다 飛行機票은 사보낸다고 했지만 其他 旅費가 그다 내 形便으로는 能力이 없는데 받가운 걱정이다 期会는 過하는데 日用이 그래도 多少 準備가 必要한데 빗 뻐기도 그렇고 걱정이다 毫이라도 보내 模을 千원 차려야겠다 裡里 團方의 換銀行에 가서 차렸다 2008年 09月 96年 26일이니 換率 每市價로 매로주다는 것이다 사진을 찾 2찻 다앴네 郵便 好看했다 李里 異域에서 努力해서 모은돈 하나一 勤劳와 精誠이 들어있다 잘부도 했되 使用할곳이 過去에도 그렇지만 勿論 今回에도 가장 必要한 데다 使用해야겠다 없믓을때 모양 마음의 空면 부부더욱 그실네인다 歲月이 더된것 같고 千費 即次가 恐慌다가 다른것만 걸어두구를 怨망하고 만 合니다 나는 사람대로 곳지도 옳는데 앓고 술고 주장하고 만 호다 아직도 書畵醬飾도다 못되고 死別後에나 될지 않될지 모른다 너무나 서들러 말자 沉着해야겠다 간다고 해도 家功 作農 諸般 삼서사리 어덩게 누구에게 떡기고 갈것인가 아직도 III債도 未苦決이고 再建途上에 있다 무엇보다도 몸 健康이 重要라다 오너라 그렇다

나들이 (1982년 4월 21일 수요일)

오랜만에 여행길에 나섰다. 집에서는 큰 계획을 하고 나섰다. 이번 길에 뜻대로 소득이 되면, 빚도 갚고 짐 가볍게 부담 없이 활발하게 한때라도 자유롭게 마음 편히 살아 볼까 하고 나섰다. 먼저 금호동으로 가리라 예정을 했다.

서울역에 도착하니 여전히 사람의 물결이 범람하는 것밖에 안 보인다. 역전에 눈에 띄는 럭키빌딩이 허옇게 네모난 집이 보이는 걸 모른 체 외면했다. 예전에는 보고 또 보고 했었다. 하루하루 발전하도록 기도했는데, 이제는 오히려 원수와도 같이 외면했다.

진구네 집(셋째아들 집)으로 전화를 걸었더니 미현이 모자가 나와서 택시로, 초행길이 어디인지 깊숙이 들어갔다. 금남시장. 남대문시장보다 더 큰 것 같다. 산꼭대기로 올라가서 게딱지 다닥다닥 붙은 가운데였다. 어제까지 다른 데로 식당 경영차 이사했다가 여의치 않아 도로 오는데, 왔다 갔다 비용만 났다고 다시 남대문시장으로 나간다고 한다.

그 이튿날 강서구 화곡동을 찾아갔다. 종대 이모가 별세하였다. 가슴이 뭉클하며, 사진을 보니 작년 10월 15일 서예전시회에 와서 보는 것만 같다. 그때 친필로 병풍을 만들었었는데, 잘 장식해서 쳐 놓았다. 유품으로는 유일한 기념이었다. 그때 쓴 글의 설명까지 해서 잘 들었는데, 이제 보니 더욱 감회가 깊다. 그도 저도 없는 사람은 무엇이나 보겠는가? 겨우 사진을 두고 바라볼 뿐이다. 무언가 유품이 얼마나 사후에 기념이 되고 대대손손 전할 수 있을까? 실로 보람을 느끼게 되는 것이다.

밤이 이슥하도록 전에 여수, 군산 세관에 계실 때의 추억을 되살려 가며 애도했다. 이젠 언제 다시 또 와지려는지, 다음 달 4월 29일이 100일제라고 하였다. 그때쯤 왔으면 모두 만날 걸 그랬다. 뒤돌아보며 내가 다시 오게 될는지 알 수 없는 일, 잘 있으라고 뒤돌아보고 작별했다. 금호동까지 차로 태워다 주고 여비도 주었다.

금호동에는 진구, 명구, 미현, 그 엄마, 4인 가족이 산다. 진구는 내년의 대학입시에 전력을 다하여 시험 준비하느라 시간 여유가 없다. 명구는 중 2에 서예를 하는데, 집안 생활은 시장에 도시락을 만들어다 판다고 했다. 일손이 모자라, 아이들이 학교에 갔다 와서는 공부할 시간이 없다고. 뒤처리에 식사 준비. 엄마 혼자는 못하니 애들이 거들지 않으면 힘들다고. 새벽 4시 기상 밤 10시까지. 전부 다 밥 먹을 새도 없다. 얼마나 고된 노동이며 힘이 드는지 차마 볼 수가 없다. 그래도 다른 것보다 나아서 계속하고 있노라고. 그렇게라도 네 가족이 먹고 살고 학비를 대며 살고 있다고. 다행으로 알고 계속할 모양이다.

진구는 철이 들어서 엄마·아빠의 처세에 대한 비판이 확고하였다. 절대로 이혼은 부당하다고 한다. 재산이 문제가 아니라고. 장래 영원하도록 호적에 적혀 있을 것이라고. 천하 없는 일이 있더라도 안 될 것이라고 하였다.

그 이튿날은 수민(넷째아들의 집) 외가로 연락하였다. 종로 화신백화점 뒤 장미숍에서 만나기로 약속했다. 오후 5시 약속 장소로 나갔더니 미리 와 있었다. 만나서 소식도 알고 자세한 부탁도 했다. 현재의 마켓 자리를 사서 형제가 함께 하고 있는데, 차도 자본도 필요하다고. 앞으로 언어라든지 자금이 융통이 제대로 되겠다고 한다고. 늘 왕래하는 편이라든지 편지가 왕래한다고. 어찌 우리집에는 안 오는지 답답하고 궁금하다고……. 현재 내가 무슨 생활을 하고 있는지 짐작하지 못하는 것 같아 답답하다. 조금만 더 참고 기다리시라고 하였다. 부득이하다.

밤이 어두우나 종로 거리에는 인파가 그칠 줄 모른다. 밤이 되어 사람과 사람들의 파도를 헤치며 같이 합류해 보았다. 언제까지 저렇게 허우적거릴 판인가? 통행금지도 없고 끼리끼리 쌍쌍이 어디를 가는 것인지? 갈 곳이 없어 그저 걸어라도 보려는 것인지.

나도 몰라 따라갈 수도 없어, 타고 갈 차가 오기에 그만 올라탔다. 집에 오니 모두 저녁식사를 않고 나를 기다리고 있다. 같이 저녁밥을 고기반찬에 맛있게 먹었다. 저녁에는 과일도 사이다도 사다 먹었다.

회고 (1982년 8월 14일 토요일)

1945년 10월경, 판문에서 이곳으로 이사했다. 어느덧 37년이라니, 그동안의 과거는 너무나 많은 파란곡절이 있었다. 불법 점거라고 관재처에 고발당해 미군정청에 불려 다니고, 일산(日産)관리국과 세무서에 출입, 미등기분을 완전 소유로 하기까지는 온갖 정력과 재력을 다 들였다. 그래 놓고는 불행을 당해 점점 가세는 기울어져 수많은 고생, 이루 헤아릴 수 없다.

매일 농사일을 했지만 겨우 생활밖에는 안 된다. 아이들은 제 각기 분산해 나갔다. 점점 노쇠하고, 부득이 이전 상속도 증여세니 농지이전법이니 해서 용이치 않다. 그런 중 불행히도 몸에 병이 들고 채무는 늘고 복잡했다. 자식들이 제 생활에 따라 방향을 전개하는 데 도움을 바라서, 일부를 저당해 융통해 주었다. 그것이 화근이 되어 충돌이 시작되었다. 날마다 찢고 발기고, 후처(後妻) 모녀의 합동 작전에 육박전으로 대항. 병은 점점 깊어만 가고 살 길이 없다.

자식들은 다 떠나가고, 하나 있다고 해야 힘이 없다. 같이 상대할 수 없다. 그래서 재산에 대한 권리를 일체 포기하였더니, 이와 같이 쫓겨나게 되었다. 좀 더 구체적으로 법적 송사라도 했어야 했나 보다. 후회 막급이다. 내가 쓰던 것들 모두 싸서 토건회사 방으로 실어 내보내고, 마침내 축출을 당했다.

36년간 내가 살던 곳에서 쫓겨나오니, 앞이 캄캄하고 사지가 벌렁벌렁 떨린다. 이 분함을 어디에 어떻게 호소할까? 오직 하나님은 알 것이다. 외로운 자를 위로하시고 도와주시옵소서. 참고 참고 끝까지 참습니다. 결과가 어찌 될는지 남부끄러워 못 살겠다.

맹장수술 (1983년 2월 3일 목요일)

교회에 가서 새벽기도회를 4시에 시작하여 6시경에 끝마치고 집에 오니, 잠이 미진한지 다시 자기 시작했다. 실컷 자고 나니 오전 9시경이었다. 밥 생각도 없는데 대부흥회인 이번 기회에 큰 은혜를 받고 좀 더 깊은 신앙의 진리를 찾기 위해 철저히 계획하였다. 그래서 오전 성경 공부도 확실히 배울 작정이었다. 10시 시작이라 그저 굶고 갈 수가 없어, 자고 난 입맛이라 그런지 맛이 없지만 조금 먹었다. 먹고는 바로 교회로 갔다.

뱃속이 이상하다. 헛배가 부르고 선하품이 나고 체한 것만 같아, 약을 사서 활명수로 먹고, 조금 있다 변소에 가서 일 보고, 또 약을 계속 먹어도 쾌감이 없다. 선하품이 나서 견딜 수가 없다. 성경 공부가 오후 2시에 끝났다.

집에 와 누웠어도 여전히 선하품이 난다. 다른 보광당 소화제를 먹어도 소용없다. 석양쯤 되니 한기가 들고 떨리며 전신이 죄어들고 아픈 게 견딜 수 없다. 조금 있자 오한기는 개고, 아랫배가 당기고 아프다. 다리가 꼬부라지고 잘 펴지지 않는다. 밤새도록 배가 아파 뜬눈으로 날을 새고, 새벽이 되어 모두들 와 보고 맹장자리는 틀림이 없는데, 속히 병원으로 가야지 여기서는 알 수도 없고, 시간 늦어 곪아 터지면 큰일이라고들 속히 가라고 한다.

그러나 나는 더 살고 싶지도 않고, 또 병원에 가면 큰돈이 필요한데 돈도 없고, 지금 음력 연말이라 이 집에도 사방 돈 줄 데는 많고 아무런 방안이 없다. 나는 내 정신이 없고 통증만 더할 뿐이다. 바로 택시가 와서 수진 엄마가 싣고 병원으로 갔다.

진찰실로 가서 배를 만져 보고, 혈액검사, 소변검사를 하더니, 화농이 돼서 터진 듯싶다. 속히 수술 준비하라고 온통 야단이다. 나는 진찰실에서 링거를 맞고, 수진 엄마는 집으로 입원 준비차 가 버리고, 다시 수술실로 옮겼다. 링거 꽂은 채로 양복도 벗을 시간 없이, 입은 채로 수술대 위에 옮겨졌다. 소변을 다 보라며 변기를 댄다. 보고 나서 양팔을 꽁꽁 묶고, 다리도 꽁꽁 묶는다. 조금 있다가 가족이 올 테니 기다리라니, 그럴 여유가 없다고, 할아버지, 안심하고 있으라고 한다.

노인이라 특별히 원광의대 전문가를 초빙했으니 안심하라고. 한 가족 만 명이 있어도 소용없고, 하나도 없어도 괜찮다며 링거 맞는 그 호스에다 주사를 한 방 주는데, 액이 혈관으로 들어가자 어찌 아픈지 소리를 지르며 못 견디겠다고 하니, 좀 아프다가 조금 있으면 된다고 한다. 간호원 2인이 수술기구대 전부를 알코올로 소독하고 불로 다 소화시킨다.

의사들은 미리 입 마스크 복장에 완전무장을 하고, 배꼽 밑을 면도로 째는 것까지는 기억나는데, 그 후로는 전혀 모르겠다. 그 날이 지나고 이틀날 오후쯤이나 되는지, 나는 전혀 기억조차 모르고, 누워서 보니 어느 입원실에 누워 있는데, 종대 엄마하고 판문 형남 아저씨하고 두 손을 꼭 잡고 있다.

깨어나서 들은 것이지만, 두 손을 내흔들며 환부를 쥐어뜯으려고 내흔들며 야단을 쳐서 어제부터 지금까지 둘이서 손을 꼭 잡고 지키고 있다고. 깨고 나니 잠깐 한순간 잠자고 난 것만 같아, 아무런 환부의 통증도 모르겠고, 그저 목이 타고 가슴이 답답할 따름이다. 맹장이 화농되어 터져 복막염이 되어서, 두 군데나 길게 심을 박았다고. 노인이라 혈압이 내려가고 원기가 부족하여 매우 주의하고 정밀하게 수술했다고. 아주 위험했다고.

손에 링거가 꽂혀 있고, 입원실 안에는 위문객들이 와 있었다. 아무런 아픔도 생각도 없고, 그저 주님 앞에 감사할 뿐이다. 링거로 다 보충되니 물도 아직 못 마시게 하고, 그대로 누워서 괴로운 것을 좀 참고 있으라고 한다.

판문 박장수 집사가 제1착으로 찾아왔다. 석양쯤 울산에서 종인이가 왔다. 어제 전화 받고 이제 왔다고. 긴장된 안색으로 두 눈에 눈물이 글썽거리고, 얼마나 놀라고 제 정신이 없이 왔을까? 초조한 심정이었겠지. 누워서 보기조차 안타깝다. 다 어디로 가고 저게 혼자, 급보를 듣고 얼마나 황급하게 달려왔을꼬? 가슴이 두근거리고 울음이 터질 것 같아도 꾹 참고 감사한 마음뿐이었다. 그래도 마음이 좀 놓인다. 단 하나라도 와 있으니 나 역시 위안이 된다.

가슴이 답답하고 물을 마시고 싶다. 달라고 하자, 가스가 아직 완전히 나오지 않았으니 조금만 참으라고. 원장이 간호원을 대동하고 환부 치료차 와서 아주 위험했으나 경과가 양호하니 안심하라며, 앞으로는 뱃속 병은 다 없어지고, 위장이 아주 튼튼하다고. 더 오래 사시라고 위로의 말을 해준다. 자세히 알고 보니, 원장은 전남 출신인데 의술이 고명해서 환자가 매일 많이 와서 조수, 간호원 대번창이라고.

오늘은 가스가 안 나오니 우선 완장(浣腸)을 하자며, 항문에 약물을 넣어 가스를 내보내게 하고, 갈증나니 무엇이든 마시라고 한다. 대장촌 사는 종인이의 친구 김영열이가 삼원 드링크 한 상자를 사 와서 그걸 마셨다. 그리고 교회에서 알고는 목사님 내외분, 정용태 장로, 이창상, 김병렬, 윤봉조가 음료수와 과일을 가지고 오셨다. 목사님이 기도하시고 많이 위로해 주었다. 판문 김형남, 박장수, 오늘도 오셔서 위로해 주시고 오랫동안 계셨다.

서울 화곡동 진민수에게 종인이의 대필로 편지를 보냈다. 2월 7일이 기일인데, 꼭 참례할 계획이었으나 입원치료 중이니 양해하라고. 이번에 상경하면 친척들 여러 사람을 만날 계획이었는데 묘하게도 사고가 발생했다. 더욱이 2월 6일에 친목계원들이 상경해 함경근 일동이 병문안하고, 하대규 딸 결혼 날이어서 예식에 참석할 예정이었고, 또 여비 일체를 계에서 지급키로 해 아주 크게들 기대했던 건데, 그만 모두 참례할 수 없게 되고, 나만이 고통 신음 중이다.

생각할수록 아찔한 위기일발이었다. 만약 여행 도중에 돌발했으면 어마두지. 그만 손이 늘어져서 꼼짝달싹 못하고 거리에서 불쌍하고 더러운 죽음을 당한 뻔했다.

그저 모든 것이 하나님의 경륜이요 작정이시다. 우리 주님의 오묘하신 은혜로 감사 감사하였다. 집에서는 연말을 당해 왕래하고, 종대 모는 내 시중드느라 오도 가도 못하고 대소변 처리하고, 식사 준비, 접대 관계로 밤에도 또 가끔씩 가사로 집에 왔다 갔다, 잠잘 시간도 없다.

오늘은 친목 계원들이 방문하기 시작했다. 신기우, 고용득, 이철종, 김 아무개 등이 선물을 사 들고 와서 장시간 위문하여 주고 갔다. 정보는 빨라서 근방 부인들이 모두 왔다. 이수덕 부인, 동수 모친, 박동섭 부인, 양시호

와 양광문 모친, 이장용 부인, 아랫집 내외분과 큰자부, 모두 다 무언가 물품들을 가지고 오신다. 그저 오는 것만도 큰맘 먹어야 하는데, 돈도 없이 매일 품팔이해서 생활하는 부인들이다.

때마침 사화 이상탁의 딸이 금년에 여중 3학년생인데 갑자기 나와 동일한 맹장으로 수술하고, 옆방에 입원 중이라며 찾아왔다. 가는 사람들이 내게 왔다가 그저 갈 수 없으니 가시는 사람들. 병원이 떠들썩하다. 대장촌에서 왕진 다니는 환자들도 많다. 오는 사람도 소식을 듣고 찾아주는 사람들도 많았다.

그런데 종인이는 내 병세가 경과가 좋고 잘 회복되는 걸 보고는 직장 관계로 부득이 울상을 짓고 울산으로 떠났다. 젊은 청장년 같으면 큰 걱정되는 난치병은 아니니, 노쇠한 것뿐이니 안심하라고 잘 가라고 했다. 밤에 아무도 없이 혼자 있을 때는 불편이 말로 할 수 없다. 마침 옆방 아이의 모친이 가끔씩 와서 도와주어 큰 도움을 받았다.

병상 (1983년 2월 25일 금요일)

벌써 25일이다. 병상도 지루하다. 작년까지 간경화로 80~82년 말까지 겨우 회복기에 들어가 좀 안색이 날 만하더니, 이번에는 더 무거운 맹장염 대수술까지 하게 되었으니, 앞으로 또 이런 병고가 있을까 싶다.

변비가 또 도진 것같이, 통변이 잘 안 된다. 늘 밤낮 누워만 있으니 장운동이 부족한 탓인 듯싶다. 환부를 집에서 매일 치료해도, 이상하게 께름칙하고 가끔씩 통증이 있다. 영옥이를 오라 하고 늦게까지 기다렸으나 10시가 넘어서도 안 온다. 목마른 놈이 샘 판다고, 내가 아쉬우니 그래도 쫓아

갔다. 길이 녹아서 잘 걸을 수가 없다.

환부를 보더니, 잡살이 끼어서 다 제거하고 본격적으로 처치했다. 며칠을 방치했더니 그동안 균이 들어간 것이다. 좀 아팠으나 계속 며칠 치료 받아야 한다고. 시원했다. 거기 때문에 기침만 해도 결리고, 대변도 힘쓰면 아프다.

날씨가 확 풀려서 봄 날씨다. 우수가 지나면 대동강 얼음도 풀린다더니, 경칩이 며칠 안 남았다. 차차 온화해지겠지. 상하 내복에 런닝셔츠까지 전부 벗고, 새로 갈아입었다. 목욕을 해야 하는데, 환부 때문에 아직 못하고, 우선 머리가 길어서 보기 싫다.

때마침 우편이 왔다. 신문도 보고 싶지만 혹시나 편지가 오지 않았나 싶어 받아 보니, 이리원협에서 조합 탈퇴 승인서가 나왔다. 출자금 증빙서, 인감증명, 실제 도장 지참해 찾아오라고 통지가 왔다.

겸사겸사해서 역전에 나갔다. 애기들 걸음마하듯 짜박짜박 나섰다. 만나는 사람마다 병고로 얼마나 욕보았느냐고, 인사가 계속이다. 바람 한 점 없는 청명한 날씨다. 보는 사람마다 다 반가웠다. 상판이 하도 험상궂어서 속히 이발을 했다. 장발을 단발로 바짝 잘라 버렸다. 속이 시원하다.

면사무소 민원실에 가서 인감증명 1통을 떼었다. 증빙서와 출자증권이 없다. 통장은 기입한 금액이 조금 있을 따름이다. 도로변으로 가만가만 주의해서 왔다. 자동차가 계속 왕래하니 위험하다. 발이 제대로 놓이지 않아 천천히 앞뒤를 돌아보며 오래오래 걸려서 왔다. 운동을 해서인지 밥은 먹고 싶지 않으나 차라도 한 잔 했으면 했다. 오랜만에 윗집에 올라가니, 원탁회의를 개최 중인지 재미있는 담화 중이었다. 밥을 차려다 맛있게 먹었다. 그동안은 여기서 지어 먹기도 하고 뜨거운 국이나 찌개나 갖다가 간단히 먹었다.

종인에게 엽서를 냈다. 이번에 돈이 많이 들어 욕도 보았지만, 아직도 완치가 안 되어 있는 중인데, 아무런 편지 하나 없으니 오는 사람마다 이상하게 여기고 나도 섭섭하다. 물론 출근하느라 바쁘겠지만, 평소에도 가끔 문안을 하는 게 옳은데 중병 치료가 있은 후이니 더욱 문안 편지 내는 게 옳은 일이지.

-용돈 (1983년 2월 26일 토요일)

이리익산원예조합 탈퇴서를 제출한 지 벌써 3개월이 지났다. 2월 총회를 거쳐야 결정된다기에 지금까지 고대했다. 그걸 대부 안 해 준다고 오만 불평 다 듣고도 참았다. 동전 한 푼 생산 수단 없이, 세상 살아간다는 게 사는 게 아니고, 목석같은 허수아비 생활이다. 그저 먹고 사는 것만이라도 다행으로 알아야 한다. 기막힌 일이다.

그래서 일찌감치 탈퇴해서 출자금이나 찾으면, 용돈이라도 마련될까 한 것이다. 2월이 되자 꼬박 날짜 넘어가기만 고대했다. 그러나 불행인지 다행인지 맹장염으로 큰돈이 들었다. 종인이하고 내가 부담하고 집에서 보태고 해서 퇴원을 하였다. 병원 외상 때문에 매일 치료받으러 못 가서, 아직 환부도 덜 아물고, 변비도 있기에 욕을 봤다.

모두가 다 현금 문제로 일이 지연되게 되었다. 때마침 어제야 탈퇴 승인서가 나왔다. 제출서류를 구비해 지참하라고 했다. 우선 민원실에서 인감증명을 떼고 또 출자증권은 아무리 찾아도 이사 통에 없어져 버렸고, 통장만 있어서, 도장과 함께 가지고 갔다. 자기앞 적금 399,000원(출자금), 1,615원, 82년도 출자금 37,315원 = 437,930원. 수십년 간 출자금에서 한 푼씩 적금한 것이 겨우 이것이다. 그래도 빈자일등(貧者一燈)이다.

제중약국 1,700원, 조선일보 82년도 신문대금 4,700원 주고, 대장촌 약방 외상 약값 1,000원, 양복수리비 1,000원, 우체국 220,000원 저축했다. 집에서 가끔씩 용돈도 썼지만, 이번 병원비에 잡비 해서 모두 합 200,000원을 주었다. 그대로 모른 체할 수도 없고, 내가 내 몸 위해 하는 것, 아깝게 생각 말고 선선히 주어야 하겠기에 청산했다. 마음이 걸리더니, 주고 나자 가슴이 시원하다. 신광노인학원에서 문병조로 5,000원을 보내 주어서 감사히 받았다. 대신 무언가 갚아야 한다.

판문에서 순예 남편이 어제 죽었다고 부고가 왔다. 병으로 고생 중, 생전에 한 번도 못 가 보고 죽어, 문상이라도 갔다 와야 했다. 별 약도 안 쓰고 돈 없다고 그저 낫기만 바랐다는 것이다. 몸이 불편해서 바로 나왔다. 오다가 박장수 집사 집을 방문했다. 학원 소식도 듣고, 졸업식 소식, 앞으로 한 달밖에 안 남았다고. 사진대도 많이 든다고, 약 1만 원 예산이라고.

차도 안 타고 일부러 걸어서 왕복했다. 날이 따뜻하고 바람은 잔잔하니, 조금씩 서풍이 분다. 그대로 풀리겠다. 맑은 공기를 흡족히 마시며 대활보하니 막혔던 가슴이 확 트이고 머리가 경쾌하다. 운동을 하니 환부가 이상하다. 그러나 운동을 함으로 위장이 균형되어 변비증이 없어져, 대변이 제대로 나온다.

앞으로 며칠만 더 치료받으면 다 완치되겠다. 낮에 태양빛 많이 쬐고 누워서 낮잠 안 자면 밤에 곤히 자고 숙면이 된다. 어서 건강을 되찾아야겠다. 점심을 안 먹고 저녁을 맛있게 먹으려고 참았다.

독거 (1983년 6월 28일 화요일)

독신생활이란 어려운 일이다. 먹는 일이 제일 중대사지만, 입고 벗고 몸 건사하기도 큰일이다. 여름철에는 내복과 셔츠만 세탁하니 간단하지만, 겨울철에는 용이치 않다. 윗옷은 세탁소에 맡기지만 겨울 내복은 힘들고 남자가 할 일이 못 된다. 매일과 같이 양말을 빠는 것이 곤궁스럽고 잘 안 된다. 셔츠 단추 하나만 떨어져도 양복점에 갈 새도 없고, 거처하는 방도 청소하는 게, 하기 싫으면 며칠이고 그대로, 침구도 그대로 자고 몸만 쏙 빠져나오고, 불결하기 말할 수 없다. 밤이 되면 말벗도 없고, 초저녁에 한 소금 시들고 나면 그대로 날을 새야 되니, 라디오, TV도 없고, 겨우 신문을 뒤지나 밤에는 잘 안 보인다. 안경을 써도 희미하다.

사람이 말벗이 큰 위안도 되지만, 종일 밤새도록 말 한마디 않고 있으니 무상심상이다. 호불호도 무감각 상태다. 고독은 금이요 침묵은 금이라지만 자연 애수를 느끼게 된다. 언어에 우둔하고 자기의 의사 발표를 못한다. 한밤중에 목이 타도 그냥 참고 견딘다. 갑자기 변소에 가야겠는데, 위에까지 올라가는 게 아득해 참아야 한다. 오늘도 식모하고 마누라하고 응얼거린다.

이민 계획 (1984년 2월 21일 화요일)

서울행 특급을 탔다. 이리에서 서울로 알렸다. 오후 3시 도착이라고. 좌석이 없어 입석을 탔다. 노구로 서서 가려니 불편했다. 그러나 급한 기대로 불편도 불구하고 열차가 거북이 걸음 같다.

서울역에 도착하니 수민 외조모님(4남의 장모)이 막내아들과 함께 환영 나오셨다. 처음으로 수민 외가댁을 가게 되었다. 노친도 계시는데 빈손으로 가게 되어 멋쩍었으나 내일로 미루었다. 4남 종실이는 밤에야 회사에서 왔다. 1년 만이다. 모두 가내 무고하다고. 종대도 잘 있다고. 오랜만이기도 하지만, 사업이 잘 된다니 마음이 흡족하다.

계획대로만 되면 금년 안에 미국으로 초청한다고. 몇 달만 고생하라고. 제일 급선무는 호적상 조속히 이혼할 것. 그다음 그곳에서 떠나 울산 종인에게로 가서 있으라고. 울산으로 전화하겠다고. 산소 임야는 그저 그대로 내 앞으로 두고 있으라고. 그러는 동안 용돈은 보내겠다고. 그리고 답답하면 부산으로, 서울로 다니라고. 그런 돈은 송금하겠다고. 마음 편히 계시다 오시라고. 호적 문제가 중요하다고 걱정을 하였다.

고향에서의 마지막 예배(1984년 3월 18일 일요일)

교회 주일예배. 마지막이란 생각이 드니 더 한층 슬프다. 모든 절차가 더 한층 감회가 깊다. 기도도 설교도 심각하게 진실된 예배였다. 특별히 헌금도 10만 원을 했다. 종실이가 준 걸 의의 있게 하나님께 드렸다. 주님의 사랑으로, 몇 차례 죽을 뻔한 험지에서 재생의 구원을 받아 이 날에 활동하게 됨을 어찌 잊으리요? 만분지일도 못 되지만, 내 정성일 뿐이다.

예배 후에 교회 장로님들, 목사님은 물론이고, 제직, 평신도들에게 작별 인사를 올리고, 섭섭한 데는 서로 약소한 선물이나마 정표했다. 노친네들에게 지폐 한 장 주니 그저 감사하다고 찬사다. 더욱이 못 잊는 데는 양 생원 댁 김영옥. 내가 병중에 매일과 같이 치료를 담당해서 결과가 양호하여 재생케 되니, 어찌 잊을 수 있겠는가? 약소하나마 안 잊고 정표를 했다. 중촌 최병권 집이다. 나를 아버지로 삼아 늘 과일, 육류, 명절마다 대접을 받았다. 거기도 정표로 인사하고, 역전 김종섭 부인, 매일 식사에 찬을 열심히 챙겨 먹게 하고, 위장 고장으로 노상 세탁에도 마다 않고 신세 져서 심방했다.

밤이다. 김성철 친구 집을 출발, 인사차 갔다. 뜻밖이라고. 그저 그렇게 되었노라고, 내일 출발이라고 하니, 판문에 전화를 걸어 박장수, 윤판준 4인이 만났다. 옛날의 우정들을 생각하며 즐겁게 대해 주어서 얼마나 감사한지……. 8번집 주인도 참석 동조하였다. 다방까지 가서 밤이 깊도록 회고, 추억. 판문에서 살던 때, 매일같이 재미있게 우정을 쌓아 젊은 기상을 달래며 단란하던 일이 의미심장했다.

여권 서류(1987년 9월 25일 금요일)

호적등본 2통, 사진 칼라 5cm × 5cm 15매. 종대 혼인신청호적 초본이 종로구 계동 1번지로 되어 있어, 분가 후 초본 2통. 초청장에 사실대로 되어 그대로 구비했다.

더 필요한 서류가 있다. 현 주민증등본 2통을 서초동사무소에서 떼고, 광화문우체국에서 본적지 호적등본 2통, 완주군 조촌면 원동리 197번지 산 등기부등본, 김제군 백구면 영상리 29번지 등기부등본을 각 지방법원 등기소로 신청했다. 요금으로 호적 1,000원, 등기부등본 800원, 왕복우표 4,800원 비용을 내고 우편으로 청구했다.

지난번에도 했는데 잘 왔다. 다시 호적이 필요하고, 납세증명 등, 재정이 많을수록 좋은 모양이다. 기타 종인 재직 증명, 갑근세 납입 증명, 은행 잔고 증명 필요. 남미이주공사로, 광화문우체국으로, 은행으로 왕복. 오후에는 서초동회로…… 분주했다.

우리나라 외무부 여권 신청은 이것으로 되는데, 미국 대사관 비자, 입국증이 중요하다고. 대사관 문전에는 여권 관계자가 장사진을 치고 있다. 매일같이 그런다고. 어찌될는지 기대된다. 조급한 생각 버리고, 통과되어 나오도록 기다려야 한다.

자취 (1987년 11월 11일 수요일)

자취 생활이란 여자나 할 짓이지 남자는 힘들다. 밥은 냄비에다 지으면 되는데 반찬이 문제다. 슈퍼에서 파는 김치는 한 포기에 천 원이다. 조금씩 먹으니까 오래 먹는데, 너무나 비싸다. 무 한 개 150원, 당근 100원, 캬베스 한 포기 300원이다. 고기보다 비싸다. 덮어놓고 사다 먹으면 차라리 음식점에서 먹는 게 낫다.

하여간 돈은 덜 드는데 늘 자신이 활동해야 한다. 늙어가지고 자식들 낯 깎는 짓이다. 그래도 지금들은 누가 뭐라고 하든, 자기 생각대로 사니까 관계없지만, 1일 2식만 해도 2,400원이다. 지금은 기후가 알맞으니 할 만하지만, 겨울에는 힘들겠다.

연탄을 꼭 제 시간에 갈아 넣는 일이 제일 중요하다. 조금만 시간을 어기면 번개탄이 든다. 내 방에서 하면 너절해서 복잡한데, 노인당에 가면 곤로도 있고 편리하다. 그러나 꼭 회원들이 늦게까지 안 가서 곤란이다.

일찍 먹고는 그동안 밀쳐놓은 여름 내복과 하의를 모두 세탁했다. 조금 추워지면 곤란이다. 잘 건조시켜서 명년에나 입게 넣어 두어야겠다. 물로 세탁한다는 게 비누로 범벅을 해서, 대강 구정물만 가시면 된다. 못할 짓 없다. 실과 바늘도 사다 놓고 어디엔가 쓸데가 있다. 단추 떨어졌을 때는 어쩔 수 없다.

참고 견디고 그럭저럭 올해도 얼마 안 남았다. 젊어서 세상 모르고 분별 없이 살아서 그 죄 다짐하는가 보다. 세상에 팔십 먹도록 그런 것까지 예비 못하고 남 앞에 주저주저하는 꼴이 창피할 뿐이다. 몸이 고되면 안 하면 되는데, 다른 걱정되는 일만 더 없으면 하겠다.

종인이가 왔다간 지도 오래된다. 내가 자청해서 찾지는 않을 것이다. 될 수 있는 한 다른 사람에게 폐 끼치지 않고 살 생각이다.

보청기 구입 (1988년 7월 27일 수요일)

고향에서 상경하기 전부터 시력, 청력 저하로 주야로 괴로운 증상이 날로 더해 가고 있었다. 바로 병원에 출입하며 치료 중, 수년 만에 안과특진에 결국 수술 후 별 효과 없이 고통만 더하고, 요즘은 날로 시력이 더 흐려, 버스 번호가 앞에 다가와도 불분명한 형태. 그래도 최후까지 복약 중이다.

효과야 있든 없든 약을 먹으니 언젠가는 효력이 나면 다소라도 윤곽만이라도 짐작하게 되면 완전 실명보다야 낫겠지 하는 희망으로 계속 중이다.

청력 나쁜 것은 물론 불편하지만, 상대방이 이해해 큰소리를 내면 알아들을 수 있고, 또 필요치 않은 소리까지 챙길 것은 없으니, 그대로 지금까지 버텨 나왔다. 그러나 도시 교통에 불칼같은 소음과 사고로 출입 시는 주의하느라 초조한 심정이 괴롭다. 그래서 이번에 종실이가 생활비 여분으로 더 준 걸 가지고, 그동안 여러 번 시가지 간판을 탐색, 보청기집에 들러 다니며 사용 방법, 가격 등 제 조건을 세밀히 알아보았다. 결국 가격 차이가 많아 제일 헐값을 말하는 곳에서 샀다. 약 5만 원에 샀다. 종로5가 273-1 상지의료기 상회에서 영국제 10만 원. 전화 273-1205.

친구의 부음(1988년 8월 25일 목요일)

어제는 외출했다 밤에 돌아오니 주인집 학생이 전화를 받았는데 대장촌 박장수 친구 별세. 8월 23일. 발인 8월 25일이라고. 고속버스로 직행, 판문에 도착하니 오전 9시다. 조문 후 10시에 교회 목사 주례로 장례식 끝나고, 영구차로 김제군 공덕면 교회묘지에 매장하였다. 친족들, 교인, 친구, 동네 조객, 자동차 석 대로 분승, 현장까지 가서 마쳤다.

〈친구 박장수 집사에게〉

우리 언제 다시 만나리. 그 고운 마음씨. 언제나 변함없이 솔직하고 겸손하고 청아하여 남에게 조그만 도움이라도 주려고 애쓰시던 심정, 정말 따뜻한 인정이 솟아나는 순정. 잊지 못하겠노라. 변함없이 진심으로 충고

하기에 힘쓰시던 천품. 이제는 어디서 만나리. 언제나 성질이나 행동이나 순수한 이성의 소유자. 한결같은 신념, 감히 사귈 만한 인간.

언젠가는 이런 미래지사도 말했다. 우리가 죽음의 길을 갈 때 많은 사람이 아니라도 오직 의사 상통하는 한 사람만이 뒤따름으로 만족하겠노라고. 이제는 언제 다시 만나리.

내가 병들어 누웠을 때, 교회 가는 길에 들르고, 오늘 길에 들르고, 부디 기도 많이 하라고 하였다. 내가 병원에서 퇴원할 때에도 친히 손을 잡아 부축하여 차에 태우고 왔다.

생전에 내가 얼마나 분주하기에 아니 와 보았을까? 생각할수록 나는 죄책감에 소름이 끼치나이다. 이제는 어디서 만나리. 후일에 이 생명 다하고 세상 떠날 때 한(恨)이 없는 천국에서 서로가 떳떳한 얼굴로 만나지이다. 나도 미구에 가리이다. 좋은 복된 성좌(聖座) 예비해 놓사이다. 정치도 싫고 권세도 싫고 물질도 싫고 청정한 그 순결, 나는 따르리이다.

세상에서 교회에 봉사하시던 일, 천국에서 한결같은 역사(役事)하시기 기도합니다. 무에서 유로, 유에서 무로 다시 돌아가셨으니 한 삽 흙이로소이다. 그래도 묘비명 안수집사.

이민 비자 (1989년 9월 27일 수요일)

수민네 집에서 전화가 왔는데, 내 이민 수속 비자가 나왔다고. 중요 서류라고 어디로 부칠까 문의다. 그래서 이곳보다는 주민등록지인 신동아 아파트 종인네 주소로 보내라고 했다. 성덕여인숙 주소도 알렸다.

나는 금년 말까지는 결정이 나겠지 하였는데, 이렇게 빨리 나올 줄은 몰랐다. 역시 만사는 다 때가 있는 법. 올 때가 되어야 오는 것이다. 만사가 다 조급하게 서둘면 실패가 많다.

벌써 몇 해인가? 국내여권 신청 제 조건에 대해, 광화문 대사관 근처 대행기관에 가서 알아보니, 속히 서둘러도 약 2개월 걸린다고 한다. 제 비용은 약 30만 원이라고. 비자가 나와도 항공권이 많이 들 것이다. 모두가 돈이다. 한 푼 없는 빈털터리가 지금까지 살아오고 또 매일 쓰는 게 돈이고, 앞으로 무더기 돈이 들 것인데 걱정이다. 자식들에게 모두 폐가 많다.

이곳으로 오니 과연 사람 사는 것 같다. 우선 먹는 것을 해결하니 제일 마음이 한가롭다. 그러나 위장이 약해서 자극성, 짜고 맵고 한 게 좀 과하다.

친구의 사망 (1989년 10월 12일 목요일)

판문에서 친구 윤판준이 어제 자동차 사고로 사망이라고. 청천벽력이다. 여비를 마련해 가지고 고속버스로 출발하였다. 마음이 우울하고 갈피를 잡지 못했다. 작년에는 박장수 친구가 이맘때 죽더니, 올해는 또 친구 중 윤판준이 차 사고로 급사라니, 이리까지 차 안에서 생각나는 게 많았다. 겨우 도착하니 어느덧 어두컴컴하였다.

택시로 들어가니, 상가에는 불야성을

1934년 하기 아동성경학교(김귀남, 김완이, 이춘기, 윤판준, 신현대, 박상래, 검은 양복차림이 이춘기 님)

이루고, 조객이 만원이다. 상제들이 빈소에 늘어앉고, 온 근방 사람들이 모두 왔다. 생전에 한 번 더 만났어야 하는데, 참으로 안타깝다. 아들 4형제, 딸 4형제, 다복하고 가세도 풍부하고 부족함이 없는 처지인데 의외에 이런 불행이라니, 참 심정이 괴롭다.

가족들이 모여서 나를 붙들고 울고, 부친 사모하는 마음을 표현하며 애통해한다. 안타까웠다. 친구 김성철이도 조문 와서, 같이 장시간 고인의 행적에, 옛날의 추억을 되새겼다. 앞으로는 찾을 만한 사람 아무도 없다. 더욱 그립다. 다정다감하던 우정으로도, 고향의 터주로도, 후일에 의지가 될 줄 알았더니, 나보다도 먼저 떠났다. 진즉 한 번이라도 더 만났더라면……. 애석하다.

出國 (1990년 7월 12일 목요일)

서울 서초동 신동아 아파트에서 택시로 출발했다. 김포공항에는 종인이 내외, 진구, 수민이 외조모님, 외삼촌이 짐을 싣고 나오셨다. 종인이가 짐을 부치고, 출국 수속을 완료했다. 아직 출발 시간이 한 시간 남았다. 9시경에 항공권을 개찰하고, 기내로 입장했다. 승객은 모두 4백 명쯤 된다.

10시가 되니 기체가 발동을 시작한다. 슬금슬금 전진한다. 승객의 몸이 좌우로 요동한다. 여자 안내원은 왕래하며 좌석에 달린 벨트를 몸이 흔들리지 않게 잡아매란다. 그리고 담요와 베개를 주고, 불편을 도와주고 다닌다. 기체는 완전히 공중에 둥둥 떠다니기 시작이다.

이미 한국은 벌써 떠났다. 공항까지 전송 나왔던 가족들은 떠나가는 뒷모습을 바라보고, 섭섭하게 떠났을 것이다. 이제는 정들고 한 많은 내 조모의 고향 산천을 뒤에 두고, 이역만리 산 설고 물 설은 타국으로 떠나는 길이다. 이제 가면 언제 오나? 오게 될는지, 못 오고 그곳에 묻힐는지? 한(限)도 없이 막연히 떠난다.

내가 이 땅에서 태어나 85년 선산 아래 묻히려 했던 것이, 한낱 꿈이 되고 말았다. 내가 살던 복숭아꽃 살구꽃 아기진달래꽃, 기화요초 다 심어 놓고 앵두 따고 살구 먹던 옛 삶의 터전, 누구에게 빼앗기고 혈혈단신 떠나는고? 꿈엔들 잊으리요? 손수 심고 가꾸던 채마밭, 울창한 수목도 다 뒤에 두고……. 앞뒤를 바라보면 옥야(沃野) 만리, 질펀한 자연 경치, 다 내던지고, 하염없이 낯선 이국 땅, 뉘라서 오라던고? 눈앞이 어둡고 발길이 무겁기만 하다.

조상들이 묻힌 선산도 몇 번이고 성묘했다. 아내의 봉분도 매만지고 풀뿌리도 뜯어 보고 솔잎도 따 보고 가슴속 깊이 사무쳤던 분통을 터뜨리며 목을 놓고 울어도 보았다. 그래도 아무런 줄도 모르고, 어서 오라 잘 가라, 말 한마디 않네. 짙푸른 숲속에 고요히 묻혀 허공중만 바라보네.

아직까지 살았으면 어떨까? 천국 운동은 얼마나 열심히 했을까? 두 막둥이 못 잊어 애태우더니, 다 제대로 커서 의젓한 대장부라우. 이제는 언제와 볼까? 무상한 인간 잘못 만나 이렇게 좋은 세상을 한때도 못 보고 조용히 누웠으니, 가슴만 우울 답답하누나.

경기도 용인공원묘지에 와 있는 둘째에게도 올해 들어 두 번이나 갔다. 무덤 앞에 심은 향나무가 너무나 웃자라서 보기 좋게 다듬었다. 내가 없으면 누가 와서 손을 댈까? 마지막 길인가 싶어 열 일 버리고 갔다 왔다. 미끈하고 훤칠한 몸매같이 단정하게 손대었다. 떠날 길이 급급해서 열 일 버리고 한 것이 가슴속이 시원하고 안도된다.

기내에는 모든 승객이 말 한마디 숨소리 없이 죽은 듯 고요하다. 가끔

음료수를 날라다 준다. 타는 목을 적셔 가슴이 훤하다. 어느 곳 상공인지 내려다보나마나 그저 구름 속에서 우룽우룽 소리만 쟁쟁하다.

초행인 외국행이, 사전에는 겁만 나더니, 일단 타고 나니, 이래도 저래도 될 대로 되라는 생각이다. 경험 있는 사람들은 무심히 누웠다가 책을 보다, 기내를 왕래 활보, 무법천지 제 세상이다.

공연히 설렁거리고 마음이 허공에 둥둥 떠 식사도 못하고 나왔더니, 정오가 넘어 배가 고팠던 모양이다. 안내원들이 손수레로 음식을 싣고 와서 한 상씩 나누어 준다. 찬이 제법 잘 챙겨졌다. 식전에 주스나 주류를 한 잔씩 마신 뒤에 좋은 반찬에 있는 대로 거의 다 먹었다. 빵도 과일도 식후의 커피까지 말할 것 없이 고루고루 차렸다.

먹고 나니 좀 과식이다. 소화제를 달래서 먹고는 잠이 들어 자고 나니 배가 팽팽 부둥하고 머리가 멍하니 흐리다. 계속 그대로 앉아만 있으니 위장이 팽창, 좋지 못하다. 계속 비행 중, 어디인지 해가 그대로 훤하더니 갑자기 침침하니 어두워 간다. 분별을 못하겠다. 시간과 일광이 다르다.

어느새 간식으로 빵을 주었다. 못 먹고 그저 두었다. 조금 가니 검은 산과 바다가 창밖으로 비친다. 스튜어디스 여인더러 물으니, 미국 알라스카 북극이란다. KAL기 납치 침몰 현장이다. 추운 곳이다. 얼마 있다 다 내린다고 한다. 기체는 발동을 줄이고 슬슬 하향하며 슬그머니 착륙했다. 승무원, 승객 모두 내렸다. 알라스카 휴게소란다.

전광이 황홀, 휴게소 안에는 관광기념품, 식당, 눈이 부시고, 상품을 진열해 손님들을 부른다. 나는 멋도 모르고 돈을 내 초콜렛을 열 개 샀다. 몇 배가 비싸다. 공연히 샀다. 달러를 몰라, 주는 대로 받았다. 약 1시간 후 다시 비행기에 올랐다. 전에 타던 그 좌석번호 32에 탔다. 바깥바람을 쐬고 걸어 다니고 나니 좀 몸이 풀린다.

시간은 오후 7시인데 알라스카 이곳 시간은 새로 2시경이다. 한국 낮은 이곳 밤이고, 밤은 낮이 되고, 지구 회전 관계란다. 우루룽 우루룽 발동 소리에 고막이 빠빠, 그리고 소란이다. 기내에서는 TV 상영으로 시간 가는 줄 모르고 지루하지 않다. 한국 신문도 나눠 주고, 잡지 광고도 각자 서랍에 꽂혀 있다. 너무나 장시간 타니 전신이 옹죄이고 가눌 바를 모르겠다. 어서 착륙하기만 바라고 기도를 드리고, 속으로 무사 안착을 바라며 찬송도 했다.

여전히 환한 햇살이 눈부시게 빛나는 천하다. 약 14시간 걸린다더니 거의 다 되고, 약 3시간이나 2시간 남은 듯싶다. 승객들이 다 사람꼴이 아니고 물에 데친 풋나물 모양이다. 이민은 적고, 관광인지 친지 초청인지, 시달리기는 일반인 모양이다. 기내 변소는 늘 만원이다. 비좁은 기내를 묘하게도 요리조리 잘도 마련해서 처음 타 보는 일이지만, 느끼는 일이 하나둘이 아니다. 변소는 몇 번 왕래했으나 속이 시원치 않다. 배가 덧부르고 음식물이 되살아 올라온다. 어서어서 착륙했으면 좋겠다. 예정시간은 12시라고 했는데, 벌써 지나고 있다.

최종 식사가 나왔다. 나는 아무것도 안 먹고, 나온 빵이나 과일을 싸 오려고 했더니, 세관 엄금이라서 그저 두고 굶었다. 얼마 후 약 1시 반경에 착륙했다. 17시간을 쪼그리고 앉았다가 갑자기 발다리를 움직이니 흔들흔들해지고 다리가 휘청거리고 헛디뎌진다.

케네디공항 대합실에 들어서니, 몇 백 명이 줄을 지어 서 있다. 또 우리 KAL기 외에 타국 세계 여러 나라 사람들이 모이니 인종전시회다. 이색적인 흑인들이 상당수다. 한국인은 차림이나 행장이 다르다. 동양인은 황인종인지 의복 차림이 다르다.

입국허가 수속이 복잡하고 시간이 걸린다. 흑인들도 살기 좋은 미국으로 이민 오는지, 어린애를 업고, 조금 큰 건 손잡고, 늙은이는 궁상맞게 차림이 우습다. 열대지방 흑인 여자들은 수건 마후라를 휘감고 머리와 얼굴들을 싸매고 있다. 짐 보통이가 좀 기구하다. 그래도 반지 끼고 귀걸이를 했다.

정부 관리들이 사방에서 각기 전통대로 개별적으로 서류심사, 입국허가. 어떻게 무엇을 하는지 알 수도 없고, 시간은 벌써 3시다. 언제 다 끝이나 내 차례가 될지 막연하다. 하릴없이 기다리고 있을 뿐이다. 말을 아나, 경험이 있나? 그래도 차례가 되었는지, 여자 계원이 와서 여권과 제반 서류와 사진을 보며 나를 끌고 간다. 입국서에 사인 지문을 먹칠해서 찍고, 사인을 하란다. 한글로 했더니 OK, 가란다. X레이 진단서는 무용이라고.

다시 키스덤 세관으로 가란다. 휴대품, 짐 검색이다. 착륙한 짐을 승객 모인 곳 부근으로 기계에다 싣고 슬슬 돌아다닌다. 그러면 자기 것을 알아보아 꺼내서 손수레에 싣고 간다. 세관원이 와서 내 짐 가방 보통이를 찾으라고 한다. 잘 모르겠다. 세관원이 손수레 1달러를 주고 끌고 오란다. 한곳에다 쌓아 놓았다. 검색을 다 마쳤으니 끌고 나가란다.

수백 명이 북새통에 각자 짐 보통이를 싣고 나오는데, 무슨 영문인지 환영 나온 가족들이 문전에 꽉 차 있어, 누가 누군지 알 수도 없다. 얼마나 장시간 시달렸던지 정말 녹초가 됐다. 짐을 밀고 나가는데 우리 식구는 어디 있는지 눈에 띄지 않는다. 한 번 밖으로 눈을 휘둥그러니 하고 둘러보니 제일 먼저 종실이가 보인다. 짐 실은 손수레를 빼앗아 밀고 나가니, 수민 엄마, 종대 내외와 어린애들 모두 나왔다.

길가로 나오니 비가 부슬부슬 내린다. 거리에는 승객들로 붐빈다. 우리 차 있는 데 가서 짐을 싣고 공항을 떠났다. 공항에 와서 약 4시간을 기다렸단다.

우리 가족들 모두 다 얼굴을 모르겠다. 수민, 종대 어린애와 한 차에 타고 미국 땅을 처음 밟는다. 비 내리는 보도 위에는 차만 질주할 뿐 어디가 어딘지 줄곧 달린다. 가는 것도 차, 오는 것도 차다. 한없이 달린다. 머리가 흔들리고 전신을 제대로 가누질 못한다. 약 몇 시간을 달려 어두워서야 한 곳에 이르렀고, 내리란다. 이곳이 바로 목적지다.

붕정만리(鵬程萬里), 산 설고 물 설은 타국 땅에 선뜻 내리고 나니 감개무량이다. 여장을 풀고 응접실에 온 가족이 앉았다. 우선 환영 나가 무려 4시간, 수만 리 비행, 출국 입국 신고, 세관 검색, 여권과 미국시민으로 인정받을 수속 절차에 시달려, 가족 모두도 시장하여, 환영 연회 겸 식사 시간으로 전개되었다. 상석에는 내가 앉고, 차례로 종실이 내외, 수민, 수한, 지선, 종대 내외와 아이 둘. 원탁성 연회다.

내 일생을 두고 이렇게 기쁜 날은 처음이다. 먼저 이런 성찬을 주신 주님 앞에 감사기도 드리고, 다과로 시작했다. 산해진미, 고국에서 못 먹어 보던 금시 초면인 서양 요리를 먹었다. 먹는 것도 좋으나 오랫동안 떨어져 있다가 만나니, 내 인생에서 가장 보람 있는 날이요 때이기도 하다. 그러나 이미 세상을 떠나 여기 참석하지 못한 가족들이 있으니, 가슴이 침울하고 목이 메여 슬픔이 치밀어 온다. 언제쯤이나 온 가족이 전원 모여 이와 같이 단란한 자리를 마련할까? 이 부족한 죄인의 교훈과 지도가 잘못됨이 한없이 후회막급이다.

종대 가족은 제 집으로 가고, 나는 이곳에서 머물렀다. 비행기에서 먹은 식사가 잘못되어 피로 겸 여독이 많다. 자리에 누워 그동안 시달렸던 노독으로 때를 모르고 해가 중천에 떠오르도록 마음 놓고 잤다.

미국 뉴욕 4남의 집 도착 (1990년 7월 13일 금요일)

온 가족은 각자 방향이 달라 일찍 출근하고, 수민이만 집에 남아 있었다. 나는 피로가 덜 풀려 식사도 못하겠고, 길도 몰라 외출도 불가능. 언어도 불통. 모르는 것 빼 놓으면 아무것도 없다.

이 집은 시민 주거지역에 속해 있어, 국가 정책에 의한 그린벨트 내에 대지 약 5백 평의 넓은 터전에 울창한 수림 중, 전후좌우로 금잔디로 꽉 채운 정원이다. 상록수 수십 그루에 수십 년 수령의 나무들이 거목이다. 목조 2층에 아담한 이상적인 주택이다. 세계 최대의 이 시민 주택은 규모와 도시 계획이 이상적인 시설로, 도시의 혼잡한 공해와 공장 매연, 공기의 혼탁을 피하고, 교통 혼잡도 사전에 방지할 계획으로 되어 있어, 무엇 하나 결점이 안 보인다.

매일같이 가정에서 나오는 폐품은 시 청소차가 마을 주변을 주 2회 수거한다. 각 가정의 쓰레기, 정원 정리, 잡초 베기 한 것들은 도로에 내다 놓으면 된다. 거리에는 차만 왕래하고 행인은 안 보인다. 가끔 어린 학생들이 자전거로 돌고 있다. 주택 주변 잔디밭의 웃자란 잔디를 기계로 깎고 갈퀴로 긁어내고, 분수로 물을 살포하여 공급하는 모양이 마치 비가 오는 것만 같다. 분무기가 전후좌우 사방으로 회전하며 물을 뿌리니 이상적이요 전부가 기계화하여 인력난이 없겠다. 생활도구도 그렇다. 모범될 만한 게 한둘이 아니다.

더욱이 실내 제도가 다변화하여 쓸모 있고 편리하며 지속적인 연구로 인간생활에 필요불가결한 작품이다. 취사장, 탁상, 수도, 식품냉동, 보온, 조리, 공급, 식기, 조리기구가 치밀하고도 위생을 제일로 삼아, 청결, 편리하다. 조리방법, 중량, 영양 칼로리 지수 표시, 화장실, 국민생활 제도가 문화인과 미개인, 선진국과 미개인의 차이다. 얼마나 위생적이고 청결하고 편리하며 오물악취 제거, 세면도구, 화장품 구비, 용모와 두발, 향료, 치세제(齒洗劑), 이발용구, 타월, 드라이어까지. 변기도 한 집에 두 개, 침실이 가급적이면 각자 하나씩 전용 베드. 조명, 온기와 습도 조절, 의상 장치, 경대, 탁자, 서고(書庫), 문방구, 명화(名畵), 인형, 통풍, 외계 관망, 학생 공부방, 유아 장난감, 오만 가지 기기묘묘한 신출귀몰의 제품, 가정 위생 상비약품 등이다.

미국 뉴욕 막내의 집(1990년 7월 14일 토요일)

밤에 종대가 왔다. 동행하였다. 밤중에 휘황한 전광 빛에 불야성을 이룬 밤에 거리를 달린다. 어디가 어딘지 알 수도 없고, 그저 전개되는 가로의 교통망을 살피고 따라간다. 얼마나 갔는지 약 40분간 질주해 왔다. 길가 5층 아파트 아래층 구석방이다.

규모는 작아도 있을 건 다 있고, 아이들과 내외가 그저 살 만하다. 화려한 뉴욕 도시에서 이만한 집이나마 살게 된 것이다. 다행스러운 감사의 선물이다. 지금부터 약 8년 전, 아무것도 없이 알몸뚱이로 무작정 도미했다. 형을 따라 왔지만 둘 다 동일한 처지에 서로 고독을 의지하고 열심히 노력해서 이마만큼이나 소유했으니, 차차 더 잘되기를 희망하고, 이걸로 감사해야 할 것이다. 여기 와서 결혼도 하고 아들만 둘이나 낳았으니 얼마나 영화로운지 진심으로 감사해진다.

모두 다 건강한 몸으로 활동하니 이상 더 행복이 어디 있을까? 내외 다 근실하고, 아이들 학교 때문에 주야로 교대한다고. 얼마나 피곤할까? 생각할수록 안타깝다. 이미 야심해서 이곳에서 유숙하였다.

미국 뉴욕 2 (1990년 7월 15일 일요일)

도미 후 첫 번째 주일예배. 종대 아파트에서 가족과 함께 약 5분 거리에 있는 재미교포교회에 갔다. 역시 대한예수교장로교라서 순서와 제반이 동일하다. 11시 시작, 찬송, 기도, 교독문 낭독(성시), 성경봉독, 헌금, 설교, 목사 축복기도, 폐회.

교인 약 천여 명 모이는 큰 교회다. 전원이 교포, 백의민족. 숨김없는 한국인 모습. 역시 남녀 노인도 많았다. 기타 교인들, 의복, 용모, 행동, 다름 없이 한결같은 고국에서의 생활 태도다. 타국이 아닌 대한민국 서울인가, 아니면 좀 더 시골 읍면 소재 교회 같다.

폐회 후 서로 해산할 줄 모르고, 지하실, 복도, 회당 외부에서 서로가 옹기종기 모여서 수군수군, 아마도 서로의 가정적이거나 사회적인 관계, 사업과 경제 제반 문제를 의논, 지도, 부탁, 구원 또는 고국 지방의 소식 등등일 것이다. 주일 집회 때가 사교장일 것이다.

우리는 출발, 얼마쯤 오다가 어느 넓은 주차장에서 하차하였다. 날씨는 한국의 오뉴월 무더위 속이다. 나지막한 휴게소다. 내부는 넓은 홀이다. 간이음식점이다. 햄버거 집이다. 점심시간이라 손님이 많다. 각자의 생각 대로 가서 먹을 걸 들고 온다. 우리는 햄버거, 나는 샐러드다. 각각 컵에다 콜라와 얼음을 깨어 넣은 음료다. 땀이 나고 훈훈한 날에 시원한 걸 마시니, 땀이 개이고 속이 시원하다.

다시 출발했다. 어디로인지 넓은 광장에서 내렸다. 휴일이라 넓은 녹지

대에 차가 사방에 서 있고, 옹기종기 앉아서 누워도 있고 음식도 먹고 오락으로 게임도 배구도 자전거 경기도 했다. 앞에 넓은 호수가 있다. 저 멀리 해안에는 똑딱선, 보트가 출렁렁 물에 떠 있다.

종대네 집으로 와서 좀 누워서 쉬었다. 땀이 나고 온 지 얼마 안 되지만, 시원하게 씻고 싶다. 목욕실의 더운 물에 푹 담그고 한참 땀을 흘렸다. 며칠을 못 씻고 지루한 여행에 시달린 여독을 깨끗이 풀었다. 몸이 상쾌하다.

새로 내복과 양말까지 갈아입고 신었다. 시원한 음료 한 잔을 마시니 상쾌하다. 어느덧 석양이다. 내일은 각자 직장에 나가니, 내가 수민네 집으로 와야 한다. 종대가 태워다 주었다. 상당한 거리다. 차가 없으면 아무것도 못하겠다.

여기에 와서 식사를 했다. 식후 해변으로 소풍을 나갔다. 전 가족이 다 타고 나갔다. 대서양 해안의 유명한 해수욕장이다. 하얀 백사장에 멀리서 밀려오는 파도는 우루루 철썩 나부낀다. 지평선, 바다는 파란 물결, 해지는 저녁노을이 뭉게뭉게 피어오른다. 바닷물 속에 풍덩 뛰어들고만 싶다. 기나긴 해안에 백사장이 계속되어 수만의 인파를 수용할 수 있을 만큼 장장 몇십 리 길이다. 모래 위에 알몸을 던지고 자는지 누웠는지, 떠날 줄을 몰라라.

이미 날은 저물고, 어두운 해안에는 사람들도 발길을 돌리어 우리밖에는 안 보인다. 밤하늘 어슴푸레 소나무숲 속에서 우우 하고 불어오는 샛바람만 텅 빈 해수욕장의 고요를 스친다. 뒷날 다시 올 것을 약속하고 돌아왔다.

밤에는 가족이 모여, 고국에서 못 다한 일들 버리고, 다시 만날 것을 약속하면서, 신선한 주스와 이름 모를 과일을 먹어 가며, 고요히 잠들었다.

미국 뉴욕 3(1990년 7월 16일 월요일)

이 주일의 첫 시무일이다. 각각 시간대로 간단히 식사를 마치자 어디로 인지 차를 몰고들 나갔다. 나는 특별 인간이다. 여독이 안 풀리고 노상 시들시들 흐릿하니 갱신을 못한다. 도착 후로 변비가 되어 하복부가 포만. 공복감이 없고 함부로 음식을 못 먹겠다. 흐느적거리며 누워서 잘 대로 자고 나도 여전, 산뜻한 기분이 안 난다.

길거리로 나가 보니, 차만 가끔씩 왕래하고 사람은 그림자도 못 보겠다. 한국같이 여기가 몇 번지, 무슨 동, 무슨 구, 이러지 않다. 일체 성도 모르고 이름도 모르는 격이다. 더구나 언어불통이니 답답하기 짝이 없다. 당분간은 그것이 불가피한 일이다. 당연한 일이다. 아무리 급하다고 하루 이틀에 언어가 통하고 지리와 교통 확인이 될 수가 없다. 우선 길거리를 몇 번이고 왕복, 왔다 갔다 눈에 익힌다. 커브나 네거리로 조금 나가 다니다가 집을 찾으려면, 전혀 집 있는 거리가 아니고 딴 길이다. 몇 번 되돌아 겨우 찾기도 했다.

가끔씩 표시판은 서 있다. 영어를 모르니 소용없다. 이 집도 저 집도 모두 비슷비슷. 정원은 각 집마다 수백 평, 근 천 평 넓은 면적에 아름드리 정원수가 근 백 년 성장하여 하늘을 찌를 듯 덮여 있고, 주택 주변에는 공터가 없고, 잔디로 꽉 차 있다. 상록수로 울타리를 하였는데, 전지를 해 다각형으로 기괴하게 만들어 놓았다.

나무나 잔디로, 맨 흙덩이가 안 보이게 빈틈없이 꾸며 놓아, 먼지와 오물한 점 찾을 수 없다. 도시의 공해와 매연, 아황산가스, 악취, 일체 안심. 이집 주변에는 고목이 10여 그루다. 자연 그대로 방치할 수밖에 없다. 우선 잔디밭에 잡초가 섞여 있어, 그걸 제거한다. 잘 뽑히지 않는다. 갈고리로

닭고 손으로 뽑는다. 통 능률이 안 올라 얼마 못한다.

뒷뜰 나무 사이에 잔디가 죽고 흙이 있는 곳에 들깨, 호박, 토마토 몇 개 심은 게 풀 속에 묻혀, 잡초를 뽑고, 덩굴을 잡아매고, 토마토 적심(摘心) 적과(摘果)도 했다. 나뭇잎 그늘 때문에 매가리가 없다.

정원 안에 수영장이 있는데, 사용하지 않으니 잡초가 우거지고 미관상 좋지 않다. 그곳도 정리했다. 수영장은 수리도 하고 더 확장해야겠다. 우선 청소만 했다.

모든 잡초와 쓰레기는 비닐봉지에 담아 두었다가 월요일, 금요일에 도로변에 내다 놓으면, 청소차가 와서 싣고 간다고. 거목은 장작으로 건조시켜서 겨울철에 빼치카 화목으로 쓴다고. 정원수, 나무, 꽃, 풀, 잔디용 일체의 급수기가 다 있어서, 자동으로 전후좌우로 회전하며 천연 강우같이, 가는 비처럼 고루고루 차츰차츰 흡족하게 해 준다. 모든 생활도구가 자동이고, 수동은 없다.

미국 뉴욕 4(1990년 7월 17일 화요일)

봉고차로 도심지 어딘지 모르지만 일용품 쇼핑차 전 가족이 출동했다. 넓적한 광장이 차만 꽉 찼다. 그 앞의 단층집에 사방 넓이가 자그마한 동네만 한 가게다. 들고 나는 모든 사람이 다 우리와 같은 쇼핑 손님들이다.

차를 세우고 그 가게로 들어가니 냉방장치를 해선지 시원하다. 상품이 진열돼 있는데, 각자 물건을 사서 싣고 다닐 손수레를 한 대 밀고 나갔다. 무얼 사는지 알 수도 없지만, 무슨 물건인지 영문으로 표시되어 있어, 실물을 보고 안다. 그저 따라다닌다. 그런데 세계 인종 전시장이다.

동양 삼국, 한·중·일은 황색이어서 국별은 불명이나, 한·중·일이다. 흑인은 표가 나니 바로 알지만, 색보다 체구다. 사람인지 동물인지 모르게 거구요 비대하다. 두상은 같으나 몸의 어깨, 복부, 허리가 얼마나 살이 쪘는지 징그러워, 다시 뒤로 보기 끔찍스러워, 차마 맞대고 보기가 뭣해서 못 보았다. 애들은 아직 덜 커서 그런지 우리와 그대로이다. 동양인과는 전혀 다르다. 미국인들도 동일 체구다. 남녀 장년 노인이 다 그렇다. 의복도 진홍, 청황, 유별한 색채로 의상을 해 입었다.

파는 물품이 여간 돈으로는 여기 와서 사는 체 못할 정도로 고급 상품이다. 우리는 야외용 가스 용품이 크고 비싼 것이고 대개는 식용물인데 근 10만 원 돈 되는 모양이다. 대형 냉장고를 살 계획으로 왔는데, 여기에서 배달 불능으로 이런 정도이다. 의류도 다량 다색인데, 백색 여름용 양말 10켤레에 약 1만 원 정도다.

미국 뉴욕 5(1990년 7월 18일 수요일)

식탁에는 제일 자양분이 풍부한 육류 갈비, 생선도 삼치, 오이, 건포도, 마요네즈, 샐러드, 야채국에 김치, 백반을 조금씩 해서 매 끼니마다 먹는다. 육식에 변비 방지로 야채, 과일을 먹고, 식후에는 바나나, 복숭아, 파인애플, 사과주스, 이런 최고품으로만 먹으니 소화도 잘 되고, 영양도 충분해서 통변도 잘 되고, 차츰 원기가 좋아진다.

　사실 서울에서의 7년 생활은 인간 이하의 생활, 즉 못 죽어 겨우 생명을 유지하는 정도에 속한 것이다. 갑자기 이런 식사를 하니 더욱 몸 둘 바 모르겠고, 처신이 어렵다. 슬픔을 당하거나 경사를 당하거나, 생각이 나고 가슴 뭉클한 것이 목이 막히어 안타깝기만 하다.

　서울이 그렇게 좋다 해도 둘이서 같이 올라와 한때나마 지낸 적이 있는 가? 온갖 고생, 먹지도 입지도 못하고 오직 자식들의 장래 희망을 바라고 참고 살다가 그렇게 헛되게 된 것이 한이다.

미국 뉴욕 6 (1990년 7월 19일 목요일)

　그동안 밀렸던 일기를 어제 밤샘을 해서 우선 대강 끝냈다. 마음이 한결 편하다. 그간 매일 계속하던 일생의 역사가 될 사실을 중단해서는 안 되 겠다.

　아침 기상이 늦었다. 밖에 나가서 도로변을 2, 3차 천천히 걸었다. 조반을 먹어야 했다. 수민 엄마가 외출하니까 내가 먹어야 했다. 냉수 한 컵을 마셨다. 변비 예방도 되고 위 벽을 청결케 하니 소화도 잘 된다고 한다.

　식사는 메뉴가 다르다. 우유에 건포도, 다른 부스러기 과자를 넣고, 바나나 하나를 썰어서 넣고, 죽 같은 걸 스푼으로 먹고, 남방산 과일을 하나 껍질 벗겨 먹고, 프랑스제 식빵에 과일 잼을 발라서 하나를 먹고, 토마토케첩을 변비 예방제로 한 컵 마셨다. 이상 더 먹으면 과식이다. 건포도 알을 몇 개로 입가심하고 나왔다.

　정원 잔디밭에 물을 주었다. 호스를 수도에 연결해 놓고 분무기를 틀어

놓으니, 자동으로 앞뒤 사방으로 돌아다니며 빙빙 돈다. 가끔씩 와서 옮겨 놓는다. 큰 나무 밑에는 음산한 곳이라 잔디가 잘 벌지를 못해 드문드문한 곳이 많다. 태양광선을 못 받으니 그런가 보다. 햇빛 드는 데는 잔디가 꽉 벌었다.

날씨가 무덥다. 7월의 폭서쯤 되는지 수목이 그늘지고 직사광선도 없는 녹지대인데도 이러다 오늘은 수은주가 상승하겠다. 뉴욕 전체가 해안 지대라 시원한데, 한더위쯤 되는가 보다. 손녀딸 지선이가 오렌지 주스 냉동한 걸 한 컵 들고 왔다. 덥고 갈증 나던 참에 마셨더니 그렇게도 속이 시원할까? 혼자 먹기는 아깝다. 좀 쉬어야지.

응접실 소파에 기댔더니 너무나 덥다. 바닥에는 죽세공 자리를 깔아서 얼마나 시원한지 등이 서늘하다. 타국에 오니 제일 곤란이 언어불통이다. 이웃집 사람들과 만나도 서로 자기네 말로만 하니 소용없고, 한시바삐 말을 배워야겠다. 손자 아이는 세 살에 와서 10년이나 되고, 중학생이니 말과 글이 미국인과 하나도 다르지 않단다. 우선 현재 거주하는 주소라도 배워야겠다. 노트에다 써서 발음과 해석을 적어서 읽고 또 읽고 했다. 일조일석에 용이한 게 아니다. 본국에서 대학을 나온 사람도 1년 이상 지나야 학문을 배운다는데, 전연 초면에 그리 쉽게 알 리가 없다. 1일 1언부터다.

어제 수민 엄마가 외출해 밤늦게야 왔다. 무언가 쇼핑한 것을 한아름 들고 왔다. 전부가 나를 위해 사온 식품이다. 여름 과일로 타국산 진기한 과일을 식후용으로 냉장고 속에 가득 채워 놓았다고. 먹고 싶을 때면 언제든지 먹으란다. 어제 오다가 종대 집에 들렀더니, 병원에서 변비약을 주었다고. 또 카다린 일산 안약을 사 왔다. 서울에서 쓰다가 남은 걸 가져왔는데, 다 쓰고 없다. 여기에서 산 건 신품이고 포장도 양호, 약효도 있을 것 같다. 가격도 비싸다. 바로 사용하였다.

안과는 벌써 수삼 년을 두고 일심 전력, 돈도 수백만 원 들이고, 내복약, 전문의사의 치료도 받고, 대수술에 인공수정체 삽입해도 무효이고, 현재 수술하지 않은 놈보다도 더 안 보이고 희미하다. 좌편은 흑점이 점점 더 커져 동공을 흐리게 하니 안 보인다. 청력도 어두워 보청기를 꼈으나 확대한 소리는 잡음이 요란해 잘 안 들린다. 더하지나 않았으면 감사하겠다.

미국 뉴욕 7 (1990년 8월 12일 일요일)

선킨매도비치(Sunken Meadao Beach) 교회에서 예배를 보았다. 처음이라 교회 앞에 소개받고 인사하였다. 오후에 교회에서 경로잔치로 해수욕장으로 노친들만 10여 인 봉고차로 가득 태우고 갔다. 특별히 남자는 나 하나. 모두 안노인들뿐이다. 그래도 목사님이 안내해서 동행했다. 멀지 않은 곳이다.

해안선은 넓고 길어 무한한 백사장에, 저 멀리 보이는 곳은 망망해대 대서양, 지구의 끝이다. 바람 없이 잔잔한 여름날, 파란 바다, 하늘도 파랗고, 물도 파랗고, 이쪽 해안의 해안선도 파랗다. 은빛같이 흰 모래톱, 가끔씩 펼쳐진 파라솔 밑에 얼룩진 수영복 차림의 나체, 양돼지 비계가 덜렁덜렁 살덩이를 주체 못해, 비지같이 허벅진 덩어리, 둥실 떴다 가라앉고, 가끔씩 물새만 왁왁 날아든다. 한없는 바다 끝이 어디냐? 가고 싶다. 여기가 지구 막장인 줄 알았더니 또 멀리 더 있구나. 아직도 더 갈 길이 있구나. 한없이 배포만 커진다.

우리나라 눈대대 코대대 덕지덕지, 옹달샘마냥 옹기종기 소꿉장난 같은 판잣집들. 이제는 애들 소꿉장난만 같다. 이쪽에서 저쪽까지 끝이 안 보이는 해안. 얼마나 넓을까? 한국 올림픽촌은 애기학교 운동장만도 못하다. 산도 물도 없이 그저 번번한 평원. 모두가 여유만만한 평원. 짙은 숲속이 산림지대인 줄 알고 자세히 보면 주택이 그 사이사이에 그림같이 곱게 지어져 있다. 어디나 상록수와 잔디로 공간이 없이 맨흙만은 찾아볼 수가 없다.

사이사이로 새마을 같은 오솔길은 모두 다 주택의 교통로다. 도시 시설이 수백 년, 이미 짜임새도 될 만한 한계다. 누구나 와 보면 공해란 하나도 있을 데가 없다. 쓰레기 매몰지는 높고 높이 쌓아, 높은 산처럼 그 봉우리가 산같이 올라갔다.

가슴이 확 트인다. 조그마한 산골에서 숨통 터지게 살다가 이렇게 광활한 황원(荒原)의 대지를 보니, 마냥 설레기만 하다. 끝과 끝은 있겠지. 아직은 못 보았다.

미국 뉴욕 8(1990년 8월 14일 화요일)

도미한 지 어느덧 한 달이다. 겨우 종대네 집에 가서 약 1주간만 있었을 뿐이다. 가끔씩 시내는 나가지만 봉고차로 가족 동반이라 따라다니는 일밖에 없다. 오나가나 이방인들 보는 것이 유일한 구경거리다. 나 역시 황인종으로, 그들이 유심히 보았을 것이다.

언어불통, 교통지리 부지다. 그저 누군가 외출하면 따라나선다. 가끔씩 같은 길로 갔다 왔다 하는데, 영 기억이 안 된다. 온종일 집에서 있으니 날은 더운데, 방 안에 앉아 있기 답답해 정원에 나가서 잡초도 뽑고, 정원수 전지도 하면 소일이 되겠지만, 손대지 말라고 해서 우선 무방한 일만 사이

사이로 한다. 고목이 수십 그루 전면을 다 차지하니, 잔디가 그 낙숫물에 죽어 가는 데가 많다.

오늘은 정원에만 있었는데, 애들이 집에서 식사도 제때에 해 주고 심심치 않으나, 학교 개학하면 혼자 하늘 쳐다보겠지? 거리에는 차도 안 다니고 보행인은 하나도 없다. 서울 생각이 간절하다. 날만 새면 동서남북으로 뛰어다니던 일이 가장 다행스러웠던 것인가 싶다. 내일은 광복절이다.

영주권 (1990년 11월 7일 수요일)

저번에는 주민증이 종대네 주소로 신청했더니 그리로 나왔다. 영주권은 약 6개월 후에나 나온다고 하더니 오늘 종실이 주소로 공항에서 사진을 첨부하고 사인했는데, 이곳(4남 종실 주소)으로 나왔다. 시민권은 5년 후에나 나온다고 한다. 우선은 이민 와서 살고 있다는 것뿐이지 하등 좋고 나쁜 것이 무엇이고, 그저 그대로라고 한다.

그러나 시민권만 나오면 연금도 나오고, 노인 혜택도 있다고 한다. 어느 세월에 그런 걸 바랄 수도 없고, 그저 고국에나 가고 싶은 생각밖에 없다. 고향에서 파산 선고 내고, 헌옷가지 들고 맨주먹 쥐고 훨훨 떠나서 경상도 일대 울산, 부산, 대구 뱅뱅 돌다가, 서울로 와서 5년간 온갖 고생 다 하고, 미국만 못 와서 애태우더니, 최후 결실을 잘못 맺고, 미흡한 추태로 덜렁 오기만 하면 제일일 줄 알아 이런 바보짓을 했으니, 사람 아닌 사람…….

미국 뉴욕 9(1990년 11월 8일 목요일)

소문도 없이 속으로 날짜는 제 철대로 입동이 지났다. 추울 때도 됐다. 내가 외출도 않고, 달력에 절후나 음력 표시가 없으니 알 수가 없다. 외출한 지가 거의 한 달쯤 된다.

날이 가건 춥건 알 바 없다. 그저 날만 새면 잔디 위에 갈퀴질 득득 긁는다. 낙엽을 한 잎도 없이 깨끗이 긁었다. 자고 나면 어느새 떨어졌는지 그득히 쌓여 있다.

오늘은 수년 묵은 퇴비를 파냈다. 판 구덩이를 도로 메꾸었다. 연장 농기구가 손에 안 맞아서 힘이 든다. 구덩이를 거의 메꾸어 간다. 일 가운데에서 흙 일이 온 힘 다 들어간다. 그렇게 애쓸 것 없이 천천히 하는 대로 해야겠다.

경계선에다 도로 쌓고, 한계선으로 만들었다. 무겁고 힘들어 더 팔 것도 없고, 그저 꾀 대로 해 보자. 사방으로 넓히고 둑을 내려 평지로 되게 뿌렸다. 무슨 밭을 갈는지, 녹지로 할는지 모르지만, 양지 햇볕이 들어야 잔디고 수목이고 크지, 음지는 안 된다. 조금 하다가 몸이 고되면 쉬고 공연히 전후로 왔다 갔다 한다. 흙 판 데는 다 메꾸었다.

석양에는 흐리고 또 비올 낌새가 있다. 낙엽 10포대를 만들었는데, 물들지 않게 꽁꽁 묶었다. 해가 지기 전에 비가 오는지 찌푸리고 어둡다.

일기에 대한 일기(1990년 11월 9일 금요일)

어젯밤부터 내리기 시작한 비는 오늘도 온종일 쉬지 않고 내린다. 부슬

부슬 시름없이 내린다. 아침에 식구들은 각자 학교로 직장으로 나가고, 혼자서 집을 지키고 있었다. 밖에는 나갈 일도 없지만, 비 오는데 더욱 나갈 일이 없다.

방 안에만 있으려니 공연히 옛일이 새삼스러워지고, 고향 생각, 가족들 생각, 밑도 끝도 없다. 옛날 적어 둔 묵은 일기장을 뒤졌다. 모두가 적은 그대로 다시 읽어 보았다. 한다고 하는 일마다 잘못된 일뿐이다. 만날 교훈도 주님의 말씀을 듣고 읽고 했지만, 실지 자기 이해관계라든지 필요한 일에는 어찌 그리 무지하고 바보 같은 짓을 했는지, 잘 하자는 것이 실패다. 항상 최후 순간의 결정을 명확하게 못하고 말았다.

후회한들 소용 있나? 세상은 나와는 다르다. 믿을 세상이 아니다. 앞으로의 사태가 중요하다. 잘되기를 바라고 기도하고, 성언(聖言)도 체험담도 이제는 소용없을 것 같다. 그래도 나는 내 욕심만 채운 것도 아니고 모두가 다 균등하게 되기 위한 노력인데도, 이런 어설픈 사태로 되어 늘 걱정이다. 오늘은 더욱 그렇다.

마지막 일기(1990년 11월 11일 일요일)

오늘도 주일인데 교회에 못 나갔다. 벌써 세 주일째 못 나갔다. 오늘은 꼭 나갈까 했더니 차편이 용이치 않고, 마음을 가다듬어 그저 죄스러운 것만 같다. 제일이 주일, 즉 계명 중에서 안식일을 지키는 것이다. 어떻게라도 꼭 주 앞에 나가도록 해야겠다. 그저 집에 앉아 있기란 송구스러운 일이다.

비 개인 뒤라, 얼마나 바람이 세고 추운지 어설프다. 그래도 혼자라도 나가야겠다. 집에 있어도 할 일은 해야 한다.

내일은 낙엽 청소차가 오는 날이다. 만단의 준비를 해 놓았다. 비닐 7장에 낙엽을 담아, 거리에 내다 놓았다. 그동안에 봉지가 찢어지면 들어 옮길 수가 없다. 우리 집이 비닐봉지를 제일 많이 사용한다.

정원수 고목이 많고, 전지를 하지 않아 잎이 많이 떨어진다. 하루 이틀에 되지 않고, 몇 달간 매일 조금씩, 한 해 내내 떨어진다. 귀찮기도 하고 싫증이 난다. 곁가지를 싹 잘라 버리면 잔디에도 햇빛이 들고 잘 자랄 텐데, 그대로 두니, 내 힘으로는 못다 하겠다.

⟨부록⟩ 이춘기(李春起) 님의 약력과 가족

- **1906년** 11월 30일(음) 전북 익산군 춘포면 팔문(만경강 지류가 흐르는 지역)에서 부친 이우철(李愚哲) 님과 모친 박 씨의 장남으로 출생(본적: 전북 익산군 춘포면 용연리 554, 1945년 해방 후, 신호-대장촌-로 이사-1984년 3월까지 거주).
- 전주신흥학교 졸업(연도 미상).
- **1925년** 김정순(金貞順, 1907년생. 대장교회 권사) 님과 결혼. 김정순 님은 군산의 아주 부유한 가정의 2남 4녀 중 2녀로서 농가에 시집을 와 오직 신앙으로 모든 것을 극복하며 6형제 교육에 전념함. 교회에서는 다른 교인들의 롤모델이 될 정도로 존경받는 신실한 권사였음. 그 지역 대한

김정순 님

  부인회 회장직도 맡았으며, 새벽 4시경에 일어나 교회 가서 종을 치고, 기도를 마친 후 집에 와서 다시 자식을 위해 기도하여, 그 기도 소리에 형제들이 잠을 깨어 하루를 시작하였음.
- **1926년** 장남 종화 출생.
- **1933년** 차남 종성 출생.
- **1933년, 1934년** 대장교회 하기성경학교 교사로 활동. 전주에서 전도사를 초빙해 '성경공부'를 일으키고, 부녀자들에게는 양재를 가르치며, 아이들에게는 무용, 성탄절에는 연극제를 마련하는 등 활발히 활동. 김형섭(해방 후 국회의원), 김형민(미국 유학 후 서울시장) 형제와 교유하면서 청장년들을 모아 교회에서 토론회를 여는 등 문화활동을 펼쳐 주재소 순사에게 끌려가 조사받는 일이 많았음.

1933년(황준전도사, 이춘기, 천길선, 최순교, 윤판준, 박장수, 박노봉, 정현애, 정순자, 김정순, 정호덕, 최정희)

- **1938년** 3남 종정 출생.
- **1942년** 4남 종실 출생.
- **1948년** 5남 종인 출생.
- **1951년** 6남(막내) 종대 출생.
- **1960년대** 익산원예협동조합 조합장으로 활동
- **1961년 4월 17일**(음) 부인 사망. 교회에서 꽃상여를 만들어 대장 교회 100년 역사상 최초의 교회장으로 치른바, 교회 청장년들이 상여를 메고 장지까지 30리 길을 운구하였음.
- **1962년 2월** 서울 출신 여인과 재혼하였으나 그 여성의 부적응으로 실패.
- **1963년 1월** 어린 아들들을 위해 경기도 출신 여성과 세 번째 결혼.
- **1984년** 고향에서 떠날 때까지 복숭아 농사를 주업으로 생활함. 벼농사, 채소, 누에치기도 하였음.
- **1990년 7월 12일** 아들의 초청으로 미국에 이주하기까지 울산, 서울 등에서 거주.
- **1991년 6월 8일** 미국에서 사망(부부의 묘: 전북 김제군 백구면 영상리 산29).

이춘기 님의 부부 묘

기타(아들 6형제의 상황)

- **장남 종화:** 재무부 및 상공부 수출과장 재직 시 수출 1억 불 달성 주역으로 박정희 대통령 표창을 받았음.『무역개론』등 다수의 저술이 있음. 캐나다로 이민. 자녀로 선, 신, 현구, 양희, 세구, 건구가 있음.
- **차남 종성:** 서울대학교 문리대학 졸업. 1961년 국제로터리클럽 장학생으로 선발되어 일본 경응대학 대학원 경제학부 입학, 일본 대학에 정식으로 유학한 첫 사례임. 동 대학에서 박사과정을 마치고 귀국해 활동하다 작고. 자녀로 피터(관구), 존(성구), 혜원이 있음.
- **3남 종정:** 한국외국어대학교 졸업, 개인 사업을 하다 작고. 자녀로 진구, 명구, 미현이 있음.
- **4남 종실:** 고려대학교 경제학과 졸업. 금성사 근무. 1970년대 도미, 무역업에 종사. 현 캘리포니아 거주. 자녀로 수민, 지선, 현주가 있음.
- **5남 종인:** 한양대학교 공과대학 졸업. 울산 현대중공업 근무, 미국으

로 이민. 현재 중국 단둥에서 선교사로 활동 중. 자녀로 경화, 동구가 있음.

- **6남 종대:** 중앙대학교 졸업. 미국으로 이민. 한인단체에서 20년 간 봉사, 뉴저지에서 미용화장용품 사업 중. 자녀로 폴, 데이빗이 있음.

〈부록〉이춘기 님의 30년 일기에 대하여

이복규(서경대 교수)

Ⅰ. 주인공 이춘기 님은 어떤 사람인가

이춘기(李春基) 님은 을사조약 바로 이듬해인 1906년 전북 익산 만경 강변 판문(板門) 마을의 비교적 여유 있는 집에서 이우철(李愚哲) 님과 박 씨의 장남으로 태어났다. 어릴 때 집에서 한문공부를 하다가 늦깎이로 소학교(초등학교)에 입학, 전주의 명문인 신흥학교를 다녔다. 하지만 어려서 모친을 여의고, 17세에는 부친마저 여의는 등 외롭게 유년기와 청소년기를 보냈다. 또한 토지개혁을 비롯한 여러 외부적인 요인으로 가산이 기울어, 김정순과 결혼한 이후에는 약간의 복숭아 농사를 주업으로 하여 생계를 꾸리며 자녀의 학비를 마련하였다. 1961년 부인이 암으로 사망하자 초등학교를 다니던 5남과 6남을 밥해 먹이고 가르친 다. 말년에는 아들들이 모두 이민을 간 상태에서, 상경해 독거 생활을 하다가 1990년 아들들의 초청을 받아 미국으로 이민을 떠난다. 그곳에서 1년여의 시간을 보내다 1991년에 사망하였다.

공식적인 사회 활동으로는 익산원예협동조합장을 잠시 지낸 것이 전부다. 가족의 증언으로는 거주지에 외국 선교사의 포교로 대장교회가 세워져 유력 청장년들이 교회로 모이자, 이춘기 님이 주동(총무)이 되어 전주에서 전도사를 초빙하여 성경공부를 시작하였다. 또한 부녀자들에게는 양재를, 아이들에게는 무용을 가르쳤으며, 성탄절에는 연극제를 마련하는 등의 활동을 하였다고 한다.

슬하에 6남을 두었으며, 장남 종화 씨는 박정희 대통령 시절 상공부 수출과장으로 재직 시 수출 1억불 달성의 주역으로서 대통령표창을 받았고, 차남 종성 씨는 서울대학교를 졸업한 후 1961년 국제로터리클럽 장학생으로 선발되어 일본 경응(慶應)대학교 대학원에 한국 최초의 정식 유학생으로 입학하였다. 이 일기에서 이춘기 님이 가장 애착을 보인 막내아들 종대 씨는 미국에서 미주미용재료상업인총연합회(NBSDA) 총회장을 역임하는 등, 그 부인의 말에 의하면 "돈 버는 일보다 봉사하는 일에 더 열심"이라 한다.

서울대학교 교육학과 박성수 명예교수는 이춘기 님의 처조카사위인데, 이춘기 님의 아들들이 박 교수를 통해 학지사 김진환 사장에게 기증함으로써 비로소 세상에 알려지기에 이르렀다. 아들들의 용단에 경의를 표한다.

이춘기 님은 하루도 빠짐없이 일기를 자세히 기록하였다. 그러므로 이 일기를 분석함으로써, 1961~1990년 사이에, 한 개인에게 어떤 일이 일어났으며, 어떻게 응전했는지 살펴보는 일은 의미 있다고 생각한다. 부인 김정순(1907~1961) 님이 5개월여 투병 끝에 사망하기까지의 과정, 남겨진 어린 두 아들을 건사하는 어려움, 재혼의 실패, 말년에 상경해 자취하며 지내다 아들들의 초청으로 도미해 보내기, 그 어간의 농사(과수와 채소 등), 기독교 신앙, 일제 강점기와 6·25전쟁 체험의 회고 등 다양한 내용이 담겨 있기 때문이다.

II. 『이춘기 일기』의 서지사항과 서술방식 및 특징

『이춘기 일기』는 1961년부터 1990년까지 30년간의 기록이다. 일기책은 매년 일기용으로 만들어 시중에서 판매하는 다이어리를 이용했다. '학생일기', '幸運日記', '自由日記', '瞑想日記', '回想日記', 'DIARY',

'MY WAY' 등 세계문화사, 성문사, 삼중당, 이우출판사, 금모래, 무극사 등 여러 국내 출판사에서 만든 다이어리가 대부분인데, 1975년 일기만은 일본에서 만든 공책에다 적었다. 현재 서울특별시 서교동 소재 도서출판 학지사가 소장하고 있다.

일기의 글씨는 국한문 혼용으로 만년필과 볼펜으로 기록하였다. 한자를 적을 때 약자를 흘려 쓴 게 많다. 다이어리를 사다 썼으므로 양력을 기본으로 하되, 음력을 손으로 그 옆에 적어 놓았다. 농촌 생활에서는 여전히 음력이 중요하였다는 것을 알 수 있다.

매일 일기를 썼으며, 어쩌다 여러 날 출타하면, 밀린 일기를 한꺼번에 써 넣었다. 아주 치밀한 성격이라 하겠으며, 일기에 자신의 일생을 담아 놓으려 마음먹었던 듯하다. 이따금 혼자 보면서 참고하려고 쓴 것일까? 그렇지 않다는 것을 1983년 12월 8일 일기에서 주방의 조리사를 일컫는 일본어 '이다바'를 적은 후 괄호 안에 우리말로 무슨 뜻인지 주석을 달아 놓은 것을 보아 알 수 있다. 1961년 6월 4일의 일기에 "김 집사 이야기가 나왔다(종대 어머니의 직분명)", 1962년 3월 1일 일기에서 "내가 매년 되풀이하는 말이지만" 등으로 적은 것도 이를 뒷받침해 준다.

이춘기 님의 일기에서 특이한 점 몇 가지를 살펴보면 다음과 같다.

첫째, 재정출납상황을 부지런히 기록해 두었다. 특히 농사를 지으면서 수입과 지출이 발생하면 그 자세한 내역을 적었으며, 장거리 여행을 할 경우에는 차를 탄 시각, 열차번호, 도착 시각, 차비 등을 적어 두었다. 쌀이나 과일 등의 물건 값은 물론, 품삯이 얼마였는지까지 적어 놓았기 때문에 30년간의 물가와 인건비의 추이도 확인할 수 있다. 예컨대, 백미 1가마 당 1770원(1962년), 택시 기본요금 60원(1969년 8월), 밀가루 1포대 960원(1972년 9월), 품삯 350원(1962년 7월) 및 남녀 품삯의 비율

5 : 1(1961년 3월) 등이다.

둘째, 삽화가 많다. 이춘기 님 본인이 직접 그린 그림들이다. 일기의 내용에 어울리는 그림을 그려놓아 읽는 즐거움을 더해 준다. 보고 그린 것도 있겠지만, 아내의 무덤 그림이나 자신이 살던 집의 모양 등을 해당 일기와 연결되게 그려 넣은 것을 보면, 창작물들로 보아도 무방하지 않을까 한다. 자신의 생각과 정서를 글은 물론 그림까지 동원해 표현하였다는 점에서 특이한 사례라 하겠다.

셋째, 시(1961년 10월 17일 및 1961년 10월 31일 등), 수필(독립적인 제목 아래 적어 내려간 글들), 기행문(속리산, 동해안, 강원도, 경주 여행), 회고록(국경일 및 기념일마다의 회고), 메모(금전출납 및 설교, 신문기사, 세미나 내용의 요약) 등 다양한 갈래를 포괄하고 있다. 일기에 시를 삽입하는 경우는 많다. 하지만 여타의 다양한 갈래까지 두루 활용하는 것은 드문 일이다.

넷째, 어떤 날의 일기는 아주 장편도 있다. 회고담에서 그런 게 두드러진다. 일에서 해방된 노년에 이르러 시간적인 여유가 많아지면서 나타난 현상으로 보인다. 1983년 11월 30일 일기의 경우가 그 현저한 사례다. 늦둥이 형제 종인, 종대의 성장 과정에 대한 회고는 200자 원고지 거의 70여 장 분량이다.

다섯째, 일기에 대한 서술도 나온다(1970년 1월 5일 "일기(日記)는 매일(每日) 써야 원칙(原則)이다. 중요(重要)한 건(件)만 쓰고 소중히 엮어야 할 것이지만(이하 원문 인용 시, 편의상 표기법은 현행 맞춤법을 따르고 한자는 괄호 안에 적는 것을 원칙으로 함)", 1985년 10월 23일 "오랜 일기장(日記帳)을 뒤적거리다 보니 가슴 아픈 사연(事緣)이 실려 있다. …(중략)… 장래(將來)에 후생(後生)들이라도 과거(過去) 경험(經驗)을 살려 그런 일이 없도록 하자는 것이 유일(維一)한 계획(計劃)이었다. 그런 것을 감격한 일들을 되살려 적었다." 일기가 자신에게 어떤 의미가 있는지에 대해 적어 놓고 있다.

III. 이춘기 님의 가정생활

1. 가족 간의 관계

1) 사별 이전: 부인의 암 발병에서 사별까지

이춘기 님의 부인(김정순 권사님)은 1960년 12월쯤 발병하여 암으로 판정받아 투병 끝에 1961년 4월 17일 운명한다. 그 과정을 아주 자세히 기술해 놓았다.

초기의 병증에 대한 기록은 1961년 1월 1일 일기에 나온다.

1961. 1. 1. 일. 맑음

작년 섣달 경이었다. 아내가 감기 들었다고 늘 신음하면서도 여전히 돌아다녔다. 아울러 소화 불량이 되어, 어딘가 모르게 신상이 좋지 않았다. 말은 안 했지만 부대끼면서도 기동을 하고 있었다.

서울에서 온 손자 세구가, 돌도 안 된 게 위장이 늘어나고 늘 설사를 해서, 잘못하면 죽을 것만 같아, 여름철에 데려다 놓았다. 양젖과 미음으로 식사 시간을 조절해 먹이니 곧 회복하여, 돌 안에는 걸음마를 하게까지 되어, 매일 세구만 업고 세월을 보낸다. 자기 몸도 겨우 가누면서, 남들 안 본 손자인 양, 밥만 먹으면 업고서 살았다.

과거에 여름철만 되면 과일 장사하느라 과로가 더해서 그런지, 평소에는 잘 체하지도 않는데, 활발하지 못하고 심상치 않았다. 그래도 괜찮은 줄만 알고, 늙어서 그런가 보다고만 여겼다. 그러나 날이 갈수록 식사도 어렵고 점점 쇠약해져만 간다.

하도 이상해서 전주 화자(花子)의 모친인 완이(完伊) 집사와 김 내과에 가서 진찰해 보고 오라고 하였다. 그 결과, '불치병'이라며, 자기네 병원에서는 할 수가 없으니, 서울 큰 병원으로 가 보라고 하였다.

초기에 병증이 나타났지만 대수롭지 않게 여기다가, 악화된 후에야 병원에 가고 있어, 우리네의 일반적인 대응 양상과 같다. 다만, 이춘기 님은 아내의 병이, 병약한 손자를 여름 내내 업어 주며 돌보느라 무리한 데서 오지 않았나 하여 안타까움과 미안한 심정을 내비치고 있다. 여름철이면 과일 장사하느라 힘든 데다 손자 돌보기까지 겹쳐 발병한 것으로 여기고 있는 것이다. 우리네 할머니들이 당신의 몸을 돌보지 않고 손주에게 쏟아 붙는 사랑의 양상을 이 일기에서 확인할 수 있다. 아울러 이 때문에 발병하였을 부인에 대해 안타까워하는 남편의 마음을 읽게 한다. 부인의 발병이 그간의 무리한 노동 때문이라고 좀 더 뚜렷하게 판단하는 대목들도 많아, 독자로 하여금 공감을 불러일으킨다.

이리의 김 내과에서 일차로 '불치병' 판정이 내려져 서울의 대형병원에 가 보라는 말을 듣고 보인 환자의 반응에 대해서도 이 일기는 상세히 적었다.

1961. 1. 2. 월. 맑음.
서울에서 장남 종화가 먼저 알고는, 빨리 상경하라고 편지가 왔다. 하지만 그런 불치의 중병이 급히 나을 성싶지 않아 올라가지 않았다. 그럭저럭 얼마를 지났는데, 누워서 몹시 앓는 것도 아니고, 그저 돌아다니니, 그만그만한가 보다 하고 방관적이었다.

새벽에 자리에 누워, 아내의 복부를 만져 보라고 하기에 만져 보니, 확실히 무언가 혹 같은 게 있는 것 같다. 암(癌)이란 병이 이렇게 흔하게 있는지는 미처 몰랐다. 본인 자신이 이상한 표정이다. "아무리 생각해도 병이 심상치 않으니 그대로 두고 볼 수가 없어요." 하면서 탄식한다. "이렇게 주님의 부르심을 받는가 봐요."라며 긴 한숨을 내쉰다. "인생이 이렇게 빠르다니……. 종인(鐘仁)과 종대(鐘大) 두 막둥아들을 못 잊겠네."라고 한다.

1961. 1. 3. 화. 구름.

넋을 잃은 사람 같이, 아무런 일도 손에 잡히지 않는데, 어서 속히 집안일을 정리하라고 졸라댄다. 그저 하는 말이 아니다. 정신을 차려 보았으나, 여전히 무얼 어떻게, 또 무얼 먼저 할 것인지 알 수가 없다.

병자 자신이 직접 지시한다. "우선 각처의 빚부터 청산합시다." 나(羅) 집사네 쌀가게에서 백미 3가마니의 선금을 얻었다. 1가마니에 13,000원씩 총 39,000원. 각처에 잔돈 줄 것 다 주고, 인부의 품삯도 주었다.

군말이 필요 없을 정도로 여실하다. 환자는 죽음을 예견하였고, 그 상황에서 두 가지 반응을 보였다. 첫 번째는 하나님의 부르심으로 알면서도 두고 가야 하는 늦둥이 형제(초등학교 5, 6학년생)에 대한 염려로, 너무 빨리 다가온 죽음이라 여겨 아쉬워하였다. 죽음 자체가 두렵다기보다 어머니로서 할 일을 다 못하고 가는 데 대한 안타까움으로 느껴진다. 두 번째는 빚 청산이었다. 아마도 빚 관계를 파악하고 있는 것은 부인이었던 듯하다. 직접 지시하여 품삯을 포함해 각처의 빚을 갚게 하였다. 자신이 중병이지만 상경해 진료 기간이 길어질 경우, 남에게 피해를 줄 수 있으니, 미리 빚을 얻어다 그간의 묵은 빚을 갚게 한 것이다. 새해가 되기 전에 모든 빚을 갚아야 한다는 우리 문화가 작동한 것이라 보인다.

그다음 상경해 세브란스에 입원해 최종적으로 암 판정을 받고 투병하는 과정에서 보이는 환자의 심리 변화와 가족의 변화도 생생하게 그려져 있다.

첫째, 환자 자신의 심경에서 보이는 변화다. 늦둥이 두 아들에 대한 염려는 있었지만 처음에는 죽음 자체에 대해서는 초연한 듯한 반응을 보였다. "이렇게 주님의 부르심을 받는가 봐요."(1961. 1. 2.), "자식들이 정성껏 서두르니, 이걸로 만족한다고, 너무 걱정 말라고, 천국에 가서 주님 나라 영원무궁한 생활이 있다."(1961. 1. 9.)라고 한 데서 엿볼 수 있다. 기본적으로 죽음은 영원무궁한 생활을 누리는 천국에 가는 과정으로 여기고 있는 것이다. 다만, 육적인 면에서 미성숙한 자식에 대한 책임감, 자식의 성공(특히 2남의 외국 유학)을 미처 못 보고 가는 데 대한 애석함(위와 같음) 정도만 있을 따름이었다.

연세대 의대 세브란스병원(당시에는 서울역 앞에 있었음)에서 내과적 종합 진찰을 철저히 해 보자고 했을 때도, "병자는 절대 응하지 않는다. 돈도 없는데 공연히 돈만 허비하고 헛고생만 된다고, 수차례 진찰에 이제는 심적으로 고통스럽고 몸이 더 잡친다고 거절"(1961. 1. 7.)했었다.

이러던 환자지만 막상 고통이 심해지고 죽음이 가까이 오자, 삶에 대한 강한 애착을 보인다. "병자 자신도, 그저 집이라도 팔아서 병만 나으면 또 부지런히 벌어먹고 살면 되지 않느냐고, 어찌해서라도 살려 달라고 애원도 하였다."(1961. 1. 29.)가 그 예다. 병세가 악화되자, 남편에 대해서도, 왜 아픈 나를 두고 잠만 자느냐 나무라고(1961. 1. 8.), 이발하느라 외출해 좀 늦게 돌아오자 왜 자리를 비웠느냐고 서운해한다(1961. 1. 16.). 극도의 고통이 찾아오자, 진통제를 놓아 달라고 간청해 백방으로 구해다 마침내 그렇게 하고 만다(1961. 3. 20.~21.). 남편에 대해 평소에는 서운한 내색을 않던 부인이지만, 병으로 심한 고통 중에 누워 있자 불평을 토로한다(1961. 3. 1.~2.).

신앙인이라 해도 죽음의 고통 앞에 직면하면 이렇게 심약해진다는 사실, 살고자 하는 본능이 강해진다는 사실을 보여 주는 대목이다. "나를 보라고, 이제 주님의 부르는 명령을 거역할 수 없이 그대로 가게 되어 아무런 미련도 없고, 마음이 평화롭다고. 어서 갔으면 하나 너무나 몸이 부대끼니 참기가 어렵다고."(1961. 3. 22.)라는 대목을 보면, 심령적으로는 죽는 것은 전혀 두렵지 않다. 더 좋은 곳으로 간다는 확신이 있기 때문이다. 하지만 육체적으로 너무도 고통스러워 그것을 견디기 어려워 진통제도 맞고, 남편에게 투정도 하는 것임을 알 수 있다. 더욱이 늦둥이 어린 두 아들을 둔 어머니로서, 그 자식들을 돌보기 위해 더 살아야 한다는 생각 때문에 그런 것이리라. 죽음 앞에서 인간이 이렇게 반응한다는 사실을 똑똑히 기억해야 할 일이다. 그 바탕 위에서, 실사구시의 자세로 남에 대하여 어떻게 대해야 할지 생각하면서 살 일이다.

둘째, 남편을 포함한 가족의 변화다. 우리말에 '긴 병에 효자 없다.'는 말이 있다. 이춘기 님과 그 가족도 예외는 아니다. 처음에는 오로지 환자를 살려내는 데 주력한다. 서울에 올라와 대형병원에서 진료를 받았을 뿐만 아니라, 한방도 동원해 보고, 논까지 팔아서 병원비를 조달한다. 장성한 아들들도 직장을 결근하여 가며 치료비도 마련하고, 찾아와 돌보는 등 노력한다. 자주 방문해 위로하고 격려한다. 하지만 차도가 없고 시일이 자꾸 지나가자, 마침내는 찾는 횟수가 적어지는 것은 물론 마음에도 변화가 있다. 먹지도 못하고 잠도 못 자 고통스러워하는 환자를 돌보느라 지치고 만 것이다. "잔병에 효자 없다고, 몇 달을 두고 신음하니 그 꼴을 볼 수도 없고, 어서 갈 데로 가 주었으면 하여지는 인정(人情), 너무나 야박하다."(1961. 3. 31.)고 한다. "아들도 이제는 싫증이 난다고. 잠도 제대로 못 자고 엄마 등 뒤를 부축하고 앉았으니, 일하기보다도 더 힘들다고 한다. 혼자서는 안 된다. 누워서 일어나려면 3인이 합하여 누이고 일으켜 세우고 한다."(1961. 4. 7.)는 대목도 있다.

날이 갈수록 가족의 마음이 달라진다. 회생 가능성은 없어지고 환자의 고통이 심해지는 데에 따라, 가족의 어려움도 가중되기 때문에 찾아오는 자연스러운 현상이다. 몸을 가진 인간으로서의 한계라 하겠다. 감당하는 데 한도가 있다는 것을 알려 준다. 고통을 수반하는 질병이 얼마나 인간의 존엄성을 위협하는 존재인지 여실히 느끼게 해 주는 대목이라 하겠다. 예방을 위해 노력해야 하겠고, 질병이 왔을 때는 어떤 심리들인지 미리 알아서 적절하게 대처해야 할 일이다.

향년 55세(이춘기 님의 나이 56세)로 부인은 세상을 뜬다. 마지막 순간까지 차남을 기다렸다고 되어 있다. 결국 그 아들을 못 본 채 숨을 거두었고, 사망 직후에야 차남이 당도해 오열한다. 하지만 기독교 신자였기에, 교회 교우들이 모여 지켜보며 기도해 주는 가운데 눈을 감고 있어 외롭지만은 않은 분위기다. 죽음을 앞에 두고는 제2의 가족인 교인들도 가족 못지않게 고인이나 그 가족에게 큰 힘이 될 수 있다는 것을 느끼게 하는 대목이다. 실제로 이춘기 님은 일기 곳곳에서, 부인이 병상에 있을 때 수시로 찾아오는 교인들의 기도가 크게 위로가 되었다는 사실을 토로해 놓고 있다.

2) 사별 이후의 그리움과 자식 양육의 부담

부인과 사별한 후에 이춘기 님에게 닥쳐 온 것은 무엇이었을까? 아내에 대한 그리움, 살림살이의 부담, 그 가운데서도 두 어린 아들을 부양하며 밥을 해 먹이는 일은 지난한 일이었다. 그 밖에 식량 조달하기, 물 길어 나르기, 복숭아 농사 주관하기 등 모든 게 녹록치 않았다. 또 한 가지는 섣부르게 한 재혼의 실패에 따른 아픔이었다.

(1) 아내에 대한 그리움

부인의 장례를 마친 후, 정확히 말해 삼우제를 마치고 나서, 모두가 떠나가고 혼자 남았을 때의 소회를 이춘기 님은 다음과 같이 기록하였다.

1961. 4. 24. 월.
3남 종정이도 귀대 기간이 임박하다고, 조카 종모(鍾模)도 직장에 출근 차, 종임이마저 102열차를 탔다. 종대가 역에까지 나가서 잘들 가라고. 종인, 이리행 통근 열차를 타고, 종대는 느지막이 학교에 어슬렁어슬렁. 이젠 또 누가 떠나 나? 올 사람은 누군가? 올 사람도 갈 사람도 아무도 없다. 오직 종인, 종대, 나뿐 이다. 방은 텅 비고 정원으로 뒤뜰로 한 바퀴 돌아보았다. 아무도 없다. 온 집안 은 적막, 나 혼자 쓸쓸히 누워서 명상에 잠겼다. 어디서인가 날 보라고 부르는 소리가 들린다. 공연한 망상, 시름에 지쳐서 목울음을 울었다. 통틀어놓고 몽땅 울었다. 나 혼자 그 동안 병상에서는 집안 가족 때문에 어린애들 때문에, 슬픈 기색을 조금도 못 내었다. 속으로 병이 되겠다. 오늘은 한없이 울었다. 가슴이 터지게.

남이 볼 때는 참았던 눈물을 혼자 흘리고 있다. 매일 새벽기도회 가 던 부인이 작고하자, 장례 후 맞은 새벽에, 아내의 빈자리가 실감이 나 서 그리워한다.

이후로 이춘기 님은, 교회에서든, 일터에서든, 장터에서든, 사람들 과 만나 대화하다가 부인이 화제에 오를 때마다 아내와의 추억을 떠올 리며 가슴앓이를 한다. 이 작고한 양력 4월 17일은 목련꽃이 필 무렵 이었다. 아내의 기일이 되면 이춘기 님은 하얀 목련꽃을 꺾어다 그 무 덤 앞에 놓고 그리워하곤 하였다. 자신이 가지 못하면 자식을 시켜 그 렇게 하였다. 아내에 대한 그리움을 시로 표현하여 일기에 적는 일도 많았다.

부인이 살아생전에 남긴 말을 보면, 아내에 대해 좀 체로 애정 표현 을 할 줄 모르던 사람이지만, 막상 부인이 떠나자, 이렇게 절절하게 정 을 표출하고 있다. 역시 한국 남성은 정이 있지만, 그것을 가슴 속에만 묻어 둔 채 살아가는 존재인지도 모른다. 유교 문화 때문에.

(2) 자식 양육의 부담

아내에 대한 그리움과 함께 밀려온 것은 남겨진 두 어린 아들을 키우는 문제였다. 초등학교 5학년, 6학년인 두 아들에게 당장 밥을 해 먹여야 했다. 평생 바깥일만 하던 이춘기 님으로서는 난감한 일이었다. 말하자면 준비되지 않은 채, 부인의 빈자리를 채워야 했다. 사별한 후 7개월째인 1961년 11월 어느 날의 일기를 보면, 여전히 서툴러서 어쩔 줄 몰라 하고 있다. 꽁보리밥에 반찬이 신통치 않아, 아이들이 그냥 학교에 갔다는 것도 알 수 있다. 가정에서 주부의 위치가 얼마나 지대한지 잘 보여 주는 대목이다. 제대로 먹어야 할 아이들이 매일 그렇게 부실하게 먹어서 그런지 이따금 앓을 때가 많은 것을 발견할 수 있다.

주부가 세상을 뜰 경우, 그 빈자리는 절대로 메꿀 수 없다는 것을 이춘기 일기는 보여 준다. 막내아들 종대가 어머니의 제삿날 작성한 다음 편지문이 그것을 웅변으로 말해 준다. 이 편지를 쓴 1967년은 막내아들이 고등학교 2학년 때다. 자랄 만큼 자랐지만 여전히 어머니의 부재가 크다는 것을 알 수 있다. 어머니가 그리운 것은 물론, 어머니의 장례 이후 찾아온 생활의 어려움은 지속되어, 꿈 많은 청소년이 어찌할 줄 몰라 방황하고 있다. 하루 전날 작성한 편지문은 이렇다. "이제 누가 공부를 시켜 줄는지 앞이 캄캄하군요. 엄마, 가르쳐 주세요. 모든 것을. 엄마… 눈물이 자꾸 흘러요. 1967. 4. 16. 밤 불효자식 종대 올림"

(3) 재혼 실패의 아픔

부인과 사별한 후 이춘기 님이 맞이한 가족관계에서의 어려움은 더 있다. 아이들을 돌봐 줄 사람이 필요해서 결행한 재혼의 실패다. 이춘기 님은 혼자 지내려 했지만 주위에서 강력하게 권하였다. 아이들을 위해서는 여자가 필수적이라고 하는 바람에 재혼하기에 이른다.

재혼이 실패한 이유는 무엇일까? 소개하는 장남의 말만 듣고 경솔하게 결정한 탓이다. 이춘기 님 자신의 말대로, "적어도 몇 번이라도 서로 상대해 보고, 심리 파악도 해 보고, 행동, 생활철학, 성질 등 다목적으로 검토한 후에 결정해야 할 일인데, 너무나 갑작스럽게 망동을 하였다."(1962. 1. 21.) 종로에서 살던 여인을 시골로 데려온 데다, 신앙도 없다 보니 적응에 실패할 것은 뻔한 이치였다. 게다가 데리고 온 초등학생 딸아이를 두고 불화가 계속된다(1962. 4. 6.). 마침내 재혼녀가 떠나버리기에 이른다.

재혼녀가 떠난 날의 기록(1962. 8. 6.)을 보면, 시원섭섭한 감정을 읽을 수 있다. 재혼녀가 와서 식사 문제는 해결되었으나, 피차 마음 고생하던 일은 사라졌으니 잘된 일이기도 했다. 다시는 이런 비극을 반복하고 싶지 않았으나, 이춘기 님의 일기 전체를 읽어 보면, 세 번째 결혼을 하기에 이르고 말년에 이르러 이 결혼도 파탄에 이르고 만다. 그러고 보면 성경 『잠언』에 나오는 구절처럼 '현숙한 여인은 신의 선물'인지도 모를 일이다. 그래도 가능한 지혜를 동원해 자기에게 적합한 이성을 찾는 노력을 기울여야 할 것이다. 나중에 덜 후회하도록.

IV. 세시풍속

1년을 단위로 주기적으로 행해지는 전승 의례를 세시풍속이라 한다. 이춘기 님의 30년 일기를 분석하면, 1961년에서 1990년까지, 과거에는 어떻게 전승되었는지, 어떤 변화를 겪었는지 등을 알 수 있다. 세시풍속 가운데에서, 설, 정월대보름, 모래찜질, 꽃주일, 성탄절 이 다섯 가지에 한정해 살펴보기로 한다. 그밖에 한식, 추석도 있지만, 지금도 거의 같은 양상으로 이어지고 있으므로 제외한다. 꽃주일과 성탄절은 외래의 세시풍속이지만, 일기를 쓴 이춘기 님이 기독교 신자이기도 하려니와 현재와는 다른 양상이므로 거론하기로 한다.

1. 설

설 명절에서 가장 눈에 띄는 변화는 동네 어른들에 대한 세배를 하다가 하지 않게 된 것이다. 1963년만 해도 다음과 같이 세배꾼이 찾아온다. 하지만 이때도 벌써 예전만 같지 않다는 것을 말하고 있어, 전통적인 세배 풍습이 흔들리고 있다는 것을 알 수 있다.

이춘기 님의 일기(1963년 2월 4일, 1969년 2월 18일)를 보면, 1969년쯤에는 거의 끊어졌다고 여겼을 만큼 변했다는 것을 느낄 수 있다. 오히려 세배하러 다니는 것이 아주 반가울 정도로 희소해졌음을 알 수 있다. 1970년부터는 설날의 세배 이야기가 일체 등장하지 않는다. 아마도 가정 내부에서는 세배를 하지만 여간해서는 동네 어른들을 찾아가 세배하지 않게 바뀌었던 듯하다. 이 현상이 전국적인 현상인지 익산 춘포 지역만의 현상인지는 더 광범위하게 조사해 보아야 할 일이다.

2. 정월대보름

정월대보름의 경우, 현재에는 부럼 깨기를 하거나 오곡밥과 나물을 해 먹고, 달을 보며 소원 빌기 정도만 전승되는 상황이다. 하지만 이춘기 님의 일기를 보면 1960년대와 1970년대까지도 전통적인 의례가 행해졌던 것을 알 수 있다. 특히 동네 단위의 고사와 각종 제사, 농악, 더위팔기, 여인들의 철야 등이 그것이다.

지금은 일부 시골에서나 이어지고 있을 따름이니 많은 변화가 일어났다 하겠다. 설 풍속의 변화처럼 정월대보름도 공동체 의례에서 개인 의례로의 변화를 읽을 수 있다.

3. 모래찜

모래찜은 사증(沙蒸)이라고도 하는데, 음력 4월 20일 또는 단옷날, 만경강변에서 행해진 풍속이다. 뜨거운 태양 아래 모래사장에 가서 뜨거운 모래를 파헤쳐 구덩이를 만들어 한 시간쯤 볕에 쪼인 후 그 속에 들어가 누우면 다른 사람이 모래를 덮어 준다. 그 속에서 30여 분 누웠다가 일어나는 일을 두세 사람이 도와가며 교대로 하게 되면 부스럼도 낫고 예방도 한다고 믿었다.

이는 전국적인 세시풍속은 아니고 바닷물이 올라오는 지역에서만 행해진 지역적 세시풍속이라고 여겨진다. 지금 곳곳에서 행해지는 머드팩의 원조라고나 할까? 이춘기 님의 일기를 보면, 건강만을 목적으로 삼은 풍속은 아니었다. 건강 도모를 명분으로 많은 사람, 특히 부녀자들이 축제의 기회로 삼아 해방과 자유를 만끽하였다는 것을 느낄 수 있다.

4. 꽃주일

기독교 세시풍속으로 지금은 사라진 것 중의 하나가 꽃주일이다. 새벽송과 함께 사라졌지만, 이춘기 님의 일기에는 등장한다. 양력 5월 1일을 어린이 주일 또는 꽃주일이라 하여 지냈다. 지금도 어린이 주일은 있지만 그 양상이 좀 다르다.

지금은 어린이 주일을 개교회별로 가진다. 그것도 실내에서 어린이를 위한 행사를 하는 것으로 그친다. 하지만 꽃주일로 불리던 당시에는 여러 교회가 연합하여 가졌으며, 야외에서 예배를 드렸다. 다분히 우리의 전통문화 중 부녀자들의 화전놀이를 연상하게 하는 풍속으로 보인다.

5. 성탄절

성탄절은 지금도 이어지고 있는 세시풍속이다. 하지만 달라진 게 있다. 그 가운데 하나가 새벽송이다. 성탄절 새벽에 교회 찬양대가 교인의 집마다 찾아가 찬송을 불러 주고, 교인 집에서는 선물을 준비했다가 건네던 풍속이 지금은 사라졌다.

이춘기 님의 일기를 보면 1960년대에는 새벽송이 살아 있다가, 1970년 무렵에는 사라져간 것으로 보인다. 교인들은 조용해지고 일반 사람들이 더 요란하게 즐기는 쪽으로의 변화다.

V. 3·1운동 및 6·25 회고

개인은 단독으로 존재하지 않는다. 사회라고 하는 집단 속에서 존재한다. 이춘기 님의 경우, 일제 강점기에 태어나 대한민국 사람으로 죽었다. 일제 강점기에서 대한민국으로의 변화 속에서 겪었던 사건 가운데 몇 가지가 있는데, 여기에서는 3·1운동과 6·25만 다루기로 한다.

이춘기 님은 이들 기념일만 되면 그때 일어났던 일을 회고한다. 특히 6·25에 대한 회고는 여러 번 반복되는데, 모두 똑같지가 않다. 그 기록들을 다 모으면 역사적 경험의 실체가 드러날 만하다. 1969년 3월 1일 일기를 보면, 기미년 음력 3월 6일(양력 4월 4일) 이리시장에서 일어난 만세운동의 실상이 생생하게 기록되어 있어, 당시의 분위기를 구체적으로 알 수 있다.

아울러 3·1운동의 기폭제가 된 고종황제의 국상에, 이춘기 님의 부친이 동네에 차일을 치고 임시 조문소 같은 것을 만들어 놓고 동네사람들과 함께 축문을 읽고 통곡 재배하였던 망곡(望哭)의 문화도 알 수 있다. 다른 지역도 이런 분위기였으리라 여겨지는 바, 만세운동이 전국적으로 확산하는 데 이런 분위기가 작용한 것으로 해석할 만하다.

2. 6·25 체험 회고

이춘기는 45세 때 6·25를 겪었다. 1975년 6월 25일 일기 및 1983년 6월 25일 일기를 보면, 그 기간 중에 이춘기는 반동으로 몰려 치안대에 끌려가 토굴 속에 갇힌 채 고초를 당했다. 동네사람 누군가의 무고한 밀고로, 한민당원(즉, 우익)으로서 총을 감추었다는 혐의로, 집도 빼앗긴 채 시달린 내용을 자세히 기록해 놓았다.

일기를 보면, 권세를 부리던 사람들이 수세에 몰리고, 무시받던 사람들이 군림하던 양상, 취조받는 도중에 수시로 끌려나가 총살당하던 공포의 분위기 등이 여실하다. 이춘기 님은 이 일에 대한 회고를 마무리하면서 이렇게 말한다. "지금 우리가 명심할 만하다."

다시는 그런 전란이 또 있어서는 못 살겠다. 이제는 피난 갈 데도 없고, 전후방이 따로 없을 것이다. 긴 세월이 아닐 것이다. 늙은이들은 어쨌든, 젊고 어린 것들이 처참하다. 6·25 당시를 체험하지 못한 젊은 사람은 그저 총 놓고 비행기 폭격했겠지 하며 보고 싶어 할 사람도 있을 것이다. 6·25를 실지로 체험하고 나서는 확실히 공산정치란 어떤 것이라는 것을 알았다(1983. 6. 25.).

VI. 이춘기 님의 노년

고령화 사회로 접어든 우리나라에서 노인 문제는 커다란 화두다. 이춘기 님의 일기에 적힌 노인의 일상은 어떤 것들일까? 외로움, 가족

방문, 질병, 회고, 친구의 죽음, 독거, 이민의 일곱 가지로 나타난다.

첫째, 외로움이다. 명절 때라도 자식들이 편지나 전화로 연락해 주기를 고대한다. 하루 종일 기다려도 오지 않을 때, "기다리는 심사도 있지만, 못 오는 심정도 있을 것"(1969. 2. 16.)이라며 스스로를 달래곤 한다.

둘째, 아들네를 비롯하여 조카네 집 등을 방문한다. 방문할 가족이 있어야만 누릴 수 있는 즐거움이라 하겠다. 그것도 자신을 반기는 가족일 때만 가능한 일임을 이 일기는 증언한다. 방문 시 손자 손녀들이 반기는 것을 아주 좋아한다(1984. 4. 4.). 자신을 반기는지 부담스러워하는지에 대해 매우 민감하다. 또한 얼마라도 용돈 주는 것을 퍽 고맙게 여긴다. 차마 달라고는 말하지 못해도 노인 나름으로 쓸 데가 있다는 것을 알 수 있다.

셋째, 여기 저기 몸에 병이 생긴다. 이춘기 님의 경우, 맹장 수술을 받는가 하면, 간경화, 시력 저하에 귀도 어두워져 보청기를 낀다.

넷째, 회고가 많아진다. 과거에 살아온 일들을 수시로 반복해서 떠올린다. 노인들이 같은 말을 반복하듯 일기에서도 마찬가지다. 노인을 대할 때 이 특성을 알아야 할 일이다.

다섯째. 친구의 죽음을 계속해서 당면하게 된다. 절친했던 친구의 죽음은 큰 충격을 안겨 준다. 삶의 고비마다 함께해 주었던 박장수, 윤판준 등 단짝 친구를 먼저 보내는 아픔을 일기에 절절하게 토로하고 있다. 박장수 친구의 죽음에 대해서는 따로 조사라 할 만한 글까지 적어서 일기에 기록해 두고 있다. 오래 산다 해도 친구가 없으면 절대 즐겁지 않다는 것을 느끼게 해 주는 대목이다.

여섯째, 독거하는 일이다. 이춘기 님의 경우, 우여곡절 끝에는 외지에 혼자 나와 자취생활을 한다. 이미 늙고 병든 상태에서 객지에서 독거하는 어려움이 일기에 잘 나타나 있다. 요즘 독거노인 문제가 대두되어 있는데, 참고할 만하다.

1983년 6월 28일

독신생활이란 어려운 일이다. 먹는 일이 제일 중대사지만, 입고 벗고 몸 건사하기도 큰일이다. 여름철에는 내복과 셔츠만 세탁하니 간단하지만, 겨울철에는 용이치 않다. 웃옷은 세탁소에 맡기지만 겨울 내복은 힘들고 남자가 할 일이 못 된다. 매일과 같이 양말을 빠는 것이 곤궁스럽고 잘 안 된다. 셔츠 단추 하나만 떨어져도 양복점에 갈 새도 없고, 거처하는 방도 청소하는 게, 하기 싫으면 며칠이고 그대로, 침구도 그대로 자고 몸만 쏙 빠져나오고, 불결하기 말할 수 없다. 밤이 되면 말벗도 없고, 초저녁에 한 소금 시들고 나면 그대로 날을 새야 되니, 라디오, TV도 없고, 겨우 신문을 뒤지나 밤에는 잘 안 보인다. 안경을 써도 희미하다.

사람이 말벗이 큰 위안도 되지만, 종일 밤새도록 말 한마디 않고 있으니 무상심상이다. 호불호도 무감각 상태다. 고독은 금이요 침묵은 금이라지만 자연 애수를 느끼게 된다. 언어에 우둔하고 자기의 의사 발표를 못한다. 한밤중에 목이 타도 그냥 참고 견딘다. 갑자기 변소에 가야겠는데, 위에까지 올라가는 게 아득해 참아야 한다.

일곱째, 이민의 경험이다. 이는 누구나 겪는 일은 아니다. 이춘기 님의 경우는 노년에 독거생활을 하다가 미국에 이민 가 살던 아들들의 초청으로 이민 수속을 밟는다. 그 과정과 심사가 잘 나타나 있다. 다른 길이 없어 이민을 갔고, 잘 사는 아들네 집에서 편안하기 짝이 없게 지내며, 모든 면에서 선진국인 미국의 생활환경이며 광활한 땅과 경치를 찬탄하면서도 서울을 그리워한다. "서울 생각이 간절하다. 날만 새면 동서남북으로 뛰어다니던 일이 가장 다행스러웠던 것인가 싶다."(1990. 8. 14.)

Ⅶ. 맺음말 —『이춘기 일기』의 가치

이상 이춘기 님의 일기 내용을 몇 가지 면에서 살펴보았다. 이를 바탕으로 이 일기의 가치가 무엇인지 정리해 보기로 하자.

첫째, 하루도 빼놓지 않고 자신의 삶을 적은 기록 정신 및 삶에 대한 긍정의 정신이다. 보고 들은 것을 자세히 관찰해 적는 태도, 물건 값과 차비와 여행 시간까지……. 삶에 대한 긍정이 없으면 불가능한 일이다. 설날마다 더 나은 삶을 소망하지만 뜻대로 되지 않는 생활이었지만 절망하지 않고 새로운 희망을 안고 한 해 한 해를 살아갔다. 틈틈이 과거의 일기장을 들춰 보며, 시행착오를 줄여 보려 노력하며 살았다. 자살률 세계 1위인 지금의 우리가 우선적으로 본받아야 할 자세가 아닌가 싶다. 오늘부터라도 자신의 삶을 적어 나가자. 공책이 아니어도 좋다. 휴대전화 메모장에도 좋고, 카페나 블로그를 만들어 올려도 좋다. 우리의 일상이 한결 값지지 않을까?

둘째, 이춘기 님의 가정생활의 경험이 주는 교육적인 의미다. 가장 큰 것은 주부의 이른 죽음이 가정에 몰고 오는 후유증이 얼마나 심각한지 보여 준다. 특히 늦둥이 두 아들을 남기고 간 상황에서, 혼자 남은 배우자가 느끼는 그리움은 물론 어린 아이들의 양육에 대체할 길 없는 결손과 상처를 초래한다는 사실을 알려 준다. 이런 비극을 예방하기 위해 주부의 건강을 우선적으로 챙겨야 할 필요성을 이 일기는 일깨워 준다. 아울러 불치병 판정을 받아 통증 가운데 죽어 가는 환자와 가족의 심리적 양상과 그 변화의 추이를 솔직하게 기술하고 있는 점도 소중하다. 재혼을 얼마나 신중하게 해야 하는지에 대해, 실패의 사례를 통해 생생히 증언한다. 그런 가운데에서도 어린 두 아들을 양육하는 데 최선을 다하는 부성애와 교육열은 눈물겹다.

셋째, 이 일기에 담긴 세시풍속 관련 정보는 민속학적으로 의의가 있다. 세시풍속은 지속되기도 하고 변하기도 한다는 사실을 보여 준다. 삶의 환경과 사람들의 생각이 바뀜에 따라 세시풍속도 달라진다는 것을 보여 준다. 동네 어른들을 찾아가 세배하던 풍습도 그렇고, 정월 대보름의 마을 단위의 각종 의례와 놀이, 교회의 꽃주일, 성탄절의 새벽송도 사라져 가고 있다. 우리의 생활이 자꾸만 가족화, 개인화, 도시화로 바뀌는 데 따른 필연적인 결과다. 1차 산업에서 2차, 3차를 거쳐 이제 4차 혁명시대로 가는 급속한 변화도 작용한 것이리라. 하지만 사회적인 존재인 게 인간이고 보면, 전통적 세시풍속이 지닌 긍정적인 에너지와 미덕을 여전히 오늘에 이어가려는 노력도 있어야 할 것이다. 우리의 변화가 반드시 우리를 더 행복하게 한다는 보장이 없기 때문이다. 과거의 문화에서도 우리가 이월해야 할 가치가 무엇인지 음미하는 자세도 필요하다. 그럴 때 이춘기 님의 일기에 기록된 세시풍속은 소중한 의미로 다가올 수 있다. 특히 만경강변의 모래찜 풍속, 전북 방언과 속담 등은 지역 연구의 좋은 자료다.

넷째, 3·1운동 및 6·25 회고가 지닌 역사적 가치다. 민족 전체가 경험한 이들 사건 앞에서 한 개인이 구체적으로 어떻게 겪었고 반응했는지 아주 자세하게 증언하고 있는 이춘기 님의 일기는 소중하다. 경우에 따라서는 이들 역사적인 사건을 이해하는 데 어떤 공식적인 문서보다도 사태의 진면목을 보여 주는 자료일 수 있다. 이런 일기들이 더 많이 발굴되어 종합되면 이들 사건의 총체적 진실이 한층 더 또렷해질 수 있다는 점에서 이 일기의 회고는 고무적이다.

다섯째, 이춘기 님이 기록한 노년의 체험도 고령화 사회에 접어든 지금의 우리에게 시사하는 바 크다. 노인의 외로움, 용돈의 필요성, 시력도 청력도 떨어지면 병들어 가는 몸, 거듭되는 친구와의 사별, 돌보는 이 없어 독거하는 어려움, 미국으로 이민하기 등. 각 상황에서 구체적으로 어떤 어려움이 있는지, 어떤 필요를 느끼는지가 자세히 묘사되어 있어, 노인 문제를 이해하고 해결하는 데 참고할 만하다. 아니 우리 모두가 미래의 노인이고 보면 남의 이야기가 아니다. 금세 닥칠 우리의 사연이라 여기며 음미할 필요가 있다.

여섯째, 문화콘텐츠적인 의의도 있다. 픽션이 아니라 사실을 다룬 것이므로, 드라마, 영화, 연극, 소설 등 다양한 스토리텔링이 가능하다. 1960~1990년을 소재로 한 콘텐츠를 제작할 때 장면화하기 아주 좋은 자료다.

일곱째, 우리 학계에서 비교적 열세에 있는 일기 연구의 좋은 자료다. 지면 제한이 있어, 이 글에서는 일부만 다루었지만 여타의 정보도 많다. 일생의례(혼례, 문상, 제사), 편지와 전보가 중심이었던 통신 환경, 땔감과 식수와 양식 조달에 어려움을 겪던 시절, 통금의 존재, 익산원예협동조합 초기의 운영 실태 등등 더 많은 정보가 있다. 앞에서 필자가 거칠게 다룬 다섯 가지를 포함하여, 모두 앞으로의 심화된 연구가 필요한 소재들이다.

엮은이 **이복규** (bky5587@empas.com)

서경대학교 문화콘텐츠학부 국어국문학전공 교수

국제대학(현 서경대학교) 국어국문학과 졸업

경희대학교 대학원 국어국문학과 석 · 박사(문학박사)

한국학대학원 어문학과 박사과정 1년 수학

국사편찬위원회 한문초서연수과정 수료

밥존스신학교 신학연구원 졸업

국제어문학회 회장 · 국어국문학회 전공이사 역임

서울특별시 갈등조정위원회 위원

산성교회 장로

〈저서〉 설공찬전연구, 윤동주시전집, 교회에서 쓰는 말과 글 이렇게 등, 단독
저서 40여 종.

〈논문〉 윤동주의 이른바 '서시'의 제목 문제, 주몽신화의 문헌기록 검토 등
130여 편.

'이복규 교수의 교회용어 설교예화'(http://cafe.naver.com/bokforyou) 운영 중.

복숭아밭 농부 이춘기의 30년(1961~1990) 일기

목련꽃 필 무렵 당신을 보내고

2018년 1월 5일 1판 1쇄 인쇄
2018년 1월 10일 1판 1쇄 발행

글쓴이 • 이춘기
엮은이 • 이복규
펴낸이 • 김진환
펴낸곳 • (주) **학지사**

　　　　04031 서울특별시 마포구 양화로 15길 20 마인드월드빌딩
대표전화 • 02)330-5114　　　팩스 • 02)324-2345
등록번호 • 제313-2006-000265호

홈페이지 • http://www.hakjisa.co.kr
페이스북 • https://www.facebook.com/hakjisabook

ISBN 978-89-997-1302-6 03040

정가 15,000원

이 도서의 국립중앙도서관 출판시도서목록(CIP)은 서지정보유통지
원시스템 홈페이지(http://seoji.nl.go.kr)와 국가자료공동목록시스템
(http://www.nl.go.kr/kolisnet)에서 이용하실 수 있습니다.
(CIP제어번호: 2017014892)

교육문화출판미디어그룹 **학지사**

심리검사연구소 **인싸이트** www.inpsyt.co.kr
원격교육연수원 **카운피아** www.counpia.com
학술논문서비스 **뉴논문** www.newnonmun.com
간호보건의학출판사 **정담미디어** www.jdmpub.com